GEORGES MEUNIER

AGRÉGÉ DE L'UNIVERSITÉ
PROFESSEUR DE LETTRES AU LYCÉE DE SENS

La Poésie
de la
Renaissance

MAROT — DU BELLAY
RONSARD — D'AUBIGNÉ
RÉGNIER

Paris — Delalain

LA POÉSIE
DE LA RENAISSANCE
(MAROT, RONSARD, DU BELLAY, D'AUBIGNÉ, RÉGNIER)

Extraits de la Chanson de Roland, suivis d'extraits des **Mémoires du Sire de Joinville**, avec introduction historique et littéraire, notes philologiques et glossaires par *E. Talbot*, professeur du lycée Condorcet ; 1 vol. in-12, *cart.* 2 f. 50 c.

Montaigne. Extraits des Essais, avec introduction, remarques philologiques, notes et glossaire, par *E. Talbot* : 3ᵉ édition ; 1 vol. in-12, *cart.* 2 f.

Rabelais et Montaigne, Extraits relatifs à l'*Éducation* (entre autres les chapitres des *Essais* sur l'*Institution des Enfants* [livre Iᵉʳ, chap. xxv] et sur les *Livres*), avec introduction biographique et critique, notes et glossaires par *E. Talbot* ; in-12, *br.* 2 f. 50 c.

Notions générales sur les Origines et sur l'Histoire de la Langue française, avec commentaires de textes d'ancien français, par *M. Petit de Julleville*, professeur à la Faculté des Lettres de Paris : 3ᵉ édition ; 1 vol. in-12, *br.* 2 f. 50 c.

Histoire abrégée de la Langue et de la Littérature françaises, depuis les origines jusqu'à nos jours, par *A. Noël*, professeur du lycée de Versailles : 9ᵉ édition ; 1 fort vol. in-12, *br.* 3 fr. 50 c.

Histoire abrégée de la Littérature française, depuis son origine jusqu'à la Révolution, par *E. Geruzez*, professeur honoraire de la faculté des lettres de Paris : 10ᵉ édition ; 1 vol. in-12, *br.* 3 f.

La Fontaine. Fables, XII livres, *édition à l'usage de l'Enseignement secondaire classique, avec citation, dans leur texte original, des passages d'auteurs grecs et latins dont le fabuliste s'est inspiré*, précédée de la Dédicace et de la Préface de La Fontaine, ainsi que de la Vie d'Ésope, et suivie de Philémon et Baucis, du Discours à Mᵐᵉ de la Sablière et de l'Épître à Mᵍʳ de Soissons sur Quintilien, avec introduction biographique et littéraire et notes grammaticales et philologiques par *A. Noël* : 2ᵉ édition ; in-12, *cart.* 2 f. 50 c.

Boileau. Œuvres poétiques, édition avec remarques et appréciations littéraires par *A. Dubois*, suivie d'un Index biographique et historique ; 1 vol. in-12, *rel. toile*, 1 f. 50 c.

La Bruyère. Caractères (les), édition classique, accompagnée de notes et remarques par *J. Helleu*, professeur du lycée Condorcet ; 1 fort vol. in-12, *cart.* 2 f. 50 c.

J. J. Rousseau. Morceaux choisis, avec introduction biographique, notes et remarques, par *MM. L. Tarsot*, licencié ès lettres, sous-chef de bureau au Ministère de l'instruction publique, et *A. Wissemans*, licencié ès lettres et en droit, rédacteur au Ministère de l'instruction publique ; 1 fort vol. in-12, *cart.* 2 f. 50 c.

Corneille. Théâtre choisi (le Cid, Horace, Cinna, Polyeucte, Nicomède, le Menteur), édition classique sans notes, précédée d'une notice littéraire par *L. Feugère*, professeur du lycée Henri IV ; in-18, *cart.* 1 f. 75 c.

Molière. Théâtre choisi (le Misanthrope, l'Avare, le Bourgeois gentilhomme, le Malade imaginaire, les Précieuses ridicules, les Femmes savantes), édition sans notes, précédée d'une notice littéraire par *L. Feugère* ; in-18, *cart.* 1 f. 75 c.

Racine (J.). Théâtre choisi (Andromaque, les Plaideurs, Britannicus, Iphigénie, Esther, Athalie), édition classique sans notes, précédée d'une notice littéraire par *L. Feugère* ; in-18, *cart.* 1 f. 75 c.

LA POÉSIE
DE LA
RENAISSANCE

(MAROT, RONSARD, DU BELLAY, D'AUBIGNÉ, RÉGNIER)

ÉTUDES ET EXTRAITS

PAR

GEORGES MEUNIER

AGRÉGÉ DE L'UNIVERSITÉ
PROFESSEUR DE LETTRES AU LYCÉE DE SENS.

PARIS
IMPRIMERIE ET LIBRAIRIE CLASSIQUES
Maison Jules DELALAIN et Fils
DELALAIN FRÈRES, Successeurs
56, RUE DES ÉCOLES.

Ouvrages de M. Georges Meunier :

LIBRAIRIE DELALAIN FRÈRES.

Les Époques de la Nature, de *Buffon*, édition critique avec Introduction littéraire, commentaire et lexique des termes scientifiques. 1 vol. in-12, *br.* 2 f.

La Poésie de la Renaissance, *Marot*, *Ronsard*, *du Bellay*, *d'Aubigné* et *Régnier*, Études et Extraits avec Glossaire de la langue du XVIe siècle. 1 vol. in-12, *br.* 4 f.

La Littérature française au XIXe siècle, appendice à l'Histoire des *Littératures grecque, latine et française* de M. Geruzez, professeur de la Faculté des Lettres de Paris. — Deuxième partie du *Cours de Littérature* de M. Geruzez. 1 vol. in-12, *br.* 2 f.

LIBRAIRIE DELALAIN FRÈRES et LIBRAIRIE CH. DELAGRAVE.

Les Critiques littéraires du XIXe siècle, en collaboration avec M. Hatzfeld. 1 vol. in-12, *br.* 2 f. 50 c.

LIBRAIRIE CH. DELAGRAVE.

Les Grands Historiens du XIXe siècle, Études et Extraits. 1 vol. in-12, *br.* 3 f.

Toute contrefaçon de cette édition sera poursuivie conformément aux lois ; tous les exemplaires sont revêtus de notre griffe.
Tous droits réservés.

1896.

PRÉFACE

Ce volume, destiné à faire connaître les chefs-d'œuvre poétiques de la Renaissance, renferme, non pas des fragments écourtés, mais des textes nombreux et complets, capables de donner une idée précise et exacte de Marot, de Ronsard, de Du Bellay, de D'Aubigné et de Régnier.

Une étude approfondie sur chaque auteur précède les différentes parties du volume : elle est, indépendamment des notes historiques et littéraires, disposées avec sobriété au bas des pages, le meilleur commentaire des textes.

Pour établir ces derniers, nous avons eu recours aux grandes éditions suivantes, dont nous n'avons pas hésité cependant à modifier les données toutes les fois que le sens nous en a fait une nécessité :

Marot, *Œuvres complètes*, tomes II et III de l'édit. G. Guiffrey. Paris, Quantin (Ces deux tomes seuls ont paru). — Édit. Pierre Janet. Paris, Marpon et Flammarion, 4 vol. in-12. — Édition publiée en 1548 par Oudin Petit, libraire à Paris. — Édition publiée en 1702 par Adrian Moetjens, libraire à La Haye.

Ronsard, *Œuvres complètes*, édit. P. Blanchemain. Paris, Biblioth. Elzévirienne, 8 vol. — Édit. Marty-Laveaux. Paris, Lemerre. — Édit. Becq de Fouquières. Paris, Charpentier (*Choix*).

Du Bellay, *Œuvres françaises*, édit. Marty-Laveaux. Paris, Lemerre, 2 vol in-8°. — Édit. Becq de Fouquières. Paris, Charpentier (*Choix*).

D'Aubigné, *Poésies*, t. III et IV de l'édit. Réaume et de Caussade. Paris, Lemerre, 6 vol. in-8° d'*Œuvres complètes*. — *Les Tragiques*, édition de M. Ludovic Lalanne. Paris, lib. P. Jannet, 1857.

Régnier, *Œuvres complètes*, édit. E. Courbet. Paris, Lemerre, 1 vol. in-8°. — Édit. Viollet-le-Duc, *Bibl. elzév.* Paris, 1853. — Édit. Prosper Poitevin. Paris, Ad. Delahays, 1 vol., 1860.

Quant à l'orthographe, nous avons pu, sans inconvénient, la modifier en quelques endroits. On sait, en effet, que chacun des écrivains du XVIe siècle avait la sienne propre, et qu'il n'existait à cet égard aucune uniformité. Nous nous sommes donc borné à suivre les règles les plus générales, tout en nous rapprochant sur certains points d'une orthographe plus moderne et plus facilement abordable.

Qu'il me soit permis, en terminant, de remercier M. Paul Delalain, dont l'érudition m'a souvent rappelé celle des savants éditeurs de la Renaissance, et dont, en maintes circonstances, les conseils m'ont été très précieux. J'adresse encore tous mes remerciements à mon distingué collègue et ami M. Henri Marchand, professeur au Lycée de Sens : je dois à son goût éclairé plus d'un aperçu original sur cette poésie du XVIe siècle si pleine encore de fraîcheur et de jeunesse après trois cents ans écoulés.

G. M.

TABLE DES MATIÈRES

Préface.   v

Introduction : *La Renaissance littéraire.*   xiii

CLÉMENT MAROT

Étude biographique et littéraire.		1
L'Enfer	Les Procès.	12
Id.	Un Juge d'instruction.	13
Opuscules	Enfance de Marot.	15
Élégies	Une lettre.	16
Épîtres	Le Lion et le Rat.	18
Id.	Requête au Roi, pour avoir été dérobé.	20
Id.	Recours en grâce ; au Roi.	24
Id.	Fripelipes, valet de Marot, à Sagon.	26
Id.	Adieu aux Dames de la Cour.	30
Id.	Conseils de Jean Marot à son fils.	32
Id.	A une Demoiselle malade.	33
Id.	Papillon.	34
Id.	Marot et la Sorbonne.	36
Id.	A Mgr le Dauphin, du temps de son exil.	41
Id.	Repentez-vous.	44
	Deux cœurs en un.	44
Ballades	Ballade de Frère Lubin.	45
Chants	Prière pour une malade.	46
Rondeaux	Au bon vieux temps !	46
Id.	A un créancier.	47
Épigrammes	De l'Abbé et de son valet.	47
Id.	De la duché d'Étampes.	48
Id.	D'une Dame qui avait désiré le voir.	48
Id.	De soi-même.	49
Id.	Au Roi de Navarre.	49
Id.	Samblançay.	49
Id.	De la Reine de Navarre.	50
Id.	A la Reine de Navarre.	50

TABLE DES MATIÈRES.

Épigrammes........	De Oui et de Nenny.	51
Id.	De Nenny.	51
Id.	D'une Dame de Normandie.	51
Id.	A Geffroy Bruslard.	52
Id.	D'un usurier.	52
Id.	De soi-même et d'un riche ignorant.	53
Épitaphes.........	Épitaphe d'un joueur de farces.	53
Chants...........	Chant de mai.	54
Cimetière.........	De trois enfants frères.	55
Préface des Psaumes..	Aux Dames de France.	56
Traduct. des Psaumes.	Paraphrase d'un psaume.	57

Les Doctrines littéraires de la Pléiade.   59

PIERRE DE RONSARD

Étude biographique et littéraire.		81
Sonnets à Cassandre..	Projet studieux.	114
Id.	.. Souhait.	114
Id.	.. Adjuration.	115
Id.	.. Fleurs éphémères.	116
Id.	.. Bonheur passé.	116
Id.	.. Première émotion.	117
Id.	.. Prédiction de Cassandre.	117
Id.	.. Blessure d'amour.	118
Sonnets à Marie	Souvenir.	118
Id.	... Si j'étais Jupiter!...	119
Id.	.... Aimer.	119
Id.	.... La mort d'une jeune fille.	120
Sonnets à Hélène. ...	Hélène.	120
Id.	.... A Hélène.	121
Id.	.... Message.	122
Id.	.... Déclaration.	122
Sonnets divers......	A Jean Daurat.	123
Id.	...... A lui-même.	124
Id.	...... A Robert Garnier.	124
Odes	De l'élection de son sépulcre.	125
Id.	Jeunesse de cœur.	127
Id.	La joie de vivre.	128
Id.	Ode à Calliope.	129
Id.	A Charles de Pisseleu.	131
Id.	A Odet de Colligny.	133
Id.	A la fontaine Bellerie.	134

Odes	A la forêt de Gastine.	135
Id.	Chanson à boire.	136
Id.	Vieillesse.	136
Id.	Mélancolie.	137
Id.	L'Amour mouillé.	138
Id.	L'Amour et l'Abeille.	139
Id.	Éros.	141
Id.	La Rose.	142
Id.	A Antoine Chasteigner.	143
Id.	Égalité devant la mort.	144
Id.	L'Aubépin.	145
La Franciade.	Évocation.	146
Églogues.	Églogue.	147
Élégies.	Contre les bûcherons de la forêt de Gastine.	150
Id.	A Genèvre.	151
Id.	A Remy Belleau.	152
Hymnes	Hymne de Bacchus.	155
Id.	Hymne de Henri II.	156
Id.	Hymne de la Mort.	156
Les Poèmes	Vocation poétique.	157
Gaietés et Épigrammes.	Le Voyage d'Arcueil.	159
Discours.	Justification de Ronsard.	161
Id.	Aux Protestants.	165
Id.	Remontrance au peuple de France.	167
Id.	Conseils à Charles IX.	170
Poésies diverses.	Aux Mouches à miel.	173
Id.	A la Source du Loir.	174
Odes..	Immortalité.	176

JOACHIM DU BELLAY

Étude biographique et littéraire.		177
Vers lyriques.	Le Poète courtisan.	190
Poésies diverses.	D'écrire en sa langue.	194
L'Olive, sonnet	La Belle Matineuse.	196
Id.	L'Olivier.	197
Id.	L'Idée.	197
Les Amours, sonnet. .	Réveil du cœur.	198
Id. . .	Passion.	198
Antiquités de Rome . .	Grandeur de Rome.	199
Id. . .	Les sept Collines.	199
Id. . .	Les Ruines.	200

M. *La poésie de la Renaissance.*   *b*

TABLE DES MATIÈRES.

Antiquités de Rome	. . Grandeur passée.	201
Id.	. . La Gloire du monde.	201
Id.	. . Les Ruines de Rome.	202
Id.	. . Rome.	202
Id.	. . Vanité des vanités.	203
Id.	. . Mélancolie.	203
Songe ou Vision sur Rome.	Allégorie.	204
Antiquités de Rome	. . Réponse au Sonnet d'un quidam.	204
Id.	. . Le vieux Chêne.	205
Id.	. . A ses Vers.	206
Les Regrets, sonnet	. . Bienfaits de la Poésie.	206
Id.	. . La Terre natale.	208
Id.	. . A la France.	208
Id.	. . Souvenirs d'antan.	209
Id.	. . Plainte d'exil.	209
Id.	. . L'Accoutumance.	210
Id.	. . Découragement.	211
Id.	. . Dégoût.	211
Id.	. . L'Éloignement.	212
Id.	. . Désillusion.	212
Id.	. . Le Conclave.	213
Id.	. . Intrigues romaines.	214
Id.	. . A Ronsard.	215
Sonnets inédits	. . . . Charles-Quint et Paul IV.	215
Jeux rustiques	. . . . Palinodie.	216
Id.	. . . . La Chanson du Vanneur.	217
Id.	. . . . Arrière-saison.	218
Id.	. . . . Hymne de la Surdité.	219
A François Ier	. . . . Les Laboureurs.	221
Jeux rustiques	. . . . Épitaphe d'un Chat.	223

AGRIPPA D'AUBIGNÉ

Étude biographique et littéraire.		227
Printemps	. . . . . . La Jeunesse du Poète.	239
Id.	. . . . . . A Diane.	241
Id.	. . . . . . Inconstance.	241
Id.	. . . . . . Nonchalance.	243
Id.	. . . . . . Idylle.	243
Poésies mêlées	. . . . . Extase.	244
Id.	. . . . . Vers le Port.	244
Poésies religieuses	. . . Confiteor.	246
Poésies diverses	. . . . L'Épagneul.	247

b.

TABLE DES MATIÈRES.

Sonnet inédit		Tyrannie.	247
Les Tragiques		Préface.	248
Id.	livre I.	Le premier Livre des *Tragiques*.	249
Id.	livre II, Extr.	Malheur aux tièdes.	289
Id.	liv. III, Extr.	La Chambre Dorée.	290
Id.	Ibid.	Un Juge.	291
Id.	Ibid.	La Formalité.	292
Id.	Ibid.	La Crainte.	292
Id.	liv. VII, Extr.	Aux Martyrs.	293
Id.	Ibid.	Le Jugement dernier.	293
Id.	Ibid.	La Sentence.	295
Id.	Ibid.	Hymne des Élus.	297

MATHURIN RÉGNIER

ÉTUDE BIOGRAPHIQUE ET LITTÉRAIRE.	299
Satire II. . . . . Les Mauvais Poètes.	312
Id. III . . . . Quel parti prendre?	315
Id. IV. . . . . La Vocation poétique.	321
Id. V. . . . . Les Goûts et les Humeurs.	324
Id. VIII . . . . Le Fâcheux.	327
Id. IX. . . . . Contre Malherbe et son école.	330
Id. X. . . . . Le Repas ridicule.	337
Id. XIII. . . . . . . Macette.	347
Id. XV. . . . . . . Sur lui-même.	351
Poésies posthumes . . . Sonnet sur la mort de M. Passerat.	353
Id. . . . Stances.	353
Sonnet. . . . . Repentir.	357
Epigramme XXIII . . Aux Lecteurs.	357
	Épitaphe de Régnier.	358

GLOSSAIRE.   359

INTRODUCTION

LA RENAISSANCE LITTÉRAIRE

L'historien Burckhardt raconte que, le 15 avril 1445, le bruit se répandit dans Rome qu'on avait découvert le corps, admirablement beau et parfaitement conservé, d'une jeune Romaine des temps antiques. On allait jusqu'à dire qu'elle avait encore les couleurs de la vie, que sa bouche semblait prête à s'ouvrir pour parler. Quantité de peintres vinrent copier cette merveilleuse dépouille; « car elle était belle au delà de toute expression, et il fallait l'avoir vue pour croire à cette beauté naturelle ».

Cette gracieuse et symbolique légende donne une idée parfaite de l'état des esprits, dans l'Europe occidentale, au xve siècle, à l'aurore de la Renaissance.

C'est qu'en effet, en face de la culture intellectuelle du moyen âge, fondée surtout sur l'esprit religieux, naît une culture nouvelle, qui se rattache particulièrement à l'antiquité. L'Italie devient le foyer de cette résurrection du passé : les souvenirs de l'antiquité y étaient restés plus vivaces que partout ailleurs; derrière les monuments de la Rome chrétienne, on retrouvait à chaque instant quelque vestige, quelque ruine célèbre, dont le zèle des archéologues du temps parvenait, à grand peine, à reconstituer l'histoire. Enfin les ouvrages des littératures grecque et romaine étaient plus nombreux en Italie que partout ailleurs. On les regardait comme la source de toute science, dans le sens le plus absolu du mot : c'est ainsi que Dante avait pris Virgile comme guide de son voyage à travers le monde infernal, et qu'il avait évoqué la grande ombre d'Homère, le poète-roi, celles d'Horace, d'Ovide et de Lucain.

Cependant, quelque influence que les écrivains de l'antiquité eussent exercée en Italie au moyen âge et pendant le xive siècle, la beauté antique s'y était surtout révélée aux esprits à travers les œuvres des Latins, dont on connaissait les poètes, les historiens et les orateurs les plus célèbres; quant aux Grecs, Aristote, Plutarque et quelques autres, on s'en inspirait surtout dans des traductions; on n'entrevoyait Homère qu'à travers Virgile, Pindare qu'à travers Horace, Platon et Démosthène qu'à travers Cicéron; l'érudit Pétrarque ignorait si bien le grec, qu'il se plaignait douloureusement de ne pouvoir lire un Homère, dont le texte lui paraissait indéchiffrable, et qu'il admirait sans le comprendre.

Pétrarque peut être considéré comme le véritable promoteur de la renaissance littéraire, au xive siècle. Nous ne voyons plus guère en lui, aujourd'hui, que le grand poète italien; mais son principal titre de gloire, auprès de ses contemporains comme à ses propres yeux, « est qu'il représentait, en quelque sorte, l'antiquité dans sa personne, qu'il imitait la poésie latine dans tous les genres, qu'en écrivant de grands ouvrages d'histoire et des traités de philosophie, il ne cherchait pas à faire oublier les ouvrages des anciens, mais à en propager la connaissance[1] ». Il possède dans sa bibliothèque Térence, Horace, Stace, Pline, Quintilien et Sénèque; il étudie Cicéron avec passion. Pour mieux pénétrer le sens des auteurs qu'il prend en main, il ne les lit qu'en les annotant. Bien plus, il les apprend par cœur, et il arrive ainsi, lentement, patiemment, à leur dérober le secret de leur forme. Enfin lui-même se met à la découverte de manuscrits nouveaux, fouille les bibliothèques, et transcrit de sa propre main, avec un soin pieux, les œuvres que le hasard lui a révélées.

Son ami Boccace partageait sa passion et son enthousiasme : on ignorait encore, en Europe, qu'il était l'auteur du *Décaméron*, alors que depuis cinquante ans on admirait ses compilations mythographiques, géographiques et biographiques en langue latine. L'Italie entière était donc convaincue, malgré les œuvres dont l'avaient dotée ses poètes, que l'antiquité était la source de goût la plus pure à laquelle elle pût aller puiser.

Aussi avec quel enthousiasme Pétrarque signale-t-il à Boccace le Calabrais Léonce Pilate, qu'il a décou-

---

1. BURCKHARDT, 3e partie, ch. IV.

vert, et qui sait du grec ! Aussitôt Boccace va le chercher à Venise, le ramène chez lui et lui fait commencer une traduction latine d'Homère, dont il annonce, jour par jour, pour ainsi dire, les progrès à son ami, et dont il s'occupe lui-même à faire des copies. Enfin, après des démarches près du sénat de Florence, les deux humanistes parviennent à faire créer une chaire de grec à l'Université de cette ville, en 1360. Dès lors, Florence devient un véritable centre intellectuel et comme le creuset où sont en fusion les éléments divers qui composeront la Renaissance.

L'érudition hellénique se concentra en effet à Florence, à dater de ce moment. Assurément elle ne se généralisa pas comme la connaissance du latin ; mais un événement important vint lui donner une impulsion considérable : ce fut la prise de Constantinople par les Turcs, en 1453. Pour échapper aux conséquences désastreuses de cet événement, des savants grecs passèrent en Italie, où ils apportèrent avec eux un grand nombre de manuscrits des ouvrages anciens. Quels trésors inconnus ces exilés allaient révéler à ce monde impatient de revenir aux jours de divine jeunesse dont les œuvres de la Grèce conservaient l'empreinte !

Le docte Emmanuel Chrysoloras succède alors dans la chaire de grec de Florence à Léonce Pilate : il y commente les doctrines de son maître Gémiste Pléthon, le dernier des néo-platoniciens, et celles de Platon lui-même, dont Marsile Ficin et ses disciples restaureront le culte. En même temps, Laurent de Médicis renvoyait en Orient l'un de ces exilés, Jean Lascaris, qui devait rapporter à Florence deux cents nouveaux manuscrits grecs. D'autres, comme Jean Argyropoulos, Démétrius Chalcondyle et ses fils, puis Andronikos Callistos, contribuaient, chacun pour leur part, à répandre l'étude du grec dans la Péninsule ; enfin, dans une chaire de l'Université de Ferrare, Théodore Gaza rédigeait son *Introduction à la Grammaire grecque*.

Une découverte, considérable par sa portée et ses conséquences, était venue, sur ces entrefaites, favoriser l'éclosion de la pensée et la diffusion des écrits : l'imprimerie, inventée en Allemagne vers 1440, allait donner à la

Renaissance son libre essor. Cette découverte eut lieu précisément au moment où les œuvres antiques s'imposaient à tous, par leur valeur propre et le charme de leur nouveauté, si bien que, pendant un siècle, on n'a presque imprimé qu'elles, avec quelques autres ouvrages essentiels, comme la *Bible* et l'*Imitation*. Dès lors, l'imprimerie rattacha l'antiquité au XVIe siècle; le moyen âge fut rejeté comme une époque de mort et d'anéantissement de la pensée; ses manuscrits furent vite dédaignés. Cependant le travail des copistes avait atteint, en Italie, un tel point d'art et de perfection, que des protestations s'y élevèrent d'abord contre l'invention nouvelle. Vains efforts! Les envoyés du cardinal Bessarion eurent beau éclater de rire en voyant chez Constantin Lascaris le premier livre dû à l'imprimerie, qu'ils appelèrent une découverte de *Barbares*; Frédéric d'Urbin eut beau protester qu'il rougirait de posséder un de ces livres: les progrès de l'imprimerie n'en continuèrent pas moins. Grâce à elle, les éditions des auteurs latins, d'abord, se multiplièrent en Italie. Puis, bientôt, celles des auteurs grecs furent répandues par les presses d'Alde Manuce, qui publia pour la première fois, à Venise, les œuvres grecques les plus considérables: il y compromit, il est vrai, sa fortune, avec un désintéressement digne d'un savant et d'un éditeur de la Renaissance[1].

Ainsi à la connaissance de l'antiquité latine, qui, au moyen age même, n'avait cessé d'être étudiée et admirée, l'Italie avait ajouté celle de l'antiquité grecque. Pour l'antiquité latine, « l'innovation des maîtres italiens, innovation d'abord insensible et dont ils n'eurent eux-mêmes que vaguement conscience, avait consisté à la comprendre mieux et à saisir plus profondément ce qui en faisait à la fois le trait distinctif et la fécondité: l'observation directe de la nature et de la vie, et la beauté de la forme, le *style*; il n'y avait entre eux et leurs prédécesseurs qu'une différence de degré dans la pénétration et l'assimilation d'un monde qui n'avait jamais disparu de l'horizon intellectuel. La Grèce, au contraire, apportait une révélation toute

---

1. V. A.-F. Didot, *Alde Manuce et l'Hellénisme à Venise* (Paris, 1877).

nouvelle : le moyen âge n'en avait rien connu, et devant cette splendeur vierge, enchantant les yeux éblouis, tout ce qui l'avait ignorée semblait ténébreux, difforme et vulgaire[1]. »

L'antiquité ramenait l'homme à la nature et proclamait la puissance de la raison; elle diminuait ainsi l'influence du christianisme, qui se défie précisément de la raison et de la nature. Sentant désormais tout le prix de la forme et du beau, l'Italie chercha à reproduire l'antiquité, d'abord dans le domaine de la pensée et des lettres, puis dans la conception même de la vie; mais, pour affranchir la pensée, elle se dégagea du dogme religieux. La découverte de l'Amérique, par Christophe Colomb, avait semblé une première victoire de la raison sur la théologie; l'Italie, forte de ce succès, chercha alors à rendre indépendantes la philosophie et les sciences.

Elle prenait ainsi conscience d'elle-même et de sa force, et, par là, elle s'attachait à la vie, à tout ce qui la rend charmante et douce, à cette fête continuelle que donnent à l'imagination et aux yeux les biens naturels que l'antiquité avait aimés, le ciel pur, les bois, les eaux, les fleurs. Elle concevait, en un mot, l'existence comme une œuvre d'art qu'il fallait orner de tout l'éclat de la beauté et du luxe, pour que l'homme y pût développer aisément les harmonies de son corps, considéré, non plus, selon l'idée chrétienne, comme une vile enveloppe, mais comme une valeur en lui-même, pour qu'il y pût épanouir son âme, en exerçant plus librement ses facultés. Dans ce milieu, où la délicatesse mondaine se mélangeait aux séductions de la beauté artistique, l'individu, pensant que sa valeur était surtout en lui, devait faire effort pour durer le plus longtemps possible, et prolonger son existence terrestre dans une vie idéale, plus humaine que l'éternité chrétienne; or, la gloire lui offrait le moyen d'atteindre cette vie idéale, et la façon la plus aimable de l'acquérir était, à ses yeux, de faire effort pour réaliser, dans l'art et dans la poésie, les formes parfaites dont les anciens lui offraient

---

1. GASTON PARIS, *Hist. de la Langue et de la Littérature françaises*, t. I, Préface (A. Colin, édit., Paris, 1896).

le modèle. Ainsi, toutes les manifestations de la vie italienne au xv⁰ siècle finirent par s'envelopper d'art ; toute activité, politique, philosophique, scientifique ou mondaine, tendit à se revêtir des formes esthétiques les plus parfaites.

Cette idée de l'art que l'Italie introduisit au xvi⁰ siècle dans la littérature française, et qu'elle finit par adapter à l'esprit français, fut précisément la source de notre Renaissance littéraire, à l'éclosion de laquelle l'antiquité seule n'eût point suffi.

On imagine aisément l'enthousiasme qui s'empara des Français, lorsque, en 1494, ils descendirent pour la première fois dans la Péninsule, à la suite de Charles VIII. Au sortir de leurs sombres châteaux et de leurs vieilles villes, ils éprouvèrent comme un éblouissement, au milieu des palais et sous le ciel de la lumineuse Italie. Ils rêvèrent alors d'avoir, eux aussi, toutes ces belles choses qui font la vie riante et gaie : les statues, les tableaux, la poésie, la science, l'esprit, les belles habitations et les jardins ; aussi, à peine rentrés en France, ils commencèrent à copier les mœurs des Médicis, des ducs d'Urbin et de Ferrare. Deux fois encore ils revinrent, sous Louis XII et sous François I⁰ʳ ; si bien que, en 1525, lorsque le flot de l'invasion se fût retiré, la civilisation italienne avait profondément imprégné l'esprit français.

Il était temps, d'ailleurs, que la Renaissance italienne vînt vivifier notre littérature. Celle-ci avait perdu le culte des grandes et nobles idées : l'esprit bourgeois, positif et pratique, souvent railleur, volontiers même négateur et égoïste, donnait naissance à une littérature légère, mais pauvre d'idées, la plupart du temps cynique et vulgaire. Comment les érudits des cours féodales auraient-ils pu réagir contre ces tendances, avec leur littérature à la fois vide et compliquée, incapable de produire rien de définitif et de solide ? Et cependant, de tous côtés, on sentait que des germes féconds cherchaient à sortir du sol : quelques rares esprits essayaient de s'affranchir du joug de la tradition ; des sources de poésie pure et profonde jaillissaient çà et là ; enfin l'idée de la patrie, si nécessaire à la formation de l'unité littéraire, se dégageait déjà dans les esprits.

Mais ni ce sentiment de la communauté nationale, ni le génie d'un penseur ou d'un poète, n'avaient encore assez de force pour faire épanouir ces germes disséminés. Cette éclosion fut précisément l'œuvre de la Renaissance.

La France toutefois ne sacrifia pas son originalité; car, en recevant les éléments de la Renaissance italienne, elle les modifia, les transforma, les adapta à son propre génie. Aux goûts artistiques, éveillés en Italie par la vie de cour, elle ajouta ses tendances pratiques et positives, qui lui firent chercher surtout, dans l'étude de l'antiquité, les vérités morales ou scientifiques.

Pas plus qu'en Italie, d'ailleurs, l'antiquité n'avait été complètement oubliée en France pendant le moyen âge. On lisait Homère dans des traductions latines; les auteurs du *Roman de la Rose* s'inspiraient d'Ovide; enfin Virgile passait pour un poète sacré, une sorte d'introducteur du monde infernal. Outre ces poètes, les historiens Tite-Live, Jules César et Salluste étaient l'objet d'un véritable culte de la part d'Alain Chartier, et surtout des *rhétoriqueurs*, Georges Chastellain et Jean Le Maire des Belges.

Mais le sens critique n'était point éveillé chez ces *écumeurs de latin* : la renaissance des lettres grecques le développa.

Le grec avait été quelque peu pratiqué à la cour de Charlemagne, dont le ministre Alcuin possédait un certain nombre de manuscrits helléniques. Mais, à dater du grand schisme, cet idiome fut considéré comme la langue des hérésies, et on se piqua même de ne le plus savoir. Il était temps que quelques émigrés de Constantinople vinssent le remettre en honneur, en passant d'Italie en France.

Andronikos, fils de Callistos, fit connaître chez nous l'enseignement donné au delà des monts par Gémiste Pléthon. Puis Jean Lascaris séjourna deux fois à Paris, où il éveilla la vocation de notre Budé. Enfin l'Italien Grégoire Tifernas enseigna, dès 1470, à l'Université de Paris, et peu après un pauvre émigré assez ignorant, Hermonyme de Sparte, occupa en Sorbonne une chaire, au pied de laquelle vinrent s'asseoir des hommes comme Erasme et Reuchlin, dont la science dépassa de beaucoup celle de leur maître.

Les progrès furent si rapides, que bientôt un savant français, Guillaume Budé, mérita le titre de « restaurateur des études grecques ». Il ouvrit la voie à ces érudits, dont les immenses travaux de critique allaient mettre au premier rang, en Europe, les hellénistes français : Tissard, l'auteur du *Liber gnomagyricus*, le premier livre grec imprimé en France (1508); Henri Estienne, le plus éminent représentant d'une illustre famille d'imprimeurs, et dont le *Thesaurus Linguæ Græcæ* accentua la renaissance de l'hellénisme en France.

A ce moment, du reste, en 1530, d'après les conseils de Budé, François Ier fonda, sur le modèle des Académies d'Italie, le Collège des trois langues ou Collège de France. Le grec, le latin, l'hébreu, y furent enseignés à côté de la médecine, des mathématiques, de la philosophie, de toutes les sciences, en un mot, qui cherchaient à se faire jour. Les hellénistes Budé et Danès, les latinistes Turnèbe et Lambin, enfin l'hébraïsant Vatable, virent accourir à leurs doctes leçons tous ceux qui avaient soif d'instruction et d'indépendance de pensée. En même temps, François Ier faisait graver et fondre des caractères d'imprimerie, d'après les formes des types vénitiens d'Alde Manuce, afin de servir aux belles éditions publiées par les imprimeurs royaux ; il achetait, pour la Bibliothèque royale, et faisait même éditer des manuscrits d'auteurs anciens, qu'il faisait venir d'Asie, de Grèce et d'Italie.

Dès lors, l'antiquité règne souverainement en France comme en Italie ; la pensée, si longtemps engourdie, *renaît* à son souffle bienfaisant, et son évolution aboutit à ces deux résultats : le goût dans le domaine artistique et littéraire, le rationalisme dans le domaine philosophique.

Ce culte du goût et de l'art pour l'art, l'*humanisme*, en un mot, avait pris naissance en Italie, et s'était développé en France, au contact des grandes œuvres du passé, dont on admirait la perfection de forme, qu'on cherchait ensuite à reproduire. L'humanisme, en effet, n'est pas la Renaissance ; il est un courant parallèle à cette dernière, mais tout à fait distinct. Tandis que la Renaissance ressuscite, en effet, les idées antiques, l'humanisme se contente d'imiter les procédés de l'art gréco-romain : il est un effort pour échapper au temps présent et pour se faire, en quelque sorte, une âme antique. Par cela même, il donne naissance à une littérature peu nationale, et il étouffe le tempérament propre de l'auteur sous une imitation quelquefois servile. Mais de quels avantages l'humanisme ne compense-t-il pas ces inconvénients! En évoquant sans cesse l'image des œuvres supérieures et parfaites, il donne à ceux qui le pratiquent l'amour de la grandeur et de la noblesse de forme; il engendre une littérature impersonnelle, en élargissant l'horizon de l'âme moderne, à laquelle il ouvre des perspectives sur le passé. Enfin, tandis que la Renaissance est une rupture violente avec le moyen âge et même avec le christianisme, l'humanisme vit en bonne intelligence avec ce dernier, parce qu'il concilie, en apparence du moins, deux termes opposés : une âme chrétienne et un art païen. Cette conciliation convenait merveilleusement à l'esprit français, volontiers éclectique, ennemi des doctrines extrêmes. L'humaniste aura deux hommes en lui : l'un, qui vit selon son temps, selon sa religion; l'autre, citoyen de la Grèce et de Rome, et de plus païen. Ces deux hommes réunis dans la même personne, y habiteront côte à côte, sans se gêner l'un l'autre, mais sans confondre leurs idées; le premier pensera et agira comme le veut l'existence de chaque jour; le second pensera et écrira comme un ancien l'aurait fait : de là viendra, au XVIIe siècle, ce divorce complet, dans notre littérature, entre l'élément chrétien et la mythologie. L'esprit païen toutefois infiltrera quelques-unes de ses idées au travers des pensées les plus chrétiennes de nos humanistes.

L'autre conquête de la Renaissance, c'est le rationalisme en philosophie. Nous avons vu que les savants Florentins avaient apporté en France les doctrines néo-platoniciennes. Sous cette influence et sous celle de Ramus, le syllogisme fut bientôt battu en brèche. Dès lors, le péripatétisme d'Aristote dut renoncer à disputer à Platon la domination des esprits. Luther et Calvin, les deux inspirateurs de la Réforme, virent dans le syllogisme un adversaire de la vérité, et le combattirent avec ardeur. Enfin, bientôt, les orthodoxes se retournèrent eux-mêmes contre lui, sous prétexte que « la forêt d'Aristote étouffait l'autel du Seigneur ». — Le triomphe de Platon fut complet, quand les humanistes, comme Pic de la Mirandole et surtout Erasme, l'un des esprits les plus distingués du temps, embrassèrent sa cause : c'est même du *platonisme* qu'Erasme fit sortir le *rationalisme*, qu'on peut considérer comme le point extrême auquel aboutit le mouvement philosophique du temps, et qui allait donner à la pensée son libre essor et sa pleine envolée. Cependant, ce désastre de la scolastique avait éveillé l'esprit de critique : le rationalisme le trempa et l'affina, tandis que l'érudition mettait entre ses mains des armes redoutables.

En effet, après avoir appliqué la critique aux connaissances humaines, on fut naturellement amené à l'exercer sur les choses de la foi. Après avoir discuté les textes d'Homère, d'Aristote et de Platon, on examina, on commenta la Bible. Naturellement, on y trouva la condamnation de bien des abus qui, au cours des siècles, s'étaient introduits dans le catholicisme. Wicleff et Jean Huss les avaient déjà signalés, et avaient payé cette hardiesse de leur vie. Mais, cette fois, l'esprit d'examen, soutenu par le rationalisme, ne craignait plus d'avancer, l'Ecriture en main, que l'Église avait faussé le christianisme des premiers temps, et qu'il l'y fallait ramener. C'est ainsi que la Réforme religieuse sortit du mouvement de la Renaissance.

Tout d'abord, Renaissance et Réforme firent cause commune : Luther déclarait les humanités « les fourreaux du glaive de l'esprit ». Calvin prescrivait, au collège de Genève, l'étude des lettres antiques, et Zwingle cultivait les langues grecque et latine. Il en fut de même en France, dans les premiers temps : on y voit des érudits et des poètes, récemment convertis à la Réforme, réunis autour de François Ier et de sa sœur Marguerite. Ramus et Henri Estienne ont la protection du roi, bien qu'ils aient embrassé la doctrine nouvelle; le poète de cour Marot lui donne des gages indiscutables; les protestants Despériers et Le Fèvre d'Etaples pratiquent, l'un la poésie, l'autre l'hellénisme. Les deux grands courants de la pensée,

Réforme et Renaissance, n'ont alors aucune peine à marcher l'un près de l'autre, parce qu'ils se fortifient réciproquement, et parce qu'ils permettent ainsi à leurs adeptes de réaliser le type de l'homme complet, conformément à l'idéal italien.

L'accord ne dura pas longtemps : la Réforme s'aperçut bientôt que, pour unir étroitement la morale au dogme, elle ne pouvait compter sur la Renaissance, qui représentait la tradition païenne et la philosophie antique en face du christianisme. Après un essai infructueux pour se subordonner l'humanisme, la Réforme rompit donc brusquement avec lui, au nom de la morale. Luther donna le signal. Bientôt Calvin se posa en adversaire de Rabelais ; Marot, qu'on trouvait trop protestant à la cour, ne put rester à Genève, où ses mœurs le firent décrier. Par cela même, la Réforme élimine l'idée de l'art, qu'elle considère comme un obstacle à son but essentiellement moral.

Le contre-coup de cette élimination se fait sentir même dans la philosophie libre : lorsque Rabelais et Montaigne traceront, au nom de la raison, un idéal de la vie, ils en excluront la notion de l'art, et présenteront cet idéal sous une forme exclusivement pratique. Entre les mains de Montaigne, le type italien de l'homme complet deviendra même le type mieux défini de *l'honnête homme*.

Peu à peu, du reste, à mesure qu'on avance dans le XVIᵉ siècle, l'art s'élimine des autres productions de la pensée française : Budé, Turnèbe, Lambin, le rejettent hors de l'humanisme, qu'ils ramènent à la philologie pure et à la critique des textes. Les sciences particulières, historiques et naturelles, se constituent sans lui, et bientôt il n'a plus, pour se réfugier, que la littérature proprement dite, bien dégagée de la philosophie et de la philologie.

Or, la forme littéraire par excellence, c'est la poésie : c'est donc en elle que l'art atteindra son expression la plus haute : art mondain et plein d'aisance avec Marot ; art aristocratique et élevé avec Ronsard, qui cherchera à remettre en usage les formes littéraires des anciens, à couler ses pensées dans les moules rythmiques dont la poésie grecque lui livrera le secret : tentative hardie et pleine de périls, que ses disciples et ses imitateurs ne voudront pas renouveler. Abandonnant l'art antique, ils reviendront avec Desportes à l'art italien, c'est-à-dire que, par un brusque retour en arrière, la Renaissance ira rendre hommage à l'Italie, pour en avoir, à ses débuts, reçu cette notion de l'art dont elle s'est si promptement dégagée partout ailleurs qu'en poésie : retour regrettable ; car, entre les mains de Desportes et de ses contemporains, la poésie changera sa grandeur en mièvrerie, sa force en subtilité.

Une seule voix, celle de D'Aubigné, exprime encore ses sentiments d'une façon énergique, mais fougueuse et parfois désordonnée : ainsi, les passions violentes, déchaînées par les idées religieuses, empêcheront au moins la poésie de se perdre dans l'imitation artificielle et la rapprocheront de la réalité.

Mais, à part l'œuvre toute personnelle de D'Aubigné, qui, d'ailleurs, est un retardataire; à part Régnier, qui, tout en admirant Ronsard, va puiser son admiration à des sources populaires et naturelles, on sent que vers la fin du xvie siècle le torrent d'idées déchaîné par la Renaissance est prêt à rentrer dans son lit. La raison va remplacer l'enivrement de l'esprit; la discipline va comprimer la fougue : on s'achemine décidément vers le xviie siècle. Certes, c'est l'esprit bourgeois qui triomphe, en dépit des apparences; mais il s'est retrempé, fortifié, affiné, éclairé, pendant le siècle qui vient de s'écouler. Il est préparé désormais à entreprendre quelque tâche solide et durable; seulement, il est réfractaire à l'idée de l'art, et l'art seul peut assurer la durée d'une œuvre en lui donnant la beauté. Fort heureusement, Malherbe n'est pas loin : il va mettre les esprits en état de comprendre la grande poésie, et de la travailler avec fruit, car, avec sa rude énergie, il saura rapprocher la raison moderne de l'art antique. Désormais, grâce à lui, l'art ne sera plus que la manifestation suprême de la raison.

CLÉMENT MAROT

Étude biographique et littéraire.

L'homme. — C'est une existence étrange que celle de Clément Marot : existence vagabonde, remplie de soucis et de persécutions qui eussent paralysé le talent de tout autre, et qui contribuèrent, au contraire, à développer, à affiner le sien, beaucoup mieux que ne l'auraient pu faire le calme et la tranquillité relatives dont il jouit durant plusieurs années.

Son père, Jean des Mares, un Normand des environs de Caen, avait une certaine réputation poétique, et il devait léguer à son fils un talent incontestable à tourner l'épigramme : il lui transmit aussi son surnom de Marot, que Clément devait rendre à jamais célèbre. C'est pendant un voyage de Jean des Mares à Cahors, en 1497, que naquit ce dernier. Il vint de bonne heure à la Cour, où l'amena son père, devenu, en 1505, secrétaire officiel d'Anne de Bretagne, puis valet de chambre de Louis XII et de François Ier. L'influence de la Cour le *dégasconna* et lui donna, à défaut de la connaissance approfondie du grec et du latin, la science de rimer avec à propos des galanteries et des malices. Aussi, après s'être affilié un instant à la confrérie des Enfants-Sans-Souci, le trouvons-nous, vers 1513, engagé comme page du duc de Villeroy. Il est des premiers à saluer l'avènement de François Ier, et fait paraître, en 1515, son *Temple de Cupido* et son *Jugement de Minos*. Ainsi mis en lumière, il ne tarda pas à entrer au service de Marguerite d'Angoulême, duchesse d'Alençon et sœur du nouveau roi. Auprès de cette femme distinguée, qui, la première, a introduit dans la poésie le sentiment, l'amour de la vie et de la nature, et qui fut l'une des initiatrices de notre Renaissance littéraire, Clément Marot se trouvait vraiment dans son élément. Il pouvait briller dans cette société de poètes et de savants, tous valets de chambre, secrétaires et protégés de l'aimable duchesse, à laquelle ils faisaient cortège : aussi accueillait-elle avec empressement les vers qu'il lui adressait. C'est l'époque la plus heureuse de sa vie, que cette période qui va de 1518 à 1526. Mais les jours de cette *jeunesse folle* vont bientôt finir : il semble qu'en abandonnant Marguerite pour devenir valet de chambre de François Ier, il ait perdu quelque talisman auquel il devait le

M. La poésie de la Renaissance.

bonheur. Cette Cour brillante de France, cette société distinguée de Marguerite, devenue, en 1527, reine de Navarre, il ne les reverra plus que par échappées, presque à la dérobée ; par une singulière contradiction du sort, ce joyeux poète, cet amant du plaisir et des joies de la vie, ne connaîtra plus désormais que la rigueur des prisons ou l'amertume de l'exil.

Fait prisonnier à Pavie, en 1524, aux côtés du roi, il revint en France en 1525. A ce moment commencent les revers. Marot, comme tous les penseurs de son temps, suit avec intérêt les progrès de la Réforme. Mais la Sorbonne inquiète a déjà commencé à poursuivre les partisans des idées nouvelles ; il ne faut pas s'être compromis bien sérieusement, pour lui devenir suspect : c'est le cas de Marot ; seulement, il a, de plus, piqué à vif la sensibilité des « sorbonistes », dans certaine épigramme dénotant plus de légèreté de caractère que de conviction. Il n'en faut pas plus, pour que le poète soit taxé d'hérésie. C'est en vain qu'il proteste : ses protecteurs sont trop loin ; car François Ier est prisonnier à Madrid, et Marguerite est en route pour le délivrer. Sur une accusation de Boucher, docteur en Sorbonne, le voilà donc conduit au Châtelet, qui lui inspirera son *Enfer*. Mais un ami de Marguerite, Gaillard, évêque de Chartres, l'en tire, pour le faire transférer dans son évêché, où, à l'ombre des grands arbres, dans une captivité très supportable en somme, le poète peut réfléchir aux inconvénients de la légèreté et aux avantages de la circonspection.

Ses réflexions ne lui profitèrent guère, car à peine libéré, par les ordres du roi, dont il était devenu valet de chambre, à la place de son père, ne s'avisa-t-il pas, en dépit de sa position officielle, d'arracher des mains de la prévôté un homme qu'on menait en prison ? Incarcéré de nouveau, il sollicita sa grâce dans une épître au roi, qui pardonna cette fois encore, après quelques semaines. Il est possible, cependant, qu'à la suite de cette aventure, Marot ait perdu son titre ; car il se retira auprès de Marguerite, devenue reine de Navarre, après la mort du duc d'Alençon, et qui continuait, dans sa cour de Nérac, à se faire la protectrice des gens de lettres.

Pendant que Marot se tenait éloigné de la Cour, ses ennemis y travaillaient contre lui. Aussi, lorsque, en 1536, il y voulut rentrer, se heurta-t-il contre de violentes inimitiés. C'est à cette époque que se rattache sa querelle avec François Sagon,

I.

curé de Beauvais, un mauvais poète d'ailleurs, qui eut beau jeu à attaquer, au nom de la morale, les poésies licencieuses et la conduite libertine du protégé de la reine de Navarre. Une lourde et grossière diatribe de Sagon provoqua une réplique étincelante de verve et de malice, qui réduisit au silence Sagon et ses adhérents, La Huetterie, Mathieu de Boutigny et Jean le Blond.

Le roi, le croyant désormais assagi, charmé d'ailleurs par la publication de ses œuvres de jeunesse, faite en 1532, sous le titre de *l'Adolescence Clémentine*, semble lui avoir alors rendu sa faveur, puisqu'il était, en 1535, à Blois, avec la Cour, lorsqu'un nouveau coup de foudre éclata. Des placards huguenots contre la messe furent une nuit affichés dans Paris, aux portes des églises. Sur une dénonciation que les rancunes de la Sorbonne pourraient fort bien expliquer, Marot fut porté sur une liste de soixante-treize suspects ajournés à comparaître. Une perquisition dans sa bibliothèque prouva tout ce qu'on voulait découvrir sur son compte. Il possédait des *livres de deffense* et même d'*art magic*, comme tout érudit et tout lettré en pouvait avoir : on allait le faire arrêter. Mais il se souciait peu de retomber entre les griffes des « juges d'Enfer ». Il se sauva donc au plus vite en Béarn, puis de là à Ferrare, chez une princesse entièrement dévouée à la Réforme, la duchesse Renée de France, sœur de Marguerite. C'est de là qu'il envoya à François Ier une épître nouvelle, où il tentait de le fléchir, en affirmant, malgré les apparences, sa parfaite orthodoxie. Il n'eut pas le temps d'attendre la réponse, car, sur l'invitation du pape Paul III, le duc de Ferrare dut le chasser de ses États : il s'enfuit à Venise.

Le roi, après tout, aimait ce poète, qui faisait grand honneur à son siècle : il lui permit de revenir en France, en 1536; mais il dut abjurer solennellement à Lyon, par-devant le cardinal de Tournon. Il rentre alors à la Cour, où François Ier lui conseille de traduire les *Psaumes* de David en vers. Le succès fut considérable dès l'apparition des premiers, d'autant plus que chacun les chantait sur un air de son choix, tantôt cavalier, tantôt populaire. Par malheur, les réformés les chantaient aussi, quoique sur un ton grave. Aussitôt la Sorbonne, qui ne cherchait qu'une occasion de compromettre encore le poète, porte ses doléances au roi, qui ordonne à Marot de ne pas continuer une œuvre dont lui-même avait été l'inspirateur. Si les choses n'allèrent pas plus loin, ce ne fut pas la faute des « sorbonistes ». Mais Marot fatigué de toutes ces chicanes, et persuadé qu'il trouverait plus de liberté dans la cité protestante de Genève, où l'appelait Calvin, dont il avait fait la connaissance à Ferrare, s'y rendit aussitôt.

Nouvelle déception. Aux yeux des réformés, son esprit pouvait être converti, ses mœurs ne l'étaient pas. Il resta homme de Cour et de plaisir, à Genève comme ailleurs. L'austérité génevoise fut scandalisée : le poète dut aller chercher asile à Turin, où la Sorbonne ne pouvait l'atteindre, bien que la ville fût alors possession française.

C'est à Turin, et sur la terre d'exil, en somme, que mourut, à l'automne de 1544, à l'âge de quarante-neuf ans, dans l'oubli et la pauvreté, ce poète aimable, ce brillant courtisan, qui n'avait jamais rêvé que la douceur d'une vie luxueuse et facile, que le contact des gens d'esprit et de la société raffinée, et auquel il n'a manqué, pour réaliser pleinement son rêve, qu'un esprit moins aiguisé, une prudence plus éveillée, et surtout un caractère plus ferme et moins flottant.

Son tempérament. — Marot est, avant tout, un artiste et un lettré curieux de belles formes et de pensées bien exprimées. De l'artiste, il a l'absence de sens pratique, de direction : aussi sera-t-il un vagabond, incapable de se fixer, n'aimant guère que ceux qui penseront, pour lui, à assurer son existence matérielle, à le défendre contre les ennemis extérieurs ; de là, son attachement inébranlable à Marguerite. Ajoutez qu'il aime d'instinct la vie brillante et fastueuse, et que la Cour, en dépit des ennuis qu'il y peut éprouver, l'attire invinciblement, comme le papillon va droit à la flamme qui lui brûlera les ailes. Aussi est-il à la Cour dans son élément naturel : elle l'enveloppe, le pénètre, le grise, lui infuse à son insu l'esprit même de la Renaissance, en sorte que c'est pour elle, et pour lui plaire, qu'il clarifie en lui le vieil esprit gaulois ; de cet esprit un peu fruste et lourd qui animait le *Roman de Renart*, les poésies de Rutebeuf et celles de Villon, il sait faire jaillir des trésors de finesse et de grâce, tout à fait en harmonie avec l'esprit de son temps.

C'est en cela, précisément, que Marot est surtout un artiste. Il a compris à merveille que la prolixité et le pédantisme de nos écrivains d'autrefois ne sauraient convenir à une société élégante et qui, au milieu de la splendeur du règne de François Ier, ne concevait plus la poésie sinon comme l'ornement d'une conversation brillante et d'une existence heureuse. Or, il voulait à tout prix se faire lire des seigneurs et des dames; il fallait donc, avant tout, n'être pas ennuyeux et chercher à divertir : le vrai moyen pour y parvenir fut de viser à la clarté, à la brièveté et à l'esprit. Il y réussit sans peine, et se révéla comme l'ouvrier le plus habile en tours de phrases, en rythmes, en choix d'expressions, que la littérature française eût encore connu.

Il est, de plus, un lettré délicat et consciencieux, bien qu'il n'ait jamais été, à proprement parler, un homme d'étude. Fils d'un poète, qui lui a inspiré le goût et l'amour de la poésie, il a eu pour maîtres dans cet art ces hommes doctes qui furent les disciples des *rhétoriqueurs*, sans avoir leurs défauts, et qui s'appellent Le Maire de Belges et Guillaume Crétin. Sous leur influence, Marot prit goût aux anciens, aux Italiens et aux vieux poètes français, et se mit à lire avec avidité les poètes latins Ovide et Martial, le *Roman de la Rose*, enfin Villon. Bien qu'on trouve plus tard, dans ses œuvres, des élégies, des églogues, des épîtres, des épigrammes, qui sont des genres antiques, il ne tardera pas, toutefois, à secouer le joug des anciens, que lui avait imposé son éducation; il ne conservera des Italiens que le nécessaire pour plaire à une Cour polie au contact de l'Italie, et les quelques sonnets qu'il composera viendront de là. Mais, par tempérament, il se tournera surtout vers le moyen âge, auquel il devra les ballades, les chants royaux, les rondeaux, les chansons. Amateur passionné de lecture, il recherchera de plus en plus les écrivains délicats et fins, Virgile, Catulle, Pétrarque et Boccace; mais c'est au moyen âge, à Jean de Meung, à Villon, qu'il reviendra toujours de préférence, comme il le déclare avec complaisance :

> J'ay leu Alain, le très noble orateur[1],
> Et Lancelot, le très plaisant menteur.
> J'ay leu aussi le *Roman de la Rose*,
> Maistre en amours. . . . .

Aussi, ne serons-nous pas surpris de voir ce poète de Cour se faire, par instants, homme de cabinet, non seulement pour traduire Martial, Ovide, Virgile, Lucien, Pétrarque et Érasme, mais aussi pour devenir éditeur du *Roman de la Rose* et des

---

1. ALAIN CHARTIER.

œuvres de Villon. Il en rétablit les textes, corrige les erreurs de manuscrits, s'informe, réfléchit, critique. Il a si bien le sens littéraire, qu'après avoir, quelque part, fait un éloge de Villon, auquel tout le monde pourrait souscrire, il lui reproche, avec non moins de raison, d'avoir été, dans ses *Testaments*, beaucoup trop un poète de circonstance, pour que certaines parties n'en deviennent pas inintelligibles, et il conclut par ce précepte excellent : « Pour cette cause, qui voudra faire une œuvre de longue durée, ne prenne son sujet sur telles choses basses et particulières. »

Et il a tellement le souci de son art, qu'il en discute même dans ses vers, et qu'on l'y voit, par exemple, résoudre une difficulté sur l'accord du participe. C'est, en somme, un homme d'intelligence vive et pénétrante, qui, en dépit de sa légèreté de caractère, se fait une haute idée de la poésie, s'y montre assez laborieux et aussi consciencieux qu'il est possible de l'être.

Cette réputation de légèreté lui a fait du tort à tous égards. On est trop porté à ne voir, en lui, que l'incorrigible étourdi qu'il fut en effet, que l'épicurien ami de ses aises, et qui, par crainte du bûcher, s'empressa de mettre la frontière entre les juges de la Sorbonne et lui, que le courtisan aux abois, cherchant à obtenir quelque argent du roi, pour se tirer des griffes de ses créanciers. Il y a du vrai dans tout cela; mais on ne doit pas oublier que cet étourdi, malgré ses rétractations, de pure forme d'ailleurs, n'a pas hésité à compromettre la sécurité de son existence, en s'engageant dans la Réforme : en effet, il est à peu près acquis aujourd'hui qu'il est mort protestant, et que le vieil esprit d'hérésie du Midi a survécu chez lui, comme un legs d'hérédité. N'oublions pas non plus que cet épicurien, s'il fuyait devant les juges d'*Enfer* du Châtelet, narguait la peste « le dos au feu, le ventre à table », et qu'il s'est fait blesser « tout oultre rudement » à Pavie, aux côtés du roi. Enfin, en grattant le courtisan spirituel et railleur, nous trouvons en Marot une âme capable de sensibilité, bien qu'il n'ait été, à vrai dire, ni un sentimental, ni un passionné. Les souffrances des malheureux enfermés au Châtelet lui arrachent, par exemple, dans l'*Enfer*, ce cri de sincère pitié :

> O chers amys, j'en ay veu martyrer
> Tant, que pitié m'en mettoit en esmoy.

Lorsqu'il part en exil, il a beau chercher à oublier : le souvenir de ses enfants le hante, bien qu'il s'efforce de se persuader qu'il ne regrette rien de son pays :

> Tu ments, Marot; grand regret tu sentis
> Quand tu pensas à tes enfants petis !

Et ailleurs, il faut voir avec quelle tendresse il parle de ses « petits marotteaulx », et de sa femme, « son humble bergerette ! »

En résumé, si Marot n'a rien de profond, si toute son âme tend à la joie et au plaisir, il n'en faut peut-être accuser que son temps : homme de la Renaissance, avant toutes choses, il a l'ivresse de la vie qu'il trouve précieuse et belle, et il rend ses impressions comme il les sent. Cette ivresse du cœur lui monte au cerveau, et ce poète léger devient ainsi un humaniste de première valeur, un amateur de beaux livres et de nobles pensées. A le considérer ainsi, comme poète et comme humaniste, il est vraiment l'un des initiateurs les plus influents du XVIe siècle.

Marot poète. — 1° *Son œuvre.* — L'œuvre de Marot est assez considérable et assez inégale en même temps. Durant le premier tiers de sa carrière, il continua la tradition des Meschinot, des Crétin, des Molinet, et ses poésies ne sont guère, alors, que des pastiches gâtés par l'allégorie, la mythologie, l'emphase, l'obscurité de la construction. Tel est le caractère du premier recueil de ses poésies, publié en 1529, sous le titre de *l'Adolescence Clémentine*, et comprenant, outre les petits poèmes du *Temple de l'Amour*, de *la Queste de fausse Amour*, du *Jugement de Minos*, quelques épîtres, complaintes, ballades, rondeaux, dizains, chansons, compliments, déclarations, épitaphes, presque toutes œuvres de commande sur les événements du jour, écrites par un poète de cour. La deuxième manière est plus libre ; il s'est mis à l'école des vieux poètes français et de la Cour. C'est la période de ses premiers déboires, à laquelle appartiennent ses pièces les plus remarquables : ses poésies familières, *Épîtres Au Roi* ou *A Lyon Jamet*, ses épigrammes, ses ballades, son épître virulente sur l'*Enfer*, contre les gens de justice qu'il a connus de trop près ; citons encore, mais pour mémoire seulement, ses

Blasons[1], sacrifices faits à la littérature galante du temps, et ses *Coq-à-l'âne*[2] dont l'incohérence apparente lui servit à voiler la hardiesse de certaines satires. On doit rattacher aussi à cette période la *Réponse* à Sagon, qu'il met dans la bouche de son valet Frippelipe et qui est un chef-d'œuvre de hardiesse et de piquante raillerie.

Enfin, les dernières années de Marot furent marquées par une traduction en vers des *Psaumes*, où il se montra écrivain élégant, en même temps que versificateur habile.

2º *En quoi il est médiocre*. — Marot est incapable de grandes envolées. Quand il veut s'élever et *pindariser*, il retombe à plat et devient ridicule. Aussi, les pièces de circonstance qu'il a composées, comme ses épithalames *A la Royne Éléonor*, *Au Roi d'Escosse*, ou ses vers pour célébrer l'entrée d'une reine dans une ville, le départ d'une princesse, et même le vainqueur de Cérisoles, sont-ils d'une froideur caractéristique. En cela, il n'a pas su faire son profit du reproche qu'il adressait à Villon, d'avoir trop souvent écrit pour ses contemporains, au lieu d'avoir en vue la postérité, qui s'intéresse, avant tout, aux idées générales. Il en est résulté, relativement à ce genre de pièces, un double discrédit pour Marot : d'abord, parce que le souffle lui manquait, ensuite parce que la matière était d'un intérêt trop particulier. C'est donc en vain qu'il a appelé à son aide l'allégorie, la mythologie, l'érudition ; il n'a jamais su emboucher

<blockquote>
la trompette bellicque
Du grand Virgile ou d'Homère ancien.
</blockquote>

C'est aussi pourquoi ses *Psaumes* et ses idylles théologiques ne produisent pas l'effet qu'on en pourrait attendre : il a beau étudier « l'art de harper », tous les élans de sa *plume essorée* n'aboutissent pas à l'entraîner bien haut. Il en a conscience d'ailleurs, et il en prend son parti avec esprit, en rejetant la faute de cette infériorité, injustement du reste, sur son *style trop mince*.

---

1. BLASONS, descriptions élogieuses ou satiriques des diverses parties d'un objet, et qui, dans la littérature galante du temps, furent appliquées à la description des yeux, de la bouche, etc. de la femme.

2. COQ-A-L'ANE, désignés au moyen âge sous le nom de *fratrasies* ou *resveries* : pièces incohérentes formant une sorte de jeu d'esprit.

Mais, s'il est excusable pour cette faiblesse, à laquelle il ne pouvait vraiment remédier, il ne l'est guère en tant que poète versificateur, que personne ne l'obligeait à devenir et à rester. On a de lui des vers bien inférieurs à ses pièces de circonstances, des vers *fabriqués*, au sens propre du mot, par un professionnel, un artisan de poésie qui se montre là le disciple des *rhétoriqueurs* du xv⁰ siècle. Ces vers sont un tissu de puérilités rythmiques, d'équivoques, de calembours-rimes, absolument impardonnables. C'est, par exemple, une ballade, en rimes de *ac*, *ec*, *ic*, *oc* et *uc*, et dont voici un spécimen :

> Or est Noël venu son petit trac,
> Sus donc aux champs, bergères de respec ;
> Prenons chacun pannetier et bissac,
> Flûtes, flageol, cornemuse et rebec ;....
> Chantons, sautons et dansons ric à ric ;
> Puis allons voir l'enfant au pauvre nic.....

et ainsi de suite, jusqu'à trente-neuf vers aussi niais et dépourvus de raison que ceux-ci. C'est encore, au milieu d'une pièce sérieuse, une sottise de ce genre qui surprend et déconcerte :

> L'une maudit par angoisse très dure
> Le jour auquel elle se maria ;
> L'autre se plaint que jaloux *mari a*.....

On ferait une liste des plaisanteries de ce goût que l'on peut cueillir dans Marot. Tout au plus, pourrait-on dire, à sa décharge, qu'il paye ici comme un dernier tribut au mauvais goût de ses devanciers, pour qui les équivoques et les rythmes bizarres étaient une preuve de talent et de supériorité.

3° *En quoi il est supérieur*. — Le souvenir de tous ces enfantillages s'efface aisément, lorsqu'on songe que Marot fut l'un des princes de l'esprit français, et en restera l'un des plus éminents représentants. Il a, à la fois, l'esprit de La Fontaine, dans ses pièces familières, et quelque chose de celui de Voltaire, dans ses épigrammes et ses pièces satiriques.

Le poète familier est, chez lui, d'une délicatesse et d'un charme infini. Il n'a rien de guindé ni de pédant ; mais son style est facile, et son allure est libre. Ses pièces les plus courtes comme les plus longues sont, en ce genre, d'une perfection inimitable : elles ont le ton d'une causerie ingénieuse et légère, et qui va, avec rapidité et concision même, droit au but qu'elle poursuit. La *Fable du Lion et du Rat* est, à cet égard, un modèle d'esprit naturel, d'aisance et de peinture achevée. Son *Épître au Roi pour avoir été dérobé* est un chef-d'œuvre de gaîté fine et d'entrain. Qu'on relise la poésie commençant par ce vers :

<blockquote>Au bon vieulx temps un train d'amour règnait.....</blockquote>

On sera surpris d'y rencontrer cette grâce émue et caressante qui fait songer à certains passages de Musset. C'est pourquoi, dans le compliment et le madrigal, où il faut beaucoup d'esprit, une pointe de coquetterie souvent tendre, quelquefois voisine de l'impertinence, et qui réclament, en un mot, cet « élégant badinage » dont parle Boileau, Marot s'est montré très supérieur. Il a su précisément éviter l'écueil du genre, la préciosité, parce qu'il s'est abandonné, sans réserves, à son naturel aimable et facile, à cette grâce enjouée qui est un présent des dieux, et que nul ne saurait se flatter d'acquérir, s'il ne l'a apportée avec lui en entrant dans le monde.

Comme polémiste, Marot est mordant au plus haut degré. S'il faut parfois regretter la crudité de son expression, il est juste d'ajouter qu'il ne pouvait guère s'affranchir, sous ce rapport, du mauvais goût de ses contemporains et de leurs violences. Mais il manie plus souvent la raillerie aiguë et l'ironie pénétrante que l'insulte grossière, et il y réussit à merveille. De même que son *Épître à Sagon* est une œuvre satirique de premier ordre, pleine d'énergie et de vivacité, ses épigrammes sont aussi de purs chefs-d'œuvre, à cet égard : il s'y montre aussi prompt à l'attaque qu'à la riposte, spirituel, vif et clair, avec des malices inattendues et dont l'effet est irrésistible. En quelques vers incisifs et tranchants, que termine une pointe bien aiguisée, il déchire et perce l'adversaire, qui ne s'en relèvera pas. L'épigramme bien connue *Sur Semblançay et le lieutenant Maillard* peut donner l'idée du procédé, ainsi que l'épigramme *De M. l'abbé et son valet*, qui n'est pas moins parfaite. Voltaire seul en retrouvera le secret, dans ses colères contre Fréron, et dans ces luttes sans merci au milieu desquelles il passa sa vie.

Enfin, si léger qu'il ait été dans sa conduite, et quelquefois dans ses écrits, Marot ne s'est pas seulement montré supérieur dans la poésie satirique. Il a su atteindre un véritable degré d'élévation dans certaines pièces sérieuses exprimant très noblement des sentiments philosophiques et religieux qui ne sortent pas de l'âme d'un libertin ou d'un débauché vulgaire. Dans la *Déploration de Messire de Robertet*, il a écrit une *Complainte de la Mort* d'une beauté grandiose, et qui par l'inspiration dont elle est animée, par sa forme élevée et son expression ferme, laisse bien loin derrière elle les vers saisissants, mais de pure sensation, que Villon a consacrés à la Mort. Il la montre comme une libératrice que l'âme doit bénir, car elle

la tire hors de sa prison vile,
Pour d'ici-bas la renvoyer aux cieux.

C'est le même sentiment chrétien et philosophique, à la fois, qui domine dans son épître *Au Roi du temps de son exil à Ferrare*, lorsque, en vers magnifiques, il demande à Dieu, puisqu'il ne l'a pas prédestiné au martyre, de faire au moins qu'il ne perde jamais confiance en sa bonté :

....que je puisse avant que d'assoupir
Vous invoquer jusqu'au dernier soupir.

De tels morceaux nous font voir dans Marot un poète qui peut s'élever parfois jusqu'à la gravité la plus haute. Par cela même, il est le premier qui ait introduit en France la poésie philosophique avant Ronsard et la Pléiade.

Sur bien des points, d'ailleurs, il a devancé Ronsard et même Malherbe. Merveilleux ouvrier de la langue et du vers, il a su leur donner, dans la forme, l'aisance, la netteté, la force, et dans le fond, ce tour d'esprit spirituel, aimable, que retrouveront du Bellay, Voiture, La Fontaine, Voltaire et Musset. Aussi, d'instinct, les connaisseurs iront-ils vers ce « gentil Marot », capable, nous l'avons vu, de pensées élevées, auquel les choses de la critique et de l'humanisme ne sont point étrangères, et qui garde dignement l'entrée de ce XVIe siècle si fécond en grands écrivains, en profonds penseurs et en artistes délicats.

EXTRAITS
DES ŒUVRES DE MAROT

Les Procès.

.....Ce que tu ne vis oncques,
Te ferai voir. Or, saches, ami, doncques,
Qu'en cestuy parc[1], où ton regard épans,
Une manière il y a de serpens,
Qui, de petits viennent grans et félons,
Non point volans, mais traisnans, et bien longs.....
Ce ne sont pas vipereaux furieux,
Ne basilics[2] tuans les gens des yeux :
Ce ne sont pas mortiferes aspics,
Mais ce sont bien serpents qui valent pis.....
C'est la nature au serpent plein d'excès,
Qui, par surnom, est appelé *procès*.
Tel est son nom, qui est de mort une ombre ;
Regarde un peu : en voilà un grand nombre ;
De gros, de grans, de moyens et de gresles,
Plus malfaisans que tempestes, ne gresles.....
    Celui qui tire ainsi hors sa languette,
Destruira bref[3] quelqu'un, s'il ne s'en guette :
Celui qui siffle, et a les dents si drues,
Mordra quelqu'un, qui en courra les rues :
Et ce froid là, qui lentement se traisne,
Par son venin a bien sçeu mettre haine
Entre la mère et les mauvais enfans ;
Car serpens froids sont les plus échaufans.....
Et cestuy-là, plus antique qu'un roc,
Pour reposer s'est pendu à un croc ;
Mais ce petit, plus mordant qu'une louve,
Dix grans serpents dessous sa pance couve :

---

1. C'est l'Enfer ou la prison du Châ-telet qu'il désigne ainsi.
2. *Basilics*, petits serpents fascinateurs.
3. *Bref*, en un moment.

Dessous sa pance, il en couve dix grans,
Qui quelque jour seront plus dénigrans
Honneurs et biens que cil qui les couva :
Et pour un seul, qui meurt ou qui s'en va,
En viennent sept : donc ne faut t'estonner :
Car pour du cas la preuve te donner
Tu dois savoir qu'issues sont ces bestes
Du grand serpent Hydra[1], qui eut sept testes,
Contre lequel Hercule combattoit,
Et quand de luy une teste abattoit,
Pour une morte en revenoient sept vives ;
Ainsi est-il de ces bestes noisives[2].

(*L'Enfer.*)

Un juge d'instruction.

Rhadamantus[3], juge assis à son aise,
Plus enflammé qu'une ardante fournaise,
Les yeulx ouverts, les oreilles bien grandes,
Fier en parler, cauteleux en demandes,
Rebarbatif, quand son cueur il descharge,
Bref digne d'estre aux enfers en sa charge.

Là, devant luy, vient mainte âme damnée,
Et quand il dit : « Telle me soit menée ! »[4]
A ce seul mot, ung gros marteau carré
Frappe tel[5] coup contre un portal barré[6]
Qu'il faict crousler les tours du lieu infâme.

Lors, à ce bruit, là-bas n'y a pauvre âme,
Qui ne frémisse et de frayeur ne tremble,
Ainsi qu'au vent feuille de chesne ou tremble[7],
Car la plus seure[8] a bien crainte et grand peur
De se trouver devant tel attrapeur.
Mais ung ministre appelle et nomme celle

---

1. L'Hydre de Lerne.
2. *Noisives*, qui aiment à chercher *noise* ou querelle.
3. Un des juges infernaux, avec Minos et Éaque, dans la mythologie ancienne.
4. « Que *telle* âme me soit amenée. »
5. *Tel*, si violent.
6. « Une porte fermée de verroux. »
7. La feuille du tremble frissonne au moindre vent.
8. La plus assurée, la plus courageuse.

Que veult le juge. Adoncques s'avance elle,
Et s'y en va tremblant, morne et pallie[1].

Dès qu'il la veoit, il mitige et pallie[2]
Son parler aigre, et, en faincte doulceur,
Luy dit ainsi : « Vien-çà, fais moi tout seur,
Je te supply, d'un tel crime et forfaict.
Je croiroys bien que tu ne l'as point faict,
Car ton maintien n'est que des plus gaillards;
Mais je veulx bien congnoistre ces paillards[3],
Qui avec toy feirent si chaulde esmorche[4].
Dy hardiment; as-tu paour qu'on t'escorche?
Quand tu diras qui a faict le péché,
Plus tost seras de nos mains dépesché.
De quoy te sert la bouche tant fermée
Fors de tenir ta personne enfermée?
Si tu dys vray, je te jure et promects,
Par le hault ciel, où je n'irai jamais[5],
Que des enfers sortiras les brisées[6],
Pour t'en aller aux beaulx Champs Elysées,
Où liberté faict vivre les esprits
Qui de compter vérité ont appris.
Vault-il pas mieulx doncques que tu la comptes
Que d'endurer mille peines et hontes?
Certes, si faict. Aussi je ne croy mie
Que soys[7] menteur : car ta phizionomie
Ne le dict point; et de maulvais affaire[8]
Seroit celluy qui te vouldroit meffaire!
Dy-moy, n'ays paour. » — Tous ces mots alleschantz
Font souvenir de l'oyselleur des champs,
Qui doulcement fait chanter son sublet,
Pour prendre au bric[9] l'oyseau nice et foyblet[10],
Lequel languit, ou meurt à la pippée.
Ainsi en est la paouvre âme grippée.
Si tel doulceur luy faict rien confesser,

1. Pâle de frayeur.
2. *Pallie*, adoucit.
3. *Paillard*, qui couche sur la paille, vagabond.
4. *Esmorche*, escarmouche.
5. Sous-entendu : « Si je meurs. »
6. *Les brisées*, les sentiers. Cf. l'expression : aller sur les brisées de quelqu'un.
7. Que tu sois.
8. Il commettrait une mauvaise action, celui.....
9. *Au bric*, à l'appeau.
10. *Nice et foyblet*, niais et tout faible.

Rhadamantus la faict pendre ou fesser ;
Mais si la langue elle refraind et mord,
Souventes foys eschappe peine et mort.

Ce nonobstant, si tost qu'il vient à veoir
Que par doulceur il ne la peult avoir,
Aulcunes foys encontre elle il s'irrite,
Et de ce pas[1], selon le démérite
Qu'il sent en elle, il vous la faict plonger
Au fonds d'enfer, ou luy faict alonger
Veines et nerfz ; et par tourmentz s'efforce
A esprouver s'elle dira par force
Ce que doulceur n'a sceu d'elle tirer.
O chers amys, j'en ay veu martyrer
Tant, que pitié m'en mettoit en esmoy,
Par quoy vous pry de plaindre avecques moy
Les innocents qui en telz lieux damnables
Tiennent souvent la place des coupables.

(L'Enfer.)

Enfance de Marot.

Sur le printemps de ma jeunesse folle
Je ressemblois l'arondelle qui vole
Puis çà, puis là ; l'aage me conduisoit ;
Sans paour ne soing, ou le cueur me disoit.
En la forest, sans la crainte des loups,
Je m'en allois souvent cueillir le houx,
Pour faire gluz à prendre oyseaux ramages[2],
Tous differents de chants et de plumages ;
Ou me souloys, pour les prendre, entremettre[3]
A faire brics[4] ou caiges pour les mettre ;
Ou transnooys[5] les rivières profondes ;
Ou renforçoys sur le genouil les fondes[6],
Puis d'en tirer droict et loing j'apprenois
Pour chasser loups et abbattre des noix.
O quantesfois aux arbres grimpé j'ai
Pour desnicher ou la pie ou le geai,

---

1. Aussitôt.
2. Qui se posent sur les branches.
3. M'employer.
4. Pièges.
5. Je passais à la nage.
6. Les frondes.

Ou pour jecter des fruicts jà meurs et beaux
A mes compaings, qui tendoient leurs chapeaux !
Aulcunesfois aux montaignes alloye,
Aulcunesfois aux fosses devalloye,
Pour trouver là les gistes des fouines,
Des herissons ou des blanches hermines,
Ou pas à pas, le long des buissonnets
Allois cherchant les nids des chardonnets,
Ou des serins, des pinsons ou linottes :
Desjà pourtant je faisois quelques nottes
De chant rustic, et dessoubs les ormeaux,
Quasi enfant, sonnois des chalumeaux.
Si ne saurois bien dire ne penser
Qui m'enseigna si tost d'y commencer,
Ou la Nature aux Muses inclinée,
Ou ma fortune en cela destinée
A te servir[1] : si ce ne fut l'un d'eux,
Je suis certain que ce furent tous deux.
Ce que voyant, le bon Janot[2], mon père,
Voulut gaiger à Jaquet son compère
Contre un veau gras deux aignelets bessons
Que quelque jour je ferois des chansons ;
Et me soubvient que bien souvent aux festes
En regardant de loing paistre nos bestes,
Il me souloit une leçon donner
Pour doulcement la musette entonner,
Ou a dicter quelque chanson rurale
Pour la chanter en mode pastourale.
Aussi le soir, que les troupeaux espars
Etoient serrés et remis en leurs parcs,
Le bon vieillart après moy travailloit
Et à la lampe assez tard me veilloit,
Ainsi que font leurs sansonnets ou pies
Auprès du feu bergères accroupies.

(Opuscules.)

Une lettre.

Qui eust pensé, que l'on peust concepvoir
Tant de plaisyr pour lettres recepvoir ?

---

1. Il s'adresse au roi François Ier.   2. Jean Marot.

Qui eust cuydé le désir d'un cœur franc
Estre caché dessoubz un papier blanc ?
Et comment peult un œuil au cœur eslire
Tant de confort par une lettre lire ?
Certainement, dame très honorée,
J'ay leu des saints la Légende dorée [1],
J'ay leu Alain [2] le très noble orateur,
Et Lancelot [3] le très plaisant menteur :
J'ay leu aussi le roman de la Rose [4]
Maistre en amours, et Valère [5], et Orose [6],
Contans les faicts des anticques Romains :
Bref, en mon temps j'ai leu des livres maints,
Mais en nul d'eulx n'ay trouvé le plaisyr,
Que j'ay bien sceu en vos lettres choisyr,
J'y ai treuvé ung langaige benin,
Rien ne tenant du style feminin.....
Bien heureuse est la main qui la [7] ploya
Et qui vers moy, de grace, l'envoya :
Bien heureux est qui apporter la sceut,
Et plus heureux celuy qui la receut.
Tant plus avant ceste lettre lisoye,
En aise grant' tant plus me deduisoye [8] :
Car mes ennuis sur le champ me laisserent,
Et mes plaisirs d'augmenter ne cesserent,
Tant que j'euz lu un mot qui ordonnoit
Que ceste lettre ardre [9] me convenoit.
Lors mes plaisirs d'augmenter prindrent cesse :
Pensez adonc en quelle doubte et presse

---

1. *La Légende dorée*, par JACQUES DE VORAGINE, archevêque de Gênes, vie des saints datant du xiiie siècle : c'est un recueil d'anecdotes accréditées au moyen âge sur l'existence des personnages sanctifiés par l'Église.

2. ALAIN CHARTIER (1386-1450 ?), poète et littérateur ; secrétaire de Charles VI et de Charles VII. Outre ses *Poésies*, on cite de lui le *Quadrilogue invectif* en prose.

3. *Lancelot du Lac*, titre d'un roman de chevalerie.

4. *Roman de la Rose*, allégorie satirique et morale, commencée par GUILLAUME DE LORRIS en 1265, et continuée par JEAN DE MEUNG en 1305.

5. VALÈRE MAXIME, auteur latin qui vécut sous Tibère ; il est l'auteur d'une compilation intitulée : *Recueil de Dits et Faits mémorables*.

6. OROSE, historien et controversiste du ve siècle. Il écrivit, entre autres, une *Histoire du Monde jusqu'en 417*.

7. *La*, c.-à-d. la lettre dont il est parlé dans le passage supprimé ci-dessus.

8. *Me deduisoye* ; en quelque sorte : je nageais dans la joie.

9. *Ardre*, brûler.

M. *La poésie de la Renaissance.*

Mon cueur estoit. L'obeyssance grande,
Que je vous doibs, brusler me la commande,
Et le plaisyr que j'ay de la garder,
Me le deffend, et m'en vient retarder.
Aulcune fois au feu je la boutoye [1]
Pour la brusler, puis soudain l'en ostoye :
Puis l'y remis, et puis l'en recullay :
Mais à la fin, à regret, la bruslay
En disant : lettre (après l'avoir baisée),
Puis qu'il luy plaist, tu seras embrasée :
Car j'ayme mieulx dueil en obeyssant,
Que tout plaisyr en desobeyssant.
Veoilà comment pouldre et cendre devint
L'aise plus grant qu'à moy oncques advint [2].

(*Élégies.*)

Le Lion et le Rat.

Je ne t'escry de l'amour vaine et folle :
Tu voys assez s'elle sert ou affolle ;
Je ne t'escry ne d'armes ne de guerre :
Tu voys qui peult bien ou mal y acquerre [3] ;
Je ne t'escry de fortune puissante :
Tu voys assez s'elle est ferme ou glissante ;
Je ne t'escry d'abus trop abusant [4] :
Tu en sçais prou [5] et si [6] n'en vas usant....
Je ne t'escry qui est rude ou affable,
Mais je te veulx dire une belle fable,
C'est à sçavoir du Lyon et du Rat.

Cestuy [7] Lyon, plus fort qu'un vieil Verrat,
Veit une foys que le Rat ne sçavoit
Sortir du lieu, pour autant qu'il [8] avoit
Mengé le lard et la chair toute crue [9] ;
Mais ce Lyon (qui jamais ne fut Grue [10])

---

1. *Je la boutoye*, je la jetais.
2. La sensibilité légère de Marot s'unit ici à beaucoup de grâce et d'esprit ; il est à l'aise pour tourner le compliment rapide et discret, dont il sait trouver la mesure et l'à-propos avec une délicatesse parfaite. C'est là une qualité toute française ; mais ne l'a pas qui veut.
3. Y acquérir.
4. Abusif.
5. Suffisamment.
6. Et pourtant.
7. Ce.
8. Parce qu'il avait.
9. Marot fait ici allusion à son emprisonnement pour avoir mangé du lard en carême.
10. Sot.

Trouva moyen et maniere et matiere,
D'ongles et dens, de rompre la ratiere,
Dont maistre Rat eschappa vistement :
Puis meit à terre ung genouil gentement,
Et en ostant son bonnet de la teste,
A mercié mille foys la grand'beste,
Jurant le Dieu des Souris et des Ratz
Qu'il luy rendroit. (Maintenant tu verras
Le bon du compte[1].) Il advint d'adventure
Que le Lyon pour chercher sa pasture
Saillit[2] dehors sa caverne et son siege :
Dont[3] (par malheur) se trouva pris au piege,
Et fut lié contre un ferme posteau.
  Adonc le Rat, sans serpe ne cousteau,
Y arriva joyeulx et esbaudy,
Et du Lyon (pour vray) ne s'est gaudy[4] :
Mais despita[5] Chatz, Chates et Chatons,
Et prisa fort Ratz, Rates et Ratons,
Dont il avoit trouvé temps favorable
Pour secourir le Lyon secourable :
Auquel a dict : Tays toy, Lyon lyé,
Par moy seras maintenant deslyé :
Tu le vaulx bien, car le cueur joly as,
Bien y parut quand tu me deslyas.
Secouru m'as fort Lyonneusement,
Or secouru seras Rateusement.
  Lors le Lyon ses deux grans yeux vestit[6],
Et vers le Rat les tourna un petit,
En luy disant : O povre vermyniere,
Tu n'as sur toy instrument ne maniere,
Tu n'as cousteau, serpe ne serpillon,
Qui sceust coupper corde ne cordillon,
Pour me jecter de ceste estroicte voye :
Va te cacher, que le Chat ne te voye.
  Sire Lyon (dit le filz de Souris),
De ton propos (certes), je me soubris[7] :

---

1. Du récit. — *Compte* et *conte* sont les deux formes du même mot.
2. Sortit en s'élançant.
3. D'où il résulte que...
4. Moqué.
5. Méprisa.
6. Voila, pour en atténuer l'éclat. — La forme *vertit* (tourna), que donnent certaines éditions, n'est pas probable.
7. Je me moque.

J'ay des cousteaux assez, ne te soucie,
De bel os blanc, plus tranchans qu'une sie[1] :
Leur gaine, c'est ma gencive et ma bouche :
Bien coupperont la corde, qui te touche
De si trespres : car j'y mettray bon ordre[2].
   Lors Sire Rat va commencer à mordre
Ce gros lien : vray est, qu'il y songea[3]
Assez longtemps, mais il le vous rongea
Souvent, et tant, qu'à la parfin tout rompt,
Et le Lyon de s'en aller fut prompt,
Disant en soy : Nul plaisir[4] (en effect)
Ne se perd point, quelque part ou soit faict[5].
   Voyla le compte en termes rithmassez[6].
Il est bien long, mais il est vieil assez,
Tesmoing Esope[7], et plus d'un million.
   Or viens me veoir pour faire le Lyon,
Et je mettray peine, sens et estude
D'estre le Rat, exempt d'ingratitude,
J'entends, si Dieu te donne autant d'affaire
Qu'au grand Lyon, ce qu'il ne veuille faire.

(Epitres.)

Requeste au Roy, pour avoir esté desrobé.

On dict bien vray, la mauvaise fortune
Ne vient jamais qu'elle n'en apporte une,
Ou deux ou trois avecques elle[8], Sire ;
Vostre cœur noble en sçauroit bien que dire,
Et moy, chetif, qui ne suis roy, ne rien,
L'ay esprouvé ; et vous compteray bien,
Si vous voulez, comment vint la besongne.

J'avois un jour ung vallet de Gascongne[9],
Gourmant, ivrongne et asseuré menteur,

---

1. Du latin *secare*.
2. Marot conte avec infiniment d'esprit naturel et de bonne grâce. Quel mouvement, quelle facilité et quel talent de peintre véritable dans tout ce passage !
3. Il y travailla.
4. Service.
5. Quel que soit celui qui en ait été l'objet.
6. Versifiés.
7. Ésope, Babrius, Marie de France et enfin La Fontaine, ont traité ce sujet, mais d'une façon moins brillante et moins soutenue.
8. C'est le proverbe : Un malheur ne vient jamais seul.
9. C'est-à-dire quelque peu fripon.

Pipeur, larron, jureur, blasphémateur,
Sentant la hart[1] de cent pas à la ronde ;
Au demeurant, le meilleur filz du monde.
. . . .
Ce vénérable hillot[2] fut adverty
De quelque argent que m'aviez desparty
Et que ma bourse avoit gros apostume ;
Si[3] se leva plustòt que de coustume,
Et me va prendre en tapinois icelle ;
Puis la vous met tres bien sous son esselle,
Argent et tout (cela se doit entendre),
Et ne croy point que ce fust pour la rendre ;
Car oncques puis[4] n'en ay ouy parler.

Bref, le villain ne s'en voulut aller
Pour si petit[5], mais encor il me happe
Saye[6] et bonnet, chausses, pourpoint et cappe :
De mes habits, en effect, il pilla
Tous les plus beaux, et puis s'en habilla
Si justement[7] qu'a le veoir ainsi estre,
Vous l'eussiez prins, en plein jour, pour son maistre.
Finalement, de ma chambre il s'en va
Droit à l'estable[8] où deux chevaux trouva ;
Laisse le pire, et sur le meilleur monte,
Pique, et s'en va. Pour abréger le compte,
Soyez certain qu'au partir dudict lieu
N'oublia rien, fors à me dire : a Dieu.

Ainsi s'en va, chatouilleux de la gorge[9],
Ledict vallet, monté comme un sainct George[10],
Et vous laissa monsieur dormir son saoul
Qui au resveil n'eut sceu finer d'ung soul[11].
Ce monsieur là, Sire, c'estoit moymesme,
Qui, sans mentir, fus au matin bien blesme.

1. La corde pour le pendre.
2. Mot gascon signifiant *garçon*. — D'autres le font venir de *ilote*, esclave lacédémonien, et lui donnent alors le sens de *valet* corrompu.
3. Aussi.
4. Jamais depuis.
5. Pour si peu.
6. Sayon, sorte de vêtement de dessus.
7. Ils lui allaient si bien.
8. Écurie.
9. Parce qu'il craint la potence.
10. Patron des cavaliers.
11. Donner un sou pour conclure un marché.

Quant je me vy sans honneste vesture,
Et fort fasché de perdre ma monture.
Mais de l'argent que vous m'aviez donné
Je ne fus point de le perdre estonné ;
Car vostre argent, tres debonnaire Prince,
Sans point de faulte, est subjet à la pince [1].

Bien tost après ceste fortune là,
Une autre pire encores se mesla
De m'assaillir, et chascun jour m'assault,
Me menaçant de me donner le sault [2]
Et de ce sault m'envoyer à l'envers
Rithmer sous terre et y faire des vers.
C'est une lourde et longue maladie
De trois bons mois, qui m'a toute estourdie
La povre teste, et ne veut terminer,
Ains me contrainct d'apprendre à cheminer [3]
Tant affoibly m'à d'estrange manière,
Et si m'a faict la cuisse heronnière [4].

. . . .

Que diray plus ? Au misérable corps
Dont je vous parle, il n'est demouré fors
Le povre esprit qui lamente et souspire,
Et en pleurant tasche à vous faire rire.
Et pour autant [5], Sire, que suis à vous,
De trois jours l'un viennent taster mon poux
Messieurs Braillon, Le Coq, Akaquia [6],
Pour me garder d'aller jusqu'à quia [7].
Tout consulté, ont remis au printemps
Ma guerison ; mais, à ce que j'entens,
Si je ne puis au printemps arriver
Je suis taillé [8] de mourir en yver,
Et en danger, si en yver je meurs,
De ne veoir pas les premiers raisins meurs.

---

1. A être pris.
2. Me faire *sauter le pas*, c'est-à-dire mourir.
3. Marcher lentement, en convalescent.
4. Maigre comme celle d'un héron.
5. Parce que je suis à vous.
6. Médecins du roi, dont le dernier surtout est célèbre.
7. Situation embarrassée de celui qui, dans les disputes de l'Ecole, répondait à l'interrogation *quare ?* (pourquoi ?) par le mot *quia...* (parce que), et ne pouvait continuer.
8. Je suis capable de...

Voilà comment, depuis neuf mois en ça[1],
Je suis traicté. Or, ce que me laissa
Mon larronneau, long temps a, l'ai vendu,
Et en sirops et juleps despendu[2].
Ce neantmoins, ce que je vous en mande
N'est pour vous faire ou requeste, ou demande.
Je ne veulx point tant de gens ressembler[3]
Qui n'ont soucy autre que d'assembler[4].
Tant qu'ils vivront, ils demanderont, eulx;
Mais je commence à devenir honteux,
Et ne veulx plus à vos dons m'arrester.

Je ne dy pas, si voulez rien[5] prester,
Que ne le prenne : il n'est point de presteur,
S'il veut prester, qui ne fasse un debteur.
Et sçavez vous, Sire, comment je paye?
(Nul ne le sçayt, si premier ne l'essaye);
Vous me debvrez, si je puis, de retour,
Et vous feray encores un bon tour :
A celle fin qu'il n'y ayt faulte nulle[6],
Je vous feray une belle cédulle[7]
A vous payer — sans usure il s'entend —
Quand on verra tout le monde content.
Ou si voulez, à payer ce sera
Quand vostre los et renom cessera[8].

Et si sentez que sois foible de reins
Pour vous payer, les deux princes Lorrains[9]
Me plegeront. Je les pense si fermes[10]
Qu'ils ne fauldront pour moy à l'un des termes[11]
Je sçay assez que vous n'avez pas peur
Que je m'enfuye ou que je sois trompeur,
Mais il faict bon asseurer ce qu'on preste.
Bref vostre paye, ainsi que je l'arreste,

---

1. Neuf fois passés.
2. Dépensé.
3. Ressembler à tant de gens.
4. Amasser.
5. Du latin *rem*, prêter quelque *chose*.
6. Afin que toutes les formalités soient bien remplies.
7. Engagement par billet, de *schedula*, gage.
8. Autant dire que le roi ne sera jamais remboursé.
9. Le cardinal de Lorraine et le duc de Guise.
10. Si sûrs.
11. Ils ne feront pas défaut à l'une des échéances.

Est aussi seure, advenant mon trespas,
Comme advenant que je ne meure pas.

Advisez donc, si vous avez desir
De rien prester, vous me ferez plaisir ;
Car, puis ung peu[1], j'ay basty à Clement[2],
Là où j'ay faict un grand desboursement ;
Et à Marot, qui est ung peu plus loin.
Tout tombera, qui n'en aura le soin[3].

Voilà le poinct principal de ma lettre,
Vous sçavez tout, il n'y fault plus rien mettre :
Rien mettre, las ! certes, et si feray[4],
Et, ce faisant, mon stile j'enfleray,
Disant : O Roy, amoureux des neuf Muses[5],
Roy, en qui sont leurs sciences infuses,
Roy, plus que Mars, d'honneur environné,
Roy, le plus roy qui fut onc couronné,
Dieu Tout Puissant te doint, pour t'estrener
Les quatre coins du monde gouverner,
Tant pour le bien de la ronde machine,
Et pour autant[6] que sur tous en es digne.

(Epitres.)

Recours en grâce.

IL ÉCRIT AU ROI POUR SA DÉLIVRANCE.

Roy des Françoys, plein de toutes bontez,
Quinze jours a[7], je les ay bien comptez,
Et dez demain seront justement seize.
Que je fuz faict confrère au diocèse

---

1. Depuis peu.
2. Clément est le prénom de Marot : le poète désigne probablement ici des terres imaginaires.
3. Si l'on n'en a soin.
4. Je ferai ainsi ; j'ajouterai encore quelque chose.
5. Les Muses, au nombre de neuf, avaient chacune une attribution particulière : *Clio* présidait à l'Histoire, *Uranie* aux Sciences, *Terpsichore* à la Danse, *Euterpe* à la Musique, *Thalie* à la Comédie, *Melpomène* à la Tragédie, *Erato* à la Poésie légère, *Polymnie* à la Poésie lyrique, *Calliope* à la Poésie épique.
6. Parce que tu en es digne entre tous.
7. Il y a quinze jours...

De Sainct Marry en l'eglise Sainct Pris[1];
Si vous diray comment je fuz surpris,
Et me desplaist qu'il faut que je le dye.

Trois grans pendards vindrent à l'estourdie
En ce palais me dire en desarroy :
— Nous vous faisons prisonnier par le Roy.
Incontinent qui fut bien estonné?
Ce fut Marot, plus que s'il eust tonné.
Puis m'ont montré ung parchemin[2] escript,
Où n'y avoit seul mot de Jesu Christ;
Il ne parloit tout que de playderie
De conseillers et d'emprisonnerie.

— Vous souvient-il, ce me dirent ils lors,
Que vous estiez l'aultre jour là dehors
Qu'on recourut ung certain prisonnier
Entre nos mains? Et moy de le nier;
Car, soyez seur, si j'eusse dict ouy,
Que le plus sourd d'entre eulx m'eust bien ouy;
Et d'aultre part j'eusse publicquement
Esté menteur; car pourquoy et comment
Eusse je peu un aultre recourir,
Quand je n'ay sceu moymesme secourir?

Pour faire court, je n'ay sceu tant prescher
Que ces paillards me voulsissent lascher.
Sur mes deux bras ilz ont la main posée
Et m'ont mené ainsi qu'une espousée,
Non pas ainsi, mais plus roide ung petit
Et toutesfoys j'ay plus grand appetit
De pardonner à leur folle fureur
Qu'à celle là de mon beau procureur :
Que male mort les deux jambes luy casse!
Il a bien prins de moy une becasse,
Une perdrix et ung levrault aussi,
Et toutesfoys je suis encore icy.
Encor je croy, si j'en envoyois plus,
Qu'il le prendroit; car ilz ont tant de glus

---

1. Marot fait ici un jeu de mots : *marri* signifie *triste*, et *pris* veut dire *prisonnier*.

2. Parchemin vient du latin *pergamena* (primitivement fabriqué à Pergame).

Dedans leurs mains, ces faiseurs de pipée,
Que toute chose où touchent est grippée !

Mais pour venir au poinct de ma sortie,
Tant doulcement j'ay chanté ma partie
Que nous avons bien accordé[1] ensemble ;
Si que n'ay plus affaire, ce me semble,
Sinon à vous. La partie est bien forte ;
Mais le droit poinct où je me reconforte[2],
Vous n'entendez[3] procès non plus que moy ;
Ne plaidons point, ce n'est que tout esmoy.
Je vous en croy si je vous ay mesfaict.
Encor, posé le cas que l'eusse faict,
Au pis aller n'escherroit qu'une amende ;
Prenez le cas que je la vous demande,
Je prends le cas que vous me la donnez
Et si plaideurs furent onc estonnez,
Mieux que ceulx cy[4], je veux qu'on me delivre,
Et que soubdain en ma place on les livre.
Si vous supply, Sire, mander par lettre
Qu'en liberté vos gens me vueillent mettre,
Et si j'en sors, j'espère qu'a grand peine
M'y reverront, si on ne m'y rameine.

Tres humblement requerant vostre grace
De pardonner à ma trop grand'audace
D'avoir emprins ce sot escript vous faire ;
Et m'excusez si, pour le mien affaire,
Je ne suis point vers vous allé parler ;
Je n'ay pas eu le loysir d'y aller.

(*Epitres.*)

Fripelipes, valet de Marot, à Sagon[5].

(1537.)

Par mon ame il est grand'foyson,
Grand'année, et grande saison

---

1. J'ai si bien chanté que nous sommes d'accord.
2. Où je reprends courage.
3. Vous n'êtes pas plus que moi expert en procès.
4. Nous deux.

5. Marot met ici ingénieusement, dans la bouche de son valet Fripelipes, une réponse aux attaques de son ennemi, le mauvais poète FRANÇOIS SAGON.

De bestes qu'on deust mener paistre,
Qui regimbent contre mon maistre.
Je ne veoy point qu'un Sainct-Gelais[1] :
Un Heroet[2], un Rabelais[3],
Un Brodeau, un Sève[4], un Chappuy[5],
Voysent[6] escribvant contre luy.
Ne Papillon pas ne le poinct,
Ne Thenot ne le tenne point :
Mais bien ung taz de jeunes veaux,
Un tas de rythmasseurs nouveaulx,
Qui cuydent eslever leur nom,
Blasmant les hommes de renom :
Et leur semble. qu'en ce faisant,
Par la ville on ira disant
Puis qu'à Marot ceulx-cy s'attachent,
Il n'est possible qu'ilz n'en sçachent[7].
   Et veu les faultes infinyes,
Dont leurs epistres sont fournyes,
Il convient de deux choses l'une,
Ou qu'ilz sont troublez de la lune,
Ou qu'ilz cuydent qu'en jugement
Le monde, comme eulx, est jument[8].
De là vient que les povres bestes,
Après s'estre rompu les testes,
Pour le bon bruyt d'autruy briser,
Eulx-mesmes se font despriser :
Si que mon maistre sans mesdire,
Avecques David peut bien dire[9] :
   Or sont tombez les mal heureux
En la fosse faicte par eulx.

---

1. MELLIN DE SAINT-GELAIS (1491-1558), disciple de Marot, gâté par l'afféterie des modes italiennes. Il enjoliva et affadit les grâces de son maître.

2. HEROET, disciple de Marot, qu'il abandonna ensuite pour passer dans le camp des *ronsardisants*.

3. RABELAIS (1495-1553), auteur de *Gargantua* et de *Pantagruel*, œuvre immense et puissante, mélange prodigieux de science et de bouffonneries, et qui fait de lui l'un de nos grands prosateurs.

4. MAURICE SÈVE, né vers 1510, élève de Marot, exagéra l'imitation italienne ; son platonisme obscur n'arriva pas à faire oublier Pétrarque, qu'il voulait égaler.

5. CHAPPUY, valet de chambre de François Ier, et poète médiocre. — BRODEAU est comme lui un disciple de Marot.

6. Aient la fantaisie d'écrire...

7. Qu'ils ne s'y connaissent pas.

8. *Jument*, du latin *jumentum* : bête de somme, brute, par conséquent.

9. Psaume VII, 16, et Psaume IX, 16.

Leur pied mesme s'est venu prendre
Au filé qu'ilz ont voulu tendre.
Car il ne fault pour leur respondre
D'autres escriptz à les confondre,
Que ceulx là mesmes qu'ilz ont faicts,
Tant sont grossiers et imparfaicts :
Imparfaicts en sens et mesures,
En vocables et en cesures,
Au jugement des plus fameux,
Non pas des ignorans, comme eulx.
L'un est un vieulx resveur normand [1]
Si goulu, friant, et gourmand
De la peau du povre latin,
Qu'il l'escorche comme un mastin.
L'aultre un Huet de sotte grace,
Lequel voulut voller la place
De l'absent : mais le demandeur
Eust affaire à un entendeur [2].
O le Huet en bel arroy
Pour entrer en chambre de roy!
   Ce Huet et Sagon se jouent,
Par escript l'ung l'aultre se louent.
Et semblent (tant ils s'entreflattent)
Deux vieils asnes qui s'entregrattent.
   Or des bestes que j'ay suz dictes,
Sagon, tu n'es des plus petites :
Combien que Sagon soit un mot,
Et le nom d'un petit marmot.
   Et sçaches qu'entre tant de choses,
Sottement en tes dicts encloses,
Ce villain mot de concluer
M'a faict d'ahan le front suer.
   Au reste, de tes escriptures,
Il ne fault vingt, ne cent ratures
Pour les corriger. Combien doncq ?
Seulement une tout du long.
   Aussy Monsieur [3] en tient tel conte,
Que de sonner il auroit honte

---

1. SAGON lui-même, né à Rouen.
2. La Hueterie avait demandé à François Ier, qui ne fit pas droit à sa requête, la place de valet de chambre du roi, occupée par Marot.
3. C'est Marot lui-même que son valet désigne ainsi.

Contre ta rude cornemuse
Sa doulce lyre : et puis sa muse,
Parmi les princes allaictée,
Ne veult point estre valetée.
    Hercules feit il nulz efforts
Sinon encontre les plus forts ?
Pensez qu'à Ambres¹ bien séerroit,
Ou à Canis, qui les verroit
Combattre en ordre et équipage,
L'ung un valet et l'aultre un page.
    J'ay pour toy trop de resistance :
Encore ay je paour qu'il me tance,
Dont je t'escribs : car il sçayt bien
Que trop pour toy je sçay de bien.
Vray est qu'il avoit un valet
Qui s'appelloit *Nihil valet*²,
A qui comparer on t'eust peu :
Toutesfois il estoit ung peu
Plus plaisant à veoir que tu n'es :
Mais non pas du tout si punais³.
    Il avoit bien tes yeulx de rane⁴,
Et si estoit filz d'un Marrane⁵,
Comme tu es. Au demourant,
Ainsy vedel èt ignorant,
Sinon qu'il sçavoit mieulx limer
Les vers qu'il faisoit imprimer.
Tu penses que c'est cestuy-là,
Qui au lict de Monsieur alla,
Et feit de sa bourse mitaine⁶,
Et va, va ta fievre quartaine ;
Comparer ne t'y veulx, ne doy :
Il valloit mieulx cent fois que toy.
Mais viens çà, qui t'a meu⁷ à dire
Mal de mon maistre en si grant'ire ?

. . . .

1. Le chevalier d'Ambres. — Canis était réputé pour sa bravoure.
2. *Nihil valet*, signifie littéralement *bon à rien*.
3. Qui sent mauvais.
4. Du latin *rana*, grenouille.
5. *Marrane*, nom injurieux donné par les Français aux Espagnols, qui, ayant été longtemps mêlés aux Maures, avaient adopté leurs mœurs.
6. Allusion au *valet de Gascogne* qui l'a *dérobé*, comme nous l'avons vu plus haut.
7. Poussé.

Je ne veulx flatter, ne vanter ;
Mais, certes, Monsieur auroit honte
De t'allouer dedans le compte[1]
De ses plus jeunes apprentifs[2].
 Venez, ses disciples gentils[3],
Combattre ceste lourderie.
Venez, son mignon, Borderie,
Grant espoir des muses haultaines :
Rocher, faites saillyr Fontaines :
Lavez tous deux aux veaulx les testes :
Lyon, qui n'es pas roy des bestes :
Car Sagon l'est, suz, hault la pate,
Que du premier coup on l'abbate.
 Suz Gallopin, qu'on le gallope :
Redressons cest asne qui choppe[4],
Qu'il sente de tous la poincture :
Et nous aurons Bonadventure,
A mon adviz, assez sçavant
Pour le faire tirer avant.

(Epîtres.)

Adieu aux Dames de la court.

Adieu la court, adieu les Dames,
Adieu les filles et les femmes.
Adieu vous dy pour quelque temps.
Adieu vos plaisans passetemps,
Adieu le bal, adieu la dance,
Adieu mesure, adieu cadence,

---

1. Te compter au nombre...
2. Disciples.
3. Suit alors une énumération des disciples favoris de Marot, parmi lesquels les plus célèbres sont Charles Fontaine, Bonaventure des Périers et la Borderie.

CHARLES FONTAINE (1513-1558), poète d'une inspiration peu élevée, mais souvent sincère. Fidèle à Marot, il répondit au *Manifeste* de *du Bellay* par une épître intitulée le *Quintil Horatian*, dans laquelle il pressent, avec un peu d'exagération peut-être, les côtés faibles des novateurs.

BONAVENTURE DES PÉRIERS (?-1544), secrétaire de Marguerite de Navarre, traduisit, à l'exemple de Marot, des poésies sacrées. Son œuvre principale est le *Cymbalum mundi*, pamphlet violent qui le fit accuser d'athéisme (1537).

LA BORDERIE, né en 1507, auteur de quelques ouvrages élégants, parmi lesquels l'*Amye de Cour*.

4. Qui trébuche.

Tabourins, haulboys, violons,
Puis qu'à la guerre nous allons.
. . . .
Adieu les regards gracieux,
Messagers des cueurs soucieux;
Adieu les profondes pensées
Satisfaictes ou offensées;
Adieu les armonieux sons
De rondeaulx, dizains et chansons;
Adieu piteux departement[1],
Adieu regretz, adieu tourment,
Adieu la lettre, adieu le page,
Adieu la Court, et l'équipage,
Adieu l'amytié si loyalle,
Qu'on la pourroit dire royalle,
Estant gardée en ferme foy
Par ferme cueur digne de roy.
. . . .
Adieu m'amye la dernière[2],
En vertuz et beauté première,
Je vous pry me rendre à present
Le cueur dont je vous feis present,
Pour en la guerre, ou il faut estre,
En faire service à mon maistre[3].
Or quand de vous se souviendra[4],
L'aiguillon d'honneur l'espoindra[5]
Aux armes et vertueux faict.
Et s'il en sortoit quelque effect
Digne d'une louange entiere,
Vous en seriez seule heritiere.
De vostre cueur[6] donc vous souvienne :
Car si Dieu veult que je revienne,
Je le rendray en ce beau lieu.
Or je fais fin à mon Adieu.

(*Epîtres.*)

---

1. Séparation.
2. C'est à vous la dernière que je dis adieu.
3. Pour le mettre au service de mon maître.
4. Mon cœur se souviendra.
5. L'excitera.
6. De ce cœur qui vous appartient.

Conseils de Jean Marot à son fils.

.... Me souvient, quand sa mort attendoit [1],
Qu'il me disoit, en me tenant la dextre :
Filz, puisque Dieu t'a faict la grace d'estre
Vray heritier de mon peu de sçavoir,
Quiers en [2] le bien qu'on m'en a faict avoir :
Tu congnois comme user en est decent [3].
C'est un sçavoir tant pur, et innocent,
Qu'on n'en sçauroit à creature nuire.
   Par preschemens le peuple on peult seduire ;
Par marchander, tromper on le peult bien ;
Par plaiderie on peult manger son bien ;
Par medecine on peult l'homme tuer ;
Mais ton bel art ne peult telz coups ruer [4],
Ains en sçauras meilleur ouvrage tistre [5].
Tu en pourras dicter Lay [6] ou Epistre,
Et puis la faire à tes amys tenir,
Pour en l'amour d'iceulx t'entretenir.
   Tu en pourras traduyre les volumes
Jadis escripts par les diverses plumes
Des vieulx Latins, dont tant est mention.
   Apres tu peulx de ton invention
Faire quelque oeuvre à jecter en lumiere :
Dedans lequel en la fueille premiere
Dois invoquer le nom du tout puissant :
Puis descriras le bruyt resplendissant
De quelque Roy ou Prince, dont le nom
Rendra ton oeuvre immortel de renom :
Qui te sera, peult estre, si bon heur [7],
Que le prouffit sera joinct à honneur.
   Donc pour ce faire, il fauldroit que tu prinses
Le droict chemin du service des Princes,
Mesmes [8] du Roy, qui cherit et practique
Par son hault sens ce noble art Poëtique.
Va donc à luy, car ma fin est presente [9],

1. Quand Jean Marot attendait sa mort.
2. Cherche à en retirer.
3. Comme il convient.
4. Décharger.
5. Tisser.
6. Petit récit en vers que disaient les trouvères.
7. Tant de bonheur.
8. Principalement.
9. Arrivée.

Et de ton faict quelque œuvre luy presente,
Le suppliant, que par sa grand'doulceur,
De mon estat te face successeur.
Que pleures-tu ? Puis que l'aage me presse,
Cesse ton pleur, et va ou je t'adresse.
 Ainsi disoit le bon Vieillard mourant.

(Epitres[1].)

A une Damoyselle malade.

Ma mignonne,
Je vous donne
Le bon jour :
Le sejour[2]
C'est prison :
Guerison
Recouvrez,
Puis ouvrez
Vostre porte,
Et qu'on sorte
Vistement :
Car Clement
Le vous mande[3],
 Va, friande
De ta bouche,
Qui se couche
En danger
Pour manger[4]
Confitures :
Si tu dures
Trop malade
Couleur fade
Tu prendras,
Et perdras

---

1. Cette épître était adressée à François Ier : Marot lui demandait à succéder à son père, en qualité de valet de chambre du roi.
2. La chambre.
3. Vous l'ordonne.
4. Pour avoir mangé...

M. *La poésie de la Renaissance.*

L'embonpoint.
    Dieu te doint
    Santé bonne,
    Ma mignonne.

(*Epîtres.*)

Papillon[1].

Me pourmenant dedans le parc des Muses,
Prince, sans qui elles seroient confuses,
Je rencontrai sur un pré abattu
Ton papillon[2], sans force ne vertu :
Je l'ai trouvé encor avec ses aisles,
Mais sans voller, comme s'il fust sans elles.
Luy qui, tendant à son Roy consoler[3],
Pour ton plaisir souloit si bien voller,
Qui surpassoit le vol des alouettes.

Roy des François, c'est l'un de tes poëtes,
Papillon peinct de toutes les couleurs
De poésie, et d'autant de douleurs :
L'autr'hier[4] le vy aussi sec, aussi palle
Comme sont ceux qu'au sépulcre on devalle.
Lors de la couche où il estoit gisant,
Je m'approchay, en amy lui disant
Ce que j'ai peu pour lui donner courage
De brièvement eschapper cest orage :
Et luy offrant tout ce que Dieu a mis
En mon pouvoir pour ayder mes amis,
Dont il est l'un, tant pour l'amour du style
Et du sçavoir de sa muse gentile,
Que pour autant[5] qu'en sa plume, en santé,
A ta louenge il a tousjours chanté.
M'ayant ouy, un bien peu séjourna :
Puis l'œil terny, triste, vers moy tourna,

1. Papillon, valet de chambre de François Ier et page de Marguerite de Valois ; il fut fait prisonnier à Pavie. Il était malade au moment où Marot écrivit au roi cette épître, pour le lui recommander.

2. Il y a ici un jeu de mots auquel prête le nom de Papillon.

3. Lui qui ne désirait que plaire au roi.

4. L'autre jour, je le vis...

5. Pour ce motif que sa plume, lorsqu'il se portait bien.

Sa seiche main dedans la mienne a mise,
Et d'une voix fort débile et soubmise
M'a respondu : Cher amy esprouvé,
Le plus grand mal qu'en mes maulx j'ay trouvé,
C'est un désir, qui sans fin m'importune,
D'escrire au Roy la fascheuse fortune
Qui en ce poinct malade m'a rendu ;
Mais je ne puis : car il m'est deffendu
Du¹ médecin, qui à ma plume ordonne
Un long repos, qui long travail me donne.

— Amy très cher, ce lui réponds-je alors,
De quoy te plains ? jette ce soing dehors ;
Car sans ta peine adviendra ton désir,
Si oncques Muse à l'autre² feit plaisir,
Certes la tienne est du Roy escoutée :
Mais de luy n'est la nostre reboutée³.
Courage donc, Marot s'enhardira
D'escrire au Roy, et ton cas lui dira.
Que pleust à Dieu que ton mal si pervers
Se peust guérir par rimes et par vers,
Ou qu'en moy fust tout ce qui est duisant⁴
A divertir cela qui t'est nuisant !

Ces mots finis, plus de cent et cent foys
Me mercia. Lors de là je m'en voys
Au mont Parnasse escrire ceste lettre,
Pour tesmoingnage à ta bonté transmettre
Que Papillon tenoit en main la plume,
Et de tes faicts faisoit un beau volume,
Quand maladie extrème lui a faict
Son œuvre empris demeurer imparfaict,
Et puis l'ouvrier a mis en tel decours
Qu'il a besoing de ton royal secours.

C'est tout cela que mon escript desire
Te faire entendre : ayant cest espoir, Sire,
Que ne diras en moy présumption,
Quand de mon cueur sçauras l'intention,

---

1. Par le.
2. Celle de Marot.
3. Rebutée.

4. Tout ce qui a quelque *efficacité* pour divertir...

Qui de nully[1] ne peust estre reprise
Puisqu'amitié a causé l'entreprise.

Si Théséus, ainsi comme l'on dit,
Pour Pirithée[2] aux Enfers descendit,
Pourquoi ne puy je en Parnasse monter
Pour d'un amy le malheur te compter?
Et si Pluton contre l'inimitié
Qu'il leur portoit, loua leur amitié,
Doy je penser que ton cueur tant humain
Trouve mauvais si je preste la main
A un amy, veu mesme que nous sommes
Et luy et moy du nombre de tes hommes[3]?
Je croy plustost qu'à l'un gré tu sçauras,
Et que pitié de l'autre tu auras[4].

(Epîtres.)

Marot et la Sorbonne.

Suyvant propoz, trop me sont ennemys
Pour leur enfer[5], que par escript j'ay mis,
Où quelque peu de leur tours je descœuvre :
Là me veult-on grant mal pour petit œuvre,
Mais je leur suis encor plus odieux,
Dont je l'osay lire devant les yeulx
Tant cler voyans de ta majesté haulte,
Qui a pouvoir de reformer leur faulte[6].

Brief par effect, veoyre par fois diverses,
Ont déclaré leurs voluntez perverses
Encontre moy : mesmes ung jour ils vindrent
A moy malade, et prisonnier me tindrent,
Faisans arrest suz un homme arresté
Au lict de mort : et m'eussent pis traicté,
Si ce ne fust ta grant bonté, qui à ce
Donna bon ordre avant que t'en priasse.

1. De personne.
2. Pirithoüs, ami de Thésée, était descendu aux Enfers pour enlever Proserpine à Pluton.
3. De ceux qui te rendent *hommage*.
4. La sensibilité vraie de Marot se montre au grand jour dans ces vers.
5. Marot avait décrit les horreurs de la prison du Châtelet, où il avait été enfermé, et qu'il avait surnommé l'*Enfer*.
6. Revenir sur leur arrêt. C'est au roi que Marot adressait cette épître, durant son exil à Ferrare, près de Renée de France.

Leur commandant de laisser choses telles
Dont je te rens grâces très immortelles.
    Autant comme eulx, sans cause qui soit bonne,
Me veult de mal l'ignorante Sorbonne :
Bien ignorante elle est d'estre ennemye
De la trilingue et noble academye[1]
Qu'as érigée. Il est tout manifeste
Que là dedans, contre ton vueil céleste,
Est défendu, qu'on ne voyse[2] alléguant
Hebrieu, ny grec, ny latin élegant :
Disant que c'est langaige d'hereticques[3].
O povres gens de sçavoir tous ethiques[4],
Bien faictes vray ce proverbe courant,
Science n'a haineux que l'ignorant.
    Certes, ô roy, si le profond des cueurs
On veult sonder de ces Sorbonicqueurs,
Treuvé sera que de toy ils se deulent[5].
Comment[6] douloir? Mais que grant mal te veulent,
Dont[7] tu as faict les lettres et les arts
Plus reluysans que du temps des Cæsars :
Car leurs abuz veoit on en façon telle.
C'est toy, qui as allumé la chandelle
Par qui maint œil veoid mainte vérité,
Qui sous epaisse et noire obscurité
A faict tant d'ans[8] ici bas demourance.
Et qu'est-il rien plus obscur qu'ignorance?
Eulx et leur court en absence et en face
Par plusieurs fois m'ont usé de menace :
Dont la plus doulce estoit en criminel
M'exécuter. Que pleust à l'Eternel,
Pour le grant bien du peuple désolé,
Que leur desyr de mon sang fust saoulé,
Et tant d'abuz dont ilz se sont munys
Fussent à cler descouverts et punys.

---

1. Le Collège Royal (Collège de France), fondé par François Ier. On y enseignait les langues latine, grecque et hébraïque (d'où *trilingue*).
2. Qu'on *aille*.
3. Le grec passait, au moyen âge, pour la langue des hérésies.
4. Maigres.
5. Se plaignent ; du verbe *douloir* (latin : *dolent*).
6. Que dis-je?...
7. De ce que.
8. Tant d'années.

O quatre fois et cinq fois bien heureuse,
La mort, tant soit cruelle et rigoureuse,
Qui feroit seule un million de vies
Sous telz abuz n'estre plus asservies !
   Or à ce coup il est bien évident
Que dessuz moy ont[1] une vieille dent,
Quand ne pouvans crime sur moy preuver,
Ont très bien quis[2], et très bien sceu treuver,
Pour me fascher, briefve expedition,
En te donnant mauvaise impression
De moy ton serf[3], pour après, à leur aise,
Mieulx mettre à fin leur volunté mauvaise :
Et pour ce faire, ilz n'ont certes eu honte
Faire courir de moy vers toy maint compte,
Avecques bruyt plein de propoz menteurs,
Desquelz ilz sont les premiers inventeurs.
De luthériste ilz m'ont donné le nom
Qu'à droict ce soit, je leur respons que non.
Luther pour moy des cieulx n'est descendu,
Luther en croix n'a point esté pendu
Pour mes pechez : et tout bien advisé,
Au nom de luy ne suis point baptisé[4],
Baptisé suis au nom qui tant bien sonne,
Qu'au son de luy le Pere éternel donne
Ce que l'on quiert, le seul nom sous les cieulx
En et par qui ce monde vicieux
Peult estre sauf. Le nom tant fort puyssant,
Qu'il a rendu tout genouil flechyssant
Soit infernal, soit celeste, ou humain :
Le nom, par qui du Seigneur Dieu la main
M'a préservé de ces grands loups rabiz[5],
Qui m'espyoient dessoubz peaulx de brebiz.
   O Seigneur Dieu, permettez-moy de croire
Que réservé m'avez à vostre gloire.
Serpents tortus, et monstres contrefaicts
Certes sont bien à vostre gloire faicts,

---

1. Les sorboniqueurs ont contre moi, etc....

2. Cherché.

3. Qui te suis soumis comme un *serf* à son maître.

4. L'orthodoxie de Marot est, au moins, suspecte, malgré ses affirmations intéressées. Il est certain aujourd'hui qu'il mourut dans la religion réformée.

5. Loups enragés.

Puis que n'avez voulu donc condescendre,
Que ma chair vile ait esté mise en cendre
Faictes au moins, tant que seray vivant,
Qu'à vostre honneur soit ma plume escribvant :
Et si ce corps avez predestiné
A estre ung jour par flamme terminé,
Que ce ne soit au moins pour cause folle :
Ainçois pour vous, et pour vostre parolle ;
Et vous supply, Pere, que le tourment
Ne luy soit pas donné si vehement,
Que l'âme vienne à mettre en oublyance
Vous en qui seul gist toute sa fyance[1] :
Si que je puysse, avant que d'assoupyr,
Vous invoquer jusque au dernier souspyr.
   Que dy-je ? ou suis-je ? O noble roy François,
Pardonne-moi, car ailleurz je pensois.
   Pour revenir doncques à mon propos,
Rhadamanthus avecques ses suppostz[2]
Dedans Paris, combien que fusse à Blois,
Encontre moy faict ses premiers exploicts,
En saisyssant de ses mains violentes
Toutes mes grans richesses excellentes,
Et beaulx thresors d'avarice delivres[3] :
C'est assavoir mes papiers et mes livres,
Et mes labeurs. O juge sacrilege,
Qui t'a donné ne loy, ne privilege
D'aller toucher, et faire les massacres
Au cabinet des sainctes Muses sacres ?
Bien est il vray que livres de deffense[4]
On y treuva ; mais cela n'est offense
A ung poëte, a qui on doibt lascher
La bride longue, et rien ne luy cacher,
Soit d'art magicq. necromance[5] ou caballe[6]
Et n'est doctrine escripte, ne verballe,
Qu'un vrai poëte au chief ne deust avoir,
Pour faire bien d'escrire son debvoir[7].

1. Confiance.
2. Le lieutenant criminel du Châtelet de Paris, peut-être Morin. — Rhadamanthe était l'un des juges infernaux, dans la mythologie ancienne, avec Éaque et Minos.
3. Innocents d'avarices : ce sont ses livres qu'il appelle ses trésors.
4. Défendus.
5. Nécromancie.
6. Livres mystérieux du judaïsme.
7. Pour bien remplir sa tâche.

Sçavoir le mal est souvent prouffitable,
Mais en user est toujours esvitable :
Et d'aultre part, que me nuict de tout lire ?
Le grand donneur[1] m'a donné sens d'eslire
En ces livres tout cela qui accorde
Aux saincts escriptz de grace et de concorde :
Et de jecter tout cela qui differe
Du sacré sens, quand pres on le confere.
Car l'escripture est la touche, où l'on treuve
Le plus hault or. Et qui veult faire espreuve
D'or, quel qu'il soit, il le convient toucher
A ceste pierre, et bien près l'approcher
De l'or exquiz, qui tant se faict paroistre,
Que bas ou hault tout autre faict congnoistre.
   Le juge donc affecté se monstra
En mon endroict, quand des premiers oultra
Moy, qui estois absent, et loing des villes,
Ou certains fols firent choses trop viles[2],
Et de scandale : helas ! au grant ennuy,
Au detriment et à la mort d'aultruy ;
Ce que sçachant, pour me justifyer,
En ta bonté je m'osay tant fyer,
Que hors de Blois party pour à toi, Sire,
Me présenter. Mais quelcun me vint dire :
Si tu y vas, amy, tu n'es pas saige ;
Car tu pourrois avoir mauvaiz visaige
De ton Seigneur. Lors comme le nocher,
Qui, pour fuyr le peril d'un rocher,
En pleine mer se destourne tout court,
Ainsi pour vray m'escartay de la court,
Craignant treuver le peril de durté,
Où je n'euz oncq, fors[3] doulceur et surté.
   Puis je sçavois, sans que de faict l'apprinse,
Qu'à un subject l'œil obscur[4] de son prince
Est bien la chose, en la terre habittable,
La plus à craindre, et la moins souhaittable.

1. Dieu.
2. Voir notre *Étude sur Marot*, au sujet de ces *choses viles* et scandaleuses qui le forcèrent à fuir : des placards huguenots contre la messe avaient été affichés, à Paris, aux portes des églises. Marot était alors à Blois. La haine de la Sorbonne, acharnée contre lui, lui valut une perquisition dans ses papiers. Il eut peur et partit.
3. Où je ne trouvai jamais que...
4. Irrité.

Si m'en allay, esvitant ce danger,
Non en pays, non à prince estranger,
Non point usant de fugitif destour,
Mais pour servir l'aultre roy à mon tour,
Mon second maistre, et ta sœur son espouse[1],
A qui je fus des ans à quatre et douze[2]
De ta main noble heureusement donné.
    Puis tost après, royal chef couronné,
Sçachant plusieurz de vie trop meilleure
Que je ne suis, estre brulez à l'heure[3]
Si durement, que mainte nation
En est tombée en admiration[4],
J'abandonnay, sans avoir commiz crime,
L'ingrate France, ingrate, ingratissime,
A son poëte, et en la délaissant,
Fort grand regret ne vint mon cueur blessant.
Tu ments, Marot, grant regret tu sentis,
Quant tu pensas à tes enfans petis[5] !
    Enfin passay les grans froides montaignes[6]
Et vins entrer aux lombardes campaignes.

(Épîtres.)

A Monseigneur le Dauphin, du temps de son exil à Ferrare[7].

En mon vivant, n'après ma mort avec,
Prince royal, je ne tournay le bec
Pour vous pryer : or devinez qui est-ce,
Qui maintenant en prend la hardyesse ?
Marot banny, Marot mis en requoy,
C'est luy sans aultre : et sçavez vous pourquoy
Ce qu'il demande il a voulu escrire ?
C'est pour autant qu'il ne l'ose aller dire ;

---

1. Le roi de Navarre et sa femme Marguerite.
2. Il fut au service de Marguerite de 1518 à 1534, dès l'âge de seize ans.
3. Sachant que plusieurs, qui menaient une vie meilleure que la mienne, étaient brûlés alors.
4. Étonnement.
5. Le cri du cœur échappe ici, bien que Marot fasse effort pour le contenir et pour paraître plus insensible qu'il ne l'est en réalité.
6. Les Alpes.
7. Le dauphin François reçut cette épître en 1536, la deuxième année de l'exil de Marot. Malgré la mort du dauphin, dans la même année, François Ier rappela le poète.

Veoyla le poinct, il ne fault pas mentyr,
Que l'air de France il n'ose aller sentyr :
Mais s'il avoit sa demande impetrée,
Jambes ne teste il n'ha si empestrée,
Qu'il n'y vollast. En vous parlant ainsy,
Plusieurz diront que je m'ennuie icy,
Et pensera quelque caffart pelé,
Que je demande à estre rappelé.
Mais, Monseigneur, ce que demander j'ose,
De quatre pas n'est pas si grande chose;
Ce que je quiers, et que de vous espere,
C'est qu'il vous plaise au Roy, vostre cher pere,
Parler pour moy, si bien qu'il soit induict
A me donner le petit saufconduict
De demy an[1] que la bride me lasche,
Ou de six mois, si demy an luy fasche :
Non pour aller visiter mes chasteaux,
Mais bien pour veoir mes petits Maroteaux[2],
Et donner ordre à un faix qui me poise :
Aussy affin que dire adieu je voyse
A mes amys et mes compagnons vieulx,
Car vous sçavez, si fay je encore mieulx
Que la poursuitte et fureur de l'affaire
Ne me donna jamais temps de ce faire :
Aussy affin qu'encor un coup j'accolle
La court du Roy, ma maistresse d'escolle[3].

  Si je vois là mille bonnets ostez,
Mille bons jours viendront de tous costez.
Tant de *Dieu gard*, tant qui m'embrasseront :
Tant de salutz qui d'or point ne seront.
Puis ce dira quelque langue friande,
Et puis Marot, est ce une grant'viande[4]
Qu'estre de France estrangé et banny ?
Par Dieu, Monsieur, ce diray-je, nenny.
Lorsque de chere et grandes accollées,
Prendray les bons, laisseray les vollées,

---

1. D'une demi-année.
2. Il y a comme une tendresse douloureuse dans cette façon de désigner ses enfants.
3. C'est bien, en effet, la cour du roi qui a formé Marot : c'est à elle, au désir de lui plaire, qu'il doit ses qualités de finesse et de *gentillesse*.
4. Est-il de grande importance...

Adieu, Messieurs, adieu donc, mon mignon.
Et cela faict, verrez le compaignon.[1]
Tost desloger, car mon terme failly[2],
Je ne craindrois, sinon d'estre assailly
Et empaulmé. Mais si le Roy vouloit
Me retirer, ainsi comme il souloit,
Je ne dy pas qu'en gré je ne le prinse :
Car un vassal est subject à son Prince[3].
Il le feroit, s'il sçavoit bien comment
Depuis ung peu je parle sobrement :
Car ces Lombars avec qui je chemine,
M'ont fort appriz à faire bonne mine :
A ung mot seul de Dieu ne deviser,
A parler peu, et à poltroniser.
Dessuz ung mot une heure je m'arreste ;
L'on parle à moy, je respons de la teste ;
Mais je vous pry, mon saulfconduyct ayons,
Et de cela plus ne nous esmoyons.
Assez avons espace d'en parler,
Si une fois vers vous je puis aller.
   Conclusion, royale geniture,
Ce que je quiers n'est rien qu'une escripture,
Que chascun jour on baille aux ennemiz,
On la peult bien octroyer aux amis.
Et ne fault jà qu'on ferme la Champaigne
Plustost à moy qu'à quelque Jean d'Espaigne,
Car quoi que né de Paris je ne sois,
Point je ne laisse à estre bon François :
Et si de moy, comme espere, l'on pense,
J'ai entreprins, pour faire recompense,
Un œuvre exquiz, si ma muse s'enflamme,
Qui, maulgré temps, maulgré fer, maulgré flamme,
Et maulgré mort, fera vivre sans fin
Le roy François, et son noble dauphin.

(Epîtres.)

---

1. C'est lui-même qu'il désigne ainsi.
2. Une fois écoulée la date fixée par le sauf-conduit.
3. Marot aime cette forme enjouée lorsqu'il adresse une demande : s'il accepte, c'est pour obéir au roi, et rien de plus.

Repentez-vous[1].

Ayez bon cueur et contenez vos larmes,
Que vous avez pour les *Adieux*[2] rendues :
Las ! mieulx vaudroit les avoir espandues
Dessus les pieds du Christ, les essuyans
De vos cheveux, et vos péchés fuyans,
Par repentance, avecques Madeleine.
Qu'attendez-vous ? — Quand on est hors d'haleine,
La force fault[3]. Quand vous serez hors d'âge,
Et que vos nerfs sembleront un cordage[4],
Plus de vos yeux larmoyer ne pourrez ;
Car sans humeur seiches vous demourrez.
Et quand vos yeulx pourroient pleurer encores,
Où prendrez vous les cheveux qu'avez ores[5]
Pour essuyer les pieds du Roi des cieulx[6] ?

(*Epîtres.*)

Deux Cœurs en un.

De deux cueurs ung ! Noz constellations[7],
Aussi l'accord de nos conditions
Le veult et dit. Chascun de nous ensemble
En mainte chose, en effet, se ressemble :
Tous deux aymons gens pleins d'honnesteté,
Tous deux aymons honneur et netteté,
Tous deux aymons a d'aulcun ne mesdire,
Tous deux aymons ung meilleur propos dire ;
Tous deux aymons a nous trouver en lieux
Où ne sont point gens mélancolieux ;
Tous deux aymons la musique chanter,
Tous deux aymons les livres fréquenter.

---

1. Ce fragment est adressé à certaines grandes dames qui n'avaient point pardonné à Marot une pièce satirique anonyme et intitulée *Adieux aux Dames de Paris*. Cette pièce avait provoqué de telles protestations, que Marot dut quitter la Cour.

2. La pièce satirique intitulée *Adieux aux Dames de Paris*. Voy. note précédente.

3. *Fault*, fait défaut.

4. C'est-à-dire quand la vieillesse viendra.

5. *Ores* : à cette heure (*ad horam*).

6. L'ironie contenue et discrète de ce passage est le véritable triomphe de l'esprit de Marot.

7. *Utrumque nostrum... consentit astrum* (HORACE).

Plustôt sera montaigne sans vallée[1]
Plustôt la mer on voirra dessalée,
Et plustôt Seine encontre mont ira[2]
Que de ton cueur le mien se partira[3].

Ballade de frère Lubin[4].

Pour couryr en poste a la ville
Vingt fois, cent fois, ne sçay combien :
Pour faire quelque chose vile,
Frère Lubin le fera bien ;
Mais d'avoir honneste entretien,
Ou mener vye salutaire,
C'est a faire a ung bon chrestien :
Frère Lubin ne le peut faire.

Pour mettre (comme ung homme habile).
Le bien d'autruy avec le sien,
Et vous laisser sans croix ne pile[5],
Frère Lubin le fera bien.
On a beau dire, je le tien,
Et le presser de satisfaire,
Jamais ne vous en rendra rien :
Frère Lubin ne le peut faire.

Pour desbaucher par ung doux style
Quelque fille de bon maintien,
Point ne fault de vieille subtile :
Frère Lubin le fera bien.
Il presche en théologien,
Mais pour boire de belle eau clère,
Faictes la boire a notre chien :
Frère Lubin ne le peut faire.

ENVOY.

Pour faire plus tost mal que bien,
Frère Lubin le fera bien :
Et si c'est quelque bonne affaire,
Frère Lubin ne le peut faire.

(*Ballades.*)

1. Voy. VIRGILE, *Églog.* I, v. 60.
2. Remontera vers sa source.
3. Se séparera.
4. Frère Lubin, nom donné aux moines mendiants par les anciens satiriques et par les huguenots.
5. Sans un sou : les pièces de monnaie portaient une croix sur leur *face*.

Prière pour une Malade.

Dieu qui voulus le plus haut ciel laisser.
Et ta hautesse en la terre abaisser,
Là où santé donnas à maints et maintes ;
Vueilles ouïr, de toutes mes complaintes,
Une sans plus : vueilles donner santé
A celle-là par qui suis tourmenté.

Ta sainte voix en l'Evangile crie,
Que tout vivant pour ses ennemis prie :
Gueris donc celle, ô médecin parfait,
Qui m'est contraire et malade me fait.

Hélas ! Seigneur, il semble, tant est belle,
Que plaisir prins à la composer telle ;
Ne souffre pas advenir cest outrage.
Que maladie efface ton ouvrage[1].

(Chants.)

Au bon vieux temps !

Au bon vieulx temps un train d'Amour regnoit,
Qui sans grand art et dons se demenoit,
Si[2] qu'un bouquet donné d'amour profonde
C'estoit donner toute la Terre ronde :
Car seulement au cueur on se prenoit.
   Et si par cas à jouyr on venoit,
Sçavez-vous bien comme on s'entretenoit[3] :
Vingt ans, trente ans : cela duroit un Monde
      Au bon vieulx temps.

Or est perdu ce qu'amour ordonnoit,
Rien que pleurs fainctz, rien que changes[4] on n'oyt.

---

1. Il y a dans cette élégie un sentiment tendre et discret, voilé de mélancolie : c'est la note la plus élevée que Marot puisse atteindre, et il faut avouer qu'elle laisse peu de chose à désirer.

2. En sorte que.
3. Comme on gardait sa foi.
4. Inconstances.

Qui vouldra donc qu'à aymer je me fonde,
Il fault premier, que l'amour on refonde,
Et qu'on la mene ainsi qu'on la menoit
    Au bon vieulx temps[1].
                  (*Rondeaux.*)

A un Créancier.

Ung bien petit de près[2] me venez prendre,
Pour vous payer : et si devez entendre
Que je n'euz oncq Angloys de votre taille[3] :
Car à tous coups vous cryez : baille, baille,
Et n'ay dequoy contre vous me deffendre.
Sur moy ne fault telle rigueur estendre,
Car de pecune ung peu ma bourse est tendre,
Et toutesfois, j'en ay, vaille que vaille,
    Ung bien petit.

Mais à vous veoir (ou l'on me puisse pendre[4]),
Il semble advis qu'on ne vous vueille rendre
Ce qu'on vous doibt : beau sire, ne vous chaille[5],
Quand je seray plus garny de cliquaille,
Vous en aurez : mais il vous fault attendre
    Ung bien petit.
                  (*Rondeaux.*)

De l'Abbé et de son valet[6].

Monsieur l'abbé, et monsieur son valet
Sont faicts égaulx tous deux comme de cire :
L'ung est grand fol, l'autre petit follet ;
L'ung veult railler, l'aultre gaudyr et rire ;
L'ung boit du bon, l'aultre ne boit du pire :
Mais ung debat au soir entre eulx s'esmeut,

---

1. Les grâces encore fraîches de cette petite pièce font songer à quelque aimable et caressante poésie d'Alfred de Musset.
2. D'un peu trop près.
3. Les Anglais avaient laissé une telle réputation de pillards dans Paris, qu'on disait en proverbe : *Il y a des Anglais en cette rue*, pour désigner des créanciers qui pouvaient fondre sur le débiteur à l'improviste. Voy. SAUVAL, *Antiquités de Paris*, t. I, p. 115.
4. Dussé-je être pendu.
5. Ne soyez pas inquiet.
6. Cette épigramme à deux tranchants, légèrement gouailleuse et gaie, inspirera plus tard les imitations de Racine et de Voltaire.

Car maistre abbé toute la nuict ne veult
Estre sans vin, que sans secours ne meure :
Et son valet jamaiz dormir ne peult,
Tandis qu'au pot une goutte en demeure.

(*Epigrammes.*)

De la duché d'Estempes.

Ce plaisant val, que l'on nommoit Tempé [1],
Dont mainte histoire est encor embellye,
Arrousé d'eaux, si doulx, si attrempé,
Sachez que plus il n'est en Thessalie.
Juppiter roy, qui les cueurs gaigne et lie,
L'a de Thessale en France remué,
Et quelque peu son nom propre mué :
Car pour Tempé, veult qu'Estempes s'appelle :
Ainsy lui plaist, ainsi l'a situé,
Pour y loger de France la plus belle [2].

(*Epigrammes.*)

D'une Dame qui avait désiré le voir.

Ains [3] que me veoir, en lisant mes escritz,
Elle m'ayma, puis voulut veoir ma face :
Si m'ha veu noir et par la barbe gris ;
Mais pour cela ne suis moins en sa grâce.
  O gentil cueur, nymphe de bonne race,
Raison avez ; car ce corps ja grison,
Ce n'est pas moy, ce n'est que ma prison,
Et aux escritz dont lecture vous feistes,
Vostre bel œil, à parler par raison,
Me veit trop mieulx [4] qu'à l'heure que me veistes.

(*Epigrammes.*)

1. Tempé, vallée célèbre de Thessalie, traversée par le Pénée.
2. Anne de Pisseleu, depuis duchesse d'Étampes.
3. Avant que de...
4. Bien mieux.

De Soy mesme.

Plus ne suis ce que j'ay esté,
Et ne le sçaurois jamais estre :
Mon beau Primtemps et mon Esté
Ont faict le saut par la fenestre.
Amour, tu as esté mon maistre,
Je t'ai servi sur[1] tous les Dieux.
O si je pouvois deux foys naistre,
Comme je te servirois mieulx !

(*Epigrammes.*)

Au Roy de Navarre.

Mon second Roy, j'ai une haquenée
D'assez bon poil, mais vieille comme moy :
A tout le moins, long temps a qu'elle est née,
Dont elle est foible, et son maistre en esmoy.
La povre beste, aux signes que je voy,
Dict qu'à grand'peine ira jusqu'à Narbonne.
Si vous voulez en donner une bonne,
Savez comment Marot l'acceptera :
D'aussi bon cueur comme la sienne il donne
Au fin premier[2] qui la demandera.

(*Epigrammes.*)

Semblançay.

Lorsque Maillart[3], juge d'enfer[4], menoit
A Montfaulcon Semblançay[5] l'âme rendre,
A vostre advis, lequel des deux tenoit
Meilleur maintien ? Pour le vous faire entendre,

---

1. De préférence à...
2. Au premier venu qui...
3. Maillart, lieutenant criminel de la prévôté de Paris.
4. Du Châtelet, où Marot avait été enfermé en 1525.
5. Samblançay (1465-1527), surintendant des finances sous François 1er, accusé faussement d'un détournement, fut pendu à Montfaucon.

Maillart sembloit l'homme que mort va prendre;
Et Semblançay fut si ferme vieillard,
Que l'on cuydoit, pour vrai, qu'il menast pendre
A Montfaulcon le lieutenant Maillart.

(Epigrammes.)

De la Royne de Navarre.

Entre autres dons de graces immortelles,
Madame[1] escript si hault[2] et doucement,
Que je m'estonne en voyant choses telles
Qu'on n'en reçoit plus d'esbahissement.
   Puis quand je l'oy parler si sagement,
Et que je voy sa plume travailler,
Je tourne bride et m'esbahy comment
On est si sot de s'en esmerveiller.

(Epigrammes.)

A la Royne de Navarre.

SUR UN DIZAIN QU'ELLE AVAIT ENVOYÉ AU POETE[3].

Mes créanciers, qui de dizains n'ont cure,
Ont lu le vostre, et sur ce leur ai dict :
« Sire Michel, sire Bonaventure[4],
La sœur du Roy a pour moi fait ce dict. »
Lors eux, cuydant que fusse en grand crédit,
M'ont appelé Monsieur à cri et cor,
Et m'a valu vostre escript autant qu'or ;
Car promis ont non seulement d'attendre,
Mais d'en prester, foi de marchand, encor ;
Et j'ai promis, foi de Clément, d'en prendre[5].

(Epigrammes.)

---

1. Marguerite de Navarre, sa protectrice.
2. Si noblement.
3. Voici ce dizain :

Si ceulx à qui devez, comme vous dites,
Vous cognoissoient comme je vous cognois,
Quitte seriez des debtes que vous feistes
Le temps passé, tant grandes que petites,
En leur payant un dizain toutesfoys,
Tel que le vostre, qui vault mieux mille foys
    4.
Que l'argent deu par vous, en conscience;
Car estimer on peult l'argent au poix,
Mais on ne peult (et j'en donne ma voix)
Assez priser votre belle science.

4. Ce sont les noms supposés de ses créanciers.
5. Voilà un trait d'audace que Marot sait se faire pardonner à force d'ingéniosité naïve et hardie, tout à la fois.

De Ouy et Nenny[1].

Ung doulx Nenny, avec un doulx sousrire,
Est tant honneste, il le vous fault apprendre :
Quant est d'Ouy, si veniez à le dire,
D'avoir trop dict je vouldrois vous reprendre :
Non que je sois ennuyé d'entreprendre
D'avoir le fruict, dont le desyr me poinct :
Mais je vouldrois qu'en le me laissant prendre,
Vous me disiez : « Non, vous ne l'aurez point. »

(Epigrammes.)

De Nenny.

Nenny desplait et cause grand soucy
Quand il est dict à l'amy rudement :
Mais quand il est de deux yeulx adouci
Pareils à ceulx qui causent mon tourment,
S'il ne rapporte entier contentement,
Si monstre il bien que la langue pressée
Ne respond pas le plus communément
De ce qu'on dict avecques la pensée.

(Epigrammes.)

D'une Dame de Normandie[2].

Ung jour la dame, en qui si fort je pense,
Me dict ung mot de moy tant estimé,
Que je ne peulx en faire récompense,
Fors de l'avoir en mon cueur imprimé.
Me dict avecq un ris accoutumé :
« Je croy qu'il fault qu'à t'aymer je parvienne. »

---

1. Ce morceau donne une idée exacte de ce que Boileau appelle l'*élégant badinage* de Marot : rien ne caractérise mieux, en effet, cette grâce enjouée, tendre et quelque peu impertinente du courtisan spirituel et honnête homme, qui parfume d'un peu d'amour vrai ses audacieuses coquetteries.

2. Marguerite de Navarre est ainsi désignée parce qu'elle possédait le duché d'Alençon.

Je luy respons : « Garde n'ay qu'il m'advienne
Ung si grand bien, et si ose affirmer
Que je debvrois craindre que cela vienne,
Car j'ayme trop, quand on me veult aymer. »

(Epigrammes.)

A Geffroy Bruslard.

Tu peins ta barbe, amy Bruslard : c'est signe
Que tu voudrois pour jeune estre tenu.
Mais on t'a veu n'agueres[1] estre un cigne,
Puis tout à coup un corbeau devenu.
Encor le pis qui te soit advenu
C'est que la mort, plus que toi fine et saige,
Congnoit assez que tu es tout chenu[2],
Et t'ostera ce masque du visaige[3].

(Epigrammes.)

D'un Usurier.

Un usurier à la teste pelée
D'un petit blanc[4] acheta un cordeau
Pour s'estrangler, si par froides gelées
Le beau bourgeon de la vigne nouveau
N'estoit gasté[5]. Après ravine[6] d'eau,
Selon son vœu, la gelée survint,
Dont fut joyeux ; mais, comme il s'en revint
En sa maison, se trouva esperdu
Voyant l'argent de son licol perdu
Sans profiter : sçavez vous ce qu'il fit ?
Ayant regret de son blanc, s'est pendu
Pour mettre mieulx son licol à profit.

(Epigrammes.)

---

1. Récemment.
2. Blanchi par l'âge.
3. Cf. Martial, III, 43 :

   Scit te Proserpina canum ;
   Personam capiti detrahet illa tuo.

   « Proserpine n'ignore pas que tu as les cheveux blancs ; elle saura bien reconnaître ce que tu es sous la tête que tu te fais. »
4. Monnaie de cinq deniers.
5. Parce que si la vendange était perdue, le vigneron emprunterait à l'usurier.
6. Pluie abondante.

De Soy mesme et d'un Riche ignorant.

Riche ne suis, certes, je le confesse ;
Bien né pourtant, et nourry[1] noblement.
Mais je suys leu du peuple et gentillesse[2]
Par tout le monde, et dict on : « C'est Clément. »
Maintz vivront peu, moy éternellement.
Et toy tu as prez, fontaines et puytz,
Boys, champs, chasteaulx, rentes et gros appuys.
C'est de nous deux la différence et l'estre[3].
Mais tu ne peulx estre ce que je suys :
Ce que tu es, un chascun le peult estre[4].

(Epigrammes.)

Epitaphe d'un Joueur de farces.

Cy dessous gist et loge en serre[5],
Ce très gentil fallot[6] Jean Serre,
Qui tout plaisir alloit suivant ;
Et grand joueur en son vivant,
Non pas joueur de dez ne quilles,
Mais de belles farces gentilles,
Auquel jeu jamais ne perdit,
Mais y gaigna bruit et crédit,
Amour et populaire estime,
Plus que d'escus, comme j'estime.
Il fut en son jeu si adextre,
Qu'à le veoir on le pensoit estre
Ivrongne, quand il s'y prenoit,
Ou badin, s'il l'entreprenoit.
Et n'eust sçu faire, en sa puissance,
Le sage ; car, à sa naissance,
Nature ne lui fit la trogne,
Que d'un badin, ou d'un ivrogne.

1. Élevé.
2. De la *noblesse*.
3. La condition.
4. Cf. MARTIAL, V, 13 :

    Sed, quod sum, non potes esse ;
    Tu, quod es, e populo quilibet esse potest.

« ... mais tu ne peux être ce que je suis ; et ce que tu es n'importe qui peut l'être. »

5. Cercueil.
6. Qui joue des *folies*.

Toutesfoys, je crois fermement
Qu'il ne feit onc si vivement
Le badin qui rit, ou se mord,
Comme il fait maintenant le mort.
. . . .
Or bref, quand il entroit en salle
Avec une chemise sale,
Le front, la joue et la narine
Toute couverte de farine,
Et coiffé d'un béguin[1] d'enfant,
Et d'un hault bonnet triomphant,
Garni de plumes de chapons,
Avec tout cela, je respons
Qu'en voyant sa grâce niaise[2],
On n'estoit pas moins gai ny aise
Qu'on est aux Champs Elysiens.
O vous, humains Parisiens,
De le pleurer, pour récompense,
Impossible est; car, quand on pense
A ce qu'il souloit faire et dire,
On ne se peut tenir de rire.
Que dis je, on ne le pleure point?
Si fait on; et voici le point:
On en rit si fort en maints lieux,
Que les larmes viennent aux yeux;
Ainsi, en riant, on le pleure,
Et, en pleurant, rit on à l'heure[3].
Or, pleurez, riez votre saoul,
Tout cela ne lui sert d'un soul:
Vous feriez beaucoup mieux en somme
De prier Dieu pour le pauvre homme.

(*Epitaphes.*)

Chant de May.

En ce beau mois délicieux,
Arbres, fleurs, et agriculture,
Qui, durant l'yver soucieux,
Avez esté en sepulture,

---

1. Coiffure des *béguines*, association religieuse des Pays-Bas.
2. *Niaise*, terme de chasse signifiant d'abord *pris au nid, pris au piège*, et par conséquent *sot*.
3. A l'instant même.

Sortez, pour servyr de pasture
Aux trouppeaux du plus grand pasteur :
Chascun de vous en sa nature,
Louez le nom du Createur.

Les servans d'amour furieux,
Parlent de l'amour vaine et dure,
Ou vous vrays amans curieux
Parlez de l'amour sans laydure :
Allez aux champs, sur la verdure,
Ouyr l'oyseau, parfaict chanteur :
Mais du plaisyr, si peu qu'il dure,
Louez le nom du Createur.

Quand vous veoirrez rire les cieulx,
Et la terre en sa floriture,
Quand vous veoirrez devant vos yeulx,
Les eaux luy bailler nourryture,
Sur peine[1] de grant' forfaicture,
Et d'estre larron et menteur,
N'en louez nulle creature ;
Louez le nom du Createur.

Envoy.

Prince, pensez, veu la facture[2],
Combien puyssant est le facteur[3],
Et vous aussy, mon escripture,
Louez le nom du Createur.

(*Chants.*)

De trois Enfans frères.

D'un mesme dard, soubs une mesme annee,
Et, en trois jours, de mesme destinee,
Mal pestilent[4] soubz ceste dure pierre
Meit Jean de Bray, Bonadventure, et Pierre,
Freres tous trois : dont le plus vieil dix ans
A peine avoit. Qu'en dictes vous, Lisans[5] ?

1. Sous peine.
2. L'œuvre.
3. L'ouvrier.
4. La peste.
5. Lecteurs.

Cruelle mort, mort plus froide que marbre,
N'a elle tort de faire cheoir de l'arbre
Un fruict tant jeune, un fruict sans meureté,
Dont la verdeur donnoit grand' seureté
De bien futur? Qu'a elle encores faict?
Elle a, pour vray, du mesme coup deffaict
De pere et mere esperance et liesse,
Qui s'attendoient resjouyr leur vieillesse
Avec leurs filz : desquelz la mort soudaine
Nous est tesmoing, que la vie mondaine [1]
Autant enfans que vieillards abandonne.
Il [2] nous doit plaire, et puisque Dieu l'ordonne [3].

(*Cimetière.*)

Aux Dames de France

O bien heureux qui veoir pourra
Florir le temps que l'on orra
Le laboureur à sa charrue,
Le charretier parmy la rue,
Et l'artisan en sa boutique,
Avecques un pseaume ou cantique
En son labeur se soulager!
Heureux qui orra le berger
Et la bergere au boys estans
Faire que rochiers et estangs
Après eux chantent la hauteur
Du sainct Nom de leur Createur!
   Souffrirez vous qu'à joye telle
Plustost que vous Dieu les appelle?
Commencez, Dames, commencez,
Le siècle doré avancez [4],
En chantant d'un cueur debonnaire
Dedans ce sainct Cancionnaire [5],
Afin que du monde s'envolle
Ce Dieu inconstant d'amour folle,
Place faisant à l'amiable
Vray Dieu d'amour, non variable.

(*Préface des* Psaumes.)

1. De ce monde.
2. Cela.
3. Et *cela*, puisque...
4. Hâtez la venue de l'âge d'or.
5. Recueil de chants.

Paraphrase d'un Psaume.

(*Exultate, justi, in Domino.*)

Resveillez vous, chascun fidelle ;
Menez en Dieu joye orendroit :
Louenge est tresseante [1] et belle
En la bouche de l'homme droict.
 Sur la doulce harpe
 Pendue en escharpe
 Le Seigneur louez :
 De luz [2], d'espinettes,
 Sainctes chansonnettes
 A [3] son nom jouez.
Chantez de luy par melodie,
Nouveau vers, nouvelle chanson,
Et que bien on la psalmodie
A haulte voix et plaisant son.
 Car ce que Dieu mande,
 Qu'il dict, et commande,
 Est juste et parfaict :
 Tout ce qu'il propose,
 Qu'il faict et dispose,
 A fiance est faict [4].
Il ayme d'amour souveraine,
Que droict regne et justice ayt lieu :
Quand tout est dict [5], la terre est pleine
De la grande bonté de Dieu.
 Dieu par sa parolle
 Forma chascun pole
 Et Ciel precieux ;
 De vent de la bouche
 Feit ce qui attouche,
 Et orne les Cieulx.
Il a les grans eaux amassees,
Et la mer comme en un vaisseau [6],
Aux abysmes les a mussees [7]
Comme un tresor en un monceau.

1. Très séante.
2. Luth.
3. En son nom.
4. De manière à mériter confiance.
5. En un mot.
6. Vase.
7. Cachées.

> Que la terre toute
> Ce grand Dieu redoubte,
> Qui feit tout de rien :
> Qu'il n'y ait personne
> Qui ne s'en estonne [1]
> Au val terrien [2]....
>
> Celuy se trompe qui cuyde estre
> Saulvé par cheval bon et fort;
> Ce n'est point par sa force adextre
> Que l'homme eschappe un dur effort [3].
>
> Mais l'œil de Dieu veille
> Sur ceulx, à merveille,
> Qui de voulonté
> Crainctifs le reverent;
> Qui aussi esperent
> En sa grand' bonté.
>
> Affin que leur vie il delivre
> Quand la mort les menacera :
> Et qu'il leur donne de quoy vivre
> Au temps que famine sera.
>
> Que doncques nostre âme
> L'Eternel reclame
> S'attendant a luy.
> Il est nostre addresse [4],
> Nostre forteresse,
> Pavoy et appuy
>
> Et par lui grand' resjouyssance
> Dedans noz cueurs tousjours aurons.
> Pourveu qu'en la haulte puissance
> De son Nom sainct nous esperons.
>
> Or ta bonté grande
> Dessus nous s'espande,
> Nostre Dieu, et Roy.
> Tout ainsi qu'entente,
> Espoir et attente
> Nous avons en toy.

(*Traductions des* Psaumes de David.)

---

1. Qui ne le craigne.
2. En cette vallée terrestre.
3. Au dur effort de ses ennemis.
4. Celui à qui nous nous adressons.

LES DOCTRINES LITTÉRAIRES
DE LA PLÉIADE

LA DÉFENSE ET ILLUSTRATION DE LA LANGUE FRANÇAISE. LA PRÉFACE DE LA "FRANCIADE" ET "L'ART POÉTIQUE" DE RONSARD.

Ce n'est pas sans avoir des idées bien nettes et bien déterminées, que Ronsard et les poètes de la Pléiade entreprirent de réformer la poésie française. Ils ont laissé un certain nombre de traités dans lesquels ils exposent d'une façon très arrêtée, impérieuse et dogmatique, leurs théories et leurs ambitions à cet égard. Ces traités sont la *Défense et Illustration de la Langue française*, la *Préface* de la *Franciade* et l'*Art Poétique* de Ronsard. On y pourrait joindre également la *Préface* de l'*Olive* de Joachim du Bellay.

La *Défense et Illustration de la Langue française* fut, en quelque sorte, le premier manifeste de la nouvelle école poétique. Elle fut publiée, en 1549, sous le nom de Joachim du Bellay ; mais on peut la considérer, relativement aux idées générales et à la doctrine littéraire, comme appartenant aussi bien à Ronsard qu'à du Bellay. Si l'on veut y regarder de près, on verra que ce manifeste est composé de deux parties bien distinctes : 1º défense de la langue française contre ceux qui écrivent en latin : cette langue est assez souple, assez agréable, assez forte, pour exprimer les plus délicates et les plus nobles pensées ; — 2º une fois réglée la question d'écrire en français, il faudra chercher à illustrer notre langue, qui n'est encore pas assez riche, et on y parviendra en s'appliquant à l'invention, à la composition et au style : cette seconde partie est donc, en même temps qu'une poétique, un véritable traité de l'art d'écrire.

Pauvreté de notre langue. — Sur le premier point, la *Défense* est très explicite : elle déclare formellement que, si

« nostre langue n'est si copieuse et si riche que la Grecque ou Latine », la faute en est, non pas à elle, mais à « ceux qui l'ont eue en garde et ne l'ont cultivée à suffisance » :

Si nostre langue n'est si copieuse et riche que la Grecque ou Latine, cela ne doit estre imputé au défaut d'icelle comme si d'elle mesme elle ne pouvoit jamais estre sinon pauvre et sterile : mais bien on le doit attribuer à l'ignorance de nos majeurs[1], qui ayans (comme dit quelqu'un[2], parlant des anciens Romains) en plus grande recommandation le bien faire que le bien dire, et mieux aymans laisser à leur posterité les exemples de vertu que des preceptes, se sont privez de la gloire de leurs bienfaits[3], et nous du fruict de l'imitation d'iceux : et par mesme moyen nous ont laissé nostre langue si pauvre et nuë, qu'elle a besoin des ornements (s'il faut ainsi parler) des plumes d'autruy. Mais qui voudroit dire que la Grecque et Romaine eussent toujours esté en l'excellence qu'on les a veues du temps d'Homere et de Demosthene, de Virgile et de Ciceron? Et si ces auteurs eussent jugé que jamais pour quelque diligence et culture qu'on y eust peu faire, elles n'eussent sceu produire plus grand fruict, se fussent-ils tant efforcez de les mettre au poinct où nous les voyons maintenant? Ainsi puis-je dire de nostre langue qui commence encore à fleurir sans fructifier, ou plustost, comme une plante et vergette, n'a point encores fleury : tant s'en fault qu'elle ait apporté tout le fruict qu'elle pourroit bien produire. Cela certainement non pour le defaut de la nature d'elle, aussi apte à engendrer que les autres : mais pour la coulpe[4] de ceux qui l'ont euë en garde, et ne l'ont cultivee à suffisance ; ains, comme une plante sauvage, en celuy mesme desert où elle avoit commencé à naistre, sans jamais l'arrouser, la tailler, ny defendre des ronces et espines qui luy faisoient ombre, l'ont laissee envieillir et quasi mourir. Que si les anciens Romains eussent esté aussi negligens à la culture de leur langue, quand premierement elle commença à pulluler, pour certain en si peu de temps elle ne fust devenuë si grande. Mais eux, en guise de bons agriculteurs, l'ont premierement transmuee d'un lieu sauvage en un domestique : puis à fin que plus tost et mieux elle peust fructifier, coupant à l'entour les inutiles rameaux, l'ont pour eschange d'iceux restauree de rameaux francz et domestiques, magistralement tirez de la langue Grecque : lesquels soudainement se sont si bien entez et faictz semblables à leur tronc, que desormais n'apparoissent plus adoptifs, mais naturels. De la sont nees en la langue Latine ces fleurs et ces fruictz colorez de ceste grande eloquence, avec ces nombres et ceste liaison si artificielle[5] : toutes lesquelles choses

1. Nos ancêtres.
2. SALLUSTE, *Catilina*, VIII.
3. Belles actions.
4. Faute.
5. Qui est un produit de l'art.

non tant de sa propre nature que par artifice, toute langue a coustume de produire. Donques si les Grecs et Romains, plus diligens à la culture de leurs langues que nous à celle de la nostre, n'ont peu trouver en icelles, sinon avecques grand labeur et industrie, ny grace, ny nombre, ny finablement aucune eloquence, nous devons nous emerveiller, si nostre vulgaire n'est si riche comme il pourra bien estre, et de là prendre occasion de le mespriser comme chose vile, et de petit pris? Le temps viendra (peut estre), et je l'espere, moiennant la bonne destinée Françoise, que ce noble et puissant royaume obtiendra à son tour les resnes de la Monarchie, et que nostre langue (si avecques François n'est du tout ensevelie la langue Françoise) qui commence encor jetter ses racines, sortira de terre et s'eslevera en telle hauteur et grosseur, qu'elle se pourra esgaler aux mesmes Grecs et Romains, produisant comme eux des Homeres, Demosthenes, Virgiles et Cicerons, aussi bien que la France a quelquefois produit des Pericles, Nicias, Alcibiades, Themistocles, Cesars et Scipions.

(*Défense et Illustr. de la Langue franç.*, liv. I, ch. III[1].)

« **Latineurs et Grécaniseurs.** » — Il faut voir ensuite avec quelle vivacité la *Défense* s'en prend à ces « latineurs » et « grécaniseurs », qui ont appris les langues anciennes « en l'escole à coups de verge », et croient qu'il suffit, pour égaler les anciens en leurs langues, d' « avoir recousu et rabobiné je ne sais quelles vieilles rapetasseries de Virgile et de Cicéron », alors qu'ils n'ont fait que des « bouquets fanés ». Elle n'a pas assez de dédains pour ceux qui, « n'estant rien moins que Grecz ou Latins, déprisent et rejettent d'un sourcil plus que stoïque toutes choses escriptes en françoys ».

Que pensent donc faire ces reblanchisseurs de murailles, qui jour et nuict se rompent la teste à imiter : que dis-je imiter? mais transcripre un Virgile et un Cicéron? bastissant leurs poëmes des hémistiches de l'un, et jurant en leurs proses ès mots et sentences de l'aultre, songeant (comme a dit quelqu'un) des Pères conscripts, des consuls, des tribuns, des comices, et toute l'antique Rome, non aultrement qu'Homère, qui en sa Batrachomyomachie adapte aux rats et grenouilles les magnifiques titres des dieux et déesses. Ceux-là certes méritent bien la punition de celuy qui, ravy au tribunal du grand juge, répondit qu'il estoit Cicéronien. Pensent-ils doncques, je ne dis égaler, mais approcher seulement de ces auteurs, en leurs langues, recueillant de cest orateur et de ce poëte ores un nom, ores un verbe, ores un vers et ores une sentence

---

1. Édition MARTY-LAVEAUX (A. Lemerre, édit.).

Comme si en la façon qu'on rebastit un vieil édifice, ils s'attendoient rendre par ces pierres ramassées à la ruynée fabrique de ces langues sa première grandeur et excellence. Mais vous ne serez jà si bons maçons (vous qui estes si grands zélateurs des langues grecque et latine), que leur puissiez rendre celle forme que leur donnèrent premièrement ces bons et excellents architectes ; et si vous espérez (comme fit Esculape des membres d'Hippolyte) que par ces fragments recueillys, elles puissent estre ressuscitées, vous vous abusez : ne pensans point qu'à la chute de si superbes édifices conjoincte à la ruyne fatale de ces deux puissantes monarchies, une partie devint poudre, et l'aultre doibt estre en beaucoup de pièces, lesquelles vouloir réduire en un, seroit chose impossible, oultre que beaucoup d'aultres parties sont demeurées aux fondemens des vieilles murailles, ou, égarées par le long cours des siècles, ne se peuvent trouver d'aulcun. Par quoy venant à réédifier ceste fabrique, vous serez bien loin de luy restituer sa première grandeur, quand où souloit estre la salle, vous ferez par adventure les chambres, les estables, ou la cuysine, confondant les portes, et les fenestres, rechangeant toute la forme de l'édifice.

Finalement j'estimerois l'art pouvoir exprimer la vifve énergie de la nature, si vous pouviez rendre ceste fabrique renouvelée semblable à l'antique, estant manque l'idée, de laquelle fauldroit tirer l'exemple pour la réédifier. Et ce afin d'exposer plus clairement ce que j'ai dit, d'autant que les anciens usoient des langues, qu'ils avoient succées avec le laict de la nourrice, et aussy bien parloient les indoctes, comme les doctes, sinon que ceulx-cy apprenoient les disciplines, l'art de bien dire, se rendant par ce moyen plus éloquents que les aultres. Voylà pourquoy leurs bienheureux siècles estoient si fertiles de bons poëtes et orateurs. Ne pensez donc, imitateurs, troupeau servile, parvenir au point de leur excellence, veu qu'à grand'peine et industrie avez-vous appris leurs mots, et voylà le meilleur de vostre âge passé. Vous desprisez nostre vulgaire, par adventure, non pour aultre raison, sinon que dès enfance, et sans estude, nous l'apprenons, les aultres avec grand'peine et industrie. Que s'il estoit, comme la grecque et latine, péry et mis en reliquaire de livres, je ne doubte point qu'il ne fust (ou peu s'en fauldroit) aussy difficile à apprendre comme elles sont. J'ay bien voulu dire ce mot pour ce que la curiosité humaine admire trop plus les choses rares et difficiles à trouver, bien qu'elles ne soyent si commodes pour l'usage de la vie, comme les odeurs et les gemmes, que les communes et nécessaires, comme le pain et le vin. Je ne vois pourtant qu'on doive estimer une langue plus excellente que l'aultre, seulement pour estre plus difficile.

(*Déf. et Illustr. de la Lang. fr.*, liv. I, ch. XI.)

Nécessité de l'étude. — Mais il ne suffit pas de combattre les « latineurs » et les « grécaniseurs ». Il y a encore des

DOCTRINES LITTÉRAIRES DE LA PLÉIADE. 63

ignorants, contre lesquels la *Défense* maintient la nécessité de l'étude, du travail et de l'art, parce que, seule, la nature ne suffit pas pour faire des chefs-d'œuvre. Sans doute, elle est la condition essentielle, car le poète ne peut rien s'il n'a reçu le don et le génie; seulement elle doit être fécondée par la science.

Mais, pour ce qu'en toute langue, il y a de bons et de mauvais [écrivains], je ne veux pas que sans élection et jugement, tu te prennes[1] au premier venu. Il vaudroit beaucoup mieux escrire sans imitation, que ressembler un mauvais auteur : veu mesmes que c'est chose accordee entre les plus sçavans, le naturel faire plus sans la doctrine[2], que la doctrine sans le naturel. Toutefois d'autant que l'amplification de nostre langue (qui est ce que je traitte) ne se peult faire sans doctrine et sans erudition, je veux bien advertir ceux qui aspirent à ceste gloire, d'imiter les bons auteurs Grecs et Romains, voire bien Italiens, Espagnols et autres : ou du tout n'escrire point, sinon à soy (comme on dit) et à ses Muses. Qu'on ne m'allegue point icy quelques uns des nostres, qui sans doctrine, à tout le moins non autre que mediocre, ont acquis grand bruyt en nostre vulgaire. Ceux qui admirent volontiers les petites choses, et desprisent ce qui excede leur jugement en feront tel cas qu'ilz voudront : mais je sçay bien que les sçavans ne les mettront en autre rang, que de ceux qui parlent bien François, et qui ont (comme disoit Ciceron des anciens auteurs Romains) bon esprit, mais bien peu d'artifice. Qu'on ne m'allegue point aussi que les Poëtes naissent[3] : car cela s'entend de ceste ardeur et allegresse d'esprit, qui naturellement excite les Poëtes, et sans laquelle toute doctrine leur seroit manque et inutile. Certainement ce seroit chose trop facile, et pourtant contemptible[4], se faire eternel par renommee, si la felicité de nature donnee mesmes aux plus indoctes etoit suffisante pour faire chose digne de l'immortalité. Qui veult voler par les mains et bouches des hommes doit longuement demourer en sa chambre : et qui desire vivre en la memoire de la posterité doit, comme mort en soy-mesme, suer et trembler maintefois : et autant que noz poëtes courtizans boivent, mangent, et dorment à leur aise, endurer de faim, de soif et de longues vigiles. Ce sont les ailes dont les escripts des hommes vont au ciel.

(*Déf. et Illustr. de la Lang. fr.*, liv. II, chap. III.)

L'imitation. — Ainsi le vrai moyen d'enrichir la langue, c'est d'avoir un beau génie, c'est aussi de le développer par

---

1. Tu t'attaches.
2. La science.
3. « *Fiunt oratores, nascuntur poetæ.* »
— « On devient orateur, mais on naît poète. »
4. Méprisable.

l'étude et l'imitation des anciens, dont les idiomes joints aux langages des métiers, des arts, de la guerre ou de la chasse, sont une source intarissable de rénovation : nous entrons ainsi dans la seconde partie de la *Défense*.

Je vous demande, vous autres, qui ne vous employez qu'aux translations, si ces tant fameux auteurs se fussent amusez à traduire, eussent-ils eslevé leur langue à l'excellence et hauteur, où nous la voyons maintenant? Ne pensez doncques, quelque diligence et industrie que vous puissiez mettre en cest endroit, faire tant que nostre langue encores ranpante à terre puisse hausser la teste et s'eslever sur pieds. Se compose donc celui qui voudra enrichir sa langue à l'imitation des meilleurs auteurs Grecs et Latins, et à toutes leurs plus grandes vertus, comme à un certain but, dirige la pointe de son style : car il n'y a point de doute que la plus grand part de l'artifice ne soit contenue en l'imitation, et tout ainsi que ce fut le plus louable aux anciens de bien inventer, aussi est-ce le plus utile de bien imiter, mesmes à ceux, dont la langue n'est encor bien copieuse et riche. Mais entende celuy qui voudra imiter que ce n'est chose facile de bien suyvre les vertus d'un bon auteur et quasi comme se transformer en luy, veu que la nature mesmes aux choses qui paroissent tressemblables, n'a sceu tant faire, que par quelque note et difference, elles ne puissent estre discernées. Je dy cecy, pour ce qu'il y en a beaucoup en toutes langues, qui sans penetrer aux plus cachées et interieures parties de l'auteur, qu'ils se sont proposé, s'adaptent seulement au premier regard, et s'amusant à la beauté des mots, perdent la force des choses. Et certes, comme ce n'est point chose vicieuse, mais grandement louable, emprunter d'une langue estrangere les sentences et les mots, et les approprier à la sienne : aussi est-ce chose grandement à reprendre, voire odieuse à tout lecteur de liberale nature, voir en une mesme langue une telle imitation, comme celle d'aucuns sçavans mesmes, qui s'estiment estre des meilleurs quand plus ils ressemblent un Heroët[1] ou un Marot. Je t'admoneste donq' (ô toy, qui desires l'accroissement de ta langue, et veux exceller en icelle) de non imiter à pié levé, comme n'agueres a dict quelqu'un, les plus fameux auteurs d'icelles, ainsi que font ordinairement la plupart de nos poëtes françois, chose certes autant vicieuse, comme de nul proffit à nostre vulgaire : veu que ce n'est autre chose (ô grande liberalité !) sinon de luy donner ce qui estoit à lui. Je voudroy bien que nostre langue fust si riche d'exemples domestiques, que n'eussions besoing d'avoir recours aux estrangers. Mais si Virgile et Ciceron se fussent contentez d'imiter ceux de leur langue, qu'au-

---

1. HEROET, poëte français du XVIᵉ siècle (1500-1568), ami de Marot ; il entra dans les ordres et devint évêque de Digne.

royent les Latins outre Ennie, ou Lucrece, outre Crasse, ou An-
thoine?

(Déf. et Illustr. de la Lang. fr., liv. II.)

Avec cette question de l'imitation, nous sommes au cœur
même de la doctrine de la Pléiade. Mais on remarquera qu'elle
ne veut pas d'imitation dans la même langue : il suffit d'em-
prunter à une langue étrangère les sentences et les mots, pour
les approprier à la nôtre. Il faut donc, à son avis, lire les meil-
leurs auteurs grecs ou romains, « se transformant en eux, les
dévorant et, après les avoir bien digerez, les convertissant en
sang et nourriture ». Cette théorie de l'*innutrition*, du Bellay
l'a d'ailleurs précisée dans sa *Préface* de l'*Olive*, où il conseille
de se pénétrer, par la lecture, des grandes pensées des écri-
vains anciens, puis, en écrivant, de les laisser sortir de soi,
sans y songer et sans le vouloir.

C'est en suivant les règles de cette sage imitation qu'on
pourra arriver à introduire dans la langue un certain nombre
de mots nécessaires, de « vocables non vulgaires, ... avec
modestie toutesfois, analogie et jugement de l'oreille », et
qu'on pourra, de même, rajeunir « des motz purement fran-
çois », en glanant, dans « tous ces vieux romans et poëtes fran-
coys, mil autres bons motz que nous avons perduz par notre
négligence ».

Malheureusement, la *Défense* ne s'en tiendra pas à cette
modération, et nous surprendrons même, tout à l'heure, une
contradiction évidente, entre la première partie, où il est dit
expressément qu'il faut s'exprimer en français, et un passage
fougueux et violent, écrit peut-être sous l'inspiration de
Daurat, et dans lequel le manifeste déclare qu'il faut étudier
les anciens, puis les piller pour enrichir les ouvrages fran-
çais.

Transformation des genres. — Nous n'insisterons pas, du
reste, sur cette contradiction, qui reparaît, avec insistance,
dans la conclusion du livre : il nous suffira d'indiquer que le
passage en question est précisément celui où la *Défense* re-
commande d'employer la langue, ainsi outillée, à de nobles
ouvrages. Cet endroit est d'une importance extrême; car, sous
couleur d'indiquer quels genres doit lire le poète français, il
fait le procès des Jean de Meung, des Marot, et trace, en une
page très enthousiaste, le programme même des genres dans
lesquels s'exercera la Pléiade :

Ly donques, et rely premierement, feuillete de main nocturne et journelle¹ les exemplaires Grecz et Latins, puis me laisse toutes ces vieilles poësies françoises aux Jeux Floraux de Toulouze, et au Puy de Rouan : comme Rondeaux, Ballades, Virelaiz, Chants Royaulx, Chansons et autres telles epiceries², qui corrompent le goust de nostre Langue et ne servent sinon à porter tesmoignage de nostre ignorance. Jette-toy à ces plaisans Epigrammes, non point comme font aujourd'huy un tas de faiseurs de comptes nouveaux qui en un dixain sont contens n'avoir rien dict qui vaille aux neuf premiers vers pourveu qu'au dixiesme il y ait le petit mot pour rire : mais à l'imitation d'un Martial, ou de quelque autre bien approuvé, si la lasciveté ne te plaist, mesle le proufitable avec le doux. Distile avecques un stile coulant et non scabreux, ces pitoyables elegies, à l'exemple d'un Ovide, d'un Tibule, et d'un Properce, y entremeslant quelquefois de ces fables anciennes, non petit ornement de poësie. Chante moy ces Odes, incogneuës encor' de la Muse Françoise d'un Luc³ bien accordé au son de la Lyre Grecque et Romaine, et qu'il n'y ait vers où n'aparoisse quelque vestige de rare et antique erudition. Et, quant à ce, te fourniront de matiere les louanges des Dieux et des hommes vertueux, le discours fatal des choses mondaines, la solicitude des jeunes hommes, comme l'amour, les vins libres et toute bonne chere. Sur toutes choses, prens garde que ce genre de poëme soit eloigné du vulgaire, enrichy et illustré de mots propres et epithetes non oysifs, orné de graves sentences et varié de toutes manieres de couleurs et ornementz poëtiques; non comme un, *Laissez la verde couleur*. *Amour avecq' Psyches, O combien est heureuse*⁴; et autres telz ouvrages, mieux dignes d'estre nommez Chansons vulgaires qu'Odes, ou vers lyriques. Quant aux Epistres, ce n'est un poëme qui puisse grandement enrichir nostre vulgaire, pource qu'elles sont volontiers de choses familieres et domestiques, si tu ne les voulois faire à l'imitation d'Elegies, comme Ovide; ou sentencieuses et graves, comme Horace. Autant te dy-je des Satyres, que les François, je ne sçay comment, ont appelées *Cocs à l'Asne*, esquelz je te conseille aussi peu t'exercer comme je te veux estre alièné de mal dire : si tu ne voulois, à l'exemple des anciens, en vers Heroïques (c'est à dire de x à xj et non seulement de viij à ix) soubs le nom de Satyre, et non de ceste inepte appellation de Coq-à-l'Asne, taxer modestement les vices de ton temps et pardonner aux noms des personnes vicieuses. Tu as pour cecy Horace, qui, selon Quintilian,

---

1. Vos exemplaria Græca
Nocturna versate manu, versate
[diurna.
(HORACE, *Art poét.*, 38.)
« Feuilletez jour et nuit les livres grecs.... »

2. Menues choses agréables au goût.

3. Luth.

4. Ce sont là les premiers vers de certaines pièces du temps.

tient le premier lieu entre les Satyriques. Sonne-moy ces beaux Sonnetz, non moins docte que plaisante invention Italienne, conforme de nom à l'Ode, et différente d'elle seulement, pource que le Sonnet a certains vers reiglez et limitez : et l'Ode peut courir par toutes manieres de vers librement, voire en inventer à plaisir, à l'exemple d'Horace qui a chanté dix-neuf sortes de vers, comme disent les Grammairiens. Pour le Sonnet donc tu as Pétrarque et quelques modernes Italiens. Chante-moy d'une musette bien resonnante, et d'une fluste bien jointe, ces plaisantes Eclogues Rustiques à l'exemple de Théocrit et de Virgile; Marines, à l'exemple de Sennazar, Gentilhomme Neapolitain..... Quant aux Comedies et Tragedies, si les Roys et les Républiques les vouloient restituer en leur ancienne dignité, qu'ont usurpée les Farces et Moralitez, je seroy' bien d'opinion que tu t'y employasses, et si tu le veux faire pour l'ornement de ta langue, tu scays où tu en doibs trouver les Archetypes.

(*Déf. et Illustr. de la Lang. fr.*, liv. II, ch. IV.)

L'intérêt de ce passage est considérable : il annonce, en somme, le désir très vif, qu'ont eu les poètes de la Pléiade, d'aborder les grands genres cultivés par l'antiquité, au lieu des genres secondaires traités par les auteurs du XIVe et du XVe siècles. Ils remplaceront ainsi le roman par l'épopée, la ballade ou le chant royal par l'ode, la lettre familière par l'épître, le *coq-à-l'âne* de Marot par la satire. Enfin, comme il ne faut pas oublier que l'italianisme a été la condition même de notre Renaissance, ils ajouteront à cette liste le sonnet, qui est d'invention italienne, et que Burckhardt appelle avec raison un « précieux condensateur de l'émotion lyrique ». Les partisans de Marot eurent beau protester et crier, comme Barthélemy Aneau[1] dans le *Quintil Horatian*, que c'était désigner des genres anciens et connus par des noms nouveaux, empruntés eux-mêmes, du reste, à l'antiquité gréco-romaine; il n'en est pas moins évident que cette théorie de la Pléiade devait aboutir au relèvement de genres connus déjà, mais maintenus trop bas par les poètes antérieurs. Ainsi, aux formes étroites et compliquées, honorées par le moyen âge, allaient succéder les formes antiques, larges, simples et harmonieuses, qui, en revêtant une beauté supérieure, devaient donner à la poésie une allure et une tournure plus aristocratiques.

---

1. Sous le nom de Charles Fontaine.

Une autre nouveauté qui résulta de cette théorie fut l'établissement d'une distinction des genres, d'autant plus rigoureuse qu'elle s'abritait sous l'autorité de l'antiquité. La Pléiade préludait ainsi à l'œuvre du classicisme, en empêchant le poète de s'abandonner à sa fantaisie, puisque cette distinction rigoureuse contenait en germe l'unité de composition et l'unité de ton, qui seront la marque des siècles classiques.

La *Défense* expose ensuite une doctrine pleine d'idées originales sur le style et la langue poétiques, comme sur la rythmique.

Relativement au style et à la langue, elle les veut distincts de la prose comme chez les anciens, et c'est encore là une tendance aristocratique de la Pléiade, pour rendre la poésie inaccessible au vulgaire. Pour créer cette langue, elle conseille les néologismes, et elle renferme même tout un chapitre sur ce sujet. Elle ne recommande nullement de former des mots composés, dont Ronsard, d'ailleurs, quoi qu'en ait pensé Boileau, s'est très modérément servi, tout en regrettant de n'en pouvoir user davantage. S'il a voulu mettre en circulation des expressions telles que : *toux ronge-poumon, gosier mâche-laurier, Bacchus aime-pampre*, etc., il a fort bien senti tout ce que ces audaces avaient de compromettant, et jamais, dans son œuvre, il n'a parlé grec et latin en français, laissant à du Bartas ces extravagances dont l'ignorance du xviie siècle l'a rendu à tort responsable. La *Défense* recommande simplement de faire des mots nouveaux, en ressuscitant les vieux mots français oubliés, « *ajourner* pour *faire jour, annuiter* pour *faire nuit, assener* pour *frapper où l'on visoit, isnel* pour *léger* ». — Ronsard exprimera la même idée dans ses traités, et, pendant les deux siècles qui suivront, La Bruyère, Fénelon, Voltaire, réclameront énergiquement l'emploi des termes tombés en désuétude. Loin d'être révolutionnaire, la Pléiade était donc, au fond, essentiellement conservatrice, malgré l'opinion généralement reçue.

Quant au style, elle le veut imagé, rempli de périphrases, — et, en enseignant ainsi le mépris du mot propre et populaire, elle fait encore œuvre aristocratique. Mais, ce qu'elle demande, par-dessus toutes choses, c'est une syntaxe imitée du latin, employant tantôt l'infinitif à la place du nom, comme dans *le vivre, le dormir;* tantôt, le nom à la place de l'adverbe, par exemple : *il fuit léger;* tantôt enfin, elle préconise l'emploi du nom pour l'adjectif, comme dans l'expression : *le frais des eaux*. Le style noble de l'époque classique ne sera pas autre chose que l'application exagérée de cette doctrine.

Relativement à la rythmique, la Pléiade ne pouvait rien emprunter aux anciens. Aussi la *Défense* reconnaît-elle la rime comme un élément essentiel de notre versification, bien qu'elle la qualifie de « fâcheux et rude geôlier ». Elle la veut « propre et naturelle », c'est-à-dire juste, riche sans affectation, « comme une harmonieuse musique tombante en bon et parfait accord ». Sur toutes ces questions de prosodie, la *Défense* est déjà entièrement classique ; car elle recommande de ne jamais sacrifier la raison à la rime ; elle proscrit l'inversion, l'hiatus ; elle veut le repos à l'hémistiche et n'accepte l'enjambement qu'en souvenir des anciens. Enfin elle approuve l'alternance des rimes masculines et féminines, et l'élision de l'*e* muet dans l'intérieur du vers. On croirait déjà, en un mot, entendre Malherbe faire ses recommandations.

Il faut écrire en sa langue. — Ainsi, pour la première fois, une école poétique, avec de chaleureux accents, faisait des lettres une partie de notre honneur national et comme une province de la patrie. La *Défense* revient, vers la fin, sur cette idée, en exhortant encore les Français à écrire en leur langue, en faisant un bel éloge de la France, et en montrant enfin que les plus savants hommes de l'époque n'ont pas dédaigné d'écrire en leur « vulgaire ».

S'il est ainsi que de nostre tems les astres, comme d'un accord, ont par une heureuse influence conspiré en l'honneur et accroissement de nostre langue, qui sera celuy des sçavans qui n'y voudra mettre la main, y repandant de tous cotés les fleurs et fruictz de ces riches cornes d'abundance grecque et latine ? Ou, à tout le moins, qui ne louëra et approuvera l'industrie des autres ? Mais qui sera celuy qui la vouldra blamer ? Nul, s'il n'est vrayment ennemy du nom françoys. Ce prudent et vertueux Themistocle Athenien montra bien que la mesme loy naturelle, qui commande à chacun defendre le lieu de sa naissance, nous oblige aussi de garder la dignité de nostre langue, quand il condamna à mort un herault du roi de Perse, seulement pour avoir employé la langue attique aux commandemens du Barbare. La gloire du peuple romain n'est moindre (comme a dit quelqu'un) en l'amplification de son langaige que de ses limites ; car la plus haulte excellence de leur republique, voire du tems d'Auguste, n'etoit assez forte pour se deffendre contre l'injure du tems par le moyen de son Capitole, de ses

Thermes et magnifiques palaiz, sans le benefice de leur langue, pour laquele seule nous les louons, nous les admirons, nous les adorons.

Sommes nous doncques moindres que les Grecz ou Romains, qui faisons si peu cas de la nostre ? Je n'ay entrepris de faire comparaison de nous à ceulx là, pour ne faire tort à la vertu françoise, la conferant à la vanité gregeoyse ; et moins à ceux cy, par la trop ennuyeuse longueur que ce seroit de repeter l'origine des deux nations, leurs faictz, leurs lois, meurs et manières de vivre, les Consuls, Dictateurs et Empereurs de l'une, les Roys, Ducz et Princes de l'autre. Je confesse que la fortune leur est quelquefois plus favorable qu'à nous : mais aussi diray-je bien..... que la France, soit en repos ou en guerre, est de longue intervalle à preferer à l'Italie, serve maintenant et mercenaire de ceux auxquels elle vouloit commander.....

Pourquoy donc sommes-nous si grands admirateurs d'autruy ? Pourquoy sommes-nous tant iniques à nous-mêmes ? Pourquoy mandions-nous les langues estrangères, comme si nous avions honte d'user de la nostre ?..... Quand Cicéron et Virgile se mirent à écrire en latin, l'éloquence et la poésie étaient encor en enfance entre les Romains, et au plus haut de leur excellence entre les Grecz. Si doncques ceux que j'ay nommez, desdaignans leur langue, eussent écrit en grec, est-il croyable qu'ilz eussent égalé Homère et Démosthène ? Pour le moins n'eussent-ilz esté entre les Grecz ce qu'ilz sont entre les Latins. Petrarque semblablement et Boccace, combien qu'ilz aient beaucoup escrit en latin, si est ce que cela n'eust esté suffisant pour leur donner ce grand honneur qu'ilz ont acquis, s'ilz n'eussent escrit en leur langue. Ce que bien cognoissans, maintz bons esprits de nostre tems, combien qu'ilz eussent jà acquis un bruyt non vulgaire entre les Latins, se sont neantmoins convertis à leur langue maternelle, mesmes les Italiens, qui ont beaucoup plus grande raison d'adorer la langue latine que nous n'avons. Je me contenteray de nommer ce docte cardinal Pierre Bembe, duquel je doute si onques homme imita plus curieusement Ciceron, si ce n'est paraventure un Christofle Longueil[1]. Toutesfois par ce qu'il a escrit en italien, tant en vers comme en prose, il a illustré et sa langue et son nom trop plus qu'ilz n'estoient auparavent.

Quelqu'un peut estre déjà persuadé par les raisons que j'ay alleguees, se convertiroit volontiers à son vulgaire, s'il avoit quelques exemples domestiques : et je dy que d'autant s'y doit il plus tost mettre, pour occuper le premier ce à quoy les autres ont failly. Les larges campagnes grecques et latines sont déjà si pleines que bien peu reste d'espace vide. Jà beaucoup d'une course legere ont attaint le but tant desiré. Long tems y a que le prix est gaigné. Mais, o

---

1. LONGUEIL (1490-1522), né à Malines ; chancelier d'Anne de Bretagne et professeur de droit à Bourges. Il fut un admirateur passionné de Cicéron, et l'un de ses fervents imitateurs, comme le cardinal BEMBO.

bon Dieu, combien de mer nous reste encores, avant que soyons parvenuz au port! Toutesfoys je te veux bien avertir que tous les sçavans hommes de France n'ont point mesprisé leur vulgaire. Celuy qui fait renaitre Aristophane[1], et faint si bien le nez de Lucian, en porte bon tesmoignage. A ma volonté[2] que beaucoup en divers genre d'escrire volussent faire le semblable, non point s'amuser à desrober l'escorce de celuy dont je parle, pour en couvrir le boys tout vermoulu de je ne scay quelles lourderies si mal plaisantes qu'il ne faudroit autre recepte pour faire passer l'envie de ryre à Democrite. Je ne craindray point d'aleguer encores pour tous les autres ces deux lumieres françoyses, Guillaume Budé[3] et Lazare de Bayf[4], dont le premier a escrit non moins amplement que doctement l'*Institution du Prince*, œuvre certes assez recommandé par le seul nom de l'ouvrier. L'autre n'a pas seulement traduict l'*Electre* de Sophocle, quasi vers pour vers, chose laborieuse, comme entendent ceux qui ont essayé le semblable : mais davantaige a donné à nostre langue le nom d'*epigrammes* et d'*elegies*, avecques ce beau mot composé *aigredoulx*, afin qu'on n'attribuë l'honneur de ces choses à quelque autre. Et de ce que je dy, m'a asseuré un Gentilhomme mien amy, homme certes non moins digne de foy que de singuliere erudition et jugement non vulgaire. Il me semble, lecteur amy des Muses françoyses, qu'après ceux que j'ay nommez, tu ne doys avoir honte d'escrire en ta langue : mais encores doibs tu, si tu es amy de la France, voyre de toy mesmes, t'y donner du tout, avecques ceste genereuse opinion, qu'il vault mieux estre un Achille entre les siens qu'un Diomede, voyre bien souvent un Thersite, entre les aultres.

(*Déf. et Illustr. de la Lang. fr.*, liv. II, ch. XII.)

Conclusion. — La *Défense* est terminée par une conclusion vigoureuse, qui recommande, en substance, aux poètes d'être à la fois anciens et français, mais qui, malheureusement, n'indique pas assez quel serait le moyen de concilier ces deux termes, dont nous avons déjà relevé la contradiction apparente :

Or sommes nous, la grace à Dieu, par beaucoup de perilz et de flots estrangers renduz au port, à seureté. Nous avons eschappé du milieu des Grecz, et par les scadrons romains penetré jusques

---

1. RONSARD, qui traduisit le *Plutus* d'Aristophane.
2. *A ma volonté*, c'est-à-dire : je souhaiterais.
3. BUDÉ (1467-1540), savant helléniste et professeur au Collège de France. Il écrivit un traité sur la *Réformation des Études littéraires*, et un traité intitulé *De Asse* (1544) fixant la valeur des monnaies romaines à toutes les époques.
4. Père du poète ANTOINE DE BAÏF.

au sein de la tant desiree France. Là doncques, Françoys, marchez couraigeusement vers ceste superbe cité romaine ; et des serves despouilles d'elle (comme vous avez faict plus d'une fois) ornez vos temples et autels. Ne craignez plus ces oyes criardes, ce fier Manlie et ce traistre Camille, qui soubs ombre de bonne foy, vous surprenne tous nudz contans la rançon du Capitole. Donnez en ceste Grece menteresse, et y semez encor un coup la fameuse nation des Gallogrecz. Pillez moy sans conscience les sacrez thresors de ce temple Delphique, ainsi que vous avez faict autrefoys ; et ne craignez plus ce muet Apollon, ces faulx oracles, ny ces flesches rebouschees. Vous souvienne de vostre ancienne Marseille, secondes Athenes, et de vostre Hercule gallique[1], tirant les peuples aprés luy par leurs oreilles avecques une chesne attachee à sa langue.

(*Déf. et Illustr. de la Lang. fr.*, Concl.)

Tel fut ce manifeste que les partisans de Marot appelaient fort injustement l'*Offense et Dénigration* de la langue française[2]. Certes, on y peut relever des contradictions, d'injustes dédains, des traces de pédantisme, des fautes de composition. Mais de quel enthousiasme n'est-il pas animé ! et de quelle prophétique éloquence sont inspirés les conseils qu'il donne aux poètes ! Il contient tout le programme de la Pléiade ; mais il renferme aussi, en germe, toutes les idées qui feront la force et la gloire des siècles classiques : c'est par là qu'il reste, en même temps que le premier en date des monuments de la critique littéraire française, l'un des plus curieux documents qu'il nous soit donné d'étudier sur l'époque de la Renaissance.

*
* *

La *Défense et Illustration de la Langue française* n'est pas le seul exposé important des doctrines de la Pléiade. Ronsard a lui-même consigné ses propres idées dans un *Abrégé d'Art poétique français*, écrit en 1565, c'est-à-dire seize ans après la *Défense*, et dans deux *Préfaces* de la *Franciade*, composées l'une en 1572, l'autre vers 1574[3].

L'*Art Poétique*[4], dédié à l'abbé Delbenne, débute par des préceptes généraux sur la poésie :

Combien que l'art de Poësie ne se puisse par préceptes comprendre ny enseigner pour estre plus mental que traditif, toutes-

---

1. V. Lucien, *Héraclès*, ch. III.
2. Barthélemy Aneau dans le *Quintil Horatian*.
3. Le brouillon en fut recueilli par Binet, dans les papiers de Ronsard, après la mort du poète.
4. Édition Sainte-Beuve (Garnier, édit.).

fois d'autant que l'artifice humain, expérience et labeur le peuvent permettre, j'ay bien voulu t'en donner quelques reigles icy, à fin qu'un jour tu puisses estre des premiers en la cognoissance d'un si aggréable mestier, à l'exemple de moy qui confesse y estre assez passablement versé.

Viennent ensuite des détails sur les origines de la poésie. Puis Ronsard recommande de s'inspirer de la lecture des bons poètes, de « corriger et limer » les vers, de converser « doucement et honnestement » avec les poètes du temps, au jugement desquels il est toujours bon de se soumettre, avant de publier quoi que ce soit. Il arrive ainsi à parler de la mesure des vers, de l'alternance des rimes masculines et féminines, tout en recommandant expressément, en excellent musicien qu'il était, de songer que les vers doivent être musicaux et harmonieux, pour être chantés :

Tu feras tes vers masculins et féminins, tant qu'il te sera possible, pour estre plus propres à la Musique et accord des instrumens, en faveur desquels il semble que la Poësie soit née; car la Poësie sans les instrumens, ou sans la grâce d'une seule ou plusieurs voix, n'est nullement aggréable, non plus que les instrumens sans estre animez de la mélodie d'une plaisante voix.

Ronsard veut que la langue soit bien française, et en cela l'*Art Poétique* est entièrement d'accord avec la *Défense*. Mais il la faut enrichir, et pour cela il déclare qu'il est nécessaire de faire des emprunts à la vieille langue française, au langage des métiers, aux patois français, enfin aux langues anciennes :

Tu ne rejetteras point les vieux mots de nos romans, ains les choisiras avecques meure et prudente election. Tu practiqueras bien souvent les artisans de tous mestiers, comme de *Marine, Venerie, Fauconnerie*, et principalement les artisans du feu, *Orfèvres, Fondeurs, Mareschaux, Minerailliers*; et de là tireras maintes belles et vives comparaisons avecques les noms propres des mestiers, pour enrichir ton œuvre et le rendre plus agreable et parfait; car..... la Poësie ne peut estre plaisante sans belles inventions, descriptions, comparaisons, qui sont les nerfs et la vie du livre qui veut forcer les siècles pour demeurer de toute mémoire victorieux et maistre du temps. Tu sçauras dextrement choisir et approprier à ton œuvre les mots plus significatifs des dialectes de nostre France, quand mesmement tu n'en auras point de si bons ny de si propres en ta nation; et ne se faut soucier si les vocables sont *Gascons, Poictevins, Normans, Manceaux, Lionnois,* ou d'autres païs, pourveu qu'ils soient bons et que proprement ils signifient ce que tu veux dire..... Je te veux encore advertir de n'ocorcher point le Latin, comme nos devanciers qui ont trop sottement tiré des Romains une infinité de vocables estrangers, veu qu'il y en avoit d'aussi bons en nostre propre langage. Toutesfois, tu ne les desdaigneras s'ils sont desja receus et usitez d'un chacun ; tu composeras hardiment des mots à l'imitation des Grecz et Latins, pourveu qu'ils soient gracieux et plaisans à l'aureille, et n'auras soucy de ce que le vulgaire dira de toy, d'autant que les Poëtes, comme les plus hardis ont les premiers forgé et composé les mots, lesquels pour estre beaux et significatifs ont passé par la bouche des orateurs et du vulgaire, puis finalement ont été receus, louez et admirez d'un chacun.

De plus, Ronsard autorise le poète à former des néologismes, en les tirant, par dérivation, des mots en usage :

Tu ne desdaigneras les vieux mots françois, d'autant que je les estime tousjours en vigueur, quoy qu'on die, jusques à ce qu'ils ayent fait renaistre en leur place, comme une vieille souche, un rejetton ; et lors tu te serviras du rejetton et non de la souche, laquelle fait aller toute sa substance à son petit enfant, pour le faire croistre et finalement l'establir en son lieu. De tous vocables quels qu'ils soient, en usage ou hors d'usage, s'il reste encores quelque partie d'eux, soit en nos verbe, adverbe, ou participe, tu les pourras par bonne et certaine analogie, faire croistre et multiplier, d'autant que nostre langue est encores pauvre, et qu'il faut mettre peine, quoy que murmure le peuple, avec toute modestie, de l'enrichir et cultiver. Exemple des vieux mots : puisque le nom de *verve* nous reste, tu pourras faire sur le nom le verbe *verver*, et l'adverbe *vervement;* sur le nom d'*essoine, essoiner, essoinement,* et mille autre tels ; et quand il n'y auroit que l'adverbe, tu pourras faire le verbe et le participe librement et hardiment ; au pis aller tu le cotteras en la marge de ton livre, pour donner à entendre sa signification ; et sur les vocables receus en usage comme *pays, eau, feu,* tu feras *payser, ever, fover, evement, fovement;* et mille autres tels vocables qui ne voyent encores la lumiere, faute d'un hardy et bienheureux entrepreneur.

Il est donc évident que Ronsard n'a jamais voulu surcharger la langue française de mots grecs et latins, puisqu'il recommande les emprunts aux langues anciennes, au même titre seulement que les emprunts au vieux français, aux termes des métiers, aux patois et aux néologismes formés par dérivation.

Relativement au style, l'*Art Poétique*, comme la *Défense*, le veut noble et aristocratique. Aussi fait-il l'éloge de cette

> splendeur de parolles bien choisies, et ornées de graves et courtes sentences, qui font reluire les vers, comme les pierres précieuses bien enchassées les doigts de quelque grand seigneur..... Pour ce tu te dois travailler d'estre copieux en vocables, et trier les plus nobles et signifians pour servir de nerfs et de force à tes carmes, qui reluiront d'autant plus que les mots seront significatifs, propres et choisis. Tu n'oublieras les comparaisons, les descriptions des lieux, fleuves, forests, montagnes, de la nuict, du lever du soleil, du midy, des vents, de la mer, des dieux et déesses, avecques leurs propres mestiers, habits, chars et chevaux, te façonnant en cecy à l'imitation d'Homère.

On voit, par cette citation, l'importance que la Pléiade attachait aux périphrases et surtout aux descriptions. La *Défense* en avait déjà parlé; Ronsard y reviendra encore dans la *Préface* de la *Franciade*.

Quant aux épithètes, l'*Art Poétique* se montre plus tolérant et plus large que la *Défense*, qui déclarait les adjectifs « froids ou ocieux ». Ronsard réprouve seulement les épithètes générales ou « naturelles », mais il permet l'emploi des épithètes « signifiantes », qui ajoutent à l'expression une idée particulière :

> Je te veux advertir de fuir les epithetes naturels qui ne servent de rien à la sentence de ce que tu veux dire, comme *la riviere courante, la verde ramée*. Tes epithetes seront recherchez pour signifier, et non pour remplir ton carme, ou pour estre oiseux en ton vers; exemple : *le ciel vouté encerne tout le monde*. J'ay dit vouté, et non ardant, clair, ni haut, ny azuré, d'autant qu'une voute est propre pour embrasser et encerner quelque chose. Tu pourras bien dire : *le bateau va dessur l'onde coulante*, pource que le cours de l'eau fait couler le bateau. Les Romains ont esté tres-curieux observateurs de cette reigle, et entre les autres Virgile et Horace. Les Grecz, comme en toutes choses appartenantes aux vers, y ont esté plus libres, et n'y ont advisé de si près. Tu fuiras aussi la manière de composer des Italiens, en ta langue, qui mettent ordinairement quatre ou cinq epithetes les uns apres les autres en un mesme vers, comme *alma, bella, angelica e fortunata donna*..... Bref, tu te contenteras d'un epithete, ou pour le moins de deux, si ce n'est quelquefois par gaillardise qu'en mettras cinq ou six; mais si tu m'en crois, cela t'adviendra le plus rarement que tu pourras.

La *Défense* avait peu insisté sur les questions de rythmique ; l'*Art Poétique*, au contraire, semble y attacher une importance extrême. Ronsard y recommande les rimes pleines et fortes, d'autant plus riches que les vers sont plus longs, afin que l'oreille n'en perde pas le son d'un vers à l'autre. Il exige toutefois, — et en cela, il devance Boileau qui l'a si rudement exécuté, — que le poète n'ait pas la superstition de la rime au point de lui sacrifier le sens et l'invention :

La ryme n'est autre chose qu'une consonance et cadance de syllabes, tombantes sur la fin des vers, laquelle je veux que tu observes tant aux masculins qu'aux fœminins, de deux entieres et parfaites syllabes, ou pour le moins d'une aux masculins, pourveu qu'elle soit resonnante, et d'un son entier et parfait. Exemple des fœminins : *France, espérance, despence, negligence, familiere, fourmiliere, chere, mere.* Exemple des masculins : *surmonter, monter, doubter, sauter, Jupiter.* Toutesfois, tu seras plus soigneux de la belle invention et des mots que de la ryme, laquelle vient assez aisément d'elle-mesme, après quelque peu d'exercice et labeur.

L'*Art Poétique* conseille vivement aussi l'emploi de l'alexandrin, comme étant le seul et vrai vers noble français :

Les alexandrins tiennent la place, en nostre langue, telle que les vers héroïques entre les Grecz et les Latins..... La composition des alexandrins doit estre grave, hautaine, et (s'il faut ainsi parler) altiloque, d'autant qu'ils sont plus longs que les autres, et sentiroient la prose, s'ils n'estoient composez de mots esleus, graves et resonnans, et d'une ryme assez riche, à fin que telle richesse empesche le style de la prose, et qu'elle se garde tousjours dans les aureilles, jusques à la fin de l'autre vers.

Sur cette question de l'alexandrin, d'ailleurs, Ronsard a varié, par timidité de caractère, peut-être ; car, après avoir commencé la *Franciade* en décasyllabes, il ajouta, en 1573, le passage suivant, à celui que nous venons de citer, sur la rime :

Si je n'ay commencé ma *Franciade* en vers alexandrins, lesquels j'ay mis, comme tu sçais, en vogue et en honneur, il s'en faut prendre à ceux qui ont puissance de me commander et non à ma volonté ; car cela est fait contre mon gré, espérant un jour la faire marcher à la cadence alexandrine ; mais pour cette fois il faut obéir.

Or, remarquons qu'à la même époque, il paraissait, d'autre part, complètement converti aux idées de ceux qui avaient « puissance de le commander », puisqu'il déclarait, dans la première préface de la *Franciade*, que les alexandrins « sentent trop leur prose »; et, dans la seconde préface, il ajoutait que, s'étant autrefois abusé sur la valeur des alexandrins, il les reconnaissait désormais « trop énervés et trop flasques, si ce n'est pour les traductions ». Dans tous les cas, cette conversion atteste seulement chez Ronsard un tempérament respectueux de la volonté des puissances établies, et ne permet pas de conclure qu'il ait été l'ennemi de l'alexandrin, puisque, au contraire, l'honneur de la Pléiade est d'avoir fait la fortune de ce vers, et que Ronsard même ne manque jamais une occasion de s'en faire gloire.

La plupart des doctrines exposées dans la *Défense* et dans l'*Art Poétique* se retrouvent dans les préfaces de la *Franciade*. C'est d'abord la recommandation formelle d'écrire en français :

Je supplie très-humblement ceux auxquels les Muses ont inspiré leur faveur, de n'estre plus latineurs ni grecaniseurs, comme ils sont plus par ostentation que par devoir, et prendre pitié, comme bons enfans, de leur pauvre mere naturelle : ils en rapporteront plus d'honneur et de réputation à l'advenir, que s'ils avoient, à l'imitation de Longueil, Sadolet ou Bembe, recousu ou rabobiné je ne sçay quelles vieilles rapetasseries de Virgile et de Ciceron, sans tant se tourmenter : car quelque chose qu'ils puissent escrire, tant soit-elle excellente, ne semblera que le cry d'une oye, au prix du chant de ces vieils cygnes, oiseaux dediez à Phebus Apollon. Apres la premiere lecture de leurs escrits, on n'en tient non plus de conte que de sentir un bouquet fané. Encore vaudrait-il mieux, comme un bon bourgeois ou citoyen, rechercher et faire un *lexicon* des vieils mots d'Artus, Lancelot et Gauvain, ou commenter le *Romant de la Rose*, que s'amuser à je ne scay quelle grammaire latine qui a passé son temps.

Pour l'enrichissement de la langue, Ronsard recommande ici encore d'avoir recours aux comparaisons prises dans les termes de métiers, aux expressions empruntées du langage populaire, aux patois français, à la vieille langue française, et enfin, comme il l'a dit dans l'*Art Poétique*, aux néologismes formés par *provignement* :

Quant aux comparaisons..... tu les chercheras des artisans de fer et des veneurs, comme Homère, pescheurs, architectes, massons, et, brief, de tous mestiers dont la nature honore les hommes. Il faut les bien mettre et les bien arranger aux lieux propres de la poésie : car ce sont les nerfs et tendons des Muses, quand elles sont placées bien à propos, et servantes en la matiere.....

Davantage je te veux bien encourager de prendre la sage hardiesse d'inventer des vocables nouveaux, pourveu qu'ils soient moulez et façonnez sus un patron desja receu du peuple. Il est fort difficile d'escrire bien en nostre langue, si elle n'est enrichie, autrement qu'elle n'est pour le present, de mots et de diverses manieres de parler. Ceux qui escrivent journellement en elle sçavent bien à quoy leur en tenir : car c'est une extrême geine de se servir tousjours d'un mot.

Outre je t'adverti de ne faire conscience de remettre en usage les antiques vocables, et principalement ceux du langage wallon et picard, lequel nous reste par tant de siècles l'exemple naïf de la langue françoise, j'enten de celle qui eut cours après que la latine n'eut plus d'usage en nostre Gaule, et choisir les mots les plus pregnants et significatifs, non seulement dudit langage, mais de toutes les provinces de France, pour servir à la poësie lorsque tu en auras besoin.

Malheureux est le debteur lequel n'a qu'une seule espece de monnoye pour payer son créancier. Outre plus, si les vieux mots abolis par l'usage ont laissé quelque rejetton, comme les branches des arbres couppez se rajeunissent de nouveaux drageons[1], tu le pourras provigner, amender et cultiver, afin qu'il se repeuple de nouveau : exemple de *lobbe*, qui est un vieil mot françois qui signifie mocquerie et raillerie. Tu pourras faire sur ce nom le verbe *lobber*, qui signifiera mocquer et gaudir, et mille autres de telle façon.

C'est encore le style aristocratique que préconise Ronsard dans la préface de la *Franciade* : il le veut différent du langage ordinaire, et celui de la Cour lui semble, à ce titre, le modèle le plus parfait :

Je te conseille d'user indifferemment de tous dialectes, comme j'ay desja dit : entre lesquels le courtisan est tousjours le plus beau, à cause de la majesté du prince.

La véritable manière d'acquérir cette distinction dans l'expression, c'est, comme il l'a dit plus haut, d'avoir recours aux comparaisons, « qui sont les nerfs et tendons des Muses », et

---

1. *Drageon*, bourgeon.

surtout d'employer de fréquentes descriptions, ainsi que l'*Art Poétique* le déclarait déjà :

Tu n'oublieras aussi la piste et battement de pied des chevaux, et representer en tes vers la lueur et la splendeur des armes frappées de la clarté du soleil, et à faire voler les tourbillons de poudre soubs le pied des soldats et des chevaux courants à la guerre, le cry des soldats, froissis de picques, brisement de lames, accrochement de haches, et le son diabolique des canons et harquebuses, qui font trembler la terre et froisser l'air d'alentour.

Ronsard, en outre, proscrit absolument l'emploi des inversions, dont l'école de Marot faisait abus, à tout propos, ce qui explique la défense un peu trop exclusive formulée dans la préface de la *Franciade* :

Tu ne transposeras jamais les paroles ny de ta prose ny de tes vers : car nostre langue ne le peut porter, non plus que le latin un solecisme. Il faut dire : le roy alla coucher de Paris à Orléans; et non pas : à Orléans de Paris le roy coucher alla.

Enfin, sur les questions de métrique, Ronsard se montre plus libéral que la *Défense*, en autorisant l'enjambement. Quant à l'hiatus, qu'il permet également en certains cas, avec juste raison, — n'en déplaise à Malherbe et aux théoriciens de la poésie classique, — il a tort de s'appuyer, pour le tolérer, sur l'exemple des anciens, chez lesquels la voyelle s'élidait, tandis qu'en français elle vient heurter l'autre voyelle :

J'ay esté d'opinion en ma jeunesse, que les vers qui enjambent l'un sur l'autre n'estoient pas bons en nostre poësie; toutesfois j'ay cognu depuis le contraire par la lecture des autheurs grecz et romains, comme
..... Lavinia venit
Littora.

J'avais aussi pensé, que les mots finissans par voyelles et diphtongues, et rencontrans après un autre vocable commençant par une voyelle ou diphtongue, rendoient le vers rude : j'ay appris d'Homère et de Virgile, que cela n'estoit point malseant, comme *sub Ilio alto, Ionio in magno*..... Je suis d'advis de permettre quelque licence à nos poëtes françois, pourveu qu'elle soit rarement prise.

Ainsi, la préface de la *Franciade*, comme l'*Art Poétique* de Ronsard, comme la *Défense et Illustration de la Langue fran-*

çaise, montrent dans quel sens la Pléiade entendait l'innovation, la rénovation de la langue et de la poésie françaises, et comment Ronsard fut plus français et moins grec et latin qu'on ne l'a voulu dire. On peut sourire, sans doute, de la confiance trop absolue que semblent avoir des hommes d'une pareille valeur dans les procédés poétiques qu'ils exposent; mais n'oublions pas qu'avant de composer, ils ont voulu, les premiers, suivre avec méthode un chemin régulier et savoir où ils allaient. N'oublions pas enfin que ces curieux manifestes précèdent en date les grands monuments de la prose au xvie siècle, et que certaines pages d'entre eux, par la verve et l'éclat du style, sont entre les plus belles de notre littérature.

PIERRE DE RONSARD

Étude biographique et littéraire.

L'homme. — Le 11 septembre 1524, naissait au château de la Poissonnière, au village de Cousture, « en la Varenne du bas Vendômois », du mariage de Louis de Ronsard et de Jeanne de Chaudrier, un enfant dont la destinée devait être des plus brillantes. De bonnes fées durent présider à sa naissance et le combler de faveurs ; elles déroulèrent, pour commencer, autour de son berceau, le tissu merveilleux des gracieuses légendes, dont elles se plaisent à orner l'enfance des grands hommes. Selon l'assertion de Claude Binet, l'ami et le disciple de Pierre de Ronsard, le jour de son baptême, comme on le portait du château à l'église, sa nourrice le laissa par mégarde échapper de ses bras, en traversant un pré, et il roula, sans se faire aucun mal, sur une touffe d'herbe et de fleurs qui amortit sa chute. Ainsi, le chantre de la rose, des bois et du printemps, fit son entrée dans le monde en tombant sur la verdure et parmi les fleurs.

Le père de Ronsard, descendant d'une famille flamande, plutôt que hongroise, comme l'affirmait plus tard le poète, aimait lui-même la poésie, et composait des vers en style marotique. Pour initier son fils aux belles-lettres, il l'envoya à Paris, au collège de Navarre. L'essai ne fut pas heureux. Le jeune Pierre se dégoûta probablement des procédés d'éducation à la mode dans les collèges du temps, et dont Montaigne nous a donné une idée si peu favorable. Sa santé s'altéra, si bien que son père, alors maître d'hôtel de François Ier, qui se tenait à Avignon, où il préparait la guerre contre Charles-Quint, le fit venir près de lui et l'attacha, comme page, au service du dauphin François.

Dès lors, il va mener, pendant plusieurs années, une existence nomade et décousue. Il passe, à la mort du dauphin François, aux mains de Charles, duc d'Orléans, second fils du roi de France, puis devient page de Jacques Stuart, roi d'Écosse, près duquel il réside deux ans. Il s'en sépare, fait en

Angleterre un court séjour qui lui suffit pour apprendre un peu la langue anglaise; enfin, il rentre en France, et s'attache de nouveau au duc d'Orléans, jusqu'en 1540. Le nouveau dauphin Henri, le futur Henri II, se l'attache à ce moment, le met en relations avec Lazare de Baïf, diplomate, et par-dessus tout, lettré, poète et humaniste distingué, qui ne tarde pas à remarquer la vivacité d'esprit du jeune Ronsard, âgé alors de seize ans seulement. Il l'emmène avec lui à Spire, dans une mission diplomatique, et en fait, au retour, le compagnon de son jeune fils, Antoine de Baïf : il ne se doutait guère qu'il lui donnait un maître, et que de cette amitié de jeunesse, Antoine conserverait surtout l'admiration, à laquelle Ronsard devrait plus tard un de ses disciples les plus fervents.

Il accompagna, bientôt après, en Piémont, où il séjourna quelque temps, le capitaine Langey du Bellay, puis revint à Paris, en 1542, sachant en somme fort peu de chose, mais ayant beaucoup vu, connaissant le monde bien plus qu'il n'est ordinaire chez un jeune homme de dix-huit ans. Grand, blond, élégant, parleur charmant, il devait plaire à la cour et s'y trouver lui-même fort à l'aise. Éveillé aux premières ivresses de la vie, il connaissait déjà la douceur d'aimer, ayant laissé son cœur à Blois, en 1541, quand un accident subit changea sa destinée d'homme de plaisir en une vie d'homme d'études et de retraite.

Il fut atteint de surdité, et dès lors il comprit que, ne pouvant plus rien attendre de la société brillante et mondaine, il devait chercher ses distractions et ses plaisirs en la compagnie des illustres morts de l'antiquité, dont les chefs-d'œuvre récemment exhumés ouvraient à l'enthousiasme des lettrés comme une source de vie et de jeunesse éternelles.

Mais pour s'y abreuver sans peine, comme sans amertume, il fallait se remettre à l'étude, redevenir écolier. Ronsard n'hésita pas, et à l'âge où d'autres considèrent leurs classes comme terminées, il se remit au travail avec ardeur. Du palais des Tournelles, près la Bastille, où il habitait, il passa l'eau chaque jour pour venir, rue des Fossés-Saint-Victor, partager les leçons que son ami Antoine de Baïf prenait près de Jean Daurat. Pendant quatre ans, il s'acharna ainsi à l'étude, un peu malgré son père, et sous la direction de ce Daurat, froid versificateur en latin et en grec, mais l'un des hommes les plus doctes de son temps, et qui savait enseigner par degrés, en faisant désirer à ses disciples des révélations sur l'antiquité.

En 1544, Daurat fut nommé principal du collège de Coqueret. Son premier soin fut d'y grouper, autour de lui, en une sorte d'académie, ses élèves les plus studieux, jeunes ou vieux. Ronsard et Baïf s'y installèrent, et eurent pour condisciples Antoine de Carnavalet, Remy Belleau, Jodelle, Lancelot de Carles et Marc-Antoine Muret. On se grisait d'antiquité, lisant, traduisant, imitant à qui mieux mieux : Ronsard, surtout, entraînait les autres et leur communiquait sa fièvre, « ayant esté, dit Binet, comme charmé par Daurat du phyltre des bonnes lettres ». Aux leçons de ce maître préféré, il ajoutait encore celles de Turnèbe : c'est ainsi qu'il se fit révéler Homère, Pindare, Eschyle. « Quoi ! s'écriait-il, le jour où Daurat lui lut « de plein vol » le *Prométhée* de ce dernier, m'aviez-vous si longtemps caché toutes ces richesses ? » — Lui-même se met à l'œuvre : il traduit en vers le *Plutus* d'Aristophane, qu'il fait jouer au collège même ; il compose de petits poèmes où paraissait, écrit Binet, « je ne sais quoi du caractère magnanime de son Virgile ». Bref, pendant sept ans, de 1542 à 1549, c'est au milieu d'une exaltation perpétuelle que vit Ronsard, communiquant aux autres son enthousiasme, et s'entendant prédire par Daurat « qu'il serait quelque jour l'Homère de la France ».

On avait fait, d'ailleurs, de nouvelles recrues, vers la fin de ces sept années. C'est ainsi qu'en 1549, Ronsard, revenant de Poitiers à Paris, avait, dans une hôtellerie, rencontré Joachim du Bellay, jeune gentilhomme angevin. Une sympathie réciproque les avait unis dès le premier moment, et Ronsard avait amené à Paris son nouvel ami près de Daurat, pour l'associer aux études communes de ces jeunes esprits amoureux de l'antiquité, et qui avaient déjà donné à leur société le nom modeste de *Brigade*. Ainsi, dit Sainte-Beuve, « au milieu des veilles laborieuses et des discussions familières, au sein de cette *école normale* du temps, si l'on peut ainsi dire, Ronsard jeta les fondements de la révolution littéraire qui changea l'avenir de notre langue et de notre poésie ».

Les aspirations de la *Brigade* ne tardèrent pas à se faire jour. Cette même année 1549, en souvenir des sept poètes d'Alexandrie, s'apercevant qu'ils étaient sept eux aussi, les amis de Ronsard groupés autour de lui, du Bellay, Baïf, Belleau, Jodelle, Pontus de Thyard, et Daurat, leur initiateur à tous, prirent le nom ambitieux de *Pléiade*, qu'ils allaient rendre à jamais célèbre.

Sentant alors que le moment était favorable, Ronsard ouvrit, dès février 1549, la période militante, en lançant la *Défense et Illustration de la langue française*, son œuvre propre, aussi bien que celle de du Bellay, sous le nom duquel elle figure : quelques mois après, paraissaient les quatre premiers livres des *Odes* de Ronsard, qui mettaient en pratique les théories de la *Défense*. L'admiration générale fut vigoureusement contre-balancée par les protestations des poètes de l'ancienne école, des disciples de Marot. L'un d'eux, Barthélemy Aneau, publia une réfutation en règle de la *Défense*, sous le titre de *Quintil Horatian*[1]. Un autre, Mellin de Saint-Gelais, attaqua si violemment les *Odes* de Ronsard, que celui-ci s'écrie, dans une strophe adressée à l'ombre de Marguerite de Navarre :

> Préserve-moy d'infamie,
> De toute langue ennemie
> Et de tout acte malin ;
> Et fay que devant mon prince,
> Désormais plus ne me pince
> La tenaille de Mellin !

Cependant, grâce à l'intervention de la deuxième Marguerite et d'un ami commun, Guillaume des Autels, les clameurs ne tardèrent pas à s'apaiser : Ronsard fut salué de toutes parts comme le plus grand poète du siècle ; la vieille école déposa les armes, par l'organe de son représentant Mellin, qui dédia au chef de la *Pléiade* un sonnet flatteur, placé par celui-ci, en 1553, en tête de la seconde édition de ses *Amours*.

Le triomphe est complet : les adhérents viennent de toutes parts à la doctrine nouvelle : Héroet, Maurice Scève se convertissent ; Thomas Sibilet oublie qu'il a rédigé un *Art Poétique* de l'école de Marot, et passe au camp des « ronsardisants ». Henri II et François II ont pour Ronsard des attentions de toutes sortes, et favorisent ses tentatives. C'est ainsi que la *Pléiade* peut s'emparer du théâtre, où Jodelle, l'un des disciples les plus fervents, fait représenter sa *Cléopâtre*, en 1552. Le succès fut si grand, qu'à l'issue de la représentation, un banquet réunit à Arcueil Ronsard et ses

---

1. *Quintil Horatian*, en souvenir du critique Quintilius, vanté par Horace.

amis : on introduisit Jodelle, paré à la mode antique, avec accompagnement de dithyrambes ; puis, on promena devant les conviés un bouc couronné de fleurs. Les partisans des *mystères* agonisants, et les calvinistes offensés par Ronsard, ne manquèrent pas de tirer parti de cette fête tragique, pour déclarer que la joyeuse compagnie avait sacrifié le bouc à Bacchus, *d'une âme toute païenne.*

A dater de 1560, la gloire de Ronsard s'accroît de jour en jour. Jusqu'en 1574, son existence ne connaîtra que les joies du succès et de l'heureuse fortune : comme un éblouissant météore, dont la clarté n'est pas encore éteinte, il traversera le règne de Charles IX, dans un perpétuel enivrement d'égards et d'hommages.

Il était vraiment l'oracle du Parnasse, et jamais renommée n'avait fait autant de bruit. On passait pour savant rien qu'à l'admirer, car certaines parties de son œuvre n'étaient pas accessibles à tous : aussi, peu s'en fallut que de son vivant même, il eût des interprètes et des commentateurs. Le célèbre botaniste Belon ne sauva sa vie, au milieu des guerres civiles, qu'en invoquant sa parenté avec le *grand monsieur de Ronsard.* Sa surdité fut considérée, un moment, comme un signe de vocation poétique, et il fut de mode d'avoir l'ouïe paresseuse, chez ceux qui manifestaient quelque prétention à la poésie. Sa réputation à l'étranger était considérable : en 1571, Le Tasse considéra comme un honneur de lui être présenté, et d'avoir son avis sur les premiers chants de la *Jérusalem délivrée.* Marie Stuart lui écrivait, tandis que la reine Élisabeth lui envoyait un diamant, en souvenir d'elle, et bien qu'il eût chanté sa gracieuse rivale. En France, les plus grands personnages le considéraient avec respect : tandis que la ville de Toulouse lui faisait hommage d'une Minerve en argent, que Montaigne le déclarait supérieur à tous les poètes anciens, Pierre Lescaut lui décernait l'apothéose, en sculptant la Muse épique de la *Franciade*, en face de la Gloire du roi, sur un fronton du Louvre. Charles IX ne pouvait voyager sans l'avoir à ses côtés, et les beaux vers qu'il lui adressait, dit-on, sont dans toutes les mémoires :

> L'art de faire des vers, dût-on s'en indigner,
> Doit être à plus haut prix que celui de régner.
> Tous deux, également, nous portons des couronnes :
> Mais, roi, je les reçois ; poète, tu les donnes.

Ton esprit, enflammé d'une céleste ardeur,
Éclate par soi-même, et moi par ma grandeur.....
Ta lyre, qui ravit par de si doux accords,
Te soumet les esprits dont je n'ai que les corps.
Elle t'en rend le maître, et te fait introduire
Où le plus fier tyran n'a jamais eu d'empire;
Elle amollit les cœurs, et soumet la beauté.
Je puis donner la mort, toi l'immortalité!

Une seule voix, celle de Rabelais, protesta contre cet enthousiasme; un seul nuage obscurcit un moment ce bonheur : vers 1563, Ronsard crut pouvoir parler en homme d'État; il composa son *Discours sur les misères du temps* et plusieurs poèmes du même genre, dans lesquels il maltraitait les calvinistes. Ceux-ci ripostèrent et, n'osant nier son génie, l'accusèrent d'être athée et de mener une vie licencieuse : il répondit d'une façon virulente, et par une éloquente justification, dans laquelle il donnait de curieux renseignements sur sa personne et son genre de vie.

Mais, en même temps, sa situation de poète officiel le contraignait à écrire des pièces de circonstance, et le jetait ainsi vers l'écueil le plus dangereux que puisse rencontrer un poète de sa trempe : non pas qu'il n'ait su faire preuve, à l'occasion, dans les morceaux qui forment son *Bocage royal*, d'un talent très réel et très sûr; mais la postérité n'aime point à s'arrêter devant ces œuvres de menue poésie, non plus que devant les églogues, élégies, mascarades, gaietés, épigrammes et épitaphes, réunis d'abord en un seul recueil intitulé *Poèmes*. Son admiration va droit aux œuvres humaines, par excellence, à ces *Sonnets* immortels dans lesquels le poète a chanté successivement, tantôt avec une tendre mélancolie, tantôt avec l'ivresse de la passion, les trois inspiratrices qui charmèrent sa vie : c'est Cassandre, sa première vision, entrevue dans une petite ville de province, et dont le frais et riant souvenir parfume ses dix-sept ans d'une senteur printanière d'amour; doux éveil du cœur, illusions d'une heure, que demain ternira, rougeurs subites et charmantes qui montent de l'âme au visage, regards échangés où se lit l'infini des espérances qui s'effeuilleront si vite, il a connu tout cela en la rencontrant, et avec elle il a déchiffré dans l'éternel poème les premières lignes, celles que l'on n'oublie plus, parce qu'elles sont tout à la fois les plus mystérieuses et les plus vraies. Sa seconde passion, celle de sa pleine jeunesse, Maric, fut plus ardente peut-être, mais moins vive : enlevée par une mort prématurée, elle eut la gloire d'être pleurée par le poète, qui la comparait à la fleur dont le ciel lui-même est jaloux,

> Quand l'aube, de ses pleurs, au point du jour l'arrose.

Enfin Hélène charma sa pensée, durant ses dernières années. Il avait connu, à la cour, Mlle Hélène de Surgères, fille d'honneur de Catherine de Médicis : il demeura, jusqu'à la fin, son adorateur platonique et respectueux. Cette tendresse, — la dernière, — est aussi la plus mélancolique : les ombres du déclin planent déjà au-dessus de sa tête; devant lui, n'aperçoit plus les parterres fleuris, où jadis il invitait Cassandre à venir cueillir, à ses côtés, les roses de la vie. Mais il entrevoit déjà les rivages glacés où conduit la vieillesse; il commence à songer qu'il lui faudra bientôt prendre son repos « par les ombres myrteux »; et s'apercevant que la joie est brève, il évoquera le douloureux tableau des tristes veilles des vieillards solitaires et conseillera à Hélène de jouir de la vie au plus vite, avant qu'elle soit

> bien vieille, au soir, à la chandelle,
> Assise auprès du feu, devidant et filant.

Les années de tristesse arrivent en effet, et à grands pas. La mort a enlevé à Ronsard ses meilleurs amis, Joachim du Bellay et Olivier de Maguy en 1560, Grévin en 1570, Jodelle en 1573. Henri III n'a point, pour lui, la même affection que Charles IX; Marie Stuart lui écrit encore, mais de sa prison où elle attend l'échafaud. Enfin, s'il est appelé par le roi à faire partie de l'*Académie du Palais*, récemment fondée, s'il compte encore d'illustres disciples, tels que Pontus de Thyard et Baïf, il voit se lever à l'horizon de nouvelles gloires inquiétantes, et il se plaint à juste titre de ce que Desportes et du Bartas soient désormais les poètes préférés de la cour.

Des scrupules religieux l'attristaient d'ailleurs, et l'amenaient à retoucher son œuvre, à l'expurger d'une façon parfois maladroite, dans cette édition de 1584, qu'il voulait laisser comme l'expression de sa pensée définitive. L'excès de travail l'avait enfin prématurément usé. Il ne sentait plus, en lui, fermenter la sève de vie,

> Comme on voit en septembre aux tonneaux angevins
> Bouillir en écumant la jeunesse des vins,

ainsi qu'il l'écrivait à son ami Jean Galland, principal du collège de Boncourt. Mais des infirmités l'affligeaient : malade de corps et d'esprit, il espérait trouver un allégement à ses souffrances comme à ses déceptions en changeant à tout moment de résidence. Ne pouvant plus accompagner ses amis sous les ombrages des bois de Meudon, ou s'abandonner avec eux aux charmes d'une intimité pleine de souvenirs, dans leurs agapes du faubourg Saint-Marcel, il prit le parti de se retirer à l'abbaye de Croix-Val, en Vendômois, sur la lisière de la forêt de Gastine, dont les échos avaient répété les chants joyeux de sa jeunesse, près de cette fontaine Bellerie, dont les eaux transparentes ne reflétaient plus que ses traits fatigués...

Et lorsque ces lieux lui parlaient avec trop de mélancolie de tout ce qu'il avait aimé, de tout ce qu'il avait rêvé, des plaisirs qu'il avait savourés, des illusions si vite envolées, il allait chercher l'oubli à Cousture, son pays natal, pareil à l'oiseau blessé qui retourne au nid. Là, du moins, il n'avait plus à redouter l'amertume des souvenirs ; mais cette tranquillité même ne tardait pas à lui peser, et bientôt il se rendait, près de Tours, au prieuré de Saint-Cosme, qui devait être son dernier asile.

C'est là que la mort l'atteignit, en effet, le 27 décembre 1585 : deux mois auparavant, il avait fait part de ses pressentiments d'une fin prochaine, dans une lettre à son ami Galland, entre les bras duquel il expira, à l'âge de soixante et un ans. Ce poète qui, pendant vingt-cinq ans, avait joui d'une gloire incomparable, fut inhumé, sans pompe, dans le chœur de l'église du prieuré. Le 24 février 1586, Galland fit célébrer, en son honneur, dans la chapelle du collège de Boncourt, une cérémonie solennelle à laquelle assistèrent des princes du sang, le parlement de Paris et l'Université, et dans laquelle du Perron, depuis évêque d'Évreux et cardinal, prononça l'oraison funèbre du poète. Mais ce fut seulement au bout de vingt-quatre ans, que Joachim de la Chétardie, prieur-commendataire de Saint-Cosme, fit élever, à la mémoire de Ronsard, un tombeau de marbre, surmonté d'une statue.

Ronsard entrait modestement dans l'immortalité; sa gloire allait pâlir pendant deux siècles, mais pour refleurir de nos jours, plus vive et plus brillante, pareille à ces fleurs délicates qui s'étiolent et languissent durant quelques heures, pour s'épanouir ensuite, plus vermeilles et plus éclatantes que jamais.

Son tempérament. — La Renaissance a marqué son empreinte sur Ronsard plus que sur tout autre poète : elle l'a fait voluptueux et même sensuel, à la façon de ses modèles païens; elle lui a donné un sentiment très vif de la nature qu'il a su comprendre et aimer; enfin, elle a déposé en son cœur le germe de cette douce mélancolie, qui s'éveille à la pensée de la brièveté de nos joies, et dont la Muse antique avait favorisé ses élus. Par cela même, il avait des dispositions au lyrisme élégiaque; car les impressions qui, très fortement, venaient frapper son âme, y trouvaient cet écho douloureux ou joyeux qui est la source de toute poésie intime.

Seulement, la Renaissance en a fait aussi un érudit, dont la mémoire est surchargée des souvenirs de l'antiquité classique : ces souvenirs l'obsèdent, au point d'étouffer parfois son originalité propre, en sorte qu'avant de projeter sur l'univers ses impressions personnelles, il les fait souvent passer par sa mémoire, comme au travers d'un prisme qui les dévie, ou d'un verre dépoli qui en atténue la fraîcheur et l'éclat.

Il arrive cependant que son tempérament l'emporte ou qu'il se trouve d'accord avec sa passion d'érudit. C'est alors qu'il s'envole vers les régions de la haute poésie, refoulant les réminiscences antiques, ou donnant à ses sentiments spontanés la forme idéale et exquise que lui fournit l'imitation : c'est ainsi qu'il est bien lui-même dans ses délicats poèmes d'amour, à Cassandre, à Marie, à Hélène, dans ses chansons parfois un peu tristes, dans ses hymnes mouvementés, dans toutes ces pièces enfin, dont le caractère subjectif rend avec tant de transparence et de netteté, et dans des rythmes si bien appropriés, les formes du monde extérieur.

Il a, d'ailleurs, des qualités morales qui sont le fruit d'une nature très poétique. Il aime, en effet, la solitude et la retraite, ces deux compagnes silencieuses du génie. Sa jeunesse bruyante et voyageuse a fini prématurément; les sept années de studieux recueillement passées au collège de Coqueret

l'ont habitué à vivre à l'écart : ce n'est plus à la cour qu'il se
plaît; c'est à Croix-Val, près de la forêt de Gastine, à Bour-
gueil en Touraine, à Saint-Cosme-en-l'Isle près Tours, ou
encore à Saint-Cloud, à Gentilly, à Meudon, au milieu des
sites boisés des environs de Paris.

Aussi, en tout ce qui regarde les affaires publiques, est-il
timide, craintif et même effacé. A part quelques vivacités, il
redoute les luttes et les polémiques; il est, en politique, con-
servateur assez timoré, et c'est en ce sens qu'il a, une fois,
donné son avis sur les agitations de son temps et sur les
novateurs qu'il déteste franchement. Les combats littéraires
ne lui agréent pas davantage, et chaque fois qu'il s'emporte,
il tombe dans la violence, il s'y montre lourd et sans esprit.
Il n'est réellement à son aise que lorsqu'il échappe aux vul-
gaires conflits, pour s'élever à des hauteurs d'où son regard
embrasse des étendues immenses, sans en discerner les me-
nus détails. Non pas qu'il soit orgueilleux, ni qu'il se laisse
étourdir par son éblouissante fortune. Il est même, à cet
égard, relativement modeste, car s'il s'écrie, en parlant aux
poètes de son temps,

> Vous êtes mes sujets, et je suis votre roi,

c'est que la plupart se faisaient gloire d'appartenir à son école
et de pratiquer ses doctrines. Mais, jamais il n'hésite à se
placer après ses devanciers, à se considérer comme leur
obligé, et c'est en toute sincérité qu'il écrit :

> A genoux *Franciade!*
> Adore l'*Énéide*, adore l'*Iliade*.....

Il fut surtout un ambitieux, mais un ambitieux de génie dont
le rêve était de s'envoler aussi haut que possible, mais qui,
jamais, n'eut la vanité de croire qu'il avait réalisé son rêve.

Ame d'artiste, surtout, il a vécu pour l'Art et par lui; il lui
a dû ses plus pures émotions et le meilleur de ce qu'il nous
a laissé de lui-même. Il comprenait tous les plaisirs de l'es-
prit et les aimait : la peinture, la sculpture, la musique sur-
tout, après la poésie, lui semblaient les plus douces et les
plus nobles distractions dont un honnête homme puisse em-
bellir sa vie; et c'est dans le charme de leur compagnie, en
se réchauffant aux souvenirs d'une première jeunesse ardente

et généreuse, qu'il a puisé la force nécessaire pour entreprendre l'œuvre qui fut sa passion maîtresse et le but suprême auquel il aspira.

Quelles influences littéraires ont formé Ronsard. — Ronsard a apporté une idée nouvelle de la poésie et du rôle des poètes. Avec Marot, la Muse n'avait guère vécu que dans la brillante servitude des cours; elle était restée, pour ainsi dire, à la solde des grands, dont le poète n'avait été que le courtisan empressé. Ronsard la tira de cette domesticité, et, avec lui, elle apparut plus fière et plus haute, plus indépendante surtout; elle fut une sorte de religion. Le poète devint l'égal des grands seigneurs, des rois eux-mêmes; prêtre du culte nouveau, il ouvrit les portes de l'immortalité à ceux qu'il en jugea dignes. Ce n'est plus lui qui suivra le cortège des puissants du jour, mais ces derniers rechercheront, au contraire, ses faveurs et ses bonnes grâces. On comprend aisément qu'un homme si haut placé dans l'opinion publique ait eu le respect absolu de son œuvre, le désir très vif de la rendre aussi parfaite que possible, et de la faire aussi peu accessible au commun des mortels qu'il dépendait de lui. C'était là, en effet, la condition essentielle de son autorité et de son prestige. Il ne se conformera donc pas au goût d'un public frivole et ignorant; il évitera de faire rire et cherchera, avant tout, l'enthousiasme qui saisit et déconcerte; il saura braver, au besoin, les idées du vulgaire sur la poésie. Pour y arriver, il la jettera hors des voies populaires qu'elle a suivies; il tentera de hardies nouveautés en essayant de refaire la langue, de modifier les genres et de renouveler les thèmes poétiques, en combinant l'érudition la plus étendue avec une certaine noblesse aristocratique.

Cet art savant et distingué, Ronsard le doit à l'influence des Grecs et des Romains, ainsi que des Italiens, dont l'action sur la Renaissance française fut considérable. C'est précisément la combinaison de ces deux éléments qui a contribué à donner à son génie une tournure si particulière.

L'antiquité, du reste, avait inspiré déjà la littérature du moyen âge. Nulle œuvre n'en est plus pénétrée que le *Roman de la Rose*, où l'on retrouve, à chaque instant, sous la plume de Guillaume de Lorris et de Jean de Meung, des passages imités, voire même entièrement traduits de Cicéron, d'Ovide, de Tite-Live, de Boëce. Marot, lui aussi, avait imité et traduit Virgile, Ovide, Martial et Lucien. Mais, en somme, si l'antiquité, pour renaître, n'avait point attendu, comme on le croit ordinairement, les poètes du xvi⁰ siècle, il n'en est pas moins vrai que Ronsard se distingue de ses prédécesseurs, en ce qu'il est plus savant qu'eux, en ce qu'il s'attaque, non plus comme Guillaume de Lorris et Jean de Meung à une antiquité un peu banale, non plus comme Marot à une antiquité aimable et aisée, mais aux écrivains anciens les plus ardus et les plus difficiles. C'est Pindare, c'est Aristophane, c'est Eschyle, qu'il vise à comprendre tout d'abord, et sa passion pour eux est d'autant plus vive qu'il a plus de peine à les saisir, qu'il travaille enfin sur des textes obscurs et mal établis. C'est en cela que Ronsard est un *humaniste*, et l'un des créateurs de l'humanisme, en ce qu'il aime et imite surtout les procédés littéraires les plus difficiles de l'antiquité. Il n'a point, comme ses contemporains, Érasme, Rabelais, Montaigne, le souci de chercher des idées philosophiques et morales chez les grands écrivains de la Grèce et de Rome, de ressaisir ces idées et de les transporter parmi nous : pour lui, comme pour toute la Pléiade, cette Renaissance des idées n'existe pas, mais l'essentiel est de faire renaître les procédés des poètes anciens, de les imposer à notre littérature, qui deviendra ainsi comme un moule où le classicisme français coulera, au siècle suivant, des idées plus nobles qu'originales.

L'Italie ne contribua pas moins que l'antiquité à l'éducation de Ronsard. C'est l'Italie, en effet, qui a complété et affiné la Renaissance française, dont l'éclosion, si l'antiquité seule avait suffi, aurait pu se faire deux siècles plus tôt; mais cette éclosion ne put avoir lieu qu'au xvi⁰ siècle, lorsque l'Italie eut introduit dans notre littérature l'idée de l'art, qu'elle adapta à notre esprit. L'Italie, en effet, avait la première découvert et senti la beauté des œuvres anciennes; à la connaissance des Romains elle avait ajouté celle des Grecs, qui lui révélèrent tout le prix de la forme, toute la puissance de la pensée libre et de l'art créateur, grâce auquel la Renaissance échappa peut-être à l'imitation servile et banale, pour s'élever jusqu'à l'originalité la plus pure. Ainsi appuyée sur l'antiquité, qui la ramenait à la nature et à la raison, l'Italie, ébranlée dans ses croyances chrétiennes, prenait conscience d'elle-même, de sa force, de son indépendance; elle s'attachait par là même à la vie, à tout ce qui la rend charmante et douce, à cette fête continuelle que donnent à l'imagination et aux yeux les biens naturels que l'antiquité avait aimés, le ciel pur, les bois, les eaux, les fleurs. Elle concevait, en un mot, l'existence comme une œuvre d'art qu'il fallait orner de toutes les splendeurs de la beauté et du luxe, pour que l'homme y pût développer aisément les harmonies de son corps considéré, non plus, selon l'idée chrétienne, comme une vile enveloppe, mais comme une valeur en lui-même, pour qu'il y pût épanouir son âme en exerçant plus librement sa sensibilité, son intelligence et sa volonté. Dans ce milieu, où la délicatesse mondaine se mélangeait aux séductions de la beauté artistique, l'individu, pensant que sa valeur était surtout en lui, devait faire effort pour durer le plus longtemps possible, et prolonger son existence terrestre dans une vie idéale : or, la gloire lui offrait le moyen d'atteindre cette vie idéale, et la façon la plus aimable de l'acquérir était, à ses yeux, de faire effort pour réaliser dans l'art, comme dans la poésie italiennes, les formes parfaites dont les anciens lui offraient le modèle. Pétrarque est précisément le représentant le plus éminent de cette poésie aristocratique, faite d'art, de délicatesse, de grâce, de beauté, et pénétrée en même temps d'une vive intelligence de l'antiquité. C'est pourquoi on peut le considérer, presque autant que les anciens, comme un des maîtres de Ronsard et de ses disciples. Ils trouvèrent en lui, en effet, un humaniste fort érudit, puis un poète d'une forme raffinée et exquise. Enfin, ils y puisèrent l'inspiration d'un sentiment qu'ils ont su rendre avec une pureté, une élévation incomparables : l'amour chaste et délicat, fait tout entier d'imagination et d'attendrissement, et qui diffère si profondément de l'amour passionné et violent peint par les écrivains de l'antiquité. En ce sens, Pétrarque complétait les anciens, et répondait aux plus intimes désirs de Ronsard, pour qui l'amour ainsi compris était encore une façon de différer du vulgaire.

C'est à cause de cela, également, que Ronsard peut être considéré comme redevable, en une certaine mesure, à d'autres poètes qui l'ont précédé. Cet amour sérieux et pur opposé à la licence de Marot attacha la Pléiade et son chef à Maurice Scève, qui, après avoir chanté librement dans le chœur des admirateurs de Marot, avait été séduit par le raffinement de la poésie de Pétrarque, dont il avait exagéré encore l'idéalisme et la subtilité. Il en fut de même pour Héroët, autre introducteur de l'italianisme en France, qui se vanta d'égaler Pétrarque dans sa *Parfaite Amie*, poème de métaphysique amoureuse, dont l'obscurité est quelquefois rachetée par de surprenantes délicatesses. Il n'est pas jusqu'à Jean Le Maire, dont les *Illustrations des Gaules* dénotent une érudition prodigieuse et une ambition de créer de nouveaux rythmes, ou d'en restaurer d'anciens, comme l'*alexandrin;* il n'est pas, enfin, jusqu'au *Roman de la Rose*, dont le symbolisme érudit et les allégories amoureuses n'aient dû plaire à Ronsard, et ne puissent être considérés comme ayant eu quelque influence sur les poètes de la Pléiade.

L'œuvre poétique de Ronsard. — L'ensemble de l'œuvre poétique de Ronsard peut se rattacher à trois périodes bien déterminées de sa carrière littéraire.

La première va de 1550 à 1560 : c'est l'époque où le poète, au sortir de sa docte retraite, l'esprit tout échauffé de la lecture des anciens, et particulièrement de Pindare, d'Anacréon, d'Horace, puis rempli d'enthousiasme pour Pétrarque, produit cinq livres d'*Odes*, les quatre premiers en 1550 et le cinquième en 1552; *les Amours*, recueil de sonnets à Cassandre et à Marie; *les Hymnes*, dont la publication avait commencé dès 1549.

La seconde période va de 1560 à 1574 : Ronsard, devenu poète de cour, n'a plus la même originalité; il compose des pièces de circonstance à allusion, *Églogues*, *Mascarades*, *Entrées*, *Élégies*, un recueil de mélanges sous le titre de *Bocage royal;* enfin, à partir de 1563, onze *Discours*, parfois très brillants, sur des événements contemporains, et, pour terminer, la *Franciade* inachevée, dont les quatre premiers livres paraissent en 1572.

Dans la troisième période, qui va de 1574 à 1584, Ronsard écrit moins, mais il est plus personnel; sa poésie a quelque chose de plus ému et de plus profond : c'est l'époque des *Sonnets* à divers, de deux livres de *Sonnets pour Hélène*, des *Gaietés* et des *Épitaphes*. Ronsard est alors en pleine possession de sa personnalité et de son génie.

A ces trois périodes de la carrière de Ronsard, correspondent chez lui trois manières poétiques, trois inspirations différentes, que nous allons successivement étudier : c'est d'abord Ronsard imitateur des anciens, puis Ronsard imitateur des Italiens, enfin Ronsard poète personnel.

Ronsard imitateur des anciens. — La plus ardente et la première ambition de Ronsard fut d'imiter Pindare : avant lui, personne ne l'avait osé entreprendre, pas même Horace. Le chef de la Pléiade eut cette audace, et ce fut un malheur pour l'originalité de notre poésie lyrique. Le lyrisme grec, en effet, n'avait aucun des caractères du lyrisme moderne vers lequel évoluait notre littérature, depuis les Troubadours jusqu'à Villon et Charles d'Orléans. Chez ces poètes, le lyrisme n'est, en effet, que l'expression pénétrante et aiguë de sentiments personnels à l'auteur qui s'applique à projeter son tempérament sur l'univers. Or, chez les Grecs, où l'homme se confond avec la cité, la poésie lyrique est nationale et collective. C'est pourquoi Pindare ne pouvait la concevoir que sous une forme dégagée de ses propres impressions. Or, en imitant Pindare, il est évident que Ronsard a rompu la tradition du moyen âge, pour ramener le lyrisme à ses origines antiques, aussi impersonnelles que possible. De là vient[1] que, pendant deux siècles, l'essor pris par le lyrisme français, tout personnel au xve siècle, a été subitement interrompu. On le retrouve bien, comprimé et comme étouffé, au xviie siècle dans la tragédie et dans l'opéra, mais il faudra, pour qu'il reprenne son vol et son originalité, attendre qu'au xixe siècle le romantisme le ramène aux sources de son inspiration première.

De ceci, toutefois, il ne faudrait pas conclure que Ronsard a fait de son modèle grec une imitation inintelligente. Sans doute, pour le fond très subtil et très abstrait, Pindare est inimitable, et Ronsard a eu le tort de croire, sur ce point, que l'ode ne devait servir qu'à célébrer les puissants du jour, même en France, où pourtant l'homme ne se confond pas avec la cité, comme en Grèce. Mais, pour la forme, il a su dérober à Pindare, avec beaucoup d'habileté, ses procédés habituels de composition, bien qu'il se soit servi, semble-t-il, d'une traduction latine pour le pénétrer[2], ce qui fait que le mouvement et les nuances du texte lui échappent parfois. Il a donc saisi, d'une façon très nette, la méthode générale du poète grec, et il arrive à rendre assez fidèlement ce mélange de lyrisme et d'épopée qui constitue l'ode pindarique. Qu'on lise, par exemple, l'ode célèbre à Michel de l'Hospital, on verra

---

1. Malherbe ayant d'ailleurs suivi, sur ce point, la doctrine de Ronsard.

2. Il en avait paru une à Bâle en 1528 ; elle fut rééditée en 1535.

comment elle emporte dans son vol des récits, des légendes, des fragments épiques, ainsi qu'une ode de Pindare ; mais on sera surtout frappé de ce fait très caractéristique, que la partie épique déborde sur la partie lyrique et finit même par l'étouffer.

Ajoutons que la composition, dans Pindare, obéit à des lois secrètes d'harmonie et de flexibilité qu'il n'est pas facile de saisir, et qui, au premier abord, feraient croire à une sorte de désordre, à un manque de composition voulu et nécessité par le genre lui-même. Ces lois, Ronsard ne les a pas senties, et il a cru, précisément, que, par l'absence des transitions et les digressions brusques, il arriverait à rivaliser avec Pindare, dans lequel, lui aussi, comme plus tard Boileau, croyait voir un « beau désordre ». Et ce désordre sera, durant deux siècles, le fléau de notre poésie lyrique si peu française, à certains égards, pendant la période classique, à cause de son obscurité même.

Il faut reconnaître, d'ailleurs, que l'imitation de Pindare a produit quelques heureux fruits : ainsi, elle a donné à Ronsard le goût de la strophe large, étoffée, pleine et d'une ampleur que la poésie n'avait point encore connue. A tout prendre, cet élargissement de la forme lyrique est bien un progrès, si l'on considère que l'habitude de l'alexandrin, calqué sur l'hexamètre latin, contribuait, sur un autre point, à la même œuvre féconde et durable.

Ronsard se fatigua vite de Pindare, pour se jeter sur Anacréon, avec l'avidité que nous lui connaissons. Henri Estienne venait de publier, en 1554, une édition de ce gracieux poète, sous l'autorité duquel la Pléiade allait se placer, pour se reposer de cette antiquité tendue qu'elle avait connue avec le lyrique de Thèbes. Anacréon devait lui donner la grâce et la légèreté, lui faire connaître une antiquité plus aimable et plus facile. Aussi est-ce avec joie que Ronsard remercie Henri Estienne du présent qu'il a fait aux lettrés :

> Je vay boire à Henry Estienne
> Qui des enfers nous a rendu
> Du vieil Anacréon perdu
> La douce lyre téïenne.

Il croit, en effet, avoir trouvé le modèle auquel il s'attachera définitivement :

> Anacréon me plaît, le doux Anacréon,

s'écrie-t-il avec enthousiasme. Seulement, Ronsard n'a peut-être pas le tact suffisant, pour saisir toutes les nuances, toutes les délicatesses de son modèle. Qu'on relise l'*Amour mouillé* et l'*Amour piqué par une abeille*, et que l'on compare ensuite avec le texte du poète grec, on saisira sans peine le procédé de Ronsard, qui consiste à trop délayer, à trop appuyer sur des traits d'une élégance un peu frêle et que le moindre souffle ternit.

Quand il imite Théocrite, Ronsard réussit mieux parce qu'il est plus à l'aise avec lui. Théocrite comprend la nature; Ronsard la sent et l'aime : c'était plus qu'il n'en fallait pour lui faire apprécier l'auteur des *Idylles*. Aussi l'imite-t-il à chaque instant, en l'entremêlant parfois de vulgarités ou de fadeurs, mais enfin en conservant quelque chose de ses grâces auxquelles il ajoute souvent de ses propres qualités.

Mais son poète de prédilection, c'est Homère. Il le lit avec passion, s'il en faut croire le sonnet à Corydon, et il le pille sans scrupules : il a su rendre, dans la perfection, certains passages de l'*Iliade*, tels que l'allégorie des Prières, Priam aux pieds d'Achille, ou encore Hélène sur les murs de Troie, dans un sonnet qui passe à juste titre pour l'un des chefs-d'œuvre de Ronsard.

Virgile lui plaît moins : il se borne à lui faire çà et là quelques emprunts assez gracieux et disséminés dans son œuvre générale. Mais il se dédommage dans la *Franciade*. A vrai dire, ce poème n'est guère qu'un froid pastiche de l'*Énéide*; certains endroits en sont plutôt même une traduction qu'une imitation au vrai sens du mot : depuis le récit de la tempête décrite dans le premier chant de l'*Énéide* jusqu'au combat d'Énée contre Turnus dans le XIIe chant, et en passant par l'épisode de Didon, que Ronsard a dédoublé, et par la descente aux Enfers, tout Virgile y est contenu, mélangé à de froides allégories qui rappellent le *Roman de la Rose*.

Ronsard est plus heureux avec Horace, dont tous les procédés lui sont familiers. Chez lui, comme dans Horace, on retrouve ces chants aimables destinés à célébrer tantôt l'amour, tantôt les plaisirs du repos, tantôt les joies de l'esprit, tantôt enfin la rapidité de la vie, et la nécessité d'en jouir pendant qu'il en est temps encore :

> Vitæ summa brevis spem nos vetat inchoare longam.....
>
> Quid sit futurum cras, fuge quærere.....
>
> ..... Carpe diem, quam minimum credula postero.....

« Chassons les longs espoirs et les vastes pensées! Qu'importe ce que demain nous apportera! Jouissons du jour qui passe; ne comptons pas sur les joies de l'avenir..... »

La voilà, toute entière, cette aimable et souriante philosophie d'Horace, discrètement épicurienne, et c'est bien à elle que les hommes de la Renaissance devront remonter pour satisfaire leur aspiration à la vie, à ses douceurs, à ses enivrements. C'est donc avec transport que Ronsard, sur les pas d'Horace, voulut aller tremper ses lèvres à la fontaine de Bandusie, redevenue, après des siècles, comme une source de vie et d'espérance. Aussi trouve-t-on dans toute son œuvre l'écho de cette philosophie facile, comme une invitation à savourer les heures qui s'écoulent trop brèves :

> Tandis que vostre âge fleuronne
> En sa plus verte nouveauté,
> Cueillez, cueillez vostre jeunesse.....

> Cueillez dès aujourd'hui les roses de la vie.....

C'est là ce qu'il écrit à celles qu'il aime, à Cassandre, à Hélène; ou bien encore il demande à son page :

> Ne vois-tu pas que le jour passe?
> Je ne vy point au lendemain.....

Et toujours, cette mélancolique pensée de la fuite rapide des jours revient comme un refrain, à travers son œuvre. Hâtons-nous, jouissons, puisque

> L'incertaine vie de l'homme
> De jour en jour se roule comme
> Aux rives se roulent les flots.....

Puis, écartant l'idée de la mort, Ronsard s'écrie dans une strophe qui pourrait servir d'épigraphe à son livre, comme à celui d'Horace, et qui résume bien la pensée commune de ces deux aimables esprits :

> Je ne veux, selon la coustume,
> Que d'encens ma tombe on parfume,
> Ny qu'on y verse des odeurs :
> Mais tandis que je suis en vie,
> J'ai de me parfumer envie,
> Et de me couronner de fleurs.

Ronsard imitateur des Italiens. — C'est à l'Italie que Ronsard a dû, peut-être, ce qu'il a eu lui de plus exquis, de plus délicat, dans la peinture des sentiments de l'amour. Supprimez l'influence italienne, et vous enlevez du même coup la note vraie et délicieusement émue, qui fait le charme des *Amours de Cassandre*, comme des *Amours de Marie*. C'est à Pétrarque, nous l'avons vu, qu'il doit son initiation à cette nuance nouvelle d'un sentiment que les poètes antérieurs avaient exprimé jusque-là avec fadeur ou grossièreté. C'est donc toute une révolution que cette substitution, dans la poésie, de la conception d'un amour épuré, respectueux sans affectation, et tendre sans langueur, à celle de la passion allégorique et fausse du *Roman de la Rose*, comme à celle de l'ardeur charnelle et souvent grossière des *Ballades* de Marot.

L'esprit de Ronsard clarifie, en quelque sorte, et adoucit tout ce que cette expression de l'amour renferme de *platonisme* excessif chez Pétrarque. Il modère volontiers, et presque toujours avec tact, son imitation, et la ramène à des proportions plus humaines, moins mystiques et par conséquent plus compréhensibles que celles du modèle. C'est ainsi qu'en atténuant Pétrarque, il arrive à rendre avec beaucoup d'agrément et d'élégance, tantôt l'émotion contenue et silencieuse qu'il éprouve en présence de celle qu'il aime, tantôt les regrets profonds autant que sincères arrachés à son âme par la mort de Marie, tantôt enfin la mélancolie des souvenirs évoqués par les lieux où il a laissé quelque chose de son cœur.

« J'ai conçu l'audace, écrit Pétrarque, d'aborder la cruelle avec des paroles respectueuses et courtoises, et dans une attitude humiliée et suppliante. Mais à l'instant, ses yeux rendent ma résolution vaine.... » C'est bien là, semble-t-il, l'expression de l'embarras très simple et très ingénu, en présence de la femme aimée : Ronsard se souviendra de ce que cette phrase renferme d'heureux et de vrai; mais il y mettra quelque chose de plus, à moins qu'il n'en retranche un je ne sais quoi, à peine sensible, mais qui établit comme on va le voir, une différence réelle entre l'imitateur et son modèle, et cela, à l'avantage du premier :

>   Je veux souvent, pour rompre ton esmoy,
>   Te saluer; mais ma voix offensée
>   De trop de peur se retient amassée
>   Dedans la bouche et me laisse tout coy.

Il en est de même de ce passage où Pétrarque rappelle sa dernière rencontre avec Laure, qu'il ne devait plus revoir. « Ses yeux, plus étincelants qu'à l'ordinaire, semblaient dire : Prends de moi ce que tu peux, car tu ne me verras plus jamais, dès que tu auras porté hors d'ici tes pas. » Et voilà maintenant comment Ronsard, parlant de Marie, transcrit cet endroit, cette fois sans y rien changer presque, comme pour ne pas laisser échapper une seule des grâces du texte :

> Ayant sa voix qui sonnoit mieux
> Que de coutume, et ses beaux yeux
> Qui reluisoient outre mesure,
> Et son soupir qui m'embrasoit,
> J'eusse bien vu qu'elle disoit :
> Or, soule-toy de mon visage,
> Si jamais tu en eus soucy :
> Tu ne me verras plus icy.

Ainsi, d'un côté Ronsard emprunte à Pétrarque ce qu'il a de plus exquis, et c'est alors que son instinct poétique le guide avec une sûreté incomparable ; d'autre part, il l'imite, mais mis en garde par son tact naturel, sa sûreté de goût, et aussi par l'invincible répugnance de l'esprit français au mysticisme sentimental, il l'atténue et le dégage de l'appareil factice qu'on retrouve, à chaque instant, dans les poésies du maître italien.

A de très rares exceptions près, Ronsard se dégage donc de la métaphysique amoureuse, du raffinement excessif de la pensée, dont Maurice Scève et Héroët avaient cru surprendre le secret dans Pétrarque, et qui rend presque inintelligible leur symbolisme bizarre et compliqué. Tout cela n'est pas effectivement dans Pétrarque, et seuls des intempérants comme Maurice Scève pouvaient l'y voir : c'est pourquoi Ronsard, qui avait l'esprit bien fait, ne l'y a point vu. Malheureusement, le chantre de Laure avait des défauts assez considérables, sans qu'il soit besoin de lui attribuer ceux des autres ; et ce sont précisément quelques-uns de ces défauts que Ronsard, dans son admiration, n'a pas su éviter : accents langoureux et fades, puériles mignardises, métaphores forcées, antithèses cherchées, voilà les écueils contre lesquels un imitateur de Pétrarque ne saurait trop se prémunir, et ce sont là précisément des taches trop fréquentes dans certaines poésies de Ronsard. Ces défauts éclatants et précieux étaient d'ailleurs dans le goût du temps, et malgré les efforts de Malherbe, ils envahiront le siècle suivant jusqu'au moment où une génération nouvelle en arrêtera le flot. Mais Ronsard ne voyait pas et ne pouvait voir le péril auquel son imprudence allait exposer la littérature.

Quoiqu'il en ait toujours conservé quelque chose d'un peu précieux et d'affecté, il en eut vite fini d'ailleurs avec le pétrarquisme : ce fut pour lui comme une passion de jeunesse, comme une folle et unique échappée de bon écolier qui songe déjà au retour, alors qu'il vient de prendre la clef des champs : Ronsard ne devait pas tarder, en effet, à revenir vers ceux qu'il aimait avant tout, vers ces anciens qui avaient séduit son adolescence et qu'il ne devait plus quitter désormais.

Ronsard poète personnel. — Nous avons montré que Ronsard est excellent et même supérieur, toutes les fois que ses goûts d'humaniste sont d'accord avec son tempérament, qui se manifeste alors sous une forme exquise empruntée aux anciens, ou toutes les fois encore que ce tempérament arrive à refouler, — sans toutefois s'en affranchir complètement, — les réminiscences scolaires. Le poète répand alors dans les différentes parties de son œuvre une source d'émotion et de beauté incomparables : il brise involontairement les distinctions factices des genres, mêlant le récit épique à l'élégie, l'hymne au morceau oratoire, et cette violation même des règles qu'il avait tracées ajoute un charme de plus à son inspiration. Mais dans ce mélange des formes les plus variées, il est aisé de saisir l'universalité des aptitudes de Ronsard, à la fois poète épique, poète orateur, élégiaque et lyrique.

§ 1. *Le poète épique.* — Ce n'est pas certainement dans la poésie épique que réside la supériorité de Ronsard poète personnel. Mettons de côté la *Franciade*, qui est une erreur absolue, en même temps qu'une froide copie de Virgile : on l'avait annoncée avec fracas, on l'avait attendue avec une émotion pleine de respect et d'anxiété, et, en somme, son apparition déconcerta tout le monde et n'eut aucune influence. Ronsard dut plutôt sa gloire épique à l'attente qui précéda la publication de sa *Franciade*, qu'à cette publication même. Elle montre tout au moins que Ronsard n'a rien compris à l'épopée : il a cru qu'il suffisait d'en faire un roman; il ne s'est pas aperçu, dans le choix de son sujet, qu'il prenait un thème d'inspiration pâle et décoloré, auquel manquait la vie et la chaleur que la tradition populaire donne à tout ce qu'elle touche ; enfin il n'a pas su l'animer de ces sentiments généraux qu'on trouve à chaque instant dans l'*Énéide*, et qui en eussent fait une œuvre essentiellement française et nationale.

Mais, dira-t-on, si Ronsard s'est trompé dans la conception et l'exécution de la *Franciade*, il n'en est pas moins vrai qu'on trouve çà et là, dans les *Hymnes*, dans le *Bocage royal*, dans les *Élégies* et les *Poèmes*, des fragments épiques qui dénotent, en ce genre, une supériorité incontestable. — Et l'on cite, comme exemples, l'aventure de Phinée (*Hymnes*, I, 2), le combat de Pollux contre Amycus (*Hymnes*, I, 3), où les descriptions attestent une véritable intelligence du mouvement et de la couleur. On vante encore le tour facile et gracieux de l'histoire d'Hylas et d'Hercule (*Poèmes*, I), la noble véhémence des imprécations de la Justice contre les hommes, dans une tentative de rajeunissement du poème symbolique, que présente l'*Hymne* VI, tentative renouvelée d'ailleurs dans le curieux poème des *Astres*. Enfin, on allègue le puissant intérêt que présente le *Discours de l'équité des vieux Gaulois*, emprunté, sans doute, à une chronique du moyen âge.

Mais, au fond, que prouvent ces morceaux épiques, sinon l'habileté consommée de Ronsard à traiter en vers un sujet quelconque, surtout quand ce sujet exige un effort d'éloquence ou plutôt de rhétorique? Ronsard, ne l'oublions pas, est un excellent rhétoricien, à la façon de Claudien. Le plus souvent, il sait se contenir, mais quand il en trouve l'occasion, comme dans les passages que nous venons de citer, il cède aisément à son penchant et déclame avec facilité.

Certes, nous ne voulons pas dire que Ronsard poète épique soit dépourvu de largeur, d'abondance et d'éclat : toutes ces qualités sont le fond même de sa nature poétique, et elles ne l'ont pas forcément abandonné parce qu'il s'exerçait en un genre où il ne pouvait exceller. Mais de là à affirmer que les Français du xviie et du xviiie siècle n'avaient qu'à s'inspirer des modèles laissés par lui, pour être plus épiques qu'ils ne l'ont été, la distance est grande. En réalité, Ronsard eût été pour eux un fort mauvais guide, et sur ce seul point, peut-être, la sévérité de Malherbe et celle de Boileau à son égard ont rendu à la littérature française un service signalé.

On a soutenu aussi, nous le savons, que toutes les formes de la poésie épique revêtues au xixe siècle étaient en germe dans Ronsard, que dans l'*Aveugle* d'André Chénier on retrouvait *Hylas*, dans *Jocelyn* de Lamartine l'*Élégie* XXVIII, dans les poèmes de la première *Légende des Siècles* de Victor Hugo un fragment de l'*Hymne* III, de même que dans le *Titan* et le *Satyre* du même auteur, on pouvait reconnaître l'inspiration qui animait le chef de la Pléiade dans les *Astres*. — Nous reconnaissons assurément l'influence considérable du génie universel de Ronsard, qu'on peut considérer en même temps comme le premier des classiques et comme le précurseur du romantisme, et nous ne ferons nulle difficulté d'avouer que, relativement aux poètes et aux œuvres dont nous venons de mentionner les noms et les titres, Ronsard peut être considéré comme un initiateur. Mais combien Chénier, Lamartine et Victor Hugo l'ont-ils dépassé sur ce point! Que l'on veuille bien comparer les modèles et les imitations, — si toutefois il y a eu imitation, — et l'on sentira à la limpidité, à la sérénité toute grecque de Chénier, à la mélancolie sincère de Lamartine, au souffle puissant de Hugo, combien ces trois poètes sont éloignés de l'emphase et de la déclamation de Ronsard, et combien ils sont, par cela même, plus vraiment épiques qu'il ne l'a jamais été. Sa gloire n'en est pas diminuée, car il excellait en plusieurs autres genres dont un seul aurait suffi à consacrer la réputation d'un homme.

§ 2. *Le poète lyrique.* — Ronsard est, avant tout, un élégiaque et un lyrique : il aime la nature; il est d'un tempérament sensuel et mélancolique. Pour peu qu'il se laisse aller à ses impressions personnelles, il sera donc exquis chaque fois qu'il lui faudra peindre en quelques traits un paysage, exprimer la passion tendre, ou la fuite insaisissable du temps. Ses *Églogues*, ses *Élégies*, ses *Sonnets* et ses *Odes* renferment des passages charmants, où ces différents sentiments sont exprimés, tantôt avec l'enivrement caressant que donne la joie de vivre, tantôt avec l'élan fougueux des ardeurs juvéniles, élan tempéré par la subtilité d'un pétrarquisme délicat, tantôt enfin avec la lassitude attendrie que provoque le souvenir des bonheurs passés.

On a dit beaucoup de mal des *Églogues*. On en a raillé les allégories et surtout la convention qui, dans un cadre rustique, met en scène des événements du temps. Le berger Carlin qui cache Charles IX, la bergère Catin qui représente Catherine de Médicis, et les moutons figurant le peuple français, ne sont pourtant pas si ridicules. Virgile avait employé ce procédé détourné, dans ses *Bucoliques*, et le mieux, pour goûter pleinement les *Églogues* de Ronsard, est d'en oublier les allégories, comme on le fait volontiers en lisant Virgile. Il faut s'attacher, au contraire, à lire ces petits poèmes pour eux-mêmes, pour le charme qu'ils dégagent, et qui est vraiment très grand. On y remarquera alors d'heureux détails empruntés aux poètes bucoliques des âges précédents, et surtout des traits de pittoresque que Ronsard doit à l'observation personnelle et directe de la nature. On sera supris de voir avec quelle perfection, quel « réalisme », il sait rendre les détails les plus intimes, en même temps qu'il excelle par la précision du dessin, par la vérité et la sobriété dans la couleur. Écoutez la description d'un paysage, faite par le berger Fresnet :

> J'ay pour maison un antre en un rocher ouvert,
> De lambrunche sauvage et d'hierre couvert,
> Qui deça qui delà leurs grands branches espandent,
> Et droit sur le milieu de la porte les pendent.
> Un meslier nouailleux ombrage le portail,
> Où sans crainte du chaud remasche mon bestail :
> Du pied naist un ruisseau dont le bruit délectable
> S'enroue entre-cassé de cailloux et de sable.....[1].

Il serait facile de multiplier les citations, car chacune des *Églogues* compte un grand nombre de ces vers qui font image et qui sont, à eux seuls, un tableau tout entier :

> Icy de cent couleurs s'esmaille la prairie,
> Icy la tendre vigne aux ormeaux se marie,
> Icy l'ombrage frais va les feuilles mouvant
> Errantes ça et là sous l'haleine du vent[2].
> . . . .
> Douce est du rossignol la rustique chanson.....[3]
> Doux est d'un clair ruisseau le sautelant murmure ;
> Bien doux est le sommeil sur la jeune verdure.

C'est bien là le vrai sentiment de la nature, exprimé dans sa simplicité la plus riante et en même temps la plus vraie, avec toute la perfection d'un véritable artiste aussi soucieux de la

---

1. *Églogues* (Aluyot et Fresnet).
2. *Id.* (Orleantin, Angelot, Navarrin, Guisin, Margot).
3. *Id.* (Aluyot et Fresnet).

forme que du fond. Mais combien ce sentiment gagne-t-il en profondeur quand vient s'y ajouter le charme d'une émotion religieuse, comme dans la pièce sur la *Forêt de Gastine*, ou d'un sentiment discrètement passionné, comme dans ces vers :

> Nous vivrons et mourrons ensemble, et tous les jours
> Vieillissans nous verrons rajeunir nos amours[1].

C'est surtout dans l'expression de l'amour que Ronsard poète lyrique nous paraît avoir excellé. Il a aimé très vivement, mais sans aveuglement douloureux, ce qui lui a permis de toujours voir clair dans son cœur, et de rendre avec précision et délicatesse les nuances sérieuses, ou rêveuses, ou pénibles de l'amour. A cet égard, la plupart de ses *Sonnets*, de ses *Élégies*, de ses *Odes* sont de véritables chefs-d'œuvre, de délicieuses variations sur le thème éternel de la jeunesse qui passe et qu'il faut cueillir en hâte. Que d'images souples et variées; quelle mélancolie pénétrante dans l'ode immortelle à Cassandre :

> Puisqu'une telle fleur ne dure
> Que du matin jusques au soir,
> . . . .
> Cueillez, cueillez votre jeunesse :
> Comme à ceste fleur la vieillesse
> Fera ternir vostre beauté.

Quelle tendresse et quelle vague tristesse en même temps, sont répandues dans le sonnet si connu à Hélène :

> Je seray sous la terre, et, fantosme sans os,
> Par les ombres myrteux je prendray mon repos :
> Vous serez au foyer une vieille accroupie,
>
> Regrettant mon amour et vostre fier desdain.
> Vivez, si m'en croyez, n'attendez à demain :
> Cueillez dès aujourd'huy les roses de la vie.

Ce sont précisément ces teintes de demi-tristesse de plus en plus fréquentes dans l'œuvre de Ronsard, à mesure que les années passent en accroissant la mélancolie de son caractère, qui font le charme de ses plus belles œuvres lyriques

---

1. *Églogues* (Aluyot et Fresnet).

ou élégiaques. N'est-il pas par là un peu notre contemporain, et cette poésie toute « subjective », comme on dit aujourd'hui, n'éveille-t-elle pas dans notre âme de sympathiques échos. Notre contemporain, il l'est encore, lorsqu'il associe la nature à ses peines, comme dans l'*Élégie à Genèvre*, où, s'adressant à l'arbre qui porte le nom de celle qu'il aime, il s'écrie :

> Genèvre bien-aimé, certes je te ressemble ;
> Avec toi le destin sympathisant m'assemble :
> Ta cyme est toute verte, et mes pensers tous vers
> Ne meurissent jamais : sur le printemps tu sers
> A percher les oiseaux, et l'Amour qui me cherche,
> Ainsi qu'un jeune oiseau dessur mon cœur se perche :
> Ton chef est hérissé, poignant est mon souci :
> Ta racine est amère, et mon mal l'est aussi.

C'est encore le même sentiment qu'il exprime en regardant le bouquet qu'une main aimée a cueilli pour lui, et dans lequel il enferme son cœur, comme pour le griser de l'enivrant parfum :

> Un beau bouquet faisiez de vostre main,
> Que vous cachiez une heure en vostre sein.....
> Me le donniez d'une si douce sorte,
> Que tout le jour j'en sentoy revenir
> La fleur à l'œil, au cœur le souvenir.

Quand nous aurons mentionné encore le merveilleux sonnet *sur la mort de Marie*, commençant par ce vers :

> Comme on void sur la branche au mois de may la rose,

et qui est un des purs chefs-d'œuvre de Ronsard, on comprendra d'autant mieux l'étendue de son génie lyrique, en voyant de quels accents pénétrants sa douleur sait pleurer aussi bien sur les êtres chers que sur lui-même. Il fut en effet le premier qui ouvrit la voie au lyrisme moderne, sous toutes ses formes : il s'est élevé beaucoup plus haut que la plupart de ceux qui l'ont suivi, et si grande qu'ait été la supériorité de quelques-uns de ses successeurs, ils n'en sont pas moins ses obligés à des titres très divers.

§ 3. *Le poète orateur*. — La véritable originalité de Ronsard est peut-être dans ses *Discours* d'actualité et dans ses œuvres didactiques. Ces dernières sont assez nombreuses, parce qu'il y eut toujours dans le chef de la Pléiade un homme de collège aspirant aussi bien à enseigner qu'à apprendre lui-même. C'est ainsi qu'on trouve, dans les *Hymnes*, quatre pièces sur les *Saisons*, très remarquables par le sentiment de la nature dont elles sont empreintes ; on y rencontre, de plus, un vrai traité de démonologie, renfermant l'exposé de certaines superstitions du temps entremêlées d'anecdotes personnelles.

Mais, ce sont surtout les *Discours* d'actualité qui font la supériorité de Ronsard. Au premier abord, on serait tenté de s'en étonner, car en des temps troublés par les guerres civiles, la poésie a d'ordinaire plus à perdre qu'à gagner, en descendant dans l'arène. Or, ce fut le contraire qui arriva, d'abord, parce qu'il n'était pas mauvais que les poètes de la Pléiade, naturellement enclins à l'artificiel, fussent sollicités par les événements contemporains et entraînés à partager les émotions du moment. De plus, comme c'était la religion et la morale qui faisaient les frais de ces émotions, Ronsard se trouvait dans son élément, en *prêchant* en vers sur les questions morales et religieuses.

Aussi, obéit-il, en ce genre, aux inspirations les plus variées, et se montre-t-il, dans ses *Discours*, tour à tour simple, éloquent, passionné, agité du souffle lyrique ou de l'âpreté satirique. Il prend donc successivement tous les tons, pour faire entendre la voix de la raison à des fanatiques égarés par la fureur. C'est ainsi qu'on le voit donner au parti catholique, dont il est, de salutaires conseils sur les abus qui ont provoqué la Réforme :

> Il faut doncq corriger de nostre saincte Église
> Cent mille abus commis par l'avare prestrise,
> De peur que le courroux du Seigneur tout-puissant
> N'aille d'un juste feu nos fautes punissant.

Ailleurs, s'adressant à Catherine de Médicis, il frémit d'une patriotique indignation, en songeant à la France désolée par tant d'horreurs :

> Que ses propres enfans l'ont prise et devestue,
> Et jusques à la mort vilainement battue.

Puis, c'est au roi lui-même qu'il s'adresse, et avec une gravité émue, faite à la fois de dignité et de sobriété, il lui trace, en des termes fort élevés, le programme des devoirs de la royauté :

> Sire, ce n'est pas tout que d'être Roi de France :
> Il faut que la vertu honore votre enfance.....
> Or, Sire, pour autant que nul n'a le pouvoir
> De châtier les Rois qui font mal leur devoir,
> Punissez-vous vous-même, afin que la justice
> De Dieu, qui est plus grand, vos fautes ne punisse.

Qu'on relise, de même, la *Réponse aux calomnies des prédicans*, et l'on dira si jamais poète écrivit plus fière et plus noble apologie de sa conduite.

Ces *Discours* font époque, on peut le dire, dans l'histoire de la littérature française. Ils sont bien un genre nouveau, que le moyen âge, pas plus que l'antiquité, n'avaient connu ni pratiqué. Aussi, pour avoir montré à la poésie qu'elle pouvait tirer parti des réalités pour produire les effets les plus beaux et les plus saisissants, Ronsard peut être considéré encore comme un précurseur. Les *Discours* sur les *Misères du temps*, sur le *Tumulte d'Amboise*, la *Remontrance au peuple de France*, l'*Institution pour l'adolescence de Charles IX*, la *Réponse aux calomnies des prédicantereaux de Genève*, écrits dans une langue vigoureuse où l'alexandrin déploie toute son ampleur, sont, sans que l'auteur l'ait voulu, la meilleure application de ses théories poétiques, et donnèrent naissance à un genre nouveau, qui convient admirablement au tempérament français. Ce genre, c'est le *Discours en vers*, que, sans parler des *Tragiques* de d'Aubigné, on retrouvera, sous différentes formes, pendant deux siècles, dans la poésie lyrique avec Malherbe, puis Victor Hugo, dans la tragédie avec Corneille et Voltaire, dans la comédie avec Molière, dans l'épître avec Boileau.

Ainsi, après avoir examiné successivement les différentes parties de l'œuvre de Ronsard, on est amené à reconnaître son influence indiscutable dans les genres les plus différents, et la portée de cette influence qui à travers l'évolution de la poésie depuis deux siècles, rattache à son œuvre les romantiques aussi bien que les classiques.

L'expression dans Ronsard. La langue. La rythmique. — Ronsard est un très grand artiste, car la forme a, pour lui, une importance considérable, à en juger d'après son style, et d'après la technique de sa versification.

Le style est généralement éclatant et riche : il l'est même beaucoup trop, en certains endroits, pour ne pas sentir l'effort et le désir d'arriver à l'originalité au moyen de descriptions somptueuses et de comparaisons parfois étranges. D'ailleurs, cet éclat n'est jamais soutenu, et Ronsard tombe trop souvent dans les longueurs fastidieuses : c'est même là son principal défaut. Il n'a jamais su, en effet, être serré et concis, sauf dans les sonnets où le nombre des vers, rigoureusement limité, le forçait à se resserrer, ce qui lui a porté bonheur, car ses sonnets comptent parmi ses œuvres les plus parfaites.

Il parut en un temps où la langue n'était pas encore appauvrie par la délicatesse classique. Il puisa largement à cette source féconde, et avec ses amis, l'enrichit encore, en créant, pour ses propres besoins, environ deux cents mots que, selon sa doctrine, il emprunta aux langues techniques (*maillet*, marteau de bois; *dessiller*, découdre les cils, c'est-à-dire ouvrir les yeux), aux patois (*harsoir*, hier soir; *besson*, jumeau), à la vieille langue (*souloir*, avoir coutume; *douloir*, peiner), aux langues étrangères : à l'espagnol (*guiterre*, guitare), à l'italien (*escrime*, *colonel*); enfin aux langues anciennes il emprunta des termes mythologiques. D'autre part, toujours selon la doctrine de la *Défense*, il forma lui-même des mots, par dérivation, comme *englacer*, *sommeillard*, ou par juxtaposition, comme *chevrepied* et *chasse-peine*.

Les innovations de Ronsard furent donc absolument discrètes, et comme nous avons eu déjà l'occasion de le remarquer, elles réduisent à néant le jugement de Boileau, puisque c'est dans les langues anciennes que Ronsard, si souvent antique par la pensée, a le moins puisé pour la forme, et qu'il regrettait, au contraire, de ne pouvoir calquer sa langue sur celle des Grecs et des Latins :

> Ah! que je suis marri que la langue françoise
> Ne peut dire ces mots, comme fait la grégeoise.....

Qu'il ait trop aimé les mots abstraits et les diminutifs, c'est là un fait incontestable; mais il n'en est pas moins vrai que son désir d'accroître les ressources de la langue reste fort louable. En faveur de l'intention on peut lui pardonner quelques hardiesses regrettables et répéter, avec Sainte-Beuve, que s'il osa trop, du moins « l'audace était belle ».

Relativement à la rythmique, Ronsard est encore un novateur d'une habileté consommée. Il a d'abord le mérite d'avoir compris que le vers alexandrin convenait admirablement, non seulement à l'épopée, à la poésie dramatique et didactique, mais encore à la poésie lyrique, dans laquelle on peut l'employer, soit seul, avec alternance ou entre-croisement de rimes, soit mêlé avec des vers plus courts.

Mais, de plus, Ronsard a trouvé quelques rythmes nouveaux, auxquels il a su donner, dans la poésie, droit de cité, si bien qu'ils s'y sont installés pour jamais. Avant lui, le xvie siècle ne pratiquait guère que la ballade, le rondeau, le triolet, le chant royal; on trouvait dans Marot la strophe de quatre, cinq, six et sept vers décasyllabiques, de quatre vers octosyllabiques; mais on ne sortait point, en somme, d'une douzaine de cadres toujours les mêmes, et qui, à part le sonnet, nouvellement importé d'Italie, et le chant royal, manquent d'ampleur et de souffle.

Ronsard commença par proscrire, avec une rigueur excessive, presque toutes ces formes : il ne conserva que le sonnet et les strophes de quatre, cinq, six et sept vers. Puis, s'ingéniant à trouver tous les systèmes de croisement et d'alternance, il s'est efforcé d'arriver à produire toutes les combinaisons métriques et rythmiques dont il pouvait disposer. C'est ainsi que ses vers varient entre quatre et douze syllabes, en passant par tous les degrés intermédiaires; de même il emploie des strophes de deux, quatre, six vers, etc., jusqu'à vingt vers : il a, du reste, des préférences évidentes pour les rythmes pairs, comme pour les vers pairs, et il reste, en cela, dans la pure tradition française. Enfin, par un scrupule étrange, Ronsard a le souci extrême d'employer le moins souvent possible le même système rythmique, de ne s'en servir qu'une fois au besoin, pour recourir ensuite à un système nouveau. Ajoutons que si l'on trouve, dans des poètes antérieurs à Ronsard, des rythmes employés par lui, cela ne diminue en rien sa gloire d'inventeur, car, de son temps, les poètes du moyen âge étaient encore manuscrits, à part le *Roman de la Rose :* or, Ronsard n'a guère lu que des livres imprimés; il ne pouvait par conséquent connaître ces poètes, avec lesquels il s'est rencontré d'une manière toute fortuite.

Le mérite d'avoir enrichi notre poésie ne saurait faire oublier, sur ce point, les défauts de Ronsard. D'abord, il use parfois de strophes trop longues, dont chacune n'est qu'une série de strophes cousues ensemble, sans qu'elles soient reliées, ni pour l'oreille, par la similitude des rimes, ni pour l'esprit, par l'enchaînement rigoureux des idées. Ensuite, il a le tort de mêler des vers égaux entre eux à des vers également égaux entre eux, mais qui ont une syllabe de moins que les premiers : l'oreille surprise et choquée semble percevoir un vers faux. Enfin, on lui peut reprocher également de placer souvent à la fin des strophes des vers plus longs que ceux du commencement, ce qui rompt absolument l'harmonie. Mais Ronsard voulait du nouveau, et c'est pourquoi il s'est laissé parfois entraîner à ces écarts regrettables : il fallait bien, après tout, qu'un poète fît l'essai de certains rythmes singuliers, pour qu'on s'aperçût qu'ils étaient impraticables. Il est à regretter seulement, pour Ronsard lui-même, qu'il ait eu, le premier, cette malencontreuse hardiesse, puisqu'elle a été si préjudiciable à sa réputation : elle a fait oublier, en effet, les services rendus par lui à la poésie française qui lui doit, non seulement des rythmes nouveaux excellents, mais des modèles constants de tact et de convenance, car il a su toujours mettre d'accord le rythme avec la pensée.

La fortune littéraire de Ronsard. — La réputation de Ronsard a subi un sort des plus étranges. Admiré et adoré de son temps, le chef de la Pléiade tomba, dès 1573, dans une sorte de discrédit. Malherbe sembla lui donner le coup de grâce, et fut cause que, pendant deux siècles, personne ne consentit à le lire. Dès lors l'oubli le plus accablant pesa sur sa mémoire, si bien que Boileau, dans son *Art poétique*, l'exécuta avec une désinvolture que son ignorance seule peut expliquer.

Et pourtant, Ronsard, ainsi méprisé par les deux organisateurs de l'école classique en France, est le véritable fondateur du classicisme. Il est, en effet, le représentant le plus qualifié de l'humanisme, c'est-à-dire de l'antiquité ressaisie dans ses procédés littéraires, de cet humanisme qui, atténué par Malherbe, deviendra le moule classique, un peu étroit, dans lequel le xviie siècle coulera de fort belles idées.

Il est, de plus, le prédécesseur direct de Malherbe et de Boileau, en ce qu'il recommande et cherche à pratiquer la distinction des genres, que le moyen âge n'avait point connue ; en ce qu'il enseigne, pour créer un style poétique, ce dédain du mot propre que manifestera également Malherbe, classant les mots en termes nobles et termes vulgaires, et que reprendra Boileau, proclamant la nécessité du style noble.

En outre, lorsqu'il prescrit de préférer la justesse de l'expression à la rime, lorsqu'il interdit l'hiatus, l'inversion, et exige le repos à l'hémistiche, il est entièrement d'accord avec la doctrine classique du xviie siècle.

Classique, il l'est encore, par la façon dont il comprend les différents genres en poésie, par sa majesté un peu froide et dépourvue de psychologie dans l'épopée, par sa tendance à raisonner et à mettre plus de grâce que de passion dans l'élégie, par le caractère très souvent impersonnel de ses productions poétiques.

Ronsard est donc bien le créateur de l'esprit classique; et pourtant, l'école de 1660 a refait le classicisme sans lui, et en dehors de lui, puisque Ronsard lui était odieux. Elle n'a même pas soupçonné qu'il l'eût fait une première fois, d'une façon plus savante, plus large, un peu plus grecque que romaine, et quelque peu dominée, à certains moments, par l'influence italienne. Or, la connaissance des poètes de l'Italie fera défaut aux classiques de 1660; ils seront en outre plus latins que grecs, et donneront de leur doctrine une formule beaucoup plus étroite que celle de Ronsard. Il est donc très fâcheux que Ronsard ait été méconnu par ses successeurs : quelle force et quelle vie auraient eues l'esprit classique, s'ils avaient reconnu Ronsard comme un maître dont il fallait suivre les traces, tout en évitant ses fautes, en se tenant dans les limites tracées par la mesure et le goût!

C'est de notre siècle seulement que date la résurrection de Ronsard : il a trouvé, dans les romantiques, des admirateurs, quelquefois mal éclairés sans doute, mais qui avaient bien, cependant, certaines raisons pour l'aimer et l'exalter. Comme eux, en effet, Ronsard est un artiste curieux de belles formes, de « mots significatifs, propres et choisis », et cette passion le portera à forcer la construction classique, à employer au lieu des adjectifs classiques les substantifs abstraits que les romantiques lui emprunteront, pour les transmettre ensuite aux réalistes. C'est aussi comme créateur du lyrisme moderne, que le romantisme a salué en Ronsard un ancêtre : nous avons remarqué qu'il était excellent, chaque fois qu'il savait accorder son érudition avec son tempérament. Or, c'est là ce qu'il a souvent réalisé, dans ses poésies lyriques, dans ses élégies, où il trouve parfois des accents si pénétrants pour gémir sur lui-même. Par maint sonnet délicieux, par certaines odes exquises, il se rapproche de nos modernes, et, deux siècles avant Victor Hugo et Lamartine, il écoute les harmonieuses vibrations de son âme, placée

..... au centre de tout, comme un écho sonore.

Pour avoir si longtemps attendu l'heure de la réparation et de la justice, Ronsard n'en est que mieux assuré contre les caprices de la mode. Entré tard et après de dures épreuves dans la gloire durable que la postérité assure aux hommes de génie, il jouira désormais, sinon d'une popularité dont il n'eût voulu à aucun prix, du moins de l'admiration sincère des connaisseurs et des lettrés, de ceux qui placent le respect de la forme à côté du culte de la pensée.

EXTRAITS

DES ŒUVRES DE RONSARD

Projet studieux.

Je veulx lire en trois jours l'*Iliade* d'Homère,
Et pour ce, Corydon[1], ferme bien l'huis sur moy ;
Si rien me vient troubler, je t'asseure ma foy,
Tu sentiras combien pesante est ma colère.

Je ne veux seulement que nostre chambrière
Vienne faire mon lit, ton compagnon ni toy ;
Je veux trois jours entiers demeurer à requoy[2],
Pour follastrer après une sepmaine entière.

Mais si quelqu'un venoit de la part de Cassandre[3],
Ouvre-luy tost la porte, et ne le fais attendre ;
Soudain entre en ma chambre et me viens accoustrer.

Je veux tant seulement à luy seul me monstrer ;
Au reste, si un dieu vouloit pour moy descendre
Du ciel, ferme la porte et ne le laisse entrer.

(Sonnets, *A Cassandre*.)

Souhait.

Que n'ay-je, Dame, en escrivant, la grace
Divine autant que j'ay la volonté ?
Par mes escrits tu serois surmonté,
Vieil enchanteur des vieux rochers de Thrace[4].

---

1. Ronsard nomme ainsi son valet : c'est le nom d'un berger grec.
2. En repos (du latin *requies*).
3. L'amie du poète.
4. Orphée.

Plus haut encor que Pindare et qu'Horace,
J'appenderois à ta divinité
Un livre enflé de telle gravité
Que du Bellay luy quitteroit la place [1].

Si, vive encor, Laure par l'univers
Ne fuit volant dessus les thusques vers,
Que nostre siecle heureusement estime,

Comme ton nom, honneur des vers françois,
Victorieux des peuples et des rois,
S'envoleroit sur l'aile de ma ryme [2]!

(Sonnets, *A Cassandre.*)

Adjuration.

Ciel, air et vents, plaine et monts descouvers,
Tertres fourchus [3] et forests verdoyantes,
Rivages tors [4] et sources ondoyantes,
Taillis rasez, et vous, bocages vers;

Antres moussus à demy-front ouvers,
Prez, boutons, fleurs et herbes rousoyantes [5],
Coteaux vineux et plages blondoyantes,
Gastine, Loir [6], et vous, mes tristes vers,

Puisqu'au partir [7], rongé de soin et d'ire,
A ce bel œil l'adieu je n'ay sceu dire,
Qui près et loin me detient en esmoy,

Je vous supply, ciel, air, vents, monts et plaines,
Taillis, forests, rivages et fontaines,
Antres, prez, fleurs, dites-le-luy pour moy.

(Sonnets, *A Cassandre.*)

1. Se reconnaîtrait vaincu. On voit ici quel cas Ronsard faisait de son disciple et ami du Bellay.
2. C'est-à-dire que ton nom volerait sur l'aile de mes vers, plus haut encore que celui de Laure, la femme aimée de Pétrarque, le poète toscan (*thusque*), qui pourtant l'a chantée en des strophes magnifiques, fort admirées au temps de Ronsard. Voir, dans notre *Étude* sur ce poète, l'influence que Pétrarque a exercée sur lui.
3. Au double sommet.
4. Aux contours tortueux.
5. Couvertes de rosée.
6. *Gastine, Loir* : la forêt de Gastine et la rivière du Loir, paysages aimés de Ronsard.
7. Au moment du départ.

Fleurs éphémères.

Je vous envoye un bouquet que ma main
Vient de trier de ces fleurs épanies ;
Qui ne les eust à ce vespre cueillies,
Cheutes à terre elles fussent demain.

Cela vous soit un exemple certain
Que vos beautez, bien qu'elles soient fleuries,
En peu de temps seront toutes flaitries,
Et, comme fleurs, periront tout soudain.

Le temps s'en va, le temps s'en va, ma dame ;
Las ! le temps non, mais nous nous en allons,
Et tost serons estendus sous la lame.

Et des amours desquelles nous parlons,
Quand serons morts, n'en sera plus nouvelle.
Pour ce aimez moy ce pendant qu'estes belle.

(Sonnets, *A Cassandre.*)

Bonheur passé.

Voicy le bois que ma saincte angelette
Sur le printemps réjouist de son chant :
Voicy les fleurs où son pied va marchant,
Quand à soy-mesme elle pense seulette.

Voicy la prée et la rive mollette,
Qui prend vigueur de sa main la touchant,
Quand pas à pas pillarde va cherchant
Le bel email de l'herbe nouvelette.

Icy chanter, là pleurer je la vy,
Icy sourire, et là je fus ravy
De ses beaux yeux par lesquels je desvie :

Icy s'asseoir, là je la vy danser :
Sus le mestier d'un si vague penser
Amour ourdit les trames de ma vie[1].

(Sonnets, *A Cassandre.*)

---

1. Ce sonnet, d'une grâce un peu mièvre, est imité de Pétrarque.

Première émotion.

Quand je te voy discourant à part toy,
Toute amusée avecques ta pensée,
Un peu la teste en contre bas baissée,
Te retirant du vulgaire et de moy :

Je veux souvent, pour rompre ton esmoy,
Te saluer ; mais ma voix offensée
De trop de peur se retient amassée
Dedans la bouche et me laisse tout coy.

Mon œil confus ne peut souffrir ta veue ;
De ses rayons mon ame tremble esmeue :
Langue ne voix ne font leur action.

Seuls mes soupirs, seul mon triste visage
Parlent pour moy, et telle passion
De mon amour donne assez témoignage.

(Sonnets, *A Cassandre.*)

Prédiction de Cassandre[1].

« Avant le temps tes tempes fleuriront,
De peu de jours ta fin sera bornée ;
Avant ton soir se clorra ta journée,
Trahis d'espoir tes pensers periront.

« Sans me fléchir tes écrits flétriront,
En ton désastre ira ma destinée,
Ta mort sera pour m'amour terminée,
De tes souspirs tes neveux se riront.

« Tu seras fait du vulgaire la fable,
Tu bastiras sur l'incertain du sable,
Et vainement tu peindras dans les cieux. »

---

1. *Cassandre*, fille de Priam, avait le don de prophétiser l'avenir : le poète attribue la même inspiration à celle qu'il aime et qu'il désigne aussi sous le nom de *Cassandre*.

Ainsi disoit la nymphe qui m'affolle,
Lors que le ciel, témoin de sa parolle,
D'un dextre éclair fut presage à mes yeux.

(Sonnets, *A Cassandre*.)

Blessure d'amour.

Comme un chevreuil, quand le printemps détruit
Du froid hyver la poignante gelée,
Pour mieux brouter la fueille emmiellée,
Hors de son bois avec l'aube s'enfuit;

Et seul, et seur, loin des chiens et du bruit,
Or' sur un mont, or' dans une valée,
Or' près d'une onde à l'escart recelée,
Libre, folâtre où son pied le conduit;

De rets ne d'arc sa liberté n'a crainte,
Sinon alors que sa vie est atteinte
D'un trait meurtrier empourpré de son sang;

Ainsi j'allois sans espoir de dommage,
Le jour qu'un œil, sur l'avril de mon âge,
Tira d'un coup mille traits dans mon flanc[1].

(Sonnets, *A Cassandre*.)

Souvenir.

L'an se rajeunissoit en sa verte jouvence
Quand je m'épris de vous, ma Sinope[2] cruelle;
Seize ans estoit la fleur de vostre âge nouvelle,
Et vostre teint sentoit encores son enfance.

Vous aviez d'une infante encor la contenance,
La parolle et les pas; vostre bouche estoit belle,
Vostre front et vos mains dignes d'une immortelle,
Et vostre œil[3], qui me fait trespasser quand j'y pense.

---

1. Ce sonnet est imité de Bembo, poète italien.

2. *Sinope* est sans doute celle que le poète a chantée sous le nom de *Marie*, et dont on ignore le vrai nom. Il l'aurait, dit-on, appelée *Sinope*, à cause de l'éblouissement dont sa beauté fatiguait ses yeux en les charmant (des deux mots grecs σίνομαι ὄπας, signifiant *je détruis les yeux*).

3. Ainsi que votre regard.

Amour qui, ce jour-là, si grandes beautés vit,
Dans un marbre, en mon cœur, d'un trait les escrivit :
Et si, pour le jourd'huy, vos beautez si parfaites

Ne sont comme autrefois, je n'en suis moins ravy,
Car je n'ay pas égard à cela que vous estes,
Mais au doux souvenir des beautez que je vy.

(Sonnets, A Marie.)

Si j'étais Jupiter…!

Si j'estois Jupiter, Sinope, vous seriez
Mon espouse Junon ; si j'estois roy des ondes,
Vous seriez ma Tethys, royne des eaux profondes,
Et pour vostre maison l'Océan vous auriez.

Si la terre estoit mienne, avec moy vous tiendriez
L'empire de la terre aux mammelles fécondes,
Et, dessus une coche, en belles tresses blondes,
Par[1] le peuple en honneur déesse vous iriez.

Mais je ne suis pas dieu et si ne le puis estre :
Le ciel pour vous servir seulement m'a fait naistre,
De vous seule je pren mon sort aventureux.

Vous estes tout mon bien, mon mal et ma fortune ;
S'il vous plaist de m'aimer, je deviendray Neptune,
Tout Jupiter, tout roy, tout riche et tout heureux.

(Sonnets, A Marie.)

Aimer.

Vous mesprisez nature : estes-vous si cruelle
De ne vouloir aimer ? Voyez les passereaux,
Qui demenent l'amour, voyez les colombeaux,
Regardez le ramier, voyez la tourterelle ;

---

1. Parmi le peuple.

Voyez deça, delà, d'une fretillante aile
Voleter par les bois les amoureux oiseaux ;
Voyez la jeune vigne embrasser les ormeaux,
Et toute chose rire en la saison nouvelle.

Icy la bergerette, en tournant son fuseau,
Desgoise ses amours, et là le pastoureau
Respond à sa chanson. Icy toute chose aime ;

Tout parle de l'amour, tout s'en veut enflammer :
Seulement vostre cœur, froid d'une glace extreme,
Demeure opiniastre et ne veut point aimer.

(Sonnets. A Marie.)

La mort d'une jeune fille.

Comme on void sur la branche au mois de may la rose
En sa belle jeunesse, en sa première fleur,
Rendre le ciel jaloux de sa vive couleur,
Quand l'aube de ses pleurs au point du jour l'arrose ;

La Grâce dans sa fueille et l'Amour se repose,
Embasmant les jardins et les arbres d'odeur ;
Mais battue ou de pluie, ou d'excessive ardeur,
Languissante elle meurt fueille à fueille desclose.

Ainsi, en ta première et jeune nouveauté,
Quand la terre et le ciel honoroient ta beauté,
La Parque t'a tuée, et cendre tu reposes.

Pour obsèques reçoy mes larmes et mes pleurs,
Ce vase plein de laict, ce panier plein de fleurs,
Afin que vif et mort ton corps ne soit que roses[1].

(Sonnets, A Marie.)

Hélène.

Il ne faut s'esbahir, disoient ces bons vieillars[2]
Dessus le mur Troyen, voyans passer Helene,
Si pour telle beauté nous souffrons tant de peine,
Nostre mal ne vaut pas un seul de ses regars.

---

1. Nul poète n'a su rendre avec un pareil charme de délicatesse et de douloureuse mélancolie les sentiments inspirés par la mort d'un être jeune et cher.

2. Comparez Homère, <i>Iliade</i>, ch. III,

Toutesfois il vaut mieux, pour n'irriter point Mars,
La rendre à son espoux, afin qu'il la remmeine,
Que voir de tant de sang nostre campagne pleine,
Nostre havre gaigné, l'assaut à nos rempars.

Peres, il ne falloit, à qui la force tremble,
Par un mauvais conseil les jeunes retarder :
Mais, et jeunes et vieux, vous deviez tous ensemble

Pour elle corps et biens et ville hazarder.
Menelas fut bien sage, et Pâris, ce me semble,
L'un de la demander, l'autre de la garder[1].

(Sonnets, A Hélène.)

A Hélène.

Quand vous serez bien vieille, au soir, à la chandelle,
Assise auprès du feu, devidant et filant,
Direz, chantant mes vers, et vous esmerveillant :
Ronsard me celebroit du temps que j'estois belle.

Lors vous n'aurez servante oyant telle nouvelle,
Desja sous le labeur à demy sommeillant,
Qui, au bruit[2] de Ronsard, ne s'aille réveillant,
Benissant vostre nom de[3] louange immortelle.

Je seray sous la terre, et, fantosme sans os,
Par les ombres myrteux[4] je prendray mon repos ;
Vous serez au foyer une vieille accroupie,

---

v. 150 et sq. — « La vieillesse les éloignait des combats ; mais, pleins de sagesse, ils discouraient, semblables à des cigales qui, sur la cime d'un arbre, font retentir la forêt de leurs voix mélodieuses : ainsi les chefs des Troyens étaient assis au sommet de la tour. Quand ils virent approcher Hélène, ils dirent entre eux à voix basse : « Ce n'est pas sans raison que les Troyens et les Grecs aux belles cnémides supportent pour une telle femme de si longues souffrances : elle ressemble tout à fait aux déesses immortelles ; mais, malgré sa beauté, qu'elle retourne sur les vaisseaux des Grecs, de peur qu'elle n'entraîne notre ruine et celle de nos enfants. »

1. Ces deux derniers vers traduisent le distique suivant de Properce :

Nunc, Pari, tu sapiens, et tu Menelae, [fuisti,
Tu quia poscebas, tu quia tentus eras.

2. En entendant le nom de Ronsard.
3. Avec une louange.
4. Ombres que donne le feuillage des myrtes. *Ombre* était masculin au xvie siècle avec le sens propre, et féminin avec le sens figuré de *fantôme*.

Regrettant mon amour et vostre fier desdain.
Vivez, si m'en croyez, n'attendez à demain;
Cueillez dès aujourd'hui les roses de la vie.

(Sonnets, *A Hélène*.)

Message.

Genevres herissez, et vous, houx espineux,
L'un hoste des deserts, et l'autre d'un bocage;
Lierre, le tapis d'un bel antre sauvage,
Sources qui bouillonnez d'un surgeon sabloneux;

Pigeons, qui vous baisez d'un baiser gracieux,
Tourtres qui lamentez d'un eternel veufvage,
Rossignols ramagers qui d'un plaisant langage
Nuict et jour rechantez vos versets amoureux;

Vous, à la gorge rouge, estrangere arondelle,
Si vous voyez aller ma nymphe en ce printemps
Pour cueillir des bouquets par ceste herbe nouvelle,

Dites-luy pour néant que sa grâce j'attens,
Et que, pour ne souffrir le mal que j'ay pour elle,
J'ay mieux aimé mourir que languir si longtemps[1].

(Sonnets, *A Hélène*.)

Déclaration.

Ostez vostre beauté, ostez vostre jeunesse,
Ostez ces rares dons que vous tenez des cieux,
Ostez ce docte esprit, ostez-moy ces beaux yeux,
Cet aller, ce parler digne d'une Déesse.

---

1. Le sentiment de l'amour inspire Ronsard d'une façon souvent fort heureuse, parce qu'il n'est, chez lui, jamais tragique : loi, par exemple, son caractère à la fois sérieux et douloureux est suffisamment contenu, pour qu'il se transforme en une rêverie pleine de charme et de poésie.

Je ne vous seray plus, d'une importune presse,
Fascheux comme je suis ; vos dons si precieux
Me font en les voyant devenir furieux.
Et par le desespoir l'ame prend hardiesse.

Pour ce, si quelquefois je vous touche la main,
Par courroux vostre teint n'en doit devenir blesme :
Je suis fol, ma raison n'obeyt plus au frein,

Tant je suis agité d'une fureur extreme ;
Ne prenez, s'il vous plaist, mon offence à desdain ;
Mais, douce, pardonnez mes fautes à vous mesme[1].

(Sonnets, *A Hélène*.)

A Jean Daurat, son précepteur.

Ils ont menty, Daurat, ceux qui le veulent dire,
Que Ronsard, dont la Muse a contenté les rois,
Soit moins que le Bartas[2], et qu'il ait par sa voix
Rendu ce tesmoignage ennemy de sa lyre !

Ils ont menty, Daurat ! si bas je ne respire[3] ;
Je sçay trop qui je suis, et mille et mille fois,
Mille et mille tourments plustost je souffrirois,
Qu'un adveu si contraire au nom que je desire.

Ils ont menty, Daurat ! c'est une invention
Qui part, à mon advis, de trop d'ambition[4].
J'auroy menti moy-mesme en le faisant paroistre ;

Francus[5] en rougiroit, et les neuf belles sœurs[6].
Qui tremperent mes vers dans leurs graves douceurs,
Pour un de leurs enfants ne me voudroient cognoistre.

(Sonnets divers.)

---

1. Imité de Pétrarque. « Le dernier vers, dit Sainte-Beuve, a beaucoup de finesse et d'esprit, sans en avoir trop. Dire.... *Pardonnez-vous mes fautes*, c'est presque dire, comme Mme de Sévigné à sa fille : « *Ma fille, j'ai mal à votre poitrine.* »

2. Du Bartas (1544-1590), l'auteur des *Semaines*, était opposé à Ronsard par les ennemis de ce dernier, bien qu'il n'eût ni le talent ni la souplesse du chef de la Pléiade.

3. Je n'aspire pas si bas.

4. Chez du Bartas.

5. Le héros du poème de la *Franciade*.

6. Les Muses.

A luy mesme[1].

Je n'aime point ces vers qui rampent sur la terre,
Ny ces vers ampoullez, dont le rude tonnerre
S'envole outre les airs; les uns font mal au cœur
Des liseurs degoustez, les autres leur font peur :
Ny trop haut, ny trop bas, c'est le souverain style;
Tel fut celuy d'Homère et celuy de Virgile[2].

(Sonnets divers.)

A Robert Garnier, prince des tragiques[3].

Quel son masle et hardy, quelle bouche héroïque,
Et quel superbe vers enten-je ici sonner!
Le lierre est trop bas[4] pour ton front couronner,
Et le bouc[5] est trop peu pour ta Muse tragique.

Si Bacchus retournoit au manoir plutonique[6],
Il ne voudroit Eschyle au monde redonner,
Il te choisiroit seul, qui seul peux estonner
Le théâtre François de ton cothurne[7] antique.

Les premiers[8] trahissoient l'infortune des rois,
Redoubtant leur malheur d'une trop basse voix :
La tienne comme foudre en la France s'écarte[9].

Heureux en bons esprits ce siècle plantureux!
Auprès toy, mon Garnier, je me sens bien-heureux,
De quoy mon petit Loir est voisin de la Sarte[10].

(Sonnets divers.)

---

1. Au même Jean Daurat.
2. Ces six vers sont une attaque contre la poésie de du Bartas. — Ronsard qui, jadis, sur les traces de Pindare, avait écrit des vers *ampoullez dont le rude tonnerre* ne dénotait pas toujours un goût très sûr, était à ce moment revenu de ses grandes ambitions.
3. Robert Garnier (1545-1601), poète tragique d'un talent incontestable, et qui lui valut l'amitié de Charles IX et de Henri III. On peut citer parmi ses œuvres principales : *Cornélie, Marc-Antoine, Hippolyte, Les Juives, Bradamante.*
4. Trop humble.
5. Chez les Grecs, à l'origine du théâtre tragique, on immolait un bouc à Dionysos ou Bacchus.
6. Comme dans la comédie des *Grenouilles* d'Aristophane.
7. La chaussure à talons élevés des acteurs tragiques.
8. Tes prédécesseurs.
9. Va à l'écart des voix entendues jusqu'ici dans le chœur des poètes, puisque ces voix ajoutaient au malheur des rois qu'elles chantaient celui de les célébrer en un style indigne de leur majesté.
10. Garnier, lieutenant général au baillage du Mans, habitait le pays où coule la Sarthe, tandis que Ronsard était à ce moment sur les bords du Loir.

De l'élection de son Sepulcre.

Antres, et vous fontaines,
De ces roches hautaines
Qui tombez contre-bas
    D'un glissant pas;

Et vous forests, et ondes
Par ces prez vagabondes,
Et vous rives et bois,
    Oyez ma voix.

Quand le ciel et mon heure
Jugeront[1] que je meure,
Ravi du beau sejour
    Du commun jour,

Je defens qu'on ne rompe[2]
Le marbre pour la pompe
De vousloir mon tombeau
    Bastir plus beau...

Mais bien je veux qu'un arbre
M'ombrage au lieu d'un marbre,
Arbre qui soit couvert
    Tousjours de verd.

De moy puisse la terre
Engendrer un lierre
M'embrassant en maint tour
    Tout à l'entour;

Et la vigne tortisse
Mon sepulchre embellisse,
Faisant de toutes pars
    Un ombre espars.

Là viendront chaque année
A ma feste ordonnée[3],
Avecques leurs troupeaux
    Les pastoureaux;

---

1. Décideront.
2. Qu'on ne taille.
3. Instituée.

Puis, ayant fait l'office
De leur beau sacrifice,
Parlans à l'isle ainsi
    Diront ceci :

« Que tu es renommée
« D'estre tombeau nommée
« D'un de qui l'univers
    « Chante les vers,

« Et qui oncque en sa vie
« Ne fut brulé d'envie,
« Mendiant les honneurs
    « Des grands seigneurs,

« Ny n'enseigna l'usage
« De l'amoureux breuvage,
« Ny l'art des anciens
    « Magiciens;

« Mais bien à nos campagnes
« Fit voir les Sœurs compagnes [1]
« Foulantes l'herbe aux sons
    « De ses chansons,

« Car il fit à sa lyre
« Si bons accords eslire [2]
« Qu'il orna de ses chants
    « Nous et nos champs!

« La douce manne tombe [3]
« A jamais sur sa tombe,
« Et l'humeur [4] que produit
    « En may la nuit!

« Tout à l'entour l'emmure
« L'herbe et l'eau qui murmure
« L'un tousjours verdoyant,
    « L'autre ondoyant?

---

1. Les Muses.
2. Choisir.
3. Que la douce manne.....
4. La rosée.

« Et nous, ayans memoire
« Du renom de sa gloire,
« Luy ferons, comme à Pan[1],
    « Honneur chaque an. »

Ainsi dira la troupe,
Versant de mainte coupe
Le sang d'un agnelet,
    Avec du lait,

Dessus moy, qui à l'heure[2]
Seray par la demeure
Où les heureux esprits
    Ont leur pourpris.

(Odes.)

Jeunesse de cœur.

Pourtant si j'ay le chef plus blanc
Que n'est d'un lys la fleur esclose,
Et toy le visage plus franc
Que n'est le bouton d'une rose,

Pour cela moquer il ne faut
Ma teste de neige couverte :
Si j'ai la teste blanche en haut,
L'autre partie est assez verte[3].

Ne sçais-tu pas toy qui me fuis,
Que pour bien faire une couronne
Ou quelque beau bouquet, d'un lis
Tousjours la rose on environne[4] ?

(Odes.)

1. *Pan*, le dieu champêtre d'Arcadie ; il avait les jambes velues et les oreilles d'un bouc, comme les Satyres.
2. A ce moment.
3. Ce passage rappelle quelque peu les stances de Corneille à Mlle du Parc. — Rapprocher en particulier la strophe suivante :

Cependant j'ai quelques charmes
Qui sont assez éclatants,
Pour n'avoir pas trop d'alarmes
De ces ravages du temps.
(*Poésies diverses*, LVIII.)

4. Cette pièce est imitée d'Anacréon.

La joie de vivre.

Nous ne tenons en nostre main
Le jour qui suit le lendemain :
La vie n'a pas d'asseurance,
Et pendant que nous désirons
La faveur des roys, nous mourons
Au milieu de nostre espérance.

L'homme après son dernier trespas
Plus ne boit ne mange là bas,
Et sa grange qu'il a laissée
Pleine de blé devant[1] sa fin
Et sa cave pleine de vin
Ne luy viennent plus en pensée.

Hé! quel gain apporte l'esmoy?
Va, Corydon, appreste-moy
Un lict de roses espanchées :
Il me plaist, pour me defascher,
A la renverse me coucher
Entre les posts et les jonchées.

Fay-moy venir Daurat[2] icy,
Fay-y venir Jodelle[3] aussi,
Et toute la Musine troupe :
Depuis le soir jusqu'au matin
Je veux leur donner un festin,
Et cent fois leur tendre la coupe.

Verse donc et reverse encor
Dedans ceste grand' coupe d'or :
Je vay boire à Henry Estienne[4],
Qui des enfers nous a rendu
Du vieil Anacréon perdu
La douce lyre Teïenne[5].....

(ODES.)

1. Avant la fin de sa vie.
2. Jean DAURAT, principal du collège de Coqueret, initia Ronsard à l'intelligence des œuvres antiques.
3. JODELLE (1532-1573), l'un des poètes de la Pléiade ; il dut sa renommée à ses essais dramatiques. Sa *Cléopâtre captive* (1552) est la première tragédie régulière ; on cite encore la tragédie intitulée *Didon se sacrifiant*, et une comédie, *Eugène ou la Rencontre*.
4. HENRY ESTIENNE, célèbre imprimeur et érudit français, donna le premier une édition d'Anacréon, en 1554 (in-4°, grec-latin).
5. ANACRÉON, poète lyrique grec, né à Téos, en Ionie, vers 560 av. notre ère.

Ode à Calliope[1].

Descends du ciel, Calliope, et repousse
Tous les ennuis de moy ton nourrison,
Soit par ton luth, ou soit par ta voix douce,
Et mes soucis charme de ta chanson.

    Par toy je respire,
    Par toy je désire
    Plus que je ne puis :
    C'est toy, ma princesse,
    Qui me fait sans cesse
    Fol comme je suis.

Heureux celui que ta folie[2] affole
Heureux qui peut par tes traces errer :
Celuy-là doit, d'une docte parole,
Hors du tombeau tout vif se déterrer.

    Pour t'avoir servie,
    Tu as de ma vie
    Honoré le train[3] :
    Suivant ton escole,
    Ta douce parole
    M'eschauffe le sein.

Dieu est en nous, et par nous fait miracles :
D'accords mèlez s'esgaye l'univers :
Jadis en vers se rendoient les oracles,
Et des hauts Dieux les hymnes sont en vers.

    Si dès mon enfance
    Le premier en France
    J'ay pindarisé,
    De telle entreprise
    Heureusement prise
    Je me vois prisé.

---

1. *Calliope*, l'une des neuf Muses, présidait à la poésie épique.

    Descende cœlo, et dic, age, tibia,
    Regina, longum, Calliope, melos.
        (HORACE, *Odes*, III, IV.)

« Descends du ciel, Calliope, reine des Muses, et prolonge les accords de ta flûte. »

2. Ta *fureur* poétique.
3. Le cours.

M. *La poésie de la Renaissance.*

Chacun n'a pas les Muses en partage,
Et leur fureur tout estomach ne poind :
A qui le ciel a fait tel avantage,
Vainqueur des ans son nom ne mourra point.

    Durable est sa gloire ;
    Toujours la mémoire
    Sans mourir le suit :
    Comme vent grand erre,
    Par mer et par terre
    S'escarte son bruit[1].

C'est toy qui fais que j'aime les fontaines,
Tout esloigné du vulgaire ignorant,
Tirant mes pas par les roches hautaines,
Après les tiens, que je vais adorant.

    Tu es ma liesse
    Tu es ma déesse,
    Tu es mes souhaits :
    Si rien[2] je compose,
    Si rien je dispose,
    En moy tu le fais.

Dedans quel antre, en quel désert sauvage
Me guides-tu ? et quel ruisseau sacré,
Fils d'un rocher, me sera doux breuvage,
Pour mieux chanter ta louange à mon gré ?

    Ça, page, ma lyre ;
    Je veux faire bruire
    Ses languettes d'or !
    La divine grâce
    Des beaux vers d'Horace
    Me plait bien encore ;

Mais tout soudain d'un haut style plus rare
Je veux sonner le sang hectoréan[3],

---

1. Sa renommée se répand.
2. Je compose *quelque chose* (*rem*).
3. C'est-à-dire : je veux emboucher la trompette épique, pour chanter la race d'Hector. Ronsard montre ici l'intention d'écrire la *Franciade*.

Changeant le chant du Dircéen Pindare[1]
Au plus haut bruit du chantre Smyrnéan[2].

(ODES.)

A Charles de Pisseleu[3].

D'où vient cela, Pisseleu, que les hommes
De leur nature aiment le changement,
Et qu'on ne void en ce monde où nous sommes
Un seul qui n'ait un divers jugement?
　　L'un, esloigné des foudres de la guerre[4],
Veut par les champs son âge consumer
A bien poitrir les mottes de sa terre
Pour de Cerès les presens y semer;
　　L'autre au contraire, ardant, aime les armes,
Et ne sauroit en un lieu sejourner
Sans bravement attaquer les allarmes[5],
Bien que jamais ne pense retourner.
　　Qui le palais, de langue mise en vente,
Fait esclater devant un président,
Et qui, piqué d'avarice suivante,
Franchit la mer de l'Inde à l'occident.
　　L'un de l'amour adore l'inconstance;
L'autre, plus sain, ne met l'esprit sinon
Au bien public, aux choses d'importance,
Cherchant par peine un perdurable nom.
　　L'un suit la cour et les faveurs ensemble,
Si que sa teste au ciel semble toucher;
L'autre les fuit et est mort, ce luy semble,
S'il void le roy de son toict approcher.

---

1. PINDARE, poëte lyrique grec, né vers 520 avant notre ère. Nous avons de lui quarante-cinq odes sur les victoires *Olympiques*, *Pythiques*, *Isthmiques*, *Néméennes*. Il était né près de Thèbes. On donnait aux Thébains le nom de *Dircéens*, à cause de la fontaine de *Dircé*, voisine de leur ville, et dont le nom rappelait une de leurs reines.

2. HOMÈRE, ainsi désigné par Ronsard, parce que quelques auteurs le font naître à Smyrne, en Asie Mineure.

3. Évêque de Condom.

4. Comparez HORACE, *Odes*, I, I, et *Satires*, I, I.

5. *Allarmes* redoublait la lettre *l* parce qu'il venait du cri de guerre *all' arme* (aux armes!). Ce mot avait été introduit en France à la suite des guerres d'Italie.

Le pelerin à l'ombre se delasse,
Ou d'un sommeil le travail adoucit,
Ou, réveillé, avec la pleine tasse
Des jours d'esté la longueur accourcit.

Qui devant l'aube accourt triste à la porte
Du conseiller, et là, faisant maint tour,
Le sac au poing, attend que Monsieur sorte
Pour luy donner humblement le bon-jour.

Icy cestuy de la sage nature
Les faits divers remasche en y pensant,
Et cestuy-là, par la linéature
Des mains, predit le malheur menaçant.

L'un, allumant ses vains fourneaux, se fonde
Dessus la pierre incertaine[1], et combien
Que l'invoqué Mercure ne responde,
Soufle en deux mois le meilleur de son bien.

L'un grave en bronze, et dans le marbre à force
Veut le labeur de nature imiter;
Des corps errans l'astrologue s'efforce
Oser par art le chemin limiter.

Mais tels estats inconstants de la vie
Ne m'ont point pleu, et me suis tellement
Esloigné d'eux que je n'eus onc envie
D'abaisser l'œil pour les voir seulement.

L'honneur sans plus du verd laurier m'agrée;
Par luy je hay le vulgaire odieux.
Voilà pourquoy Euterpe[2] la sacrée
M'a de mortel fait compagnon des dieux.

La belle m'aime et par ses bois m'amuse;
Elle me suit, et, quand je veux sonner,
De m'accorder ses flutes ne refuse,
Ne de m'apprendre à bien les entonner;

Car elle m'a de l'eau de ses fontaines
Pour prestre bien baptisé de sa main,
Me faisant part du haut honneur d'Athènes
Et du sçavoir de l'antique Romain.

(ODES.)

---

1. La pierre philosophale cherchée par les alchimistes.

2. *Euterpe*, l'une des neuf Muses, présidait à la Musique.

A Odet de Colligny[1].

Mais d'où vient cela, mon Odet?
Si de fortune par la rue
Quelque courtisan je salue
Ou de la voix, ou du bonnet,

Ou d'un clin d'œil tant seulement,
De la teste, ou d'un autre geste,
Soudain par serment il proteste
Qu'il est à mon commandement[2].

Soit qu'il me treuve chez le roy,
Soit qu'il en sorte ou qu'il y vienne,
Il met sa main dedans la mienne,
Et jure qu'il est tout à moy.....

Mais quand une affaire de soin
Me presse à luy faire requeste,
Tout soudain il tourne la teste,
Et me delaisse à mon besoin;

Et si je veux ou l'aborder
Ou l'accoster en quelque sorte,
Mon courtisan passe une porte,
Et ne daigne me regarder;

Et plus je ne luy suis cognu,
Ny mes vers ny ma poësie,
Non plus qu'un estranger d'Asie
Ou quelqu'un d'Afrique venu.

Mais vous, mon support gracieux,
Mon appuy, mon prelat que j'aime[3],
Mille fois plus ny que moi-mesme,
Ny que mon cœur, ny que mes yeux,

Vous ne me faictes pas ainsi :
Car si quelque affaire me presse,
Librement à vous je m'addresse,
Qui de mon fait[4] avez souci.

---

1. Le même à qui Rabelais a dédié le IVᵉ livre de son œuvre.
2. A mes ordres.
3. Odet de Coligny était cardinal de Châtillon.
4. Mon affaire.

Vous avez soin de mon honneur,
Et voulez que mon bien prospere,
M'aimant tout ainsi qu'un doux pere,
Et non comme un rude seigneur,

Sans me promettre ces grands monts
Ny ces grands' mers d'or ondoyantes;
Car telles bourdes impudantes
Sont indignes des Chastillons.

La raison, Prélat, je l'entens,
C'est que vous estes veritable,
Et non courtisan variable,
Qui sert[1] aux faveurs et au temps.

(ODES.)

A la fontaine Bellerie.

O fontaine Bellerie[2] !
Belle déesse chérie
De nos nymphes, quand ton eau
Les cache au fond de ta source,
Fuyantes le satyreau
Qui les pourchasse à la course
Jusqu'au bord de ton ruisseau.

Tu es la nymphe éternelle
De ma terre paternelle.
Pour ce, en ce pré verdelet,
Voy ton poëte qui t'orne
D'un petit chevreau de lait,
A qui l'une et l'autre corne
Sortent du front nouvelet.

Tousjours l'esté je repose
Près ton onde, où je compose,
Caché sous tes saules vers,
Je ne sçay quoy qui ta gloire
Envoira par l'univers,
Commandant à la mémoire
Que tu vives par mes vers.

L'ardeur de la canicule
Jamais tes rives ne brûle,

---

1. Qui obéit à. 2. Comparez HORACE, *Odes*, III, XIII.

Tellement qu'en toutes pars,
Ton ombre est espaisse et drue
Aux pasteurs venans des parcs,
Aux bœufs las de la charrue
Et au bestial espars.
   Io, tu seras sans cesse
Des fontaines la princesse,
Moy celebrant le conduit
Du rocher percé qui darde
Avec un enroué bruit
L'eau de ta source jazarde,
Qui trepillante se suit[1].

(ODES.)

A la forêt de Gastine.

Couché sous tes ombrages vers,
   Gastine, je te chante
Autant que les Grecs par leurs vers
   La forest d'Erymanthe :
Car, malin, celer je ne puis
   A la race future
De combien obligé je suis
   A ta belle verdure.
Toy qui, sous l'abry de tes bois,
   Ravy d'esprit m'amuses ;
Toy qui fais qu'à toutes les fois
   Me respondent les Muses ;
Toy par qui de l'importun soin
   Tout franc je me délivre,
Lorsqu'en toy je me pers bien loin,
   Parlant avec un livre.
Tes bocages soient tousjours pleins
   D'amoureuses brigades[2]
De Satyres et de Sylvains,
   La crainte des Naiades !

---

1. Le rythme de cette pièce est de l'invention de Ronsard. La troisième rime masculine du dernier vers de chaque stance produit comme un murmure redoublé, d'un effet très harmonieux.

2. Troupes, compagnies.

En toy habite desormais
　　Des Muses le college,
Et ton bois ne sente jamais
　　La flamme sacrilege !

(ODES.)

Chanson à boire.

Pour boire, dessus l'herbe tendre
Je veux sous un laurier m'estendre,
Et veux qu'Amour d'un petit brin
Ou de lin, ou de cheneviere,
Trousse au flanc sa robe legere,
Et my-nud me verse du vin[1].
　L'incertaine vie de l'homme
De jour en jour se roule comme
Aux rives se roulent les flots,
Et, après notre heure derniere,
Rien de nous ne reste en la biere
Que je sçay quels petits os.
　Je ne veux, selon la coustume,
Que d'encens ma tombe on parfume,
Ny qu'on y verse des odeurs ;
Mais, tandis que je suis en vie,
J'ay de me parfumer envie
Et de me couronner de fleurs.

(ODES.)

Vieillesse.

Ma douce jouvence est passée[2],
Ma premiere force est cassée,
J'ay la dent noire et le chef blanc ;
Mes nerfs sont dissous, et mes veines,
Tant j'ay le corps froid, ne sont pleines
Que d'une eau rousse en lieu de sang.

. . . .

---

1. V. ANACRÉON, IV : « Sous le tendre myrte, sous le lotus verdoyant, j'ai plaisir à m'étendre et à boire. Qu'Amour, relevant par un lien sa tunique, vienne me présenter la coupe ! »

2. V. ANACRÉON, LVI : « Déjà la vieillesse s'étend sur mon front, et mes cheveux sont devenus blancs.... Horrible est le gouffre du Tartare ; il est pénible d'y descendre, car nul chemin ne permet d'en revenir. »

Adieu, je sens venir ma fin ;
Nul passetemps de ma jeunesse
Ne m'accompagne en la vieillesse,
Que le feu, le lict et le vin.
   J'ay la teste toute estourdie
De trop d'ans et de maladie ;
De tous costez le soin me mord,
Et soit que j'aille ou que je tarde,
Tousjours après moy je regarde
Si je verray venir la mort,
   Qui doit, ce me semble, à toute heure
Me mener là bas, où demeure
Je ne sçay quel Pluton, qui tient
Ouvert à tous venans un antre,
Ou bien facilement on entre,
Mais d'où jamais on ne revient.

(ODES.)

Mélancolie.

Quand je suis vingt ou trente mois
Sans retourner en Vendomois,
Plein de pensées vagabondes,
Plein d'un remors et d'un souci,
Aux rochers je me plains ainsi,
Aux bois, aux antres et aux ondes :
   Rochers, bien que soyez âgez
De trois mil ans, vous ne changez
Jamais ny d'estat ny de forme ;
Mais tousjours ma jeunesse fuit,
Et la vieillesse qui me suit
De jeune en vieillard me transforme.
   Bois, bien que perdiez tous les ans
En hyver vos cheveux mouvans[1],
L'an d'après qui se renouvelle
Renouvelle aussi vostre chef ;
Mais le mien ne peut de rechef
Ravoir sa perruque nouvelle.
   Antres, je me suis veu chez vous
Avoir jadis verds[2] les genous,

---

1. Le feuillage des arbres est agité par le vent, d'où l'épithète *mouvans*.
2. *Verts*, c'est-à-dire vigoureux.

Le corps habile et la main bonne ;
Mais ores j'ay le corps plus dur
Et les genoux, que n'est le mur
Qui froidement vous environne.
　Ondes, sans fin vous promenez,
Et vous menez et ramenez
Vos flots d'un cours qui ne sejourne ;
Et moy, sans faire long sejour,
Je m'en vais de nuict et de jour,
Au lieu d'où plus on ne retourne....

(ODES.)

L'Amour mouillé[1].

Au sieur Robertet.

Il estoit minuict, et l'Ourse
De son char tournoit la course
Entre les mains du Bouvier,
Quand le somme vint lier
D'une chaîne sommeilliere
Mes yeux clos sous la paupiere.
　Ja, je dormois en mon lit,
Lorsque j'entr'ouy le bruit
D'un qui frapoit à ma porte,
Et heurtoit de telle sorte
Que mon dormir s'en alla.
Je demanday : « Qu'est-ce là
Qui fait à mon huis sa plainte ?
— Je suis enfant, n'aye crainte, »

---

1. V. ANACRÉON, III : « Naguère, pendant le silence de la nuit, au moment où l'Ourse tourne auprès du Bouvier, alors que le sommeil s'emparait de tout mon être fatigué, l'Amour vint heurter à ma porte. « Qui frappe ainsi, m'écriai-je, et trouble mon sommeil ? — Ouvrez votre porte, répondit-il, et n'ayez aucune crainte : je suis un petit enfant, égaré au milieu de la nuit sans lune, tout imprégné de pluie. » A peine l'ai-je entendu que, saisi de pitié, j'allume un flambeau et tire mon verrou. Je vois bien un petit enfant ; mais il portait des ailes, un arc et un carquois. Je l'approche du foyer ; de mes mains je réchauffe les siennes et fais sécher sa chevelure. Dès qu'il se sent remis de son engourdissement : « Essayons, dit-il, mon arc, et voyons si la corde a souffert de la pluie. » Aussitôt il tend son arme, et une flèche vient me frapper en plein cœur. Il s'échappe en riant et me dit : « Félicite-moi, mon hôte, de ce que mon arc est en bon état ; mais ton cœur souffrira. »

Ce me dit-il. Et adonc
Je lui desserre le gond
De ma porte verrouillée.
« J'ay la chemise mouillée,
Qui me trempe jusqu'aux oz,
Ce disoit, car sur le doz
Toute nuict j'ay eu la pluie ;
Et pour ce je te supplie
De me conduire à ton feu
Pour m'aller seicher un peu. »
Lors je prins sa main humide,
Et par pitié je le guide
En ma chambre, et le fis seoir
Au feu qui restoit du soir ;
Puis, allumant des chandelles,
Je vy qu'il portoit des ailes,
Dans la main un arc turquois,
Et sous l'aisselle un carquois.
Adonc en mon cœur je pense
Qu'il avoit grande puissance,
Et qu'il falloit m'apprester
Pour le faire banqueter.
Ce pendant il me regarde
D'un œil, de l'autre il prend garde
Si son arc estoit seiché ;
Puis, me voyant empesché
A luy faire bonne chere,
Me tire une fleche amere
Droict en l'œil, et qui de là
Plus bas au cœur devala,
Et m'y fit telle ouverture
Qu'herbe, drogue ny murmure[1],
N'y serviroient plus de rien.

(Odes.)

L'Amour et l'Abeille[2].

Le petit enfant Amour
Cueilloit des fleurs à l'entour

---

1. *Murmure* ou incantation magique.
2. V. Anacréon, XL. Le commentaire un peu long de Ronsard a légèrement altéré la grâce des seize vers que

D'une ruche, où les avettes
Font leurs petites logettes.
  Comme il les alloit cueillant,
Une avette sommeillant
Dans le fond d'une fleurette,
Lui piqua la main tendrette.
  Si tost que piqué se vit,
Ah! je suis perdu, ce dit;
Et, s'en-courant vers sa mere,
Lui monstra sa playe amere :
  « Ma mere, voyez ma main,
Ce disoit Amour tout plein
De pleurs, voyez quelle enflure
M'a fait une esgratignure! »
  Alors Venus se sourit,
Et en le baisant le prit,
Puis sa main luy a soufflée
Pour guarir sa plaie enflée.
  « Qui t'a, dy-moy, faux garcon,
Blessé de telle façon?
Sont-ce mes Graces riantes,
De leurs aiguilles poignantes?
  — Nenny, c'est un serpenteau,
Qui vole au printemps nouveau
Avecques deux ailerettes
Çà et là sur les fleurettes.
  — Ah! vrayment je le cognois,
Dit Venus; les villageois
De la montagne d'Hymette[1]
Le surnomment Melissette[2].
  « Si doncques un animal
Si petit fait tant de mal,
Quand son halesne espoinçonne
La main de quelque personne,
  « Combien fais-tu de douleurs
Au prix de luy, dans les cœurs

comprend la pièce d'Anacréon, et qui se termine par cette réponse de Vénus à son fils : « Si la piqûre de l'abeille cause une telle douleur, combien douloureuse est la blessure de tes flèches, Eros ! »

[1]. Le mont Hymette, près d'Athènes, était renommé pour son miel.
[2]. Mot tiré du grec μέλισσα, signifiant *abeille*.

De ceux contre qui tu jettes
Tes homicides sagettes[1].

(ODES.)

Eros.

La belle Venus un jour
M'amena son fils Amour;
En l'amenant me vint dire :
« Escoute, mon cher Ronsard,
Enseigne à mon enfant l'art
De bien jouer de la lyre. »
Incontinent je le pris,
Et soigneux je luy appris
Comme Mercure eut la peine
De premier la façonner[2]
Et de premier en sonner
Dessus le mont de Cyllene;
Comme Minerve inventa
Le haut-bois qu'elle jetta
Dedans l'eau toute marrie;
Comme Pan le chalumeau
Qu'il pertuisa du roseau
Formé du corps de s'amie.
Ainsi, pauvre que j'estois,
Tout mon art je recordois

---

1. Un disciple de Ronsard, RÉMY BELLEAU, a également imité cette même pièce d'Anacréon. Nous citons cette imitation à titre de document :

Amour ne voyoit pas enclose
Entre les replis de la rose
Une mouche à miel, qui soudain
En l'un de ses doigts le vint poindre :
Le mignon commence à se plaindre,
Voyant enfler sa blanche main.
Aussi tost à Venus la belle,
Fuyant, il volle à tire d'aelle :
« Mère, dist il, c'est fait de moy,
C'en est fait, et faut qu'à ceste heure
Navré jusques au cœur je meure,
Si secouru ne suis de toy.

Navré je suis en ceste sorte
D'un petit serpenteau, qui porte
Deux ailerons dessus le dos;
Aux champs une abeille on l'appelle :
Voyez donc ma playe cruelle,
Las! il m'a picqué jusqu'à l'os. »
« Mignon, dict Venus, si la pointe
D'une mouche à miel telle atteinte
Droit au cœur, comme tu dis, fait,
Combien sont navrés davantage
Ceux qui sont espoinds de ta rage,
Et qui sont blessés de ton trait! »

2. Mercure passait pour avoir, le premier, façonné une lyre avec une écaille de tortue.

A cet enfant pour l'apprendre ;
Mais luy, comme un faux garson,
Se moquoit de ma chanson,
Et ne la vouloit entendre.

« Pauvre sot, ce me dit-il,
Tu te penses bien subtil !
Mais tu as la teste fole
D'oser t'egaler à moy
Qui jeune en sçay plus que toy.
Ni que ceux de ton escole. »
Et alors il me sourit,
Et en me flatant m'apprit
Tous les œuvres de sa mère.

. . . .

Il me dit tous ses attraits,
Tous ses jeux, et de quels traits
Il blesse les fantaisies
Et des hommes et des dieux [1]
Tous ses tourments gracieux,
Et toutes ses jalousies.

Et me les disant, alors
J'oubliay tous les accors
De ma lyre desdaignée,
Pour retenir en leur lieu
L'autre chanson que ce dieu
M'avoit par cœur enseignée [2].

(Odes.)

La Rose.

a Cassandre.

Mignonne, allons voir si la rose
Qui ce matin avoit desclose
Sa robe de pourpre au soleil,
A point perdu, cette vesprée,
Les plis de sa robe pourprée
Et son teint au vostre pareil.

---

1. Cf., dans Sophocle, *Antigone*, v. 785 et s., les vers où le chœur célèbre la puissance de l'Amour : « Nul, ni parmi les immortels ni parmi les hommes qui ne vivent qu'un jour, nul ne peut t'éviter ; et celui que tu tiens déraisonne. »

2. Cette pièce fort gracieuse est imitée de Bion, poète bucolique grec de Smyrne, qui vivait en Sicile, vers 290 avant J. C.

Las ! voyez comme en peu d'espace,
Mignonne, elle a dessus la place.
Las ! las ! ses beautez laissé cheoir !
O vrayment marastre Nature,
Puisqu'une telle fleur ne dure
Que du matin jusques au soir !
  Donc, si vous me croyez, mignonne,
Tandis que vostre âge fleuronne[1]
En sa plus verte nouveauté,
Cueillez, cueillez vostre jeunesse :
Comme à ceste fleur, la vieillesse
Fera ternir vostre beauté.

(ODES.)

A Anthoine Chasteigner, abbé de Nantueil.

Ne s'effrayer de chose qui arrive[2],
  Ne s'en fascher aussi,
Rend l'homme heureux et fait encor qu'il vive
  Sans peur ne sans souci.
Comme le temps, vont les choses mondaines
  Suivans son mouvement ;
Il est soudain, et les saisons soudaines
  Font leur cours brèvement.
Dessus le Nil jadis fut la science,
  Puis en Grece elle alla ;
Rome depuis en eut l'experience,
  Paris maintenant l'a.
Villes et forts et royaumes perissent
  Par le temps tout exprès,
Et donnent lieu[3] aux nouveaux qui fleurissent
  Pour remourir après.....
La mer n'est plus où elle souloit estre ;
  Et aux lieux vuides d'eaux
(Miracle estrange !) on la void soudain naistre
  Hospital[4] de bateaux.

---

1. Est en fleur.
2. Comparez HORACE, *Ép.*, I, VI : *Nil admirari prope res est una....* « Ne se laisser éblouir de rien, c'est à peu près l'unique secret d'être heureux. »
3. Font place.
4. Asile.

Telles loix fit dame Nature guide,
    Lors que par sur le dos
Pyrrhe sema dedans le monde vuide
    De sa mere les os [1] ;
A celle fin que nul homme n'espere
    S'oser dire immortel,
Voyant le temps qui est son propre pere,
    N'avoir rien moins de tel.
Arme-toy donc de la philosophie
    Contre tant d'accidens,
Et, courageux, d'elle te fortifie
    L'estomach au dedans,
N'ayant effroy de chose qui survienne
    Au devant de tes yeux,
Soit que le ciel les abysmes devienne
    Et l'abysme les cieux.

(ODES.)

Égalité devant la mort.

Pourquoy, chétif laboureur,
Trembles-tu d'un empereur
Qui doit bien tost, légère ombre,
Des morts accroistre le nombre?
Ne sçais-tu qu'à tout chacun
Le port d'enfer est commun,
Et qu'une âme impériale
Aussi tost là bas devale [2]
Dans le bateau de Charon,
Que l'âme d'un bûcheron [3] ?

---

1. La Mythologie racontait que Deucalion et Pyrrha, les seuls êtres humains sauvés du déluge, avaient repeuplé le monde en jetant derrière eux, suivant le conseil d'un oracle, des pierres, qui se changeaient alors en êtres humains. V. OVIDE, *Métamorph.*, I, 375.

2. Descend.

3. Cette idée de l'égalité de tous les hommes devant la mort a inspiré bien des poètes, avant comme après Ronsard. Comparez HORACE, *Odes*, I, IV :

Pallida Mors æquo pulsat pede pauperum tabernas
Regumque turres . . . .

« La pâle mort frappe du même pied la cabane du pauvre et le palais des rois. »

Comparez aussi ces vers de MALHERBE :

Et la garde qui veille aux barrières du Louvre
N'en défend pas nos rois.

(*Stances à Du Perrier.*)

Courage, coupeur de terre !
Ces grands foudres de la guerre
Non plus que toy n'iront pas
Armez d'un plastron là bas
Comme ils alloient aux batailles :
Autant leur vaudront leurs mailles[1],
Leurs lances et leur estoc[2]
Comme à toy vaudra ton soc[3].
 Car le juge Rhadamante,
Asseuré, ne s'espouvante
Non plus de voir un harnois
Là bas qu'un levier de bois,
Ou voir une souquenie
Qu'une cape bien garnie,
Ou qu'un riche accoustrement
D'un Roy mort pompeusement.

(ODES.)

L'Aubépin.

Bel aubespin verdissant,
 Fleurissant,
Le long de ce beau rivage,
Tu es vestu jusqu'au bas
 Des longs bras
D'une lambrunche[4] sauvage.

Deux camps drillants[5] de fourmis
 Se sont mis
En garnison sous ta souche ;
Et dans ton tronc mi-mangé,
 Arrangé
Les avettes ont leur couche.

Le gentil rossignolet
 Nouvelet,
Avecques sa bien-aimée,
Pour ses amours alleger[6]
 Vient loger
Tous les ans en ta ramée.

---

1. Leurs cottes de maille.
2. Pique.
3. Le soc de ta charrue.
4. Cep de vigne sauvage.
5. Qui courent rapidement, diligents
6. Pour reposer ses amours.

Sur ta cyme il fait son ny,
    Bien garny
De laine et de fine soye,
Où ses petits esclorront,
    Qui seront
De mes mains la douce proye.

Or vy, gentil aubespin,
    Vy sans fin.
Vy sans que jamais tonnerre
Ou la coignée, ou les vents,
    Ou les temps
Te puissent ruer par terre.

(ODES.)

Évocation.

Lors, en tirant de sa gaine yvoirine,
Un long couteau, le cache[1] en la poitrine
De la victime, et le cœur luy chercha.
Dessus sa playe à terre elle broncha
En trepignant; le sang rouge il amasse
Dedans le creux d'une profonde tasse,
Puis le renverse en la fosse à trois fois,
L'espée au poing, priant à haute voix
La royne Hecate et toutes les familles
Du noir Enfer, qui de la Nuict sont filles,
Le froid abysme et l'ardent Phlegeton,
Styx et Cocyt', Proserpine et Pluton,
L'Horreur, la Peur, les Ombres, le Silence,
Et le Chaos, qui fait sa demeurance
Dessous la terre, en la profonde nuit,
Voisin d'Érèbe, où le soleil ne luit.
    Il achevoit, quand un effroy luy serre
Tout l'estomac[2]; un tremblement de terre,
Se crevassant par les champs, se fendit;
Un long aboy des mastins s'entendit
Par le bocage, et Hyante est venue
Comme un esprit affublé d'une nue.

---

1. C'est de Francus, fils d'Hector et le héros de la *Franciade*, qu'il s'agit ici.
2. Le cœur.

« Voicy, disoit, la déesse venir.
Je sens Hecate horrible me tenir;
Je tremble tout, et sa force puissante
Tout le cerveau me frappe et me tourmente.
Tant plus je veux alenter[1] son ardeur,
Plus d'aiguillons elle me lance au cœur,
Me transportant, si bien que je n'ay veine
Ny nerf sur moy, ny ame qui soit saine,
Car mon esprit, qui le dœmon reçoit,
Rien que fureur et horreur ne conçoit. »
 Plus que devant une rage l'allume;
Elle apparut plus grand' que de coustume;
De teste en pied le corps luy frissonnoit,
Et rien d'humain sa langue ne sonnoit[2].

(La Franciade, chant IV.)

Églogue.

ORLEANTIN[3].

Puis que le lieu, le temps, la saison et l'envie,
Qui s'eschaufent d'amour, à chanter nous convie,
Chantons donques, bergers, et en mille façons
A ces vertes forests apprenons nos chansons.

Icy de cent couleurs s'esmaille la prairie,
Icy la tendre vigne aux ormeaux se marie,
Icy l'ombrage frais va les feuilles mouvant
Errantes çà et là sous l'haleine du vent[4] :
Icy de pré en pré les soigneuses avettes
Vont baisant et suççant les odeurs des fleurettes :
Icy le gazouillis enroué des ruisseaux
S'accorde doucement aux plaintes des oiseaux;
Icy entre les pins les Zéphyres s'entendent.
Nos flutes cependant trop paresseuses pendent
A nos cols endormis, et semble que ce temps
Soit à nous un hyver, aux autres un printemps.

---

1. Ralentir.
2. Ne faisait point entendre des sons humains. Cf. VIRG., Énéide, VI, v. 50 :
 ... Nec mortale sonans.....
3. Henri d'Orléans, le futur Henri III.
4. C'est dans ces descriptions d'un caractère vraiment antique et pittoresque qu'il faut chercher le talent de Ronsard, dans les Églogues.

Sus donques en cet antre ou dessous cet ombrage,
Disons une chanson. Quant à ma part, je gage,
Pour le prix de celuy qui chantera le mieux,
Un cerf apprivoisé qui me suit en tous lieux.

. . . .

NAVARRIN [1].

J'ay dans ma gibbecière un vaisseau fait au tour,
De racine de buis, dont les anses d'autour
Par artifice grand de mesme bois sont faites,
Où maintes choses sont diversement portraictes.

. . . .

Trois petits enfans nuds de jambes et de bras,
Taillez au naturel, tous potelez et gras
Sont gravez à l'entour : l'un, par vive entreprise,
Veut faire abandonner au satyre sa prise,
Et d'une infante main, par deux et par trois fois
Prend celle du bouquin [2] et lui ouvre les doits.
L'autre, plus courroucé, d'une dent bien aiguë
Mord ce dieu ravisseur par la cuisse velue,
Se tient contre sa greve [3], et si fort l'a mordu
Que le sang sur la jambe est partout descendu,
Faisant signe du pouce à l'autre enfant qu'il vienne,
Et que par l'autre cuisse à belles dents le tienne :
Mais luy tout renfrongné, pour neant [4] supplié,
Se tire à dos courbé une espine du pié,
Assis sur un gazon de verte pimpernelle [5],
Sans se donner soucy de l'autre qui l'appelle.
Une genisse auprès luy pend sur le talon,
Qui regarde tirer le poignant aiguillon
De l'espine cachée au fond de la chair vive,
Et toute est tellement à ce fait ententive,
Que béante elle oublie à boire et à manger,
Tant elle prend plaisir à ce petit berger,
Qui tirant à la fin la pointe de l'espine,
De douleur se renverse et tombe sur l'eschine.

---

1. Henri, roi de Navarre.
2. Le satyre était représenté avec des pieds de bouc.
3. Le gras de la jambe.
4. En vain.
5. La pimprenelle est une plante potagère dont on se sert pour assaisonner la salade.

Un houbelon rampant à bras longs et retors
De ce creux gobelet passemente les bors,
Et court en se pliant à l'entour de l'ouvrage :
Tel qu'il est toutefois je le mets pour mon gage.

Guisin[1].

Je mets une houlette en lieu de ton vaisseau.
L'autre jour que j'estois assis près d'un ruisseau,
Radoubant[2] ma musette avecques mon alesne,
Je vy dessuz le bord le tige d'un beau fresne
Droit, sans nœuds, et sans plis : lors me levant soudain
J'empoignay d'allegresse un goy[3] dedans la main,
Puis coupant par le pied le bois armé d'escorce,
Je le fis chanceler et trebucher à force
Dessuz le pré voisin estendu de son long :
En quatre gros quartiers j'en fis sier le tronc,
Au soleil je seichay sa verdeur consumée,
Puis j'endurcy le bois pendu à la fumée.
. . . .
Une nymphe y est peinte, ouvrage non pareil,
Essuyant ses cheveux aux rayons du soleil,
Qui deça qui delà dessuz le col luy pendent,
Et dessuz la houlette à petits flots descendent.
Elle fait d'une main semblant de ramasser
Ceux du côté senestre et de les retrousser
En frisons sur l'aureille, et de l'autre elle allonge
Ceux du dextre costé mignotez d'une esponge
Et tirez fil à fil, faisant entre ses doits
Sortir en pressurant l'escume sur le bois.
Aux pieds de ceste nymphe est un garçon qui semble
Cueillir des brins de jonc, et les lier ensemble
De long et de travers, courbé sur le genou :
Il les presse du pouce et les serre d'un noud,
Puis il fait entre-deux des fenestres egales,
Façonnant une cage à mettre des cigales.
Loin derrière son dos est gisante à l'escart
Sa panetière enflée, en laquelle un renard
Met le nez finement, et d'une ruse estrange
Trouve le déjeuner du garçon et le mange,

---

1. Henri de Guise
2. Raccommodant.
3. Une serpette.

Dont l'enfant s'apperçoit sans être courroucé,
Tant il est entenlif à l'œuvre commencé.
Si mettray-je pourtant une telle houlette,
Que j'estime en valeur autant qu'une musette...

(Églogues.)

Contre les Bucherons de la forêt de Gastine.

Escoute, Bucheron, arreste un peu le bras;
Ce ne sont pas des bois que tu jettes à bas;
Ne vois-tu pas le sang lequel degoute à force
Des Nymphes qui vivoient dessous la dure escorce?
Sacrilege meurdrier, si on pend un voleur
Pour piller un butin de bien peu de valeur,
Combien de feux, de fers, de morts et de détresses
Merites-tu, meschant, pour tuer nos déesses?
   Forest, haute maison des oiseaux bocagers!
Plus le cerf solitaire et les chevreuls legers
Ne paistront sous ton ombre, et ta verte criniere
Plus du soleil d'esté ne rompra la lumiere.
   Plus l'amoureux pasteur sus un tronq adossé,
Enflant son flageolet à quatre trous persé,
Son mastin à ses pieds, à son flanc la houlette,
Ne dira plus le nom de sa belle Janette;
Tout deviendra muet, Écho sera sans voix;
Tu deviendras campagne, et, en lieu[1] de tes bois,
Dont l'ombrage incertain lentement se remue,
Tu sentiras le soc, le coutre[2] et la charrue:
Tu perdras le silence, et haletans d'effroy
Ny Satyres ny Pans ne viendront plus chez toy.
   Adieu, vieille forest, le jouet de Zephyre,
Où premier[3] j'accorday les langues de ma lyre,
Où premier j'entendi les fleches resonner
D'Apollon, qui me vint tout le cœur estonner;
Où premier admirant la belle Calliope,
Je devins amoureux de sa neuvaine trope[4],

---

1. Au lieu.
2. Le couteau, partie placée en avant du soc d'une charrue.
3. Pour la première fois.
4. La troupe composée des *neuf* Muses, parmi lesquelles Calliope représentait la poésie héroïque et l'éloquence.

Quand sa main sur le front cent roses me jetta,
Et de son propre laict Euterpe[1] m'allaita.

 Adieu, vieille forest, adieu, testes sacrées,
De tableaux et de fleurs autrefois honorées,
Maintenant le desdain des passans alterez,
Qui, bruslez en l'esté des rayons etherez,
Sans plus trouver le frais de tes douces verdures,
Accusent tes meurtriers et leur disent injures.

 Adieu, chesnes, couronne aux vaillans citoyens[2],
Arbres de Jupiter, germes dodonéens[3],
Qui premiers aux humains donnastes à repaistre[4];
Peuples vrayment ingrats, qui n'ont sceu recognoistre
Les biens receus de vous : peuples vrayment grossiers,
De massacrer ainsi leurs peres nourriciers.

 Que l'homme est malheureux qui au monde se fie !
O dieux, que veritable est la philosophie,
Qui dit que toute chose à la fin perira,
Et qu'en changeant de forme une austre vestira !

 De Tempé[5] la valée un jour sera montagne,
Et la cyme d'Athos une large campagne ;
Neptune[6] quelquefois[7] de blé sera couvert :
La matiere demeure et la forme se perd.

(ÉLÉGIES.)

A Genèvre.

Ah ! quand je pense aux extrèmes plaisirs
Que je receus durant toute l'année,
J'ay du penser l'ame si estonnée
Qu'elle me fait tout tremblant devenir,
Tant du penser m'est doux le souvenir.

---

1. *Euterpe*, muse de la poésie lyrique.

2. Les Romains décernaient une couronne de chêne à ceux qui avaient accompli quelque action d'éclat sur le champ de bataille :

 At qui umbrata gerunt civili tempora
        [quercu.
    (VIRG., *En.*, VI, 772.)

« Ceux que tu vois la tête ombragée du chêne civique. »

3. Allusion à la forêt de chênes consacrée à Jupiter, à Dodone en Épire.

4. Les hommes se seraient d'abord nourris des glands de la forêt de Dodone, s'il faut en croire la Mythologie.

5. *Tempé*, vallée célèbre de Thessalie. — *Athos*, montagne de la Grèce septentrionale, dans la presqu'île de Salonique.

6. La mer.

7. Un jour.

Quand le printemps poussoit l'herbe nouvelle,
Qui de couleurs se faisoit aussi belle
Qu'est la couleur d'un gaillard papegay[1]
Bleu, pers, gris, jaune, incarnat et vert-gay,
Dès le matin, avant que les avettes
Eussent succé la douceur des fleurettes
Qui embasmoient les jardins d'environ,
Vous amassiez dedans vostre giron,
Comme une fleur entre les fleurs assise[2],
La couleur jaune, incarnate et la grise,
Tantost la rousse et la blanche, et aussi
Le rouge œillet, le jaunissant soulci,
La pasquerette aux petites pensées :
L'une sur l'autre en un rond amassées,
Un beau bouquet faisiez de vostre main,
Que vous cachiez une heure en vostre sein :
Puis me baisant, au sortir de la porte
Me le donniez d'une si douce sorte,
Que tout le jour j'en sentoy revenir
La fleur à l'œil, au cœur le souvenir[3].

(ÉLÉGIES.)

A Remy Belleau.

Je veux, mon cher Belleau, que tu n'ignores point
D'où, ne qui est celuy que les Muses ont joint
D'un nœud si ferme à toy, à fin que des annees
A nos neveux futurs les courses retournees
Ne celent que Belleau et Ronsard n'estoient qu'un,
Et que tous deux avoient un mesme cœur commun.
Or, quant à mon ancestre, il a tiré sa race
D'où le glacé Danube est voisin de la Thrace[4].
Plus bas que la Hongrie, en une froide part[5],
Est un seigneur nommé le marquis de Ronsart,

---

1. Perroquet.
2. C'est-à-dire : vous ressembliez à une fleur assise parmi les fleurs.
3. Le dernier vers résume admirablement la note mélancolique du morceau tout entier.
4. Ronsard appartenait, selon lui, à une famille hongroise : il est plus probable que cette famille était originaire de Flandre.
5. Région.

Riche d'or et de gens, de villes et de terre.
Un de ses fils puïsnez[1], ardent de voir la guerre,
Un camp d'autres puïsnez assembla hazardeux,
Et quittant son pays, fait capitaine d'eux,
Traversa la Hongrie et la basse Allemaigne,
Traversa la Bourgogne et toute la Champaigne,
Et soudard vint servir Philippe de Valois,
Qui pour lors avoit guerre encontre les Anglois.
   Il s'employa si bien au service de France,
Que le Roy li donna des biens à suffisance
Sur les rives du Loir. . . . .
Mon pere fust tousjours en son vivant icy
Maistre d'ostel du Roy[2] et le suivit aussy
Tant qu'il fut prisonnier pour son pere en Espagne[3].
Faut il pas qu'un servant son seigneur accompagne,
Fidele à sa fortune, et qu'en adversité
Luy soit autant loyal qu'en la felicité?
   Du costé maternel j'ay tiré mon lignage
De ceux de la Trimoille et de ceux du Bouchage...
   Mais s'il te plaist avoir autant de cognoissance
(Comme de mes ayeux) du jour de ma naissance,
Mon Belleau, sans mentir je diray verité
Et de l'an et du jour de ma nativité.
   L'an que le Roy François fut pris devant Pavie,
Le jour d'un samedy[4], Dieu me presta la vie,
L'onziesme de septembre, et presque je me vy
Tout aussi tost que né par la Parque ravy...
   Si tost que j'eu neuf ans, au college on me meine.
Je mis tant seulement un demy-an de peine
D'apprendre les leçons du regent de Vailly[5],
Puis sans rien profiter du college sailly,

---

1. Cet ancêtre se serait nommé *Marucini*, qui signifie *ronces* : il traduisit ce mot par *Ronsard*.
2. Du roi Henri II.
3. Le traité de Madrid, en 1526, stipulait que les fils de François Ier seraient donnés comme otages.
4. Ronsard a dû se tromper sur la date exacte de sa naissance, car, d'après un calcul facile à faire, le 11 septembre, aux environs de 1524, date de la bataille de Pavie, n'est tombé un samedi qu'en 1518 et 1529. Et cependant Claude Binet, son contemporain, ami et disciple, dans sa *Vie de Ronsard*, rappelle la même date : « Du mariage de Loys et de Jeanne de Chaudrier nasquit Pierre de Ronsard, au chasteau de la Poissonniere, au village de Cousture, en la varenne du bas Vendomois, situé sur le pied d'un cousteau qui regarde la région septentrionale, un samedy 11 de septembre 1524.... »
5. Régent du collège de Navarre, à Paris.

Je vins en Avignon, où la puissante armée
Du Roy François estoit fierement animée
Contre Charles d'Autriche; et là je fus donné
Page au duc d'Orleans; après je fus mené,
Suivant le Roy d'Escosse, en l'Escossoise terre,
Où trente mois je fus, et six en Angleterre[1].

A mon retour ce duc pour page me reprint;
Et guere à l'escurie en repos ne me tint
Qu'il ne me renvoyast en Flandres et Zelande,
Et encore en Escosse où la tempeste grande
Avecques Lassigni[2] cuida faire toucher,
Poussee aux bords Anglois, ma nef contre un rocher...

D'Escosse retourné, je fus mis hors de page,
Et à peine seize ans avoient borné mon age,
Que l'an cinq cent quarante avec Baïf[3] je vins
En la haute Allemaigne, où la langue j'apprins.
Mais las! à mon retour une aspre maladie,
Par ne sçay quel destin, me vint boucher l'ouïe,
Et dure m'accabla d'assommement si lourd,
Qu'encores aujourd'huy j'en reste demi-sourd.
L'an d'après, en avril, Amour me fit surprendre,
Suivant la cour à Blois, des beaux yeux de Cassandre[4].
Soit le nom faux ou vray, jamais le temps vainqueur
N'ostera ce beau nom du marbre de mon cœur.
Incontinent après disciple je vins estre,
A Paris, de Daurat qui cinq ans fut mon maistre
En grec et en latin; chez luy premierement
Nostre ferme amitié print son commencement,
Laquelle dans mon ame à tout jamais et celle
De nostre amy Baïf sera perpetuelle[5].

(ÉLÉGIES.)

1. C'est en 1536 que Ronsard fit le voyage d'Écosse, à la suite de Jacques V, qui venait d'épouser Madeleine, fille de François Iᵉʳ.
2. *Lassigny*, seigneur français d'une famille de l'Artois.
3. *Lazare de Baïf*, père du poète Antoine de Baïf, et ambassadeur en Allemagne.
4. Cassandre inspira les premières poésies de Ronsard. C'était une jeune fille de Blois, que le poète vit pour la première fois, le 21 avril 1541, dans une promenade aux environs de la ville. Il n'a pas révélé son nom.
5. Cette élégie a surtout un intérêt biographique : c'est à ce titre que nous l'avons citée.

Hymne de Bacchus.

. . . .
    Tu montas sur un char que deux lynces farouches
Trainoient d'un col felon, maschantes[1] en leurs bouches
Un frein d'or écumeux; leur regard estoit feu.
Pareil aux yeux de ceux qui de nuict ont trop beu;
Un manteau tyrien[2] s'écouloit sur tes hanches,
Un chapelet[3] de lis meslez de roses franches
Et de fueilles de vigne et de lierre espars,
Voltigeant, ombrageoit ton chef de toutes parts.
Devant ton char pompeux marchoient l'Ire et la Crainte,
Les peu sobres Propos et la Colère teinte
D'un vermillon flambant[4], le Vice et la Vertu,
Le Somme et le Discord d'un corselet vestu.
    Son asne talonnoit le bon vieillard Silène[5]
Portant le van mystiq[6] sus une lance pleine
De pampre, et publioit d'une tremblante voix
De son jeune enfançon les festes et les loix.
    A son cri sauteloient le troupeau des Menades,
Des Pans et des Sylvains, des Lenes, des Thyades[7],
Et menans un grand bruit de cors et de tabours,
Faisoient trembler d'effroy les villes et les bourgs
Par où le char passoit. Leurs tresses secouées
A l'abandon du vent erroient entre-nouées
De longs serpens privés, et leur main brandissoit
Un dard qu'un sep de vigne à l'entour tapissoit.
    Que tu prenois, Bacchus, en ton cœur de liesse
De voir sauter de nuict une hurlante presse,
Qui couverte de peaux sous les antres balloient[8],
Quand les trois ans passez tes festes appelloient?
Et quel plaisir de voir les vierges Lydiennes,
Ou celles de Phrygie ou les Méoniennes,

---

1. *Maschantes.* Il arrivait souvent au XVIe siècle, et même encore au XVIIe, qu'on ne distinguait pas le participe présent et l'adjectif verbal.
2. Teint avec la pourpre de Tyr.
3. Une guirlande.
4. Couleur de flamme.
5. Silène, le père nourricier de Bacchus.
6. Le van mystique servait dans les fêtes d'Éleusis : il symbolisait la purification, parce qu'on se sert du van pour séparer la paille du blé.
7. Les Menades, les Lenes et les Thyades formaient la troupe des Bacchantes.
8. Dansaient (le pluriel par syllepse).

Par les prez Asians[1] carollant[2] à l'entour
Du bord Meandrien contre-imiter son tour[3]?....

(Les Hymnes.)

Hymne de Henri II.

. . . .
  Le bucheron qui serre en sa main la coignée,
Entré dedans un bois pour faire sa journée,
Ne sçait où commencer : ici le tronc d'un pin
Se présente à l'ouvrier, là celuy d'un sapin ;
Ici du coin de l'œil marque le pied d'un chesne,
Là celuy d'un fouteau, ici celuy d'un fresne.
A la fin tout pensif, de toutes parts cherchant
Lequel il coupera, tourne le fer trenchant
Sur le pied d'un ormeau et par terre le rue
Pour en faire une nef ou faire une charrue.
  Ainsi tenant ès main le luth bien appresté,
Entré dans ton palais, devant ta Majesté,
Je doute, tout pensif, quelle vertu première
De mille que tu as sera mise en lumière :
Tes vertus, tes grandeurs, ta justice et ta foy,
Ta bonté, ta pitié d'un coup s'offrent à moy,
Ta vaillance au combat, au conseil ta prudence ;
Ainsi je reste pauvre, et le trop d'abondance
D'un si riche sujet m'engarde[4] de penser
De toutes à laquelle il me faut commencer.....

(Les Hymnes.)

Hymne de la Mort.

  Ainsi qu'un prisonnier, qui jour et nuict endure
Les manicles aux mains, aux pieds la chaisne dure,
Se doit bien réjouir à l'heure qu'il se voit
Délivré de prison ; ainsi l'homme se doit

---

1. De l'Asie Mineure, où se trouvent la Phrygie, la Méonie et le Méandre.
2. Santant.
3. Le Méandre est un fleuve très sinueux : les danses des jeunes filles imitent par leur souplesse ces sinuosités.
4. Me met en garde, m'empêche.

Réjouir grandement, quand la Mort luy deslie
Le lien qui serroit sa miserable vie....
  Puis que l'on est contraint sur la mer voyager,
Est-ce pas le meilleur, après maint grand danger,
Retourner en sa terre et revoir son rivage ?
Puis qu'on est résolu d'accomplir un voyage,
Est-ce pas le meilleur de bien tost mettre à fin,
Pour regaigner l'hostel, la longueur du chemin ?
De ce chemin mondain[1] qui est dur et penible,
Espineux, raboteux, et fascheux au possible,
Maintenant large et long, et maintenant estroit,
Où celuy de la Mort est un chemin tout droit,
Si certain à tenir que ceux qui ne voyent goutte
Sans fourvoyer d'un pas n'en faillent point la route ?...
  Je te salue, heureuse et profitable Mort,
Des extremes douleurs medecin et confort !
Quand mon heure viendra, déesse, je te prie,
Ne me laisse long temps languir en maladie,
Tourmenté dans un lict ; mais, puis qu'il faut mourir,
Donne-moy que soudain je te puisse encourir,
Ou pour l'honneur de Dieu ou pour servir mon prince,
Navré[2], poitrine ouverte, au bord de ma province[3] !

(LES HYMNES.)

Vocation poétique.

  Je fus souventes-fois retansé de mon pere
Voyant que j'aimois trop les deux filles d'Homère[4],
Et les enfans de ceux qui doctement ont sceu
Enfanter en papier ce qu'ils avoient conceu.
Et me disoit ainsi : « Pauvre sot, tu t'amuses
A courtiser en vain Apollon et les Muses !
Que te sçauroit donner ce beau chantre Apollon,
Qu'une lyre, un archet, une corde, un fredon[5],
Qui se respand au vent ainsi qu'une fumée,
Ou comme poudre en l'air vainement consumée ?
Que te sçauroient donner les Muses qui n'ont rien,
Sinon autour du chef je ne scay quel lien

---

1. Terrestre.
2. Blessé.
3. A la frontière de mon pays.
4. L'*Iliade* et l'*Odyssée*.
5. Fioritures d'un goût douteux dont on accompagne le chant.

De myrte, de lierre, ou d'une amorce vaine
T'allecher tout un jour au bord d'une fontaine.
Ou dedans un vieil antre, à fin d'y reposer
Ton cerveau mal-rassis, et béant composer
Des vers qui te feront, comme pleins de manie,
Appeller un bon fol en toute compagnie?
  « Laisse ce froid mestier qui ne pousse en avant
Celuy qui par sus tous y est le plus sçavant;
Mais, avec sa fureur qu'il appelle divine,
Tout sot se laisse errer accueilly de famine.
Homere, que tu tiens si souvent en tes mains,
Que dans ton cerveau creux comme un dieu tu te peins,
N'eut jamais un liard; si bien que sa vielle,
Et sa Muse, qu'on dit qui eut la voix si belle,
Ne le sceurent nourrir, et falloit que sa faim
D'huis en huis mendiast le miserable pain.
  « Laisse-moy, pauvre sot, ceste science folle;
Hante-moy les palais, caresse-moy Bartolle[1],
Et d'une voix dorée au milieu d'un parquet
Aux despens d'un pauvre homme exerce ton caquet,
Et fumeux et sueux, d'une bouche tonnante,
Devant un président mets-moy ta langue en vente;
On peut par ce moyen aux richesses monter,
Et se faire du peuple en tous lieux bonneter[2].
  « Ou bien embrasse-moy l'argenteuse science
Dont le sage Hippocrate eut tant d'expérience,
Grand honneur de son isle[3], encor' que son mestier
Soit venu d'Apollon, il s'est fait heritier
Des biens et des honneurs, et à la poésie,
Sa sœur, n'a rien laissé qu'une lyre moisie.
  « Ou bien si le desir genereux et hardy,
En t'eschauffant le sang, ne rend accouardy
Ton cœur à mespriser les perils de la terre,
Pren les armes au poing, et va suivre la guerre,
Et d'une belle playe en l'estomac ouvert,
Meurs dessus un rempart de poudre tout couvert;
Par si noble moyen souvent on devient riche,
Car envers les soldats un bon prince n'est chiche. »....

1. *Barthole* (1313-1356), jurisconsulte italien très renommé.
2. Saluer en ôtant le bonnet.
3. Hippocrate était né dans l'île de Cos, vers 460 avant notre ère.

O qu'il est mal-aisé de forcer la nature!
Tousjours quelque genie, ou l'influence dure
D'un astre nous invite à suivre malgré tous
Le destin qu'en naissant il versa dessus nous.
  Pour menace ou prière, ou courtoise requeste
Que mon pere me fist, il ne sceut de ma teste
Oster la poësie; et plus il me tansoit,
Plus à faire des vers la fureur me poussoit.
  Je n'avois pas douze ans, qu'au profond des vallées,
Dans les hautes forests des hommes reculées,
Dans les antres secrets de frayeur tout couverts,
Sans avoir soin de rien, je composois des vers;
Echo me respondoit, et les simples Dryades,
Faunes, Satyres, Pans, Napées[1], Oreades,
Egipans[2] qui portoient des cornes sur le front,
Et qui ballant sautoient comme les chèvres font,
Et le gentil troupeau des fantastiques fées,
Autour de moy dansoient à cottes dégraffées.....

(Les Poëmes.)

Le Voyage d'Arcueil[3].

. . . .
Io, compaings, n'oyez-vous
De Daurat la voix sacrée
  Qui recrée
Tout le ciel d'un chant si doulx?...

Prestons doncq à ses[4] merveilles
  Nos aureilles :
L'entusiasme limousin
Ne luy permet de rien dire
  Sur sa lyre
Qui ne soit divin, divin.

---

1. *Napées*, d'un mot grec signifiant *vallon* (νάπη), nymphes des bois et des vallons. — *Oréades*, d'un mot grec signifiant *montagne* (ὄρος), nymphes des montagnes.

2. *Egipans*, de deux mots grecs signifiant *chèvre* et *Pan* (αἴξ, πάν), Pan aux pieds de bouc.

3. La date de ce voyage est 1549. Arcueil est un bourg situé à quelques kilomètres au sud de Paris.

4. Celles de Daurat, le maître de Ronsard.

Io, io, quel doux style
    Se distile
Parmy ses nombres[1] divers !
Nul miel tant ne me recrée
    Que m'agrée
Le doux nectar de ses vers.

Quand je l'entends, il me semble
    Que l'on m'emble
Mon esprit d'un rapt soudain,
Et que loing du peuple j'erre
    Souls la terre
Avec l'ame du Thébain[2],

Avecques l'âme d'Horace ;
    Telle grace
Se distile de son miel
Et de sa voix limousine,
    Vrayment digne
D'estre Serene[3] du ciel.

Ha ! Vesper, brunette estoile,
    Qui d'un voile
Partout embrunis les cieux,
Las ! en ma faveur encore
    Ne decore
Sa grand' voute de tes yeulx....

Quoy ! des astres la compaigne,
    Tu dédaigne
Mon prier, et sans sejour[4]
Devant l'heure tu flamboyes
    Et envoyes
Souls les ondes nostre jour ?

Va, va, jalouse, chemine
    Tu n'es digne,
Ny tes estoiles, d'ouyr
Une chanson si parfaicte
    Qui n'est faicte
Que pour les dieux esjouir.

---

1. Ses rythmes.
2. Pindare.
3. Sirène.
4. Sans séjourner plus longtemps.

Doncques, puisque la nuict sombre,
    Pleine d'ombre,
Vient les montaignes saisir,
Retournons, troupe gentille,
    Dans la ville,
Demy-soulez de plaisir.

Jamais l'homme, tant qu'il meure,
    Ne demeure
Fortuné parfaictement ;
Tousjours avec la lyesse
    La tristesse
Se mesle secrettement.

(LES GAIETEZ ET LES ÉPIGRAMMES. *Les Bacchanales ou le folastrissime voyage d'Hercueil.*)

Justification de Ronsard.

. . . .
Je jure du grand Dieu l'immense déité
Que je diray le vray sans fard ny sans injure ;
Car d'estre injurieux ce n'est pas ma nature.
Je te laisse ce droit duquel tu as vescu,
Et veux quant à ce point de toy estre vaincu.

. . . .
M'éveillant au matin, devant que faire rien,
J'invoque l'Eternel, le pere de tout bien,
Le priant humblement de me donner sa grace,
Et que le jour naissant sans l'offenser se passe ;
Qu'il chasse toute secte[1] et toute erreur de moy,
Qu'il me vueille garder en ma premiere foy,
Sans entreprendre rien qui blesse ma province,
Très-humble observateur des loix et de mon prince.
Après je sors du lict, et quand je suis vestu
Je me range à l'estude et apprens la vertu,
Composant et lisant, suivant ma destinée,
Qui s'est dès mon enfance aux Muses enclinée[2].
Quatre ou cinq heures seul je m'arreste enfermé ;
Puis sentant mon esprit de trop lire assomé,

---

1. Tout esprit de secte.   2. Adonnée par une inclination naturelle.

J'abandonne le livre et m'en vais à l'église.
Au retour pour plaisir une heure je devise ;
De là je viens disner, faisant sobre repas ;
Je rends graces à Dieu : au reste[1] je m'esbas.

Car si l'après-disnee est plaisante et sereine,
Je m'en vais pourmener, tantost parmy la plaine,
Tantost en un village, et tantost en un bois,
Et tantost par les lieux solitaires et cois.
J'aime fort les jardins qui sentent le sauvage ;
J'aime le flot de l'eau qui gazouille au rivage.

Là, devisant sur l'herbe avec un mien amy,
Je me suis par les fleurs bien souvent endormy
A l'ombrage d'un saule ; ou lisant dans un livre,
J'ay cherché le moyen de me faire revivre,
Tout pur d'ambition et des soucis cuisans,
Miserables bourreaux d'un tas de mesdisans,
Qui font (comme ravis) les prophetes en France,
Pippans les grands seigneurs d'une belle apparence.

Mais quand le ciel est triste et tout noir d'espesseur,
Et qu'il ne fait aux champs ny plaisant ny bien seur,
Je cherche compagnie ou je joue à la prime[2],
Je voltige ou je saute ou je lutte ou j'escrime,
Je dy le mot pour rire et à la verité
Je ne loge chez moy trop de severité.

. . . .

J'ayme le bal, la danse et les masques aussi,
La musique et le luth, ennemis du soucy.

Puis quand la nuict brunette a rangé les estoilles,
Encourtinant le ciel et la terre de voiles,
Sans soucy je me couche : et là, levant les yeux
Et la bouche et le cœur vers la voûte des cieux,
Je fais mon oraison, priant la bonté haute
De vouloir pardonner doucement à ma faute.
Au reste je ne suis ny mutin ny meschant,
Qui fay croire ma loy par le glaive trenchant[3].
Voilà comme je vy ; si ta vie est meilleure,
Je n'en suis envieux, et soit à la bonne heure....

Tu dis que j'ay gagé ma Muse pour flatter ?
Nul prince ny seigneur ne se sçauroit vanter

---

1. Le reste du temps.
2. Sorte de jeu de cartes.
3. Un de ces méchants qui veulent imposer leur loi par le fer.

(Dont je suis bien marry) de m'avoir donné gage.
Je sers à qui je veux, j'ay libre le courage.
Le roy, son frere et mere, et les princes ont bien
Pouvoir de commander à mon luth Cynthien.
Des autres je ne suis ny valet ny esclave,
Et, s'ils sont grands seigneurs, j'ay l'esprit haut et brave.
  Tu dis que j'ay vescu maintenant escolier,
Maintenant courtisan et maintenant guerrier,
Et que plusieurs mestiers ont esbatu ma vie ?
Tu dis vray, predicant ; mais je n'euz oncq' envie
De me faire ministre ou comme toy, cafard,
Vendre au peuple ignorant mes songes et mon fard.
J'aimerois mieux ramer sur les ondes salées,
Ou avoir du labeur les deux mains empoulées,
Ainsi qu'un vigneron par les champs incogneu,
Qu'estre d'un gentil-homme un pippeur devenu.....
  Tu te mocques, aussy, de quoy ma poësie
Ne suit l'art misérable, ains va par fantaisie,
Et de quoy ma fureur[1] sans ordre se suivant
Esparpille ses vers comme fueilles au vent ;
Ou comme au mois d'esté, quand l'aire bien féconde
Sent battre de Cérès la chevelure blonde,
Et le vanneur my-nud, ayant beaucoup secoux
Le blé, de ça, de là, dessus les deux genoux,
Le tourne et le revire, et d'une[2] plume espaisse
Sépare les bourriers du sein de la déesse ;
Puis du dos et des bras efforcés par[3] l'ahan
Fait sauter le froment bien haut dessus le van ;
Lors les bourriers volans, comme poudre menue,
Sans ordre ça et là se perdent en la nue,
Et font sur le vanneur meint tour et meint retour ;
L'aire est blanche de poudre et les granges d'autour[4] :
Voilà comme tu dis que ma Muse sans bride
S'esgare respandue où la fureur la guide.
  Si tu avois les yeux aussi prompts et ouverts
A desrober mon art qu'à desrober mes vers,

---

1. Mon inspiration.
2. Avec une.
3. Avec.
4. On remarquera l'ample et pittoresque comparaison contenue dans les douze vers qui précèdent ; elle est d'un caractère bien antique. Ce n'est pas la seule fois, d'ailleurs, que Ronsard ait emprunté ainsi à la langue des métiers, excellente manière d'enrichir notre vocabulaire d'une foule d'expressions techniques. (V. p. 73 du présent volume.)

Tu dirois que ma Muse est pleine d'artifice,
Et ma brusque vertu ne te seroit¹ un vice.
  En l'art de poësie, un art il ne faut pas
Tel qu'ont les predicans, qui suivent pas à pas
Leur sermon sceu par cœur, ou tel qu'il faut en prose,
Où tousjours l'orateur suit le fil d'une chose.
  Les poëtes gaillars ont artifice à part ;
Ils ont un art caché, qui ne semble pas art
Aux versificateurs, d'autant qu'il se promeine
D'une libre contrainte où la Muse le meine.
  As-tu point veu voler en la prime saison
L'avette qui de fleurs enrichit sa maison ?
Tantost le beau narcisse et tantost elle embrasse
Le vermeil hyacinthe, et sans suivre une trasse
Erre de pré en pré, de jardin en jardin,
Portant un doux fardeau de melisse ou de thin.
  Ainsi le bon esprit que la Muse espoinçonne,
Porté de la fureur, sur Parnasse moissonne
Les fleurs de toutes parts, errant de tous costez.
En ce poinct² par les champs de Rome estoient portez
Le damoiseau³ Tibulle et celuy qui fit dire
Les chansons des Gregeois à sa romaine lyre⁴.
Tels ne furent jamais les versificateurs,
Des Muses avortons, ny tous ces imposteurs,
Dont l'ardente fureur d'Apollon n'a saisie
L'âme d'une gentille et docte frenaisie.
Tel bien ne se promet aux hommes vicieux,
Mais aux hommes bien nés qui sont aimés des cieux.

. . . .

  Tu dis qu'auparavant j'estois fort renommé
Et qu'ores je ne suis de personne estimé.
Penses-tu que ta secte embrasse tout le monde ?
Penses-tu que le ciel, l'air, et la terre et l'onde
Se faschent contre moy pour te voir en courrous ?
Tu te trompes beaucoup : Dieu est pere de tous !

---

1. Ne serait pas pour toi.
2. Ainsi.
3. Du bas latin *dominicellus*.
4. Horace qui, lui-même, déclare avoir introduit en Italie la poésie lyrique des Grecs :

Princeps Æolium carmen ad Italos
Deduxisse modos.....
(*Odes*, III, xxx, 13.)

« Le premier j'ai adapté la poésie Éolienne aux rythmes italiques. »

Je n'ay que trop d'honneur ; certes je voudrois estre
Sans bruit et sans secours, comme un pasteur champestre,
Ou comme un laboureur qui de bœufs accouplez
Repoitrit ses guerets pour y semer les blez.
Celuy n'est pas heureux qu'on monstre par la rue,
Que le peuple cognoist, que le peuple salue ;
Mais heureux est celuy que la gloire n'époint,
Qui ne cognoist personne et qu'on ne cognoit point....

(Discours, <i>Response aux injures et calomnies
de je ne sçay quels prédicantereaux et mi-
nistreaux de Genève.</i>)</div>

Aux Protestants.

. . . .

Ah ! que vous estes loing de nos premiers docteurs,
Qui sans craindre la mort ny les persecuteurs,
De leur bon gré s'offroient aux plus cruels supplices,
Sans envoyer pour eux je ne sçay quels novices !
Que vit[1] tant à Geneve un Calvin desja vieux,
Qu'il ne se fait[2] en France un martyr glorieux,
Souffrant pour sa parole ? O ames peu hardies !
Vous ressemblez à ceux qui font les tragedies,
Lesquels sans les jouer demeurent tous craintifs,
Et en donnent la charge aux nouveaux apprentifs,
Pour n'estre point mocquez ni sifflez, si l'issue
De la fable[3] n'est pas du peuple bien receue.....
Le peuple qui vous suit est tout empoisonné ;
Il a tant le cerveau de sectes estonné,
Que toute la rhubarbe et toute l'anticyre[4]
Ne luy sçauroient guarir sa fiebvre qui empire ;
Car tant s'en faut, helas ! qu'on la puisse guarir,
Que son mal le contente, et luy plaist d'en mourir.
Il faut, ce dites-vous, que ce peuple fidelle
Soit guidé par un chef qui prenne sa querelle,
Ainsi que Gedeon, qui seul esleu de Dieu,
Contre les Madians mena le peuple Hebrieu.

---

1. Pourquoi Calvin déjà vieux vit-il..?
2. Au lieu de venir en France affronter le martyre...
3. La pièce.
4. L'ellébore, plante qui passait, chez les anciens, pour guérir la folie.

Si Gedeon avoit commis vos brigandages,
Vos meurtres, vos larcins, vos gothiques[1] pillages,
Il seroit execrable; et s'il avoit forfait
Contre le droict commun, il auroit tres-mal fait.
   De vostre election faictes-nous voir la bulle,
Et nous monstrez de Dieu le seing et la cedulle;
Si vous ne la monstrez, il faut que vous croyez
Qu'icy vous n'estes pas du Seigneur envoyez.
   Ce n'est plus aujourd'hui qu'on croit en tels oracles!
Faites à tout le moins quelques petits miracles,
Comme les peres saincts, qui jadis guerissoient
Ceux qui de maladie aux chemins languissoient,
Et desquels seulement l'ombre estoit salutaire.
   Il n'est plus question, ce dites-vous, d'en faire;
La foy est approuvée[2]. Allez aux regions
Qui n'ont ouy parler de nos religions,
Au Perou, Canada, Calicuth, Canibales;
Là monstrez par effect vos vertus Calvinales[3].
   Si tost que ceste gent grossiere vous verra
Faire un petit miracle, en vous elle croira,
Et changera sa vie où toute erreur abonde;
Ainsi vous sauverez la plus grand' part du monde.
   Les Apostres jadis preschoient tous d'un accord;
Entre vous aujourd'hui ne regne que discord;
Les uns sont Zvingliens[4], les autres Lutheristes,
Les autres Puritains[5], Quintins[6], Anabaptistes[7],
Les autres de Calvin vont adorant les pas;
L'un est prédestiné et l'autre ne l'est pas.
Et l'autre enrage après l'erreur Muncerienne[8],
Et bien tost s'ouvrira l'escole Bezienne[9];
Si bien que ce Luther lequel estoit premier,
Chassé par les nouveaux, est presque le dernier;
Et sa secte qui fut de tant d'hommes garnie,
Est la moindre de neuf qui sont en Germanie.

---

1. Parce qu'ils rappellent ceux des barbares.
2. Prouvée.
3. Inspirées par l'exemple de Calvin.
4. Partisans des doctrines de Zwingle (1484-1531), de Zurich, l'introducteur de la Réforme en Suisse.
5. Réformés qui prétendaient suivre la parole de Dieu dans toute sa *pureté*.
6. Secte obscure qui tirait son nom de son fondateur, et n'a pas survécu.
7. Les anabaptistes vouloient un second baptême à l'âge de raison.
8. Du nom de son fondateur, Munzer, chef d'une secte anabaptiste.
9. De Théodore de Bèze, disciple de Calvin.

Vous devriez pour le moins, avant que nous troubler,
Estre ensemble d'accord sans vous desassembler ;
Car Christ n'est pas un Dieu de noise ny discorde :
Christ n'est que charité, qu'amour et que concorde,
Et monstrez[1] clairement par la division
Que Dieu n'est point autheur de vostre opinion[2].....

(Discours *des Misères du temps.*)

Remontrance au Peuple de France.

. . . .
O Seigneur tout puissant, qui as toujours esté
Vers toutes nations plein de toute bonté,
De quoy te sert là haut la foudre et le tonnerre,
Si d'un esclat de feu tu n'en brusles la terre ?
Es tu dedans un throsne assis sans faire rien ?
Il ne faut point douter que tu ne sçaches bien
Cela que contre toy brassent tes creatures,
Et toutesfois, Seigneur, tu le vois et l'endures !
Ne vois-tu pas du ciel ces petits animaux,
Lesquels ne sont vestus que de petites peaux,
Ces petits animaux qu'on appelle les hommes[3],
Qu'ainsi que bulles d'eaux tu creves et consommes,
Que les doctes Romains et les doctes Gregeois
Nomment songe, fumee et fueillage des bois,
Qui n'ont jamais icy la verité cognue
Que je ne sçay comment, ou par songe ou par nue ?
Et toutesfois, Seigneur, ils font les empeschez,
Comme si tes secrets ne leur estoient cachez,
Braves entrepreneurs et discoureurs des choses
Qui aux entendemens de tous hommes sont closes,
Qui par longue dispute et curieux propos
Ne te laissent jouir du bien de ton repos.....
Comment pourrions-nous bien avec nos petits yeux
Cognoistre clairement les mysteres des cieux,

---

1. Vous montrez...
2. V. la contre-partie de cette pièce dans D'Aubigné (*Le Jugement dernier*).
3. « Petits hommes, hauts de six pieds, tout au plus de sept. » (La Bruyère, ch. xii.)

Quand nous ne sçavons pas regir nos Republicques,
Ny mesmes gouverner nos choses domesticques?
Quand nous ne cognoissons la moindre herbe des prez?
Quand nous ne voyons pas ce qui est à nos piez?
Toutefois les docteurs de ces sectes nouvelles[1],
Comme si l'Esprit Sainct avoit usé ses ailes
A s'appuyer sur eux, comme s'ils avoient eu
Du ciel dru et menu mille langues de feu,
Et comme s'ils avoient (ainsi que dit la Fable
De Minos) banqueté des hauts dieux à la table,
Sans que honte et vergongne en leur cœur trouve lieu,
Parlent profondement des mysteres de Dieu ;
Ils sont ses conseillers, ils sont ses secretaires,
Ils sçavent ses advis, ils sçavent ses affaires,
Ils ont la clef du ciel et y entrent tous seuls,
Ou qui veut y entrer il faut parler à eux.
Les autres ne sont rien sinon de grosses bestes,
Gros chapperons fourrez, grosses et lourdes testes.
Sainct Ambrois, Sainct Hierosme et les autres docteurs
N'estoient que des resveurs, des fols et des menteurs.....
  O Seigneur, tu devrois, pour chose necessaire,
Mettre l'opinion[2] aux talons, et la faire
Loin du chef demeurer, et non pas l'apposer
Si près de la raison, à fin de l'abuser,
Comme un meschant voisin qui abuse à toute heure
Celuy qui par fortune auprès de luy demeure.
  Ce monstre, qui se coule en nos cerveaux, après
Va gaignant la raison laquelle habite auprès,
Et alors toute chose en l'homme est desbordee,
Quand par l'opinion la raison est guidee.
  La seule opinion faict les hommes armer,
Et frere contre frere au combat animer,
Perd la religion, renverse les grand's villes,
Les couronnes des Roys, les polices civiles ;
Et après que le peuple est sous elle abatu,
Lors le vice et l'erreur surmontent la vertu...
  Nous sçavons bien, Seigneur, que nos fautes sont grandes,
Dignes de chatiment ; mais, Seigneur, tu demandes

---

1. Les sectes protestantes contre lesquelles sont dirigés les *Discours des Misères du temps*.
2. L'*opinion*, c'est-à-dire le libre examen, que Ronsard appelle ailleurs « peste du genre humain », et auquel il donne pour mère *Dame Presomption*.

Pour satisfaction un courage contrit,
Un cœur humilié, un penitent esprit.
 Et pour ce, Seigneur Dieu, ne punis en ton ire
Ton peuple repentant qui lamente et souspire,
Qui te demande grace; et, par triste meschef,
Les fautes de ses Roys ne tourne sur son chef.....
 O vous, doctes prelats, poussez du Sainct Esprit,
Qui estes assemblez au nom de Jesus-Christ,
Et taschez sainctement par une voye utile
De conduire l'Eglise à l'accord d'un Concile[1];
Vous-mesmes les premiers, prelats, reformez-vous,
Et comme vrais pasteurs faictes la guerre aux loups;
Ostez l'ambition, la richesse excessive;
Arrachez de vos cœurs la jeunesse lascive,
Soyez sobres de table, et sobres de propos;
De vos troupeaux commis cherchez moy le repos,
Non le vostre, prelats; car vostre vray office
Est de prescher sans cesse et de chasser le vice.
 Vos grandeurs, vos honneurs, vos gloires despouillez;
Soyez moy de vertus, non de soye habillés;
Ayez chaste le corps, simple la conscience;
Soit de nuict, soit de jour, apprenez la science :
Gardez entre[2] le peuple une humble dignité,
Et joignez la douceur avec la gravité.....
 Vous, juges des citez, qui d'une main égale
Devriez[3] administrer la justice royale,
Cent et cent fois le jour mettez devant vos yeux
Que l'erreur qui pullule en nos séditieux
Est vostre seule faute, et, sans vos entreprises,
Que nos villes jamais n'eussent esté surprises.....
 Et vous, nobles aussy, qui n'avez renoncée
La foy de père en fils qui vous est annoncée,
Soustenez vostre Roy, mettez luy de rechef
Le sceptre dans la main et la couronne au chef,
N'espargnez votre sang, vos biens ny vostre vie :
Heureux celuy qui meurt pour garder sa patrie !
 Vous, peuple, qui du coutre et des bœufs accouplez
Fendez la terre grasse et y semez des blez;

---

1. Le Concile de Trente, réuni à ce moment, pour réformer l'Église dans sa discipline et dans ses mœurs.

2. Parmi.

3. *Devriez* ne comptait que pour deux syllabes au XVIe siècle.

Vous, marchans, qui allez les uns sur la marine,
Les autres sur la terre, et de qui la poitrine
N'a humé de Luther la secte ny la foy,
Monstrez vous à ce coup bons serviteurs du Roy.
Et vous, sacré troupeau, sacrez mignons des Muses,
Qui avez au cerveau les sciences infuses,
Qui faictes en papier[1] luire vos noms icy
Comme un soleil d'esté de rayons esclaircy,
De nostre jeune Prince escrivez la querelle
Et armez Apollon et les Muses pour elle.....

   Vous, guerriers asseurez, vous, pietons, vous, soldars,
De Bellone conceus, jeune race de Mars,
Dont les fresches vertus par la Gaule fleurissent,
N'ayez peur que les bois leurs feuilles convertissent
En huguenots armez, ou comme les Titans
Ils naissent de la terre en armes combatans.

   Ne craignez point aussi les troupes d'Allemagne,
Ny ces reistres mutins qu'un François accompagne;
Ils ne sont point conceus d'un fer ny d'un rocher ;
Leur cœur se peut navrer, penetrable est leur chair....

   Mais ayez forte pique et bien tranchante espée,
Bon cœur et bonne main, bonne armure trempée,
La bonne targue au bras, aux corps bons corselets,
Bonne poudre, bon plomb, bon feu, bons pistolets,
Bon morion en teste, et surtout une face
Qui du premier regard vostre ennemy desface.

   Vous ne combattez pas, soldars, comme autresfois
Pour borner[2] plus avant l'empire de vos Roys;
C'est pour l'honneur de Dieu et sa querelle saincte
Qu'aujourd'huy vous portez l'espee au costé ceinte.....

      (Discours, *Remontrance au Peuple de France*[3].)

Conseils à Charles IX.

Sire, ce n'est pas tout que d'estre Roy de France,
Il fault que la vertu honore vostre enfance;
Car un Roy sans vertu porte le sceptre en vain,
Et luy sert[4] d'un fardeau qui luy charge la main.

---

1. Sur le papier.
2. Étendre les bornes de l'empire.
3. Publiée en 1564.
4. Le sceptre ne lui sert que....

Pource on dit que Thetis. la femme de Pelée,
Après avoir la peau de son enfant[1] bruslée,
Pour le rendre immortel, le prist en son giron
Et de nuit l'emporta dans l'antre de Chiron,
Chiron, noble Centaure, afin de luy apprendre
Les plus rares vertus dès sa jeunesse tendre,
Et de science et d'art son Achille honorer.
Un Roy, pour estre grand, ne doibt rien ignorer.
Il ne doibt seulement sçavoir l'art de la guerre,
De garder les citez, ou les ruer par terre.....
   Mais les princes chrestiens n'estiment leur vertu
Proceder ny de sang, ny de glaive pointu.
Ny de harnois ferrez qui les peuples estonnent,
Mais par les beaulx mestiers que les Muses nous donnent.
   Quand les Muses, qui sont filles de Jupiter,
(Dont les Roys sont issus), les Roys daignent hanter,
Elles les font marcher en toute reverence,
Loin de leur majesté bannissant l'ignorance;
Et, tous remplis de grace et de divinité,
Les font parmy le peuple ordonner équité.....
Ils deviennent appris[2] en la mathematique,
En l'art de bien parler, en histoire, en musique,
En physiognomie, afin de mieux sçavoir
Juger de leurs subjets seulement à les voir.
Telle science sçeut le jeune prince Achille,
Puis sçavant et vaillant il fist mourir Troïlle[3]
Sur le champ Phrygien, il fist mourir encor
Devant le mur Troyen le magnanime Hector;
Il tua Sarpedon, tua Pentasilée,
Et par luy la cité d'Ilion fut bruslée.....
Car ce n'est pas le tout de sçavoir la vertu,
Il faut cognoistre aussi le vice revestu
D'un habit vertueux, qui d'autant plus offence
Qu'il se monstre honorable et a belle apparence.
   De là vous apprendrez à vous cognoistre bien.....

---

1. Achille, fils de Thétis et de Pélée, fut élevé par le centaure Chiron, après avoir été plongé, par sa mère, dans les eaux du Styx, destinées à le rendre invulnérable.

2. Savants.

3. Troïle, fils de Priam. — Sarpedon, roi des Lyciens, fils de Zeus, fut tué, dit HOMÈRE (*Il.*, XVI, 490), par Patrocle. — Penthésilée, reine des Amazones et fille d'Arès. (V. sa mort dans QUINTUS DE SMYRNE, *Guerre de Troie*.)

Cognoissez l'honneste homme humblement revestu,
Et discernez le vice imitant la vertu.....
Puis sondez vostre cœur pour son mérite accroistre;
Il faut, dit Apollon, soi-même se cognoistre[1] :
Celuy qui se cognoist est seul maistre de soy,
Et sans avoir royaulme il est vrayment un roy.

Commencez donc ainsi; puis sitost que par l'aage
Vous serez homme fait de corps et de courage,
Il faudra de vous mesme apprendre à commander,
A ouïr vos subjets, les voir et demander,
Les cognoistre par nom, et leur faire justice,
Honorer la vertu et corriger le vice.

Maheureux sont les rois qui fondent leur appuy
Sur l'aide d'un commis[2], qui par les yeux d'autruy
Voyent l'estat du peuple, et oyent par l'oreille
D'un flateur mensonger qui leur conte merveille...

Aussi, pour[3] estre roy, vous ne devez penser
Vouloir, comme un tyran, vos subjets offenser.
Ainsi que nostre corps, vostre corps est de boue.
Des petits et des grands la fortune se joue.....

Or, Sire, imitez Dieu, lequel vous a donné
Le sceptre, et vous a fait un grand roy couronné.
Faites miséricorde à celuy qui supplie;
Punissez l'orgueilleux qui s'arme en sa folie[4],
Ne poussez par faveur un homme en dignité,
Mais choisissez celui qui l'a bien mérité.....
Ne soyez point mocqueur, ni trop haut à la main[5],
Vous souvenant tousjours que vous estes humain.....
Ayez autour de vous des personnes notables,
Et les oyez parler volontiers à vos tables :
Soyez leur auditeur, comme fust vostre ayeul,
Ce grand François[6], qui vit encores au cercueil.....
Ne souffrez que les grands blessent le populaire;
Ne souffrez que le peuple aux grands puisse déplaire;

---

1. ΓΝΩΘΙ ΣΕΑΥΤΟΝ. « Connais-toi toi-même. » Ce précepte était gravé sur le fronton du temple de Delphes, où Apollon rendait ses oracles.

2. D'un ministre.

3. Parce que vous êtes roi.

4. Cf. Virgile, Énéide, VI, 853 :

Parcere subjectis et debellare superbos.

« Épargner ceux qui se soumettent et dompter ceux qui ont l'orgueil de résister. »

5. Trop hautain en vous faisant obéir.

6. François Ier.

Gouvernez vostre argent par sagesse et raison :
Le prince qui ne peut gouverner sa maison,
Sa femme, ses enfans et son bien domestique,
Ne sçauroit gouverner une grand' république [1].....

  Or, Sire, pour autant [2] que nul n'a le pouvoir
De chastier les rois qui font mal leur devoir,
Punissez-vous vous mesme, afin que la justice
De Dieu, qui est plus grand, vos fautes ne punisse.

  Je dy ce puissant Dieu, dont l'empire est sans bout [3],
Qui de son trosne assis en la terre voit tout,
Et fait à un chascun [4] ses justices égales,
Autant aux laboureurs qu'aux personnes royales.....

(Discours, *A Charles IX, pour l'institution
de son adolescence.*)

Aux mouches à miel.

Où allez-vous, filles du ciel,
Grand miracle de la nature?
Où allez-vous, mouches à miel,
Chercher aux champs vostre pasture?
Si vous voulez cueillir les fleurs
D'odeur diverse et de couleurs,
Ne volez plus à l'aventure.

Autour de Cassandre halenée [5]
De mes baisers tant bien donnez,
Vous trouverez la rose née,
Et les œillets environnez
Des florettes ensanglantées
D'Hyacinthe et d'Ajax, plantées
Près des lys sur sa bouche nez.

Les marjolaines y fleurissent
L'amome y est continuel,
Et les lauriers qui ne périssent

---

1. La *chose publique*, l'État (*res publica*).
2. Par cela même que.
3. Sans limites.
4. C'est exactement l'expression latine *unusquisque*.
5. Parfumée.

Pour l'hyver, tant soit-il cruel ;
L'anis, le chevrefueil qui porte
La manne qui vous reconforte,
Y verdoye perpetuel.

Mais, je vous pri', gardez-vous bien,
Gardez-vous qu'on ne l'eguillonne[1] ;
Vous apprendrez bien tost combien
Sa pointure est trop plus felonne ;
Et de ses fleurs ne vous soulez
Sans m'en garder, si ne voulez
Que mon ame ne m'abandonne.

(POÉSIES DIVERSES.)

A la source du Loir.

Source d'argent toute pleine,
Dont le beau cours eternel
Fuit pour enrichir la plaine
De mon pays paternel,

Sois donc orgueilleuse et fière
De le baigner de ton eau :
Nulle françoise rivière
N'en peut laver un plus beau,

Que les Muses eternelles
D'habiter n'ont dedaigné,
Ne Phœbus qui dit par elles
L'art où je suis enseigné[2] ;

Qui dessus ta rive herbue
Jadis fut enamouré
De la nymphe chevelue,
La nymphe au beau crin doré[3] ;

Et l'attrapa de vitesse,
Fuyant le long de tes bords,
Et là ravit sa jeunesse
Au milieu de mille efforts ;

1. Qu'on ne la pique avec l'aiguillon.
2. Où je suis versé.
3. Aux beaux cheveux dorés.

Si qu'aujourd'huy d'elle encores
Immortel est le renom
Dedans un antre, qui ores
Se vante d'avoir son nom.

Fuy donques, heureuse source,
Et par Vendosme passant,
Retien la bride à la course
Le beau crystal effaçant.

Puis salue mon La Haye[1]
Du murmure de tes flots;
C'est celuy qui ne s'essaye
De sonner en vain ton los[2].

Si le ciel permet qu'il vive,
Il convoira doucement
Les neuf Muses sur ta rive,
Pleines d'esbahissement,

De le voir seul dessus l'herbe,
Rememorant leurs leçons,
Faire aller ton flot superbe,
Honoré par ses chansons.

Va donc, et reçoy ces roses,
Que je respan au giron
De toi, source, qui arroses
Mon pays à l'environ;

Lequel par moy te supplie
En ta faveur le tenir,
Et en ta grâce accomplie
Pour jamais l'entretenir;

Ne noyant ses pasturages
D'eau par trop se respandant,
Ne defraudant les ouvrages
Du laboureur attendant;

Mais fay que ton onde utile,
Luy riant joyeusement,
Innocente se distile
Par ses champs heureusement.

---

1. Un ami de Ronsard.   2. Ta louange.

Ainsi du dieu venerable
De la mer puisses avoir[1]
Une accolade honorable,
Entrant chez luy pour le voir[2]!

(POÉSIES DIVERSES.)

Immortalité.

Plus dur que fer j'ay fini mon ouvrage[3],
Que l'an, dispos à demener les pas,
Que l'eau, le vent ou le brulant orage,
L'injuriant, ne ru'ront[4] point à bas.
Quand ce viendra que le dernier trespas
M'assoupira d'un somme dur, à l'heure
Sous le tombeau tout Ronsard n'ira pas,
Restant de luy la part qui est meilleure.

Tousjours, tousjours, sans que jamais je meure,
Je voleray tout vif par l'univers,
Eternisant les champs où je demeure,
De mes lauriers fatalement couvers,
Pour avoir joint les deux harpeurs[5] divers
Au doux babil de ma lyre d'yvoire,
Que j'ay rendus Vendomois par mes vers.

Sus donque, Muse, emporte au ciel la gloire
Que j'ay gaignée, annonçant la victoire
Dont à bon droit je me voy jouissant,
Et de son fils consacre la memoire,
Serrant son front d'un laurier verdissant.

(ODES[6].)

---

1. Puisses-tu avoir une accolade...!
2. Il convient de remarquer que le Loir ne va pas, comme semble l'indiquer Ronsard, retrouver directement le *dieu vénérable de la mer*, mais qu'il se jette dans la Sarthe, affluent de la Maine, tributaire elle-même de la Loire.
3. Cf. HORACE, *Odes*, III, xxx, 1 :
Exegi monumentum ære perennius...
« J'ai élevé un monument plus durable que l'airain. »
4. Précipiteront.
5. Ronsard a uni le génie de Pindare à celui d'Horace.
6. Nous reproduisons ici cette ode (la trente-deuxième du Ve livre), parce qu'elle nous semble la conclusion naturelle de l'œuvre du poète.

JOACHIM DU BELLAY

Étude biographique et littéraire.

L'homme. — La destinée de Joachim Du Bellay fut mélancolique entre toutes. Issu d'une famille illustre, qui compta le capitaine Guillaume Du Bellay, célèbre sous François Ier, et le cardinal Du Bellay, protecteur de Rabelais, Joachim naquit à Liré, en Anjou, en 1525. De bonne heure orphelin de père et de mère, durement ou négligemment élevé par un frère pauvre, qu'il ne tarda pas du reste à perdre, son nom ne lui servit qu'à rendre encore plus insupportables, plus humiliantes pour son jeune orgueil, l'étroitesse de sa fortune et l'humilité de sa condition. La maladie survint alors, cruelle, qui le cloua deux années entières sur un lit de douleur; et, lorsqu'il se releva, la surdité dont il resta frappé, en le renfermant en lui-même, anéantit ses rêves de gloire.

Quel aliment plus noble que celui des lettres pouvait désormais s'offrir à cet esprit distingué, forcé par le malheur à renoncer aux armes et à leur réputation bruyante? C'est donc vers elles que se tourna passionnément Du Bellay.

En 1545, il se rendit à Poitiers, pour y étudier le droit. Foyer intellectuel très important, Poitiers n'était point une ville assez gaie pour arracher Du Bellay à sa mélancolie. Il s'y consacra entièrement à la jurisprudence, se contentant d'y nouer quelques relations sûres, et qu'il conservera durant toute sa vie.

Ses études une fois terminées, il revenait de Poitiers à Angers, en 1548, lorsque le hasard le mit en présence de Ronsard, dans une hôtellerie. « Éloigné de la diplomatie, comme Du Bellay de la guerre, par la même infirmité, Ronsard avait à peu près le même âge; il avait les mêmes goûts; il nourrissait intérieurement la même ardeur de gloire et d'immortalité. Les deux jeunes gens se comprirent vite. Le plus mondain et le plus expérimenté des deux, — c'était Ronsard, — entraîna l'autre, l'enleva presque pour ainsi dire, lui persuada de le suivre à Paris, et l'introduisit dans la savante maison de Lazare de Baïf. Daurat, Jean Daurat, y enseignait les lettres antiques au fils de ce grand personnage. Puis, quand Daurat fut nommé principal du collège de Coqueret, ses élèves l'y accompagnèrent; ils s'y internèrent avec lui pour achever leur éducation. La *Pléiade* était faite; il ne lui restait plus pour justifier son nom qu'à s'adjoindre deux ou trois étoiles de moindre importance, et ce fut pour les provoquer en quelque sorte à luire, que Ronsard et Du Bellay lancèrent la *Défense et Illustration de la Langue française*, leur manifeste, leur déclaration de guerre à l'école marotique[1]. »

La même année, en 1549, Du Bellay fit paraître un recueil de poésies qui contenait l'*Olive*, la *Musagnœmachie*[2] et des *Odes*. Une tradition bien invraisemblable veut que Ronsard, dont les *Amours de Cassandre* parurent l'année suivante, ait été fort irrité de se voir devancé par son ami. Quoi qu'il en soit, les cent quinze sonnets qui composent l'*Olive*, écrits en l'honneur de Mlle de Viole, dont ce titre est l'anagramme, constituent sinon une agréable, du moins une intéressante incursion dans le domaine du *pétrarquisme*. La *Musagnœmachie* n'est pas moins curieuse; car, tout en y célébrant Ronsard, le poète y vante Marot et ses disciples en des vers très flatteurs. On sent déjà qu'il se relâche de la vivacité déployée dans la *Défense*, et qu'après avoir assuré le triomphe de la nouvelle école, il cherche un terrain de conciliation entre les deux doctrines.

Il accentuera d'ailleurs, de plus en plus, cette tendance conciliatrice; car, en 1550, dans un recueil de poésies dédié à la princesse Marguerite, il compose une pièce remarquable sur la nécessité d'*écrire en sa langue*, pour confirmer l'une des leçons données dans la *Défense*. Or, dans cette pièce, avec une modestie qui l'honore, il s'exhorte lui-même à rabattre quelque chose de ses premières ambitions. Aussi, désormais, plus de pindarisme, plus de pétrarquisme. Nous ne trouverons plus en Du Bellay qu'un poète simple et familier, un homme qui se parle à lui-même et qui ne se soucie plus d'étonner, mais d'être sincère.

« Que s'était-il donc passé? Reniait-il sa *Défense*? Avait-il abjuré les enthousiasmes de sa jeunesse? Non, mais il avait

---

[1]. Discours prononcé par M. BRUNETIÈRE, à Ancenis, le 2 septembre 1894, à l'inauguration de la statue de Joachim Du Bellay.

[2]. C'est-à-dire le *Combat des Muses contre l'Ignorance*.

fallu vivre, et, pour vivre, il avait accepté dans la maison de son puissant parent le Cardinal on ne sait quelles fonctions qui tenaient moins de celles d'un cousin que de celles d'un premier domestique. La nécessité avait incliné son orgueil[1]. » En 1554, il suivit donc, en qualité d'intendant, le cardinal Du Bellay, qui se rendait à Rome comme ambassadeur. Il partit plein d'enthousiasme et d'espérances.

Trop artiste et trop érudit, pour n'être pas vivement frappé par la grandeur de la Ville Éternelle, il sut retrouver la Rome antique à travers la Rome moderne; il sentit la poésie des ruines et la grandeur de cette puissance abattue tant de fois. Ces impressions trouvèrent leur expression dans les *Antiquités de Rome*, l'une des œuvres les plus originales de notre littérature, et qui, à plus de deux siècles de distance, fait présager Byron et Chateaubriand.

Mais la désillusion ne se fit pas attendre. En observant de près, et comme au jour le jour, l'âme italienne, Du Bellay s'aperçut de quel mirage trompeur il avait été la dupe, en la voyant à travers la lecture de Pétrarque et des anciens, et surtout à travers son rêve. Il était arrivé à Rome dans cette période agitée, marquée par la fin du pontificat de Jules III, celui de Marcel II et le début de celui de Paul IV. La corruption romaine, cachée, quelques années auparavant, par l'éclat des lettres et des arts, s'étalait alors au grand jour. Les plus basses intrigues faisaient le fond de la politique du moment. Le désenchantement de Du Bellay fut d'autant plus profond que l'illusion avait été vive. Ce désanchantement, joint à sa mauvaise santé, à un amour malheureux qu'il a chanté en vers latins dans *Faustine*, au regret du pays natal enfin, lui fit prendre Rome en horreur, et il était temps, au bout de quatre ans, que son cousin le cardinal fût rappelé en France, où il le garda comme secrétaire.

Mais ce séjour à Rome avait réveillé chez lui l'esprit de satire qui jadis lui avait inspiré le *Poète courtisan*. Pour se venger de Rome et de l'impression de dégoût qu'il en avait emportée, il avait écrit ses immortels sonnets des *Regrets*, où la poésie amère des déceptions se mêle à l'inspiration intime la plus délicate. Le cardinal, effrayé de la publication des *Regrets*, en exigea comme une sorte de désaveu, et finalement se sépara de lui. « Les railleries qu'il s'était permises

---

1. BRUNETIÈRE, *ibid.*

contre Rome lui coûtèrent la sécurité de ses dernières années. Mécontent des hommes, lassé d'espérer contre l'espérance, fatigué de la vie même, il ne lui restait plus qu'à mourir, et j'imagine que, malade et souffreteux comme il était, il envisagea le terme inévitable avec moins d'angoisse que de soulagement[1]. » Le 1er janvier 1560 une mort « clémente » l'enleva subitement à l'âge de trente-cinq ans à peine. Sa disparition passa inaperçue; les fleurs manquèrent à sa tombe, comme elles avaient manqué à son berceau, et nul monument ne marque le lieu où reposent les cendres de l'un des plus français entre nos poètes.

Son tempérament. — Tandis que l'adolescence de Ronsard s'écoulait dans les fêtes et les plaisirs, qu'il parcourait le monde en la compagnie des princes et des rois, la première jeunesse de Du Bellay s'est écoulée tristement, dans la solitude d'une vie pauvre et sans horizons. De là, la mélancolie dont son œuvre est empreinte. Cette enfance sans gâteries, ce printemps sans roses, ont replié son esprit, l'ont fait vivre d'une puissante vie intérieure; et, lorsqu'une infirmité prématurée est venue fermer ses oreilles aux bruits du dehors, cette tendance s'est accentuée encore, mais en affinant chez Du Bellay l'intelligence et la pénétration. Par là, il diffère profondément de Ronsard, qui, dans le silence de sa surdité, continue, du moins, à entendre l'écho des joies mondaines traversées par lui comme en un rêve : sa mélancolie en garde comme un rayon de soleil, tandis que celle de Du Bellay reste douloureuse et comme trempée de larmes.

Son éducation littéraire, d'abord un peu superficielle, ne tarda pas, sous l'influence de Ronsard, à prendre une direction solide et régulière. Moins ardent et moins fiévreux que le chef de la Pléiade, il ne se jeta pas avec la même avidité sur l'antiquité, il ne partagea pas les mêmes enivrements lorsque lui furent révélées les beautés des écrivains de la Grèce et de Rome. Mais son admiration, plus rassise et plus méthodique peut-être, le porta, d'une allure plus égale, vers les anciens et aussi vers les Italiens. Sans doute, au contact de Ronsard il s'échauffa et se passionna au point d'écrire la *Défense et Illustration de la Langue française;* mais combien ses idées littéraires personnelles sont peu d'accord avec celles qu'il exprime dans ce manifeste ! Il y recommande, en effet, de

---

1. BRUNETIÈRE, *ibid.*

piller les anciens, et, chose curieuse, il est le moins antique des poètes de la Pléiade, bien qu'il ait été très capable de se montrer tel, puisqu'il avait traduit le *Banquet* de Platon et des fragments d'Homère, de Virgile, de Juvénal, d'Ovide, etc. Il y recommande une poésie savante, aristocratique, et nul poète ne fut plus simple, disons le mot, plus *humble* que lui. Il y interdit d'écrire en latin, et une partie de son œuvre poétique est en vers latins. Qu'en conclure, sinon que Du Bellay, avec des idées très arrêtées et un goût très net, ne fut ni un sectaire, ni un intransigeant, et que ses attaques de la *Défense* furent dirigées contre les exagérés et les extravagants? De plus, c'était un artiste, un fin connaisseur, persuadé que, si les générations passent, la beauté demeure : aussi, aux admirations de complaisance ou de commande qu'on affectait autour de lui, pour les « épisseries » des poètes de cour, a-t-il voulu substituer une manière de louange qui ne dépendît plus du goût intéressé d'un prince, mais de la connaissance des lois éternelles de l'art.

Ajoutons encore que cet artiste était un délicat; que ce délicat, doublé d'un érudit, fut parfois choqué de voir que les épigrammes grossières ou que les épîtres prosaïques de Marot ne laissaient soupçonner ni la grâce, ni la majesté dont notre langue était capable : c'est pour cela qu'il a demandé aux poètes de faire effort pour assurer, dans le monde, à la langue française, une réputation égale à celle des langues anciennes.

Mais il avait, en même temps, le goût trop large et trop hospitalier, pour se montrer exclusif et injuste envers les poètes de l'école marotique : c'est pour cela qu'il n'a point hésité, quand l'occasion s'est présentée, à louer Marot en de jolis vers, et à chanter Saint-Gelais avec quelque enthousiasme.

Il était en même temps trop perspicace et trop conscient de son propre génie, pour le contraindre à observer des règles qui l'eussent déformé et en eussent terni la fraîcheur. C'est pourquoi il a laissé l'ode pindarique à son ami Ronsard; il n'a pas abordé non plus le « long poème françois », le poème épique, qui devait avoir chez nous si triste destinée; il s'en est remis, enfin, à l'impatient Jodelle du soin d'adapter la tragédie antique aux exigences de l'esprit français.

Son génie, il le savait, était ailleurs. D'un caractère doux et triste, mais facilement aigri et irritable, en raison, peut-être, de sa mauvaise santé, il sentait en lui fermenter l'humeur satirique et mordante, avec le besoin d'affection, de plainte et d'expansion, si vif au fond des cœurs mélancoliques.

Une fois qu'il fut dégagé de l'influence italienne, les circonstances favorisèrent ses tendances naturelles : les déceptions qu'il éprouva à Rome révélèrent en lui un poète satirique, comme l'impression première laissée par la Ville Éternelle avait révélé l'artiste discret et exquis ; enfin la passion contrariée et le regret de la terre natale arrachèrent à l'élégiaque les sanglots les plus purs qui soient jamais sortis d'un cœur de poète.

Le poète. — Du Bellay a commencé par être un pétrarquiste dans l'*Olive*. Mellin de Saint-Gelais venait d'introduire le sonnet d'Italie en France, quelques années auparavant. Mais ce fut Du Bellay qui l'acclimata et l'imposa, pour ainsi dire, à la nouvelle école. On peut assurément lui reprocher d'avoir trop imité les grâces maniérées et tendres de la *Délie* de Maurice Scève et des *Canzoni* de Pétrarque. Il aime, lui aussi, les métaphores suivies, les comparaisons forcées, les antithèses laborieuses, dont l'écho se prolongera, en passant par Théophile[1], jusqu'à Corneille[2] et Racine[3]. Aussi l'*Olive* n'est-elle point une œuvre de verve et de sincérité. Le souci de la recherche y est trop évident ; on en pourrait citer maint exemple ; un seul suffit : le poète auteur de l'*Olive*, anagramme de Mlle de Viole, est étendu sous « l'arbre pâle » de l'olivier :

> Et de son fruit amer me repaissant,
> Aux plus beaux jours de mes vertes années
> Un triste hiver sens en moi renaissant.

A côté de ces fadaises et de ces mièvreries, on trouve d'ailleurs de beaux vers. Certes, il ne faut pas demander à Du Bellay le tour passionné ou voluptueux de certaines pièces des *Amours* de Ronsard : il n'était pas, pour cela, de complexion assez amoureuse. Sa passion a quelque chose de platonique, et qui s'exprime admirablement dans ce sonnet, où

---

1. « L'heureux objet qui me rend [malheureux. »
2. « Rends un sang infidèle à l'infi-[délité. » (*Le Cid.*)
3. « Pour réparer des ans l'irréparable [outrage. » (*Athalie.*)

il traduit l'idée, toute pétrarquiste, d'échapper à ce monde d'apparences, pour aller se joindre, ailleurs, au type idéal de la femme aimée :

> . . . .
> Là, ô mon âme, au plus haut ciel guidée,
> Tu y pourras reconnaître l'idée
> De la beauté qu'en ce monde j'adore.

Il importe de bien le savoir : depuis que l'on faisait des vers en français, personne encore n'en avait fait de semblables. Il faudra attendre Lamartine, pour en retrouver, dans l'*Isolement*, et sur le même thème, je ne dis pas de plus beaux, mais tout au moins de plus définitifs et de mieux achevés.

Mais, si Du Bellay fut le premier à sentir le vide du pétrarquisme, dont il s'affranchit assez rapidement, il conserva cependant, durant toute sa carrière, une certaine tendance au symbolisme et à l'allégorie. On la retrouve même, cette tendance, dans ses œuvres les plus personnelles, dans les *Antiquités de Rome*, dans les *Regrets* : c'est ainsi que dans le premier de ces poèmes, il y compare Rome successivement à une colonne, à un arc, à un chêne, à une louve, et la comparaison se poursuit ainsi, fastidieuse et obscure, dans toute la pièce intitulée *Songe ou Vision sur Rome*.

Ces réminiscences pétrarquistes ne sont, d'ailleurs, que des exceptions. Du Bellay était trop naturel et trop simple, il était trop poète de cœur, pour s'attarder longtemps à des puérilités et à des contorsions d'esprit. Aussi, trois ans à peine après la publication de son *Olive*, adressait-il à une dame une charmante pièce où il raillait avec esprit les *Pétrarquistes* et se vantait d'avoir « oublié l'art de *pétrarquiser* ». Il n'épargnait ni les fades langueurs, ni les métaphores outrées, ni l'idéalisme subtil auxquels il avait sacrifié dans ses poésies à Mlle de Viole. De même que Ronsard, il revint donc vite à ses inclinations, à cette poésie pénétrante où se mêle à des sensations d'artiste un peu d'amertume et de mépris des hommes.

Artiste, Du Bellay l'a été en présence des ruines de Rome. Il a dit de cette ville beaucoup de mal, dans la suite, parce que son âme y a été douloureusement froissée; mais il eût dû se souvenir qu'elle l'avait, tout d'abord, fort délicatement inspiré. L'impression a été si forte, en effet, qu'elle s'est traduite chez lui d'une manière vraiment épique et grandiose. Qui ne se rappelle, par exemple, le fameux sonnet :

> Telle que dans son char la Bérécynthienne
> Couronnée de tours, et joyeuse d'avoir
> Enfanté tant de Dieux, telle se faisoit voir
> En ses jours plus heureux ceste ville ancienne,
>
> Ceste ville qui fut, plus que la Phrygienne,
> Foisonnante en enfants, et de qui le pouvoir
> Fut le pouvoir du monde, et ne se peut revoir
> Pareille à sa grandeur, grandeur sinon la sienne.

A travers la Rome moderne, il a su retrouver la Rome antique ; il a senti toute la poésie de ses ruines ; et le sentiment de cette grandeur tant de fois abattue, mais qui a laissé de si imposants vestiges, lui inspire de puissantes et très pénétrantes méditations :

> Pâles esprits, et vous ombres poudreuses,
> Qui jouissant de la clarté du jour
> Fîtes sortir cet orgueilleux séjour,
> Dont nous voyons les reliques cendreuses.....

D'ailleurs, ces *Antiquités de Rome* forment une œuvre unique dans la littérature du temps, et Du Bellay ne s'est pas trompé lorsqu'il s'est vanté

> D'avoir chanté le premier des François
> L'antique honneur du peuple à longue robe.

Il a su, par là, se faire une âme antique, non plus seulement en pratiquant les grands écrivains de l'antiquité, comme le faisaient Ronsard et les plus illustres de ses contemporains, mais en se mettant en contact direct avec les vestiges les plus palpables du passé. Aussi a-t-il eu la sensation très vive de l'antiquité, beaucoup plus vive même que ne l'ont eue les hommes de son temps. Le spectacle de tant de ruines imposantes, l'éveil de tant de souvenirs glorieux, ont vivement ébranlé sa sensibilité et son imagination. C'est par là qu'il mérite une place à part entre tous les humanistes du xvie siècle ; car l'humanisme a été pour lui la véritable résurrection du passé.

Mais, à côté de l'artiste ému et sincère, il faut voir aussi dans Du Bellay le satirique mordant qu'il porta toujours en lui et que l'occasion fit éclore. Il était véritablement né satirique; car, dès 1549, à la suite de l'*Olive*, on le voit publier un recueil de *Vers lyriques* contenant un poème remarquable intitulé *Le Poète courtisan*. Par un procédé finement ironique, qui consiste, en apparence, à enseigner le moyen de devenir un excellent poète courtisan, il fait ressortir avec une merveilleuse adresse les défauts de ce dernier. Au fond, il le montre absolument opposé à tous les préceptes donnés dans la *Défense et Illustration*, qu'il ne nomme pas d'ailleurs, mais qu'il a sans cesse présente à l'esprit.

La *Défense* conseille le travail, l'étude assidue des anciens, la recherche d'un art savant, l'emploi des grands genres et du haut style; eh bien! le poète courtisan ne pâlira point dans le recueillement de l'étude; il ignorera l'antiquité, ne suivra que son « simple naturel »; enfin il n'écrira que des poèmes de circonstance et en un style négligé :

> Car le vers plus coulant est le vers plus parfaict.

Cette satire du *Poète courtisan*, sous sa forme d'attaque ironique contre les théories de la Pléiade, n'est, en somme, qu'une confirmation de la *Défense*, confirmation d'autant plus vigoureuse qu'elle couvre de ridicule ceux qui n'en pratiquent pas les règles.

Cette tendance à l'esprit satirique, nous la retrouvons dans la pièce *contre les Pétrarquistes* dont nous avons parlé tout à l'heure. Du Bellay y brûle ce qu'il a adoré, c'est-à-dire ce platonisme banal et cherché, si fort admiré dans son temps. Il y raille avec légèreté et à-propos les « soupirs et les pleurs » des poètes maniérés, ces beautés dont ils chantent les

> Fleurs, lis, œillets et roses;

enfin il semble se moquer agréablement, en terminant, lorsqu'il déclare :

> Si toutefois Pétrarque vous plaît mieux,
> Je reprendrai mon chant mélodieux.

L'ironiste pénétrant reparaît ici, dans cette proposition de s'exercer encore, si l'on y tient, en un genre qu'il vient de discréditer si joliment et sous une forme si mordante.

On pourrait encore citer, dans le même ordre de satire par paradoxe, cet *Éloge de la Surdité* que notre poète adressait à

Ronsard, et dans lequel il décrit fort agréablement les inconvénients auxquels nous expose une oreille éveillée.

Mais nulle part l'esprit satirique de Du Bellay ne se donne plus libre carrière que dans les *Regrets*. Rome, l'Italie entière, lui étaient devenues presque odieuses :

> Maudit soit mille fois le borgne de Libye,
> Qui, le cœur des rochers perçant de part en part,
> Des Alpes renversa le naturel rempart
> Pour ouvrir le chemin de France en Italie !

Et déplorant le hasard qui l'a mis en danger

> De venir ici perdre et l'honneur et la vie,

il n'épargne aucun des traits de la satire la plus amère aux parvenus, aux favoris, aux libertins, dont la corruption fait d'autant mieux ressortir la grandeur du passé. Mais, ce qui l'a surtout profondément écœuré à Rome, ce sont ces intrigants qui viennent chercher fortune à quelque prix que ce soit, et qui savent

> Marcher d'un grave pas et d'un grave souci,
> Et d'un grave souris à chacun faire fête ;

ce sont ces prélats qui conspirent sourdement aux alentours du conclave, qui donnent leur voix au plus offrant ; c'est le spectacle de ces marchés scandaleux mettant la tiare à l'encan

> Et pour moins d'un écu dix cardinaux en vente.

Voilà des paroles et des tableaux bien amers, et quand Du Bellay, dans ses vers latins, nous dira qu'il a connu la tentation du suicide, ne serons-nous pas tentés de l'en croire ?

« Mais qui perd tout, s'il est vraiment poète, il se reste à lui-même, et, n'ayant plus le cœur

> A suivre d'Apollon la trace non commune,

encore peut-il chanter sa tristesse ; et, puisque, comme le dira le moraliste, « chacun de nous porte en soi la forme de l'humaine condition », pourquoi sa plainte ne trouverait-elle pas un écho dans les cœurs[1] ? »

---

1. BRUNETIÈRE, *ibid.*

C'est ainsi que furent composés les vers élégiaques des *Regrets;* « ainsi, pendant trois ans, comme d'une source vive, sont-ils sortis du cœur du poète; ainsi ont-ils créé dans notre langue ce que nous avons appelé depuis lors la poésie intime ». Il faudra attendre jusqu'à nos jours pour retrouver dans l'auteur des *Intimités* et des *Humbles* ces petits poèmes dont le prosaïsme apparent est relevé par la justesse pittoresque du trait, par l'ironie légère et la sincérité de l'émotion.

Cette émotion est d'abord discrète et contenue dans la plupart des sonnets que, de Rome, il adresse à ses amis; car il n'y parle guère que de lui-même. Mais, à mesure que la note en devient plus générale et plus humaine, comme l'émotion s'accentue et déborde! C'est que la plainte de l'exilé, blessé au cœur par le *mal du pays*, est la plainte éternelle que chacun de nous a poussée dans les heures de nostalgie et d'abandon. Vibrante et caressante en même temps, dans les pièces que Du Bellay envoyait à ses amis de France, pour se rapprocher d'eux et du sol natal par la pensée, elle devient presque déchirante dans les vers où il pleure ses illusions et sa jeunesse envolée :

> Où sont ces doux plaisirs qu'au soir à la nuit brune
> Les Muses me donnaient, alors qu'en liberté,
> Dessus le vert tapis d'un rivage écarté,
> Je les menais danser aux rayons de la lune?

La jeunesse, c'est encore le pays, la demeure paternelle dont elle évoque le souvenir. Or, c'est ce souvenir qui hante Du Bellay dans l'exil : le Tibre ne lui donne plus que le regret de son « petit Liré »; la brise des mers italiennes le fait rêver de « la douceur angevine », et le sentiment de sa solitude ne lui inspire plus que ces accents bien connus d'infinie tendresse :

> Quand reverrai-je, hélas! de mon petit village
> Fumer la cheminée, et en quelle saison
> Reverrai-je le clos de ma pauvre maison,
> Qui m'est une province et beaucoup davantage?

Qui ne connaît tout entier ce sonnet célèbre? Il n'en est pas, en effet, qui caractérise mieux la physionomie du poète qui ne dédaigna point de chanter le charme subtil et pénétrant du coin de terre où il était né.

« Et que de réflexions ne suggère-t-il pas? Hélas! c'est donc la fin de toutes choses! et, après avoir parcouru l'univers pour la satisfaction d'une inutile curiosité, l'unique vœu que nous formions, c'est de revenir mourir au gîte. On avait ouvert, comme Du Bellay, sa voile toute grande au vent de l'espérance, et on était parti pour la fortune et pour la gloire! *Italiam, Italiam!* On avait rêvé d'horizons infinis et de conquêtes sans limites! On s'était flatté d'entrer en vainqueur dans « cette superbe cité romaine »; on devait piller, pour en faire l'ornement de ses propres autels, « les sacrés trésors de ce temple delphique »; on s'en était promis je ne sais quelle joie plus qu'humaine, et voici que tout se termine à reconnaître qu'on eût mieux fait de ne jamais quitter « le clos de sa pauvre maison »! On avait affecté le dédain des humbles de ce monde, on s'était séparé de la foule, on s'était bravement écrié :

> Rien ne me plaît, hors ce qui peut déplaire
> Au jugement du rude populaire.

« Et, maintenant, voici qu'aux sublimités de Pindare et qu'aux raffinements du pétrarquisme, on préfère la chanson d'un vanneur de blé dans la plaine! C'est qu'en effet, de quelque superbe indifférence et de quelque détachement que nous osions quelquefois nous vanter, nous tenons tous à nos origines, nous tenons à notre sol natal par des liens plus forts que nous ne le croyons, et, pour nous l'apprendre, si nous l'ignorions, il nous suffit d'avoir essayé, comme Du Bellay, de les briser. Dans cette Rome qu'il s'était représentée si belle, et comme au sein même des splendeurs de l'Italie de la Renaissance, Joachim Du Bellay n'a souffert de rien tant que du contact des Italiens, ni des caprices de son cardinal, ni de la médiocrité de sa fortune, ni de la ruine de ses espérances, — que du mal sacré du pays, et, s'il a d'autres titres de gloire, il n'en a pas de plus durable à notre reconnaissance.

« Car ce n'est pas son Anjou seulement, son « petit Liré », son « Loyre gaulois », qu'il a regretté dans Rome; c'est la France, la France tout entière, et Bretons ou Provençaux, d'une frontière à l'autre de la patrie commune, son appel désespéré ne retentit-il pas encore dans tous les cœurs :

> France, mère des arts, des armes et des lois,
> Tu m'as nourri longtemps du lait de ta mamelle;
> Ores, comme un enfant que sa nourrice appelle,
> Je remplis de ton nom les antres et les bois.

> Si tu m'as, pour enfant, avoué quelquefois,
> Que ne me réponds-tu, maintenant, ô cruelle,
> France, France, réponds à ma triste querelle,
> Mais nul, sinon Écho, ne répond à ma voix!.... »[1]

Ce que de pareils vers ont de puissant et de tragique, est-il besoin de le faire remarquer? Ils suffisent, en tout cas, pour mettre Du Bellay au-dessus d'Ovide, dont les *Tristes* sont comme une première ébauche, moins attendrie et moins naturelle surtout, de ce que seront les *Regrets*.

Car Du Bellay est avant tout naturel : en lui, rien de cherché, rien de factice, dès qu'il a trouvé sa voie véritable hors du pétrarquisme. C'est pourquoi il est le poète le plus personnel de son temps; car ses vers renferment réellement toute son âme et toute sa pensée. Lui qui, dans la *Défense et Illustration*, avait sonné la charge de l'école nouvelle, en recommandant l'imitation des procédés antiques et l'effacement du poète derrière son œuvre, est passé tout entier dans ses écrits : son tempérament de poète intime a brisé les barrières de l'humanisme étroit, qui pouvaient suffire à d'autres, mais dans lesquelles son génie ne pouvait rester enfermé.

Sensibilité délicate, expansion débordante du cœur, ce sont là les deux qualités maîtresses qui font de Du Bellay le poète le plus *humain* peut-être du xvie siècle, et à coup sûr le plus original et le plus délicat.

---

1. BRUNETIÈRE, *ibid.*

EXTRAITS
DES ŒUVRES DE DU BELLAY

Le Poëte courtisan.

Je ne veux point icy du maistre d'Alexandre[1],
Touchant l'art poëtic, les préceptes t'apprendre.
Tu n'apprendras de moy comment jouer il fault
Les misères des Roys dessus un eschafault[2] :
Je ne t'enseigne l'art de l'humble comœdie,
Ny du Mëonien[3] la Muse plus hardie :
Bref je ne monstre icy d'un vers Horacien[4]
Les vices et vertuz du poëme ancien :
Je ne depeins aussi le Poëte du Vide[5] ;
La Court est mon autheur, mon exemple et ma guide.
Je te veux peindre icy, comme un bon artisan,
De toutes ses couleurs l'Apollon[6] Courtisan,
Où la longueur sur tout il convient que je fuye,
Car de tout long ouvrage à la Court on s'ennuye.
Celuy donc qui est né (car il se fault tenter[7]
Premier que[8] l'on se vienne à la Court présenter)
A ce gentil mestier, il fault que de jeunesse
Aux ruses et façons de la Court il se dresse.
Ce précepte est commun : car qui veult s'avancer
A la Court, de bonne heure il convient commencer.
Je ne veulx que long temps à l'estude il pallisse,
Je ne veulx que resveur sur le livre il vieillisse[9],

---

1. Le philosophe Aristote.
2. Sur l'échafaudage qui servait de scène pour jouer les tragédies.
3. Homère, le poète de la Méonie (Lydie), où une tradition le faisait naître.
4. Avec des vers composés à l'imitation d'Horace dans l'*Art Poétique*.
5. Le poète dont Vida (1480-1566) fait le portrait dans son *Art Poétique*.
6. Le disciple d'Apollon.
7. Faire l'essai de ses forces.
8. Avant que.
9. On remarquera que la *Défense et Illustration de la Langue* prescrivait le travail assidu et l'étude des anciens, c'est-à-dire tout le contraire de ce que doit faire le poète courtisan.

Fueilletant studieux tous les soirs et matins
Les exemplaires Grecs, et les autheurs Latins[1].
Ces exercices-là font l'homme peu habile,
Le rendant catarreux, maladif et debile,
Solitaire, fascheux, taciturne et songeard ;
Mais nostre courtisan est beaucoup plus gaillard,
Pour un vers allonger, ses ongles il ne ronge[2] ;
Il ne frappe sa table ; il ne resve, il ne songe,
Se brouillant le cerveau de pensemens divers,
Pour tirer de sa teste un miserable vers,
Qui ne rapporte, ingrat[3], qu'une longue risee
Par tout où l'ignorance est plus authorisee.

Toy donc qui as choisy le chemin le plus court,
Pour estre mis au ranc des sçavans de la Court,
Sans mascher le laurier, ny sans prendre la peine
De songer en Parnasse[4] et boire à la fontaine[5]
Que le cheval volant[6] de son pied fît saillir,
Faisant ce que je dy, tu ne pourras faillir.

Je veux en premier lieu que sans suivre la trace
(Comme font quelques uns) d'un Pindare et Horace,
Et sans vouloir, comme eux, voler si haultement,
Ton simple naturel tu suives seulement.
Ce proces tant mené, et qui encore dure[7],
Lequel des deux vault mieulx, ou l'art, ou la nature[8],

---

1. Cf. HORACE, *Art Poétique*, v. 268 :

Vos exemplaria Græca
Nocturna versate manu, versate diurna.

« Feuilletez nuit et jour les ouvrages des auteurs grecs. »

2. Cf. HORACE, *Satires*, I, x, v. 71 :

In versu faciendo
Sæpe caput scaberet, vivos et roderet
[ungues.

« En composant ses vers, souvent il se gratterait le front et se rongerait les ongles jusqu'au vif. »

Et PERSE, *Satires*, I, v. 106 :

Nec pluteum cædit, nec demorsos sapit
[ungues.

« Le poète, pour faire de tels vers, n'a point frappé sa table ni senti le goût de ses ongles rongés. »

3. Sans avantage.
4. Sur le Parnasse.
5. A la fontaine d'Hippocrène, consacrée aux Muses.
6. Pégase.
7. Cf. HORACE, *Art Poétique*, v. 78 :

Et adhuc sub judice lis est.

« La chose est encore à juger. »

8. Cf. HORACE, *Art Poétique*, v. 408 :

Natura fieret laudabile carmen an arte,
Quæsitum est.

« On a souvent demandé si les bons vers étaient un don de la nature ou le fruit du travail. »

La *Défense et Illustration* recommandait un art savant ; mais le poète courtisan suivra le seul naturel.

En matiere de vers, à la Court est vuidé :
Car il suffit icy que tu soyës guidé
Par le seul naturel, sans art et sans doctrine,
Fors cest art qui apprend à faire bonne mine.
Car un petit sonnet qui n'a rien que le son,
Un dizain à propos, ou bien une chanson,
Un rondeau bien troussé, avec une ballade
(Du temps qu'elle couroit), vault mieux qu'une Iliade.
Laisse moy doncques là ces Latins et Gregeois,
Qui ne servent de rien au poëte François,
Et soit la seule Court ton Virgile et Homere
Puisqu'elle est (comme on dit) des bons esprits la mere.
La Court te fournira d'arguments[1] suffisans,
Et seras estimé entre les mieulx disans.
Non comme ces resveurs, qui rougissent de honte
Fors entre les sçavans, desquelz on ne fait compte.

Or si les grands seigneurs tu veux gratifier[2],
Argumens à propos il te fault espier :
Comme quelque victoire ou quelque ville prise,
Quelque nopce ou festin, ou bien quelque entreprise
De masque[3] ou de tournoy : avoir force desseins[4],
Desquelz à ceste fin tes coffres seront pleins[5].

Je veux qu'aux grands seigneurs tu donnes des devises,
Je veux que tes chansons en musique soyent mises,
Et à fin que les grands parlent souvent de toy,
Je veux que l'on les chante en la chambre du Roy.
Un sonnet à propos, un petit epigramme
En faveur d'un grand prince ou de quelque grand' dame,
Ne sera pas mauvais ; mais garde toy d'user
De mots durs, ou nouveaux, qui puissent amuser[6]
Tant soit peu le lisant : car la douceur du stile
Fait que l'indocte vers aux oreilles distile[7] :
Et ne fault s'enquerir s'il est bien ou mal fait ;
Car le vers plus coulant est le vers plus parfaict.

1. Des sujets.
2. Être agréable.
3. Mascarade.
4. Plans d'ouvrages.
5. La *Défense et Illustration* recommandait les grands genres littéraires, nourris d'idées générales ; mais le poète courtisan ne fera que des poèmes de circonstance.
6. Occuper.
7. Coule. — Le poète courtisan doit donc éviter ce style un peu savant qu'exigeait la *Pléiade* dans toute œuvre parfaite.

Quelque nouveau poëte à la Court se presente¹,
Je veux qu'à l'aborder² finement on le tente :
Car s'il est ignorant, tu sçauras bien choisir
Lieu et temps à propos, pour en donner plaisir³ :
Tu produiras par tout cette beste, et en somme,
Aux despens d'un tel sot tu seras galand homme.
S'il est homme sçavant, il te fault dextrement
Le mener par le nez, le louer sobrement,
Et d'un petit soubriz et branslement de teste
Devant les grands seigneurs luy faire quelque feste ;
Le présenter au Roy, et dire qu'il fait bien,
Et qu'il a merité qu'on luy fasse du bien.
Ainsi tenant tousjours ce povre homme soubs bride,
Tu te feras valoir en luy servant de guide :
Et combien que⁴ tu soys d'envie espoinçonné⁵,
Tu ne seras pour tel toutefois soubçonné.....
 Et, à la verité, la ruse coutumière,
Et la meilleure, c'est rien ne mettre en lumière :
Ains jugeant librement des œuvres d'un chacun,
Ne se rendre subject au jugement d'aucun,
De peur que quelque fol te rende la pareille,
S'il gaigne comme toy des grands Princes l'oreille.
 Tel estoit de son temps le premier estimé,
Duquel si on eust lu quelque ouvrage imprimé,
Il eust renouvelé, peut estre, la risée
De la montaigne enceinte⁶ : et sa Muse, prisée
Si hault auparavant, eust perdu (comme on dit)
La reputation qu'on luy donne à credit.
Retien doncques ce poinct : et si tu m'en veux croire,
Au jugement commun ne hasarde ta gloire,
Mais sage sois content du jugement de ceux
Lesquelz trouvent tout bon⁷, ausquelz plaire tu veux,
Qui peuvent t'avancer en estats et offices,
Qui te peuvent donner les riches benefices,

---

1. Se présente-t-il.
2. En l'abordant.
3. Pour amuser les autres à ses dépens.
4. Quoique.
5. Comme piqué de l'aiguillon de l'envie.

6. Cf. HORACE, *Art Poétique*, v. 139 :
Parturiunt montes ; nascetur ridiculus [mus.
« La montagne en travail enfantera une souris, objet de risée. »
7. Dans tes ouvrages.

Non ce vent populaire[1], et ce frivole bruit
Qui de beaucoup de peine apporte peu de fruict.
  Ce faisant, tu tiendras le lieu d'un Aristarque[2]
Et entre les sçavans seras comme un monarque :
Tu seras bien venu entre les grands seigneurs,
Desquelz tu recevras les biens et les honneurs,
Et non la pauvreté, des Muses l'héritage,
Laquelle est à ceux-là réservée en partage,
Qui, dédaignant la Court, fascheux et malplaisans,
Pour allonger leur gloire, accourcissent leurs ans[3].

(Vers lyriques et Poésies diverses.)

D'écrire en sa langue[4].

  Quiconque soit qui s'estudie
  En leur langue imiter les vieux[5],
  D'une entreprise trop hardie
  Il tente la voye des cieux,
    Croyant en[6] des ailes de cire[7],
  Dont Phœbus le peut déplumer ;
  Et semble, à le voir, qu'il désire
  Nouveaux noms donner à la mer[8].
    Il y met de l'eau, ce me semble,
  Et pareil (peult estre) encor est

---

1. C'est le *popularibus auris* de Virgile (*Énéide*, VI, v. 816).
2. Aristarque, célèbre critique d'Alexandrie (IIe siècle avant notre ère) ; on lui doit une revision des poèmes d'Homère. L'antiquité l'honorait comme un homme d'une érudition et d'un goût fort éclairés.
3. Le fond du tempérament poétique de Du Bellay est satirique. Le *Poète courtisan* en est une preuve. Sous une forme savante, Du Bellay fait, en effet, de la satire, tout en semblant faire œuvre didactique. A cet égard, ce poème est d'une ironie pénétrante et achevée. Il ne dit pas ce qu'est le poète courtisan ; mais il enseigne comment on le devient, en faisant justement le contraire de ce que prescrit la *Défense et Illustration de la Langue*.
Si l'on considère que ce poème a paru en 1549, l'année même de la publication de la *Défense*, on en comprendra toute l'importance comme satire littéraire, confirmant la *Défense* elle-même par ses interdictions ironiques. — Le *Poète courtisan* semble être un portrait de Mellin de Saint-Gelais.
4. Contre les poètes qui écrivent en grec et en latin, par un amour exagéré de l'antiquité. Voy. le commentaire de cette ode dans la *Défense et Illustration de la Langue française*, liv. II, ch. XII.
5. Les anciens.
6. Confiant en....
7. Allusion à la légende d'Icare, qui s'était attaché aux épaules des ailes : les rayons du soleil avaient fait fondre la cire qui joignait les plumes.
8. Comme Icare donna son nom à la mer où il se noya (entre la Grèce et l'Italie).

JOACHIM DU BELLAY.

A celuy qui du bois assemble,
Pour le porter en la forest.
    Qui suyvra la divine Muse[1]
Qui tant sceut Achille extoller?
Où est celuy qui tant s'abuse
De cuider encores voler
    Où[2] par régions incognuës
Le cygne Thebain[3] si souvent
Dessous luy regarde les nues,
Porté sur les ailes du vent?
    Qui aura l'haleine assez forte
Et l'estomac pour entonner
Jusqu'au bout la buccine torte
Que le Mantuan[4] fist sonner?
    Mais où est celuy qui se vante
De ce Calabrois[5] approcher,
Duquel jadis la main sçavante
Sceut la lyre tant bien toucher?
    Princesse[6], je ne veux point suyvre
D'une telle mer les dangers,
Aimant mieux entre les miens vivre
Que mourir chez les estrangers.
    Mieux vault que les siens on precede,
Le nom d'Achille poursuyvant,
Que d'estre ailleurs un Diomede,
Voire un Thersite bien souvent.
    Quel siecle esteindra ta memoire,
O Boccace? Et quels durs hivers
Pourront jamais seicher la gloire,
Petrarque, de tes lauriers verds?
    Qui verra la vostre[7] muette,
Dante, Bembe[8], à l'esprit haultain[9]?
Qui fera taire la musette
Du pasteur Neapolitain[10]?

---

1. Celle d'Homère.
2. Là où.
3. PINDARE, né à Thèbes.
4. VIRGILE, né à Andes, près de Mantoue.
5. HORACE, de Venouse, en Apulie (dans la Calabre actuelle).
6. Du Bellay s'adresse ici à Madame Marguerite, sœur de Henri II.
7. Votre gloire.
8. BEMBO (le cardinal), prosateur italien de la Renaissance (1470-1547).
9. Elevé.
10. SANNAZAR, auteur d'*Églogues* en

Le Lot, le Loyr, Touvre et Garonne[1]
A voz bords vous direz le nom
De ceux que la docte couronne
Eternize de hault renom.

Et moy (si la douce folie
Ne me deçoit) je te promets,
Loyre, que ta lyre abolie,
Si je vy, ne sera jamais.

Marguerite peut donner celle
Qui rendoit les enfers contens,
Et qui bien souvent après elle
Tiroit les chesnes escoutans[2].

(Recueil de Poésies présenté a Madame Marguerite.)

La Belle matineuse[3].

Déjà la nuit en son parc amassoit
Un grand troupeau d'estoiles vagabondes,
Et pour entrer aux cavernes profondes,
Fuyant le jour, ses noirs chevaux chassoit;

Déjà le ciel aux Indes rougissoit,
Et l'aube encor de ses tresses tant blondes
Faisant grêler mille perlettes rondes[4]
De ses thrésors les prez enrichissoit;

Quand d'occident, comme une estoile vive,
Je vy sortir dessus ta verte rive,
O fleuve mien[5]! une nymphe en riant.

Alors, voyant ceste nouvelle aurore,
Le jour honteux d'un double teint colore
Et l'angevin et l'Indique orient[6].

(L'Olive, *Sonnet*.)

langue italienne et d'autres poésies en langue latine (1458-1530).
1. Olivier de Magny est né sur les bords du Lot, à Cahors; Ronsard, sur les bords du Loir; Saint-Gelais, à Angoulême, au bord de la Touvre; Lancelot de Carle, à Bordeaux, sur la Garonne.
2. Comme la lyre d'Orphée.
3. Au XVIIe siècle, Maleville et Voiture ont exécuté sur le même thème chacun une variation, dont le succès fut extraordinaire. Toute la société prit parti pour l'un ou pour l'autre.
4. Les gouttes de rosée.
5. La Loire.
6. Quand la Nymphe divine, à mon [repos fatale,
Apparut et brilla de tant d'attraits di- [vers.

L'Olivier.

Ores qu'en l'air le grand dieu du tonnerre
Se rue au sein de son épouse aimée,
Et que de fleurs la nature semée
A fait le ciel amoureux de la terre ;

Or' que des vents le gouverneur [1] desserre
Le doux Zéphyre, et la forêt armée
Voit par l'épais de sa neuve ramée
Maint libre oiseau qui de tous côtés erre ;

Je vais faisant un cry non entendu
Entre les fleurs du sang amoureux nées,
Pâle, dessous l'arbre pâle [2] étendu ;

Et de son fruit amer me repaissant,
Aux plus beaux jours de mes vertes années
Un triste hiver sens en moi renaissant.

(L'OLIVE, *Sonnet*.)

L'Idée.

Si nostre vie est moins qu'une journée
En l'éternel [3], si l'an, qui fait le tour,
Chasse nos jours sans espoir de retour,
Si perissable est toute chose née ;

Que songes-tu, mon ame emprisonnée ?
Pourquoy te plaist l'obscur [4] de nostre jour,
Si, pour voler en un plus clair sejour,
Tu as au dos l'aile bien empennée ?

Qu'il semblait qu'elle seule éclairait l'u-
   [nivers
Et remplissait de feux la rive orientale.
   (VOITURE.)
Quand la jeune Philis au visage riant,
Sortant de son palais plus clair que
   [l'Orient,
Fit voir une lumière et plus vive et plus
   [belle. (MALEVILLE.)

1. Éole.
2. L'olivier. Cet arbre lui rappelle celle qu'il aime, Mlle de Viole, dont l'anagramme est *olive* : c'est le nom qu'il donne à son recueil de sonnets.
3. Dans l'éternité.
4. L'obscurité.

Là est le bien que tout esprit desire,
Là le repos où tout le monde aspire,
Là est l'amour, là le plaisir encore.

Là, ô mon ame, au plus haut ciel guidée,
Tu y pourras recognoistre l'idée[1]
De la beauté qu'en ce monde j'adore.

(L'Olive, Sonnet.)

Réveil du cœur.

Voyez, amants, comme ce petit dieu
Traicte nos cœurs. Sur la fleur de mon âge[2],
Amour tout seul regnoit en mon courage,
Et n'y avoit la raison point de lieu.

Puis, quand cest âge, augmentant peu à peu,
Vint sur ce poinct où l'homme est le plus sage,
D'autant qu'en moy croissoit sens et usage,
D'autant aussi décroissoit ce doux feu.

Ores, mes ans tendans sur la vieillesse
(Voyez comment la raison nous delaisse),
Plus que jamais je sens ce feu d'Amour.

L'ombre au matin nous voyons ainsi croistre,
Sur le midy plus petite apparoistre,
Puis s'augmenter devers la fin du jour[3].

(Les Amours, Sonnet.)

Passion.

Comme souvent des prochaines fougères
Le feu s'attache aux buyssons, et souvent
Jusques aux bleds, par la fureur du vent,
Pousse le cours de ses flammes legères ;

---

1. Le type idéal. — Ce sonnet est tout à fait dans le goût de Pétrarque.
2. Dans ma prime jeunesse.
3. Tout un paysage virgilien est renfermé dans ces trois derniers vers. On songe involontairement à l'hexamètre qui termine la première églogue de Virgile :

Majoresque cadunt altis de montibus [umbræ.

« Et plus allongées tombent les ombres du haut des collines élevées. »

Et comme encor ces flammes passagères
Par tout le bois traînent, en se suyvant,
Le feu qu'au pied d'un chesne auparavant
Avoyent laissé les peu cautes bergères ;

Ainsi l'amour d'un tel commencement
Prend bien souvent un grand accroissement :
Il vaut donc mieux ma plume ici contraindre

Que d'imiter un homme sans raison,
Qui se jouant de sa propre maison,
Y met un feu qui ne se peut esteindre.

(Les Amours, *Sonnet*.)

Grandeur de Rome.

Telle que dans son char la Bérécynthienne[1]
Couronnée de tours et joyeuse d'avoir
Enfanté tant de dieux, telle se faisoit voir
En ses jours plus heureux ceste ville ancienne ;

Ceste ville qui fut plus que la Phrygienne[2]
Foisonnante en enfants, et de qui le pouvoir
Fut le pouvoir du monde, et ne se peut revoir
Pareille à sa grandeur, grandeur sinon la sienne.

Rome seule pouvoit à Rome ressembler,
Rome seule pouvoit Rome faire trembler,
Aussi n'avoit permis l'ordonnance fatale

Qu'autre pouvoir humain, tant fust audacieux,
Se vantast d'égaler celle qui fit égale
Sa puissance à la terre et son courage aux cieux[3].

(Antiquités de Rome.)

Les sept collines.

Celle qui de son chef les estoilles passoit,
Et d'un pied sur Thetis, l'autre dessous l'Aurore,
D'une main sur le Scythe et l'autre sur le More,
De la terre et du ciel la rondeur compassoit,

---

1. Cybèle, adorée particulièrement sur le mont Bérécynte, en Phrygie.
2. Troie.
3. Il y a dans ces vers une vive admiration de la majesté et de la puissance romaines.

Juppiter ayant peur, si plus elle croissoit,
Que l'orgueil des Geans se relevast encore,
L'accabla sous ces monts, ces sept monts qui sont ore
Tombeaux de la grandeur qui le ciel menassoit.

Il lui meist sur le chef la croppe¹ Saturnale,
Puis dessus l'estomac assist la Quirinale,
Sur le ventre il planta l'antique Palatin,

Mist sur la dextre main la hauteur Celienne,
Sur la senestre assist l'eschine Exquilienne,
Viminal sur un pied, sur l'autre l'Aventin².

(Antiquités de Rome.)

Les ruines.

Telz que l'on vid jadis les enfans de la Terre,
Plantez dessus les monts pour escheller³ les cieux,
Combattre main à main la puissance des dieux,
Et Juppiter contre eux, qui ses foudres desserre :

Puis, tout soudainement renversez du tonnerre,
Tomber deçà delà ces squadrons furieux,
La terre gémissante et le ciel glorieux
D'avoir à son honneur achevé ceste guerre ;

Tel encor on a veu par dessus les humains
Le front audacieux des sept costeaux⁴ Romains
Lever contre le ciel son orgueilleuse face :

Et tels ores on voit ces champs deshonnorez
Regretter leur ruine, et les dieux asseurez
Ne craindre plus là hault si effroyable audace.

(Antiquités de Rome.)

1. La croupe.
2. C'est une idée originale, de représenter Rome, accablée sous le poids des sept collines, comme Encelade, le géant de la Fable, qui gémissait sous la masse de l'Etna. Les sept collines de la Rome ancienne étaient : le Capitolin, où se trouvait, aux premiers jours de Rome, le bourg de Saturnia ; le Quirinal, le Palatin, le Cœlius, l'Esquilin, le Viminal, l'Aventin.
3. Escalader comme avec une échelle.
4. Les sept collines.

Grandeur passée.

Ny la fureur de la flamme enragée,
Ny le tranchant du fer victorieux,
Ny le degast du soldat furieux
Qui tant de fois, Rome, t'a saccagée;

Ny coup sur coup ta fortune changée,
Ny le ronger des siècles envieux,
Ny le despit des hommes et des dieux,
Ny contre toy ta puissance rangée[1],

Ny l'esbranler des vents impetueux,
Ny le débord de ce dieu tortueux[2]
Qui tant de fois t'a couvert de son onde,

Ont tellement ton orgueil abbaissé
Que la grandeur du rien qu'ilz t'ont laissé
Ne face encor emerveiller le monde.

(Antiquités de Rome.)

La Gloire du monde.

Comme on passe en esté le torrent sans danger,
Qui souloit en hyver estre roy de la plaine,
Et ravir par les champs, d'une fuite hautaine,
L'espoir du laboureur et l'espoir du berger;

Comme on voit les couards[3] animaux outrager
Le courageux lyon gisant dessus l'arène,
Ensanglanter leurs dents, et, d'une audace vaine,
Provoquer l'ennemy qui ne se peut venger;

Et comme devant Troye on vit des Grecs encor
Braver les moins vaillans autour du corps d'Hector :
Ainsi ceux qui jadis souloyent, à teste basse,

Du triomphe romain la gloire accompagner,
Sur ces poudreux tombeaux exercent leur audace,
Et osent les vaincus les vainqueurs dédaigner.

(Antiquités de Rome.)

1. Allusion aux guerres civiles.
2. Le Tibre divinisé.
3. L'animal qui fuit en serrant sa queue (*cauda*) entre ses pattes.

Les Ruines de Rome.

Comme le champ semé en verdure foisonne,
De verdure se hausse en tuyau verdissant,
Du tuyau se herisse en espic florissant,
D'espic jaunit en grain, que le chaud assaisonne;

Et comme en la saison le rustique[1] moissonne
Les ondoyans cheveux du sillon blondissant,
Les met d'ordre[2] en javelle, et du blé jaunissant,
Sur le champ dépouillé, mille gerbes façonne :

Ainsi, de peu à peu, creut l'Empire romain,
Tant qu'il[3] fut despouillé par la barbare main,
Qui ne laissa de luy que ces marques antiques,

Que chacun va pillant : comme on voit le glenneur,
Cheminant pas à pas, recueillir les reliques
De ce qui va tombant après le moissonneur[4].

(ANTIQUITÉS DE ROME.)

Rome.

Toy qui de Rome, emerveillé, contemples
L'antique orgueil qui menassoit les cieux,
Ces vieux palais, ces monts audacieux,
Ces murs, ces arcs, ces thermes et ces temples,

Juge, en voyant ces ruynes si amples,
Ce qu'a rongé le temps injurieux,
Puis qu'aux ouvriers les plus industrieux[5]
Ces vieux fragmens encor servent d'exemples.

Regarde après comme, de jour en jour,
Rome, fouillant son antique séjour,
Se rebastit de tant d'œuvres divines[6] :

---

1. Le paysan.
2. Par ordre.
3. Jusqu'à ce qu'il.
4. On remarquera, dans ce sonnet, l'ampleur des comparaisons, les coupes variées des vers et l'emploi des mots techniques : on sent, en lisant de tels morceaux, toutes les richesses que la Pléiade a apportées à la poésie française.
5. Aux artistes, par conséquent.
6. Sort de ses ruines.

Tu jugeras, que le Demon romain
S'efforce encor, d'une fatale main,
Ressusciter ces poudreuses ruynes.

(Antiquités de Rome.)

Vanité des vanités.

Nouveau venu, qui cherches Rome en Rome,
Et rien de Rome en Rome n'apperçois ;
Ces vieux palais, ces vieux arcs que tu vois,
Et ces vieux murs, c'est ce que Rome on nomme.

Voy quel orgueil, quelle ruine, et comme
Celle qui mit le monde sous ses loix,
Pour dompter tout, se dompta quelquefois,
Et devint proye au temps, qui tout consomme.

Rome de Rome est le seul monument ;
Et Rome Rome a vaincu seulement.
Le Tybre seul, qui vers la mer s'enfuit,

Reste de Rome. Ah ! mondaine inconstance !
Ce qui fut ferme[1] est par le temps destruit,
Et ce qui fuit au temps fait résistance.

(Antiquités de Rome.)

Mélancolie.

Pâles esprits, et vous, ombres poudreuses[2],
Qui, jouissant de la clarté du jour,
Fistes sortir cest orgueilleux séjour,
Dont nous voyons les reliques cendreuses,

Dites, esprits (ainsi les ténébreuses
Rives de Styx non passable au retour,
Vous enlaçant d'un trois fois triple tour[3]
N'enferment point vos images ombreuses),

---

1. Solide.
2. Le poète s'adresse aux ombres des Romains illustres.
3. Cf. Virgile, *Géorgiq.*, IV, v. 479 :

..... et novies Styx interfusa coercet.

« Et le cours neuf fois répété du Styx les emprisonne. »

Dites-moy donc (car quelqu'une de vous,
Possible encor[1], se cache ici dessous),
Ne sentez-vous augmenter votre peine,

Quand quelquefois de ces costeaux romains
Vous contemplez l'ouvrage de vos mains
N'être plus rien qu'une poudreuse plaine?

(Antiquités de Rome.)

Allégorie.

Une Louve je vy sous l'antre d'un rocher,
Allaictant deux bessons[2]; je vy à sa mammelle
Mignardement jouer ceste couple jumelle,
Et d'un col allongé la Louve les lécher[3].

Je la vy hors de là sa pasture chercher,
Et, courant par les champs, d'une fureur nouvelle
Ensanglanter la dent et la patte cruelle
Sur les menus troupeaux pour sa soif estancher.

Je vy mille veneurs descendre des montagnes
Qui bornent d'un costé les Lombardes campagnes,
Et vy de cent espieux lui donner dans le flanc.

Je la vy de son long sur la plaine estendue,
Poussant mille sanglots, se veautrer en son sang,
Et dessus un vieux tronc sa dépouille pendue.

(Songe ou Vision sur Rome.)

Réponse au sonnet d'un Quidam.

Mais où as tu trouvé (quelle temerité!)
Qu'il faille ainsi juger d'une autre conscience?
En quelle eschole as tu appris ceste science,
Qui n'appartient sans plus qu'à la Divinité?

---

1. Ce qui est encore possible.
2. Jumeaux.
3. Cf. Virgile, Énéide, VIII, 633 sqq.:

...illam tereti cervice reflexam
Mulcere alternos, et corpora fingere
[lingua.

« [La louve], inclinant vers eux [les enfants jumeaux] sa tête, les flattait tour à tour et façonnait leurs membres avec sa langue. »

Si j'ay, sans la nommer, touché quelque cité
Dont la façon de vivre et police m'offense,
Et tu voulois chrestien en prendre la deffense,
Me devois tu pourtant noter[1] d'impiété?

Il semble à escouter vos superbes louanges,
Que vous soyez parfaicts, que vous soyez plus qu'Anges :
Le Pharisee ainsi se vantoit devant Dieu.

Que sçais tu quel j'estois devant qu'aller à Romme?
Quel j'en suis retourné? quel j'ay vescu, et comme,
Amy, le vrai chrestien est chrestien en tout lieu[2].

(ANTIQUITÉS DE ROME.)

Le vieux Chêne.

Qui a veu quelquefois un grand chesne asseiché,
Qui pour son ornement quelque trophée porte,
Lever encore au ciel sa vieille teste morte,
Dont le pied fermement n'est en terre fiché,

Mais qui dessus le champ plus qu'à demy penché
Monstre ses bras tous nuds et sa racine torte,
Et sans feuille ombrageux de son poids se supporte
Sur son tronc nouailleux en cent lieux esbranché ;

Et bien qu'au premier vent il doive[3] sa ruine,
Et maint jeune à l'entour ait ferme la racine,
Du devot populaire estre seul reveré :

Qui tel chesne a peu voir, qu'il imagine encores,
Comme entre les citez qui plus florissent ores,
Ce vieil honneur poudreux est le plus honoré[4].

(ANTIQUITÉS DE ROME.)

---

1. C'est le sens étymologique de *notare*, marquer du doigt.
2. Du Bellay avait exprimé, dans ses vers, quelques critiques sur la police romaine. Un de ses ennemis, à ce propos, le traita d'*idolâtre*. Du Bellay riposta par ce sonnet, où l'on sent comme un souffle de tolérance moderne.
3. Bien qu'il doive être abattu par le premier vent.
4. L'honneur qui revient à la puissance romaine.

A ses Vers.

Esperez-vous que la postérité
Doyve, mes vers, pour tout jamais vous lyre?
Esperez-vous que l'œuvre d'une lyre
Puisse acquerir telle immortalité?

Si sous le ciel fust quelque éternité,
Les monuments que je vous ay fait dire[1],
Non en papier, mais en marbre et porphyre,
Eussent gardé leur vive antiquité.

Ne laisse pas toutefois de sonner,
Luth, qu'Apollon m'a bien daigné donner,
Car, si le temps ta gloire ne desrobe,

Vanter te peux, quelque bas que tu sois,
D'avoir chanté, le premier des François,
L'antique honneur du peuple à longue robbe[2].

(Antiquités de Rome.)

Bienfaits de la Poésie.

Si je n'ay plus la faveur de la Muse,
Et si mes vers[3] se trouvent imparfaicts,
Le lieu, le temps, l'âge où je les ay faicts,
Et mes ennuis leur serviront d'excuse.

J'estois à Rome[4] au milieu de la guerre,
Sortant déjà de l'âge plus dispos[5],
A mes travaux cherchant quelque repos,
Non pour louange ou pour faveur acquerre.

Ainsi void-on celuy qui sur la plaine
Picque le bœuf, ou travaille au rampart,
Se réjouir et d'un vers fait sans art
S'esvertuer au travail de sa peine.

---

1. Les monuments de Rome, dont, par vous, j'ai exprimé la beauté.
2. Le peuple romain, qui portait la toge. — C'est en effet Du Bellay qui a révélé aux Français la grandeur et la beauté des ruines de Rome.
3. Il s'agit du recueil de sonnets intitulé *Les Regrets*, et auxquels cette pièce sert de dédicace.
4. En qualité de secrétaire de son oncle, le cardinal Du Bellay.
5. La jeunesse : Du Bellay avait trente ans à peine.

Celuy aussi, qui dessus la galere
Fait escumer les flots à l'environ,
Ses tristes chants accorde à l'aviron[1],
Pour esprouver la rame plus legere.

On dit qu'Achille, en remaschant son ire,
De tels plaisirs souloit s'entretenir,
Pour addoucir le triste souvenir
De sa maistresse[2] aux fredons de sa lyre.

Ainsi flattoit le regret de la sienne[3],
Perdue, hélas, pour la seconde fois,
Cil qui jadis aux rochers et aux bois
Faisoit ouïr sa harpe thracienne[4].

La Muse ainsi me fait sur ce rivage,
Où je languis banni de ma maison,
Passer l'ennuy de la triste saison,
Seule compagne à mon si long voyage.

La Muse seule, au milieu des alarmes,
Est asseurée et ne pallist de peur ;
La Muse seule, au milieu du labeur,
Flatte la peine et desseiche les larmes.

D'elle je tiens le repos et la vie,
D'elle j'apprens à n'estre ambitieux,
D'elle je tiens les saincts presents des dieux,
Et le mespris de fortune et d'envie....

Je suis content qu'on appelle folie[5]
De nos esprits la saincte déité ;
Mais ce n'est pas sans quelque utilité
Que telle erreur si doucement nous lie.

Elle esblouit les yeux de la pensée
Pour quelquefois ne voir[6] nostre malheur,
Et d'un doux charme enchante la douleur
Dont nuict et jour nostre âme est offensée.....

(LES REGRETS, *Dédicace à M. d'Avanson*[7].)

1. Met ses chants en accord avec le battement de l'aviron.
2. Briséis, sa captive, qui lui avait été enlevée par Agamemnon.
3. Eurydice.
4. Orphée.
5. C'est Platon qui compare l'inspiration poétique à une sorte de folie.
6. Ne nous laisser voir.
7. AVANÇON (Jean de Saint-Marcel, seigneur d'), ambassadeur de France à Rome, près du pape Jules III. Il protégea

La Terre natale.

Heureux qui, comme Ulysse, a fait un beau voyage,
Ou comme cestuy-là qui conquit la Toison [1],
Et puis est retourné, plein d'usage et raison,
Vivre entre ses parens le reste de son âge !

Quand reverray-je, hélas ! de mon petit village
Fumer la cheminée [2], et en quelle saison
Reverray-je le clos de ma pauvre maison,
Qui m'est une province, et beaucoup davantage !

Plus me plaist le séjour qu'ont basty mes ayeux,
Que des palais romains le front audacieux ;
Plus que le marbre dur me plaist l'ardoise fine ;

Plus mon Loyre gaulois [3] que le Tybre latin [4].
Plus mon petit Liré [5] que le mont Palatin,
Et plus que l'air marin la douceur angevine.

(Les Regrets, *Sonnet.*)

A la France.

France, mere des arts, des armes et des loix,
Tu m'as nourry longtemps du laict de ta mammelle :
Ores, comme un aigneau qui sa nourrisse appelle,
Je remplis de ton nom les antres et les bois.

Si tu m'as pour enfant advoüé quelquefois,
Que ne me respons tu maintenant, ô cruelle ?
France, France, respons à ma triste querelle :
Mais nul, sinon Echo, ne respond à ma voix.

---

les poètes, en faveur desquels il employa souvent son crédit près de Henri II et de Diane de Poitiers.

1. Jason, qui conquit la Toison d'Or.
2. Souvenir d'Homère (*Odyssée*, ch. I, v. 58) ; Minerve s'adresse à Jupiter, en parlant d'Ulysse : « Il désire ardemment revoir la fumée des toits de sa patrie, et il invoque la mort. »
3. Le Loir.
4. Du Bellay était à ce moment à Rome.
5. Le village natal du poète.

Entre les loups cruels j'erre parmy la plaine,
Je sens venir l'hyver, de qui la froide haleine
D'une tremblante horreur fait herisser ma peau.

Las! tes autres aigneaux n'ont faute de pasture ;
Ils ne craignent le loup, le vent ny la froidure ;
Si ne suis-je pourtant[1] le pire du troppeau[2].

(Les Regrets, *Sonnet*.)

Souvenirs d'antan.

Las! où est maintenant ce mespris de fortune?
Où est ce cœur vainqueur de toute adversité,
Cest honneste désir de l'immortalité,
Et cette honneste flamme au peuple non commune?

Où sont ces doux plaisirs qu'au soir à la nuit brune
Les Muses me donnoient alors qu'en liberté,
Dessus le verd tapis d'un rivage écarté,
Je les menois danser aux rayons de la lune?

Maintenant la fortune est maistresse de moy,
Et mon cœur, qui souloit être maistre de soy,
Est serf de mille maux et regrets qui m'ennuyent.

De la postérité je n'ay plus de souci.
Ceste divine ardeur, je ne l'ay plus aussi,
Et les Muses de moy comme estranges[3] s'enfuient[4].

(Les Regrets, *Sonnet*.)

Plainte d'exil.

Comme le marinier que le cruel orage
A long temps agité dessus la haute mer,
Ayant finablement, à force de ramer,
Garanty son vaisseau du danger du naufrage,

---

1. Je ne suis pas, pourtant.
2. Quel cri d'une âme blessée fait entendre ce sonnet ! C'est bien la plainte de l'exilé, le douloureux appel que feront entendre tous les expatriés, en songeant à la beauté du ciel qui les a vus naître. Combien cet appel est plus déchirant et plus tragique que celui d'Ovide dans les *Tristes!*
3. Étrangères.
4. Du Bellay excelle à retrouver le sentiment des choses disparues ; il

Regarde sur le port, sans plus craindre la rage
Des vagues ni des vents, les ondes escumer,
Et quelqu'autre bien loin, au danger d'abysmer,
En vain tendre les mains vers le front du rivage[1] :

Ainsi, mon cher Morel[2], sur le port arresté,
Tu regardes la mer, et vois, en seureté,
De mille tourbillons son onde renversée ;

Tu la vois jusqu'au ciel s'eslever bien souvent,
Et vois ton Du Bellay, à la merci du vent,
Assis au gouvernail dans une nef percée.

(Les Regrets, *Sonnet.*)

L'Accoutumance.

D'ou vient cela, Magny[3], que tant plus on s'efforce
D'eschapper hors d'ici, plus le démon du lieu
(Et que seroit-ce donc si ce n'est quelque Dieu?)
Nous y tient attachez par une douce force?

Seroit-ce point d'amour ceste allechante amorce,
Ou quelqu'autre venin dont, après avoir beu,
Nous sentons nos esprits nous laisser peu à peu
Comme un corps qui se perd sous une neuve escorce?

J'ay voulu mille fois de ce lieu m'estranger,
Mais je sens mes cheveux en feuilles se changer,
Mes bras en longs rameaux, et mes pieds en racine.

Bref, je ne suis plus rien qu'un vieil tronc animé
Qui se plaint de se voir à ce bord transformé
Comme le myrte anglois au rivage d'Alcine[4].

(Les Regrets, *Sonnet.*)

---

rappelle ici ses premières émotions poétiques, avec autant de bonheur qu'il retrace ailleurs les souvenirs de la terre natale.

1. Cf. Lucrèce, *De Rerum Natura*, II, 1 :

   Suave, mari magno turbantibus [æquora ventis,
   E terra magnum alterius spectare [laborem.

   « Il est doux, lorsque sur l'immense mer les vents troublent les flots, de regarder de la terre la peine et les dangers d'autrui. »

2. Jean Morel, professeur, écrivain et bibliophile ; il fut l'ami de cœur de Du Bellay.

3. Olivier de Magny, mort en 1560, disciple et ami de Ronsard. Il vécut à Rome avec Du Bellay. On lui doit un recueil de vers intitulé *Les Soupirs*.

4. Tout en maudissant Rome, Du Bellay avait fini par s'y attacher.

Découragement.

C'estoit ores, c'estoit qu'à moy je devois vivre,
Sans vouloir estre plus que cela que je suis,
Et qu'heureux je devois de ce peu que je puis,
Vivre content du bien de la plume et du livre[1].

Mais il n'a pleu aux dieux me permettre de suyvre
Ma jeune liberté[2], ny faire que depuis
Je vesquisse aussi franc de travaux et d'ennuis,
Comme d'ambition j'estois franc et delivre.

Il ne leur a pas pleu qu'en ma vieille saison
Je sceusse quel bien c'est de vivre en sa maison,
De vivre entre les siens, sans crainte et sans envie.

Il leur a pleu, helas! qu'à ce bord estranger,
Je veisse ma franchise en prison se changer,
Et la fleur de mes ans en l'hyver de ma vie.

(Les Regrets, *Sonnet*.)

Dégoût.

Panjas[3], veux-tu savoir quels sont mes passe-temps?
Je songe au lendemain, j'ay soin de la dépense[4]
Qui se fait chacun jour, et si faut que je pense
A rendre, sans argent, cent créditeurs contens.

Je vays, je viens, je cours, je ne perds point le temps,
Je courtise un banquier, je prends argent d'avance;
Quand j'ai dépesché l'un, un autre recommence;
Et ne fais pas le quart de ce que je prétends.

Qui me présente un compte, une lettre, un mémoire,
Qui me dit que demain est jour de consistoire[5],
Qui me rompt le cerveau de cent propos divers.

---

1. Le gain que me procuraient mes travaux intellectuels.
2. La liberté que j'avais étant jeune.
3. Panjas, seigneur français de la famille de Pardaillan.
4. Du Bellay remplissait à Rome les fonctions d'intendant près de son oncle le cardinal.
5. Assemblée de cardinaux convoqués par le pape, en vue d'une affaire importante.

Qui se plaint, qui se deult[1], qui murmure, qui crie;
Avecques tout cela, dis, Panjas, je te prie,
Ne t'ébahis-tu pas comment je fais des vers[2]?

(Les Regrets, *Sonnet.*)

L'Éloignement.

A Ronsard.

Ce pendant que Magny suyt son grand Avanson[3],
Panjas son cardinal, et moy le mien encore,
Et que l'espoir flatteur, qui nos beaulx ans dévore,
Appaste nos désirs d'un friand hameçon,

Tu courtises les roys, et d'un plus heureux son
Chantant l'heur de Henry[4], qui son siècle décore,
Tu t'honores toy mesme, et celui qui honore
L'honneur que tu luy fais par ta docte chanson[5].

Las! et nous ce pendant nous consumons nostre âge
Sur le bord incognu d'un estrange[6] rivage
Où le malheur nous faict ces tristes vers chanter;

Comme on voit quelquefois, quand la mort les appelle,
Arrangés flanc à flanc parmy l'herbe nouvelle,
Bien loing sur un estang troys cygnes lamenter.

(Les Regrets, *Sonnet.*)

Désillusion.

Quand je voy ces messieurs[7], desquels l'autorité
Se voit ores ici commander en son rang,
D'un front audacieux cheminer flanc à flanc,
Il me semble de voir quelque divinité;

---

1. Du latin *dolet*.
2. Comment trouver le temps et la faculté de faire des vers, en effet, au milieu d'occupations si variées et si prosaïques?
3. Olivier de Magny accompagnait à Rome M. d'Avanson, et Panjas, le cardinal de Châtillon.
4. Henri II.
5. Tout ceci est bien subtil comme pensée et comme expression.
6. Étranger.
7. Les princes romains.

Mais, les voyant paslir lorsque Sa Sainteté[1]
Crache dans un bassin, et d'un visage blanc
Cautement espier s'il n'y a point de sang,
Puis d'un petit souris feindre une seureté[2] :

Oh ! combien, dis-je alors, la grandeur que je voy
Est misérable au prix de la grandeur d'un roy !
Malheureux qui si cher achète tel honneur !

Vrayment le fer meurtrier[3], et le rocher aussy[4]
Pendent bien sur le chef de ces seigneurs icy,
Puisque d'un fil usé dépend tout leur bonheur.

(Les Regrets, *Sonnet*.)

Le Conclave.

Il fait bon voir, Paschal, un conclave[5] serré,
Et l'une chambre à l'autre également voisine
D'antichambre servir, de salle et de cuisine,
En un petit recoin de dix pieds en carré.

Il fait bon voir autour le palais emmuré,
Et briguer là dedans cette troppe divine[6],
L'un par ambition, l'autre par bonne mine
Et par despit de l'un estre l'autre adoré.

Il fait bon voir dehors toute la ville en armes
Crier : « Le pape est fait ! », donner de faux alarmes,
Saccager un palais. Mais, plus que tout cela,

Fait bon voir qui de l'un, qui de l'autre se vante,
Qui met pour celui-ci, qui met pour cestui-là,
Et pour moins d'un escu dix cardinaux en vente[7].

(Les Regrets, *Sonnet*.)

---

1. Le pape.
2. Feindre en souriant la sécurité.
3. L'épée de Damoclès.
4. Le rocher de Sisyphe.
5. Réunion des cardinaux, en vue de l'élection d'un pape (*cum* avec, *clavis* clef, parce qu'on *enferme* alors les cardinaux).
6. Les cardinaux.
7. Ce sonnet est tout un tableau de Rome, pendant le conclave : conspirations, intrigues, émeutes, rien n'y manque.

Intrigues romaines.

Flatter un créditeur, pour son terme allonger,
Courtiser un banquier, donner bonne espérance,
Ne suivre en son parler la liberté de France,
Et pour respondre un mot, un quart d'heure y songer ;

Ne gaster sa santé par trop boire et manger,
Ne faire sans propos une folle despence,
Ne dire à tous venans tout cela que l'on pense,
Et d'un maigre discours gouverner[1] l'estranger ;

Cognoistre les humeurs, cognoistre qui demande,
Et d'autant que l'on a la liberté plus grande,
D'autant plus se garder que l'on ne soit repris ;

Vivre avecques chascun, de chascun faire compte[2] :
Voilà, mon cher Morel (dont je rougis de honte),
Tout le bien qu'en trois ans à Rome j'ay appris.

Marcher d'un grave pas, et d'un grave sourci,
Et d'un grave soubris à chascun faire feste,
Balancer tous ses mots[3], respondre de la teste
Avec un *Messer non*[4] ou bien un *Messer si* ;

Entremesler souvent un petit *è cosi*,
Et d'un *son Servitor'*[5] contrefaire l'honneste ;
Et, comme si l'on eust sa part en la conqueste[6],
Discourir sur Florence et sur Naples aussi ;

Seigneuriser[7] chascun d'un baisement de main,
Et, suivant la façon du courtisan romain,
Cacher sa pauvreté d'une brave[8] apparence :

---

1. Entretenir.
2. Tenir compte.
3. Peser chaque mot.
4. *Messer non*, non, Monsieur ; *Messer si*, si, Monsieur ; *E cosi*, c'est ainsi.
5. Je suis votre serviteur.
6. A la conquête de l'Italie par Charles VIII.
7. Traiter chacun en seigneur.
8. Riche.

Voilà de ceste Court¹ la plus grande vertu,
Dont, souvent mal monté, mal sain et mal vestu,
Sans barbe et sans argent, on s'en retourne en France.

(Les Regrets, *Sonnets*.)

A Ronsard.

Heureux, de qui la mort de sa gloire est suivie,
Et plus heureux celuy, dont l'immortalité
Ne prend commencement de la postérité,
Mais devant que la mort ait son âme ravie!

Tu jouys, mon Ronsard, mesme durant ta vie,
De l'immortel honneur que tu as mérité :
Et devant que mourir, rare félicité,
Ton heureuse vertu triomphe de l'envie.

Courage donc, Ronsard, la victoire est à toy,
Puis que de ton costé est la faveur du Roy :
Ja du laurier vainqueur tes tempes se couronnent,

Et ja la tourbe² epaisse à l'entour de ton flanc
Ressemble ces esprits, qui là-bas³ environnent
Le grand prestre de Thrace⁴ au long sourpely blanc⁵.

(Les Regrets, *Sonnet*.)

Charles-Quint et Paul IV⁶.

Je n'ay jamais pensé que ceste voulte ronde
Couvrist rien de constant; mais je veux desormais,
Je veux, mon cher Morel, croire plus que jamais
Que dessoubz ce grand tout rien ferme ne se fonde;

Puisque celluy⁷ qui fut de la terre et de l'onde
Le tonnerre et l'effroy, las de porter le faix,
Veult d'un cloistre borner la grandeur de ses faitz,
Et, pour servir à Dieu, abandonner le monde.

1. La cour pontificale.
2. La foule.
3. Aux Champs-Élysées.
4. Orphée.
5. Cf. Virgile, *Énéide*, VI, v. 645 :
Nec non Threicius longa cum veste
[sacerdos.

« Le prêtre de Thrace au long vêtement. »

6. Ce sonnet fut écrit en 1556, au moment de l'abdication de Charles-Quint. — A ce moment même, le pape Paul IV faisait, contre le royaume de Naples, une expédition infructueuse.
7. Charles-Quint.

Mais quoy? Que dirons-nous de cest autre vieillard[1],
Lequel, ayant passé son âge plus gaillard
Au service de Dieu, ores Cesar imite?

Je ne sçai qui des deux est le moins abusé;
Mais je pense, Morel, qu'il est fort malaisé
Que l'un soit bon guerrier ny l'autre bon hermite.

(Sonnets inédits.)

Palinodie.

J'ay oublié l'art de pétrarquiser,
Je veux d'amour franchement deviser,
Sans vous flatter et sans me déguiser.
   Ceux qui font tant de plaintes
N'ont pas le quart d'une vraye amitié,
Et n'ont pas tant de peines la moitié
Comme leurs yeux, pour vous faire pitié,
   Jettent de larmes feintes.

Ce n'est que feu de leurs froides chaleurs,
Ce n'est qu'horreur de leurs feintes douleurs,
Ce n'est encor de leurs soupirs et pleurs
   Que vent, pluye et orages;
Et bref, ce n'est à ouïr leurs chansons
De leurs amours, que flammes et glaçons,
Flesches, liens et mille autres façons
   De semblables outrages[2].

De vos beautez ce n'est que tout fin or,
Perles, cristal, marbre et yvoire encor,
En tout l'honneur de l'Indique[3] trésor,
   Fleurs, lis, œillet et roses;
De vos douceurs ce n'est que sucre et miel,
De vos rigueurs n'est qu'aloës et fiel,
De vos esprits c'est tout ce que le ciel
   Tient de grâces encloses.....

---

1. Paul IV.
2. Du Bellay fait, dans ces deux premières strophes, le procès des fades langueurs à la mode chez les disciples de Pétrarque. Il va s'attaquer ensuite aux métaphores monotones. Cette pièce date de 1553.
3. Qui vient de l'Inde.

Il n'y a roc qui n'entende leur voix[1] ;
Leurs cris piteux ont fait cent mille fois
Pleurer les monts, les plaines et les bois,
    Les antres et fontaines ;
Bref il n'y a ni solitaires lieux,
Ni lieux hantez, voire mesme les cieux,
Qui ça et là ne montrent à leurs yeux
    L'image de leurs peines.....

Quelque autre encor la terre dédaignant[2]
Va du tiers ciel les secrets enseignant
Et de l'amour où il va se baignant
    Tire une quinte essence.....

Si toutefois Pétrarque vous plaist mieux[3],
Je reprendray mon chant mélodieux
Et voleray jusqu'au séjour des dieux
    D'une aile mieux guidée.
Là dans le sein de leurs divinitez,
Je choisirai cent mille nouveautez
Dont je peindray vos plus grandes beautez
    Sur la plus belle idée.

        (JEUX RUSTIQUES, *Contre les Pétrarquistes*.)

La Chanson du Vanneur.

A vous, troppe legère,
Qui d'aile passagère
Par le monde volez,
Et d'un sifflant murmure
L'ombrageuse verdure
Doulcement esbranlez,

---

1. Les descriptions de la nature, associée au désespoir des amoureux, ne trouvent pas davantage grâce devant les yeux de notre poète.

2. Du Bellay s'attaque alors au platonisme exagéré, qui n'est plus guère, entre les mains des poètes, qu'un procédé banal.

3. Un dernier trait satirique va terminer la pièce : si l'on y tient, il *pétrarquisera*, tout comme un autre, avec une facilité extrême.

J'offre ces violettes,
Ces lis et ces fleurettes,
Et ces roses icy.
Ces vermeillettes roses,
Tout freschement écloses,
Et ces œilletz aussi.

De vostre doulce haleine
Eventez ceste plaine,
Eventez ce sejour :
Ce pendant que j'ahanne[1]
A mon blé, que je vanne
A la chaleur du jour[2].

(JEUX RUSTIQUES.)

Arrière-saison.

En ce mois délicieux
Qu'amour toute chose incite,
Un chacun à qui mieux mieux
La douceur du temps imite.
Mais une rigueur despite
Me fait pleurer mon malheur.
Belle et franche Marguerite,
Pour vous j'ay ceste douleur[3].....

Or, puis que je deviens vieux,
Et que rien ne me profite,
Désespéré d'avoir mieux,
Je m'en iray rendre[4] hermite ;
Je m'en iray rendre hermite,
Pour mieux pleurer mon malheur.
Belle et franche Marguerite,
Pour vous j'ay ceste douleur.

1. Pendant que je peine ; *ahanner* vient du mot *ahan*, qui marque un cri de fatigue.

2. Cette gracieuse pièce, d'une forme très antique, est d'une inspiration à la fois païenne et érudite, tout à fait en rapport avec l'esprit de la Renaissance. — Elle est imitée d'une poésie latine de l'Italien André Navagero (1483-1529).

3. C'est le contraire de la poésie de Virgile dans laquelle Galatée se dérobe, *fugit ad salices :* « elle s'enfuit sous les saules ». Ici, c'est Damœtas qui s'enfuit avec une coquetterie doucement provoquante et mélancolique en même temps.

4. Me faire ermite.

Mais si la faveur des dieux
Au bois vous avait conduite,
Où, despéré d'avoir mieux,
Je m'en iray rendre hermite.
Peut estre que ma poursuite
Vous ferait changer couleur.
Belle et franche Marguerite,
Pour vous j'ay ceste douleur[1].

(JEUX RUSTIQUES, *Villanelle*.)

Hymne de la Surdité[2].

A Pierre de Ronsard.

Je ne suis pas, Ronsard, si pauvre de raison,
De vouloir faire à toy de moy comparaison.....
Bien ay-je, comme toy, suivy dès mon enfance
Ce qui m'a plus acquis d'honneur que de chevance :
Ceste sainte fureur, qui pour suivre tes pas
M'a tousjours tenu loing du populaire bas,
Loing de l'ambition et loing de l'avarice,
Et loing d'oysiveté, des vices la nourrice.....
 Au reste, quoy que ceulx qui trop me favorisent,
Au pair de tes chansons les miennes authorisent,
Disant, comme tu sçais, pour me mettre en avant,
Que l'un est plus facile et l'autre plus sçavant,
Si ma facilité semble avoir quelque grâce,
Si ne suis-je pourtant enflé de telle audace
De la contre-peser avec ta gravité,
Qui sçait à la douceur mesler l'utilité.
Tout ce que j'ay de bon, tout ce qu'en moy je prise,
C'est d'estre comme toy, sans fraude et sans feintise,

---

1. Bien que cette délicieuse *Villanelle* soit de Du Bellay, pour le fond comme pour la forme, elle rappelle MAROT et annonce DESPORTES, tout en les surpassant l'un et l'autre.

2. Il y a de fort jolis traits dans cette poésie. C'est une satire, par paradoxe, de tous les inconvénients auxquels nous expose une ouïe délicate. Du Bellay a su déployer, en ce genre, beaucoup d'aisance et d'adresse.

D'estre un bon compagnon, d'estre à la bonne foy[1],
Et d'estre, mon Ronsard, demy-sourd, comme toy.....
Je diray qu'estre sourd à qui la difference
Sçait du bien et du mal n'est mal qu'en apparence.....
 Or, celuy qui est sourd, si tel default luy nie
Le plaisir qui provient d'une doulce harmonie,
Aussi est-il privé de sentir mainte fois
L'ennuy d'un faulx accord, une mauvaise voix,
Un fascheux instrument, un bruit, une tempeste,
Une cloche, une forge, un rompement de teste,
Le bruit d'une charrette et la doulce chanson
D'un asne, qui se plaingt en effroyable son.
 Et s'il ne peult gouter le plaisir delectable
Qu'on a d'un bon propos qui se tient à la table,
Aussi n'est-il subject à l'importun caquet
D'un indocte prescheur ou d'un fascheux parquet[2],
Au babil d'une femme, au long prosne d'un prestre,
Au gronder d'un valet, aux injures d'un maistre,
Au causer d'un bouffon, aux brocards d'une cour,
Qui font cent fois le jour désirer d'être sourd.
 Mais il est mal venu entre les damoiselles :
O bien heureux celuy qui n'a que faire d'elles,
Ny de leur entretien! car si de leurs bons mots
Il n'est participant, par faulte de propos,
Il ne s'estonne aussi et ne se mord la langue,
Rougissant d'avoir fait quelque sotte harangue.
Mais il est soupçonneux, et toujours dans son cueur
Se faict croire qu'il sert d'argument au moqueur :
Il ne le doit penser, s'il se pense habile homme,
Ains pour tel qu'il se croit, doit croire qu'on le nomme.
 Mais il n'est appelé au conseil des seigneurs :
O que cher bien souvent s'achettent tels honneurs,
De ceulx qui tels secrets dans leurs oreilles portent,
Quand, par legereté, de la bouche ilz leur sortent!...
 La surdité, Ronsard, seule t'a fait retraire
Des plaisirs de la court et du bas populaire,
Pour suyvre par un trac encores non battu
Ce penible sentier qui meine à la vertu.

---

1. Cf. la locution populaire : *à la bonne franquette.*

2. Partie du tribunal où siègent les magistrats.

Elle seule a tissu l'immortelle couronne
Du myrte Paphien[1] qui ton chef environne :
Tu luy dois ton laurier, et la France luy doit
Qu'elle peult desormais se vanter à bon droit
D'un Horace et Pindare et d'un Homere encore,
S'elle void ton Francus, ton Francus qu'elle adore
Pour ton nom seulement et le bruit qui en court[2] :
Dois-tu doncques, Ronsard, te plaindre d'estre sourd?
  O que tu es heureux, quand le long d'une rive,
Ou bien loing dans un bois à la perruque[3] vive,
Tu vas, un livre au poing, meditant les doulx sons
Dont tu sçais animer tes divines chansons,
Sans que l'aboy d'un chien, ou le cry d'une beste,
Ou le bruit d'un torrent t'etourdisse la teste!
Quand ce doux aiguillon si doulcement te poingt,
Je croy qu'alors, Ronsard, tu ne souhaites point
Ny le chant d'un oyzeau, ny l'eau d'une montagne,
Ayant avecques toy la surdité compagne,
Qui faict faire silence et garde que le bruit
Ne te vienne empescher de ton aise le fruict[4].....

(Jeux rustiques.)

Les Laboureurs.

Au Roi[5].

Sire, daignez avoir du pauvre peuple soing,
Qui d'estre soulagé a le plus de besoing ;
Du peuple nourricier, qui fait le même office
Que des pieds et des mains le pénible exercice[6].

Sans luy rien ne seroit de plaisant et d'aimable,
Sans luy des roys seroit la vie misérable,
Sans luy toute la terre infertile seroit,
Et marastre à ses fils, rien ne leur produiroit
Que ronces et chardons, avec le gland sauvage ;
Et l'eau pure seroit nostre plus doux breuvage.

---

1. *Paphos*, ancienne ville de l'île de Chypre consacrée à Vénus. — Allusion aux poésies érotiques de Ronsard.
2. La réputation qui suit ton nom.
3. C'est-à-dire le feuillage.
4. Le fruit de ton loisir, c'est-à-dire la poésie.
5. François Ier.
6. Qui est au corps social ce que les pieds et les mains sont au corps.

Par luy nous trafiquons avecques l'estranger,
Duquel nous recueillons, pour le boire et manger,
Les richesses et l'or dont notre France abonde,
Comme estant de tout bien une corne féconde [1].
De luy vous recevez le tribut annuel ;
Comme d'un vif sourgeon, qui court perpétuel,
Et jamais ne tarit, pource que de sa course
La terre, nostre mère, est l'éternelle source.
. . . .
Si cesse la charrue, et si la main rustique,
Oisive par les champs, au labeur ne s'applique,
Tout le corps périra, comme un grand bastiment
Dont l'assiette n'a point de ferme fondement,
Lequel, au premier hurt [2] de l'aquilon colère,
Avec horrible bruit est renversé par terre.
Tous les autres labeurs, tant généreux soient-ils,
Tous les arts et mestiers, avec tous leurs outils,
Ne sont à comparer à ceste agriculture,
Qui seule par ses lois commande à la nature,
Qui d'infertile rend un terrain plantureux,
Qui change la lambrusque [3] en un scep plus heureux,
Qui l'arbre transformé greffe en nouvelle sorte,
Et fait qu'un autre fruict que le sien il rapporte ;
Qui tire du bétail mille commodités,
Pour nourrir les grands rois et les grandes cités ;
Qui nous donne le miel, qui fait voir la merveille
Dont nature a formé l'industrieuse abeille ;
Bref, qui nous montre à l'œil les miracles des cieux,
Et par là nous apprend à connoître les dieux.
. . . .
Comme nature a mis dans les mouches à miel
Je ne sçay quel instinct qu'elles tiennent du ciel,
De travailler sans cesse, et d'une main soigneuse
Recueillir sur les fleurs leur manne savoureuse :
Ainsi de son labeur le peuple nous nourrit,
Et pour nous enrichir luy-mesme s'appauvrit.
Comme l'abeille donc vous le traiterez, Sire,
Ne lui ostant du tout et le miel et la cire,
Mais, pour l'entretenir tousjours en ce bon cœur,
Lui ferez quelque part du fruict de son labeur ;

1. La corne d'abondance.
2. Heurt, choc.
3. La vigne sauvage.

Vous souvenant qu'Homère, en l'Illiade belle,
Le grand Agamemnon pasteur du peuple appelle,
Et que le bon pasteur qui aime son troupeau
En doit prendre la laine, et luy laisser la peau.
. . . .

(A François Ier, Discours sur les Quatre Estats.)

Epitaphe d'un Chat.

Maintenant le vivre me fasche
Et a fin, Magny[1], que tu sçache
Pourquoy je suis tout esperdu,
Ce n'est pas pour avoir perdu
Mes anneaux[2], mon argent, ma bourse,
Et pourquoy est-ce doncques ? pource
Que j'ay perdu depuis trois jours
Mon bien, mon plaisir, mes amours ;
Et quoy ! ô souvenance grève[3] !
A peu que le cœur ne me crève
Quand j'en parle ou quand j'en escris :
C'est Belaud, mon petit chat gris,
Belaud, qui fut, par aventure,
Le plus bel œuvre que nature
Feit onc en matière de chats :
C'estoit Belaud la mort aux rats,
Belaud, dont la beauté fut telle
Qu'elle est digne d'estre immortelle.

Doncques, Belaud, premièrement,
Ne fut pas gris entièrement,
Ny tel qu'en France on les voit naistre,
Mais tel qu'à Rome on les voit estre,
Couvert d'un poil gris argentin,
Ras et poly comme satin
Couché par ondes sur l'eschine,
Et blanc dessous comme une ermine ;

Petit museau, petites dents,
Yeux qui n'estoyent point trop ardents,
Mais desquels la prunelle perse
Imitoit la couleur diverse

---

1. Sur Olivier de Magny, voir page 210.
2. Mes bagues.
3. Pénible.

Qu'on voit en cest arc pluvieux
Qui se courbe au travers des cieux.
  La teste à la taille pareille ;
Le col grasset, courte l'oreille,
Et dessous un nez ebenin
Un petit mufle lyonin,
Autour duquel estoit plantée
Une barbelette argentée,
Armant d'un petit poil folet
Son musequin damoiselet ;
Jambe gresle, petite pate
Plus qu'une moufle délicate,
Sinon alors qu'il desguainoit
Cela dont il esgratignoit ;
La gorge douillette et mignonne,
La quëue longue à la guenonne[1],
Mouchetée diversement
D'un naturel bigarrement ;
Le flanc haussé, le ventre large,
Bien retroussé dessous sa charge,
Et le dos moyennement long,
Vray sourian[2], s'il en fut oncq',
  Tel fut Belaud, la gente beste,
Qui, des pieds jusques à la teste,
De telle beauté fut pourveu,
Que son pareil on n'a point veu.
O quel malheur ! ô quelle perte,
Qui ne peut estre recouverte !
O quel dueil mon ame en reçoit !
Vrayment la mort, bien qu'elle soit
Plus fière qu'un ours, l'inhumaine,
Si de voir elle eust pris la peine
Un tel chat, son cœur endurcy
En eust eu, ce croy-je, mercy :
Et maintenant ma triste vie
Ne hayroit de vivre l'envie[3].

---

1. Comme celle d'une guenon.
2. Qui ressemble à une souris, sans doute à cause de son *poil gris argentin*, dont il est parlé plus haut.
3. N'aurait pas en haine le désir de vivre.

Mais la cruelle n'avoit pas
Gousté les follastres esbas
De mon Belaud, ny la souplesse
De sa gaillarde gentillesse,
Soit qu'il sautast, soit qu'il gratast,
Soit qu'il tournast, ou voltigeast
D'un tour de chat, ou soit encores
Qu'il print un rat, et or' et ores
Le relaschant pour quelque temps
S'en donnast mille passetemps ;

   Soit que d'une façon gaillarde,
Avec sa patte fretillarde,
Il se frottast le musequin ;
Ou soit que ce petit coquin,
Privé[1], sautelast sur ma couche,
Ou soit qu'il ravist de ma bouche
La viande sans m'outrager,
Alors qu'il me voyoit manger ;
Soit qu'il feist en diverses guises
Mille autres telles mignardises.

   Mon Dieu, quel passetemps c'estoit
Quand ce Belaud virevoltoit,
Follastre, autour d'une pelotte !
Quel plaisir quand sa teste sotte,
Suyvant sa quëue en mille tours,
D'une rouë imitoit le cours !
Ou quand, assis sur le derrière,
Il s'en faisoit une jartière,
Et, monstrant l'estomac velu
De panne blanche crespelu,
Sembloit, tant sa trongne estoit bonne,
Quelque docteur de la Sorbonne !
Ou quand, alors qu'on l'animoit,
A coup de patte il escrimoit,
Et puis appaisoit sa colère
Tout soudain qu'on luy faisoit chère[2].

. . . .

Belaud n'estoit point mal-plaisant,
Belaud n'estoit point mal-faisant,

---

1. Apprivoisé.   2. Bon accueil.

Et ne feit onc plus grand dommage
Que de manger un vieux fromage,
Une linotte et un pinson
Qui le faschoyent de leur chanson.
Mais quoy! Magny, nous mesmes hommes,
Parfaits de tous points nous ne sommes.

Belaud n'estoit point de ces chats
Qui nuict et jour vont au pourchas [1],
N'ayant soucy que de leur panse :
Il ne faisoit si grand' despense,
Mais estoit sobre à son repas
Et ne mangeoit que par compas [2].

. . . .

Que pleust à Dieu, petit Belon,
Que j'eusse l'esprit assez bon,
De pouvoir en quelque beau stile
Blasonner ta grâce gentile,
D'un vers aussi mignard que toy :
Belaud, je te promets ma foy
Que tu vivrois tant que sur terre
Les chats aux rats feront la guerre [3].

(JEUX RUSTIQUES.)

---

1. A la maraude.
2. « Il vivait de régime... », dira La Fontaine.
3. Du Bellay, on le voit, savait prendre, à l'occasion, le ton du badinage aimable.

AGRIPPA D'AUBIGNÉ

Étude biographique et littéraire.

L'homme. — Théodore-Agrippa D'Aubigné naquit le 8 février 1550, à Saint-Maury, près de Pons, en Saintonge, de Jean D'Aubigné, gentilhomme protestant du pays, et de Catherine de Lestang, qui mourut en lui donnant le jour. La France était alors en pleine effervescence des guerres civiles et dans tout l'éclat de la renaissance des lettres : aussi l'éducation du jeune Agrippa fut-elle à la fois protestante et érudite. Son père lui fit lire et apprendre la Bible dès sa plus tendre enfance ; à six ans, il comprenait le latin, le grec et l'hébreu, si bien qu'avant dix ans, il avait déjà traduit le *Criton* de Platon, après des études faites au bruit des arquebusades.

Il avait huit ans, lorsque, passant par Amboise, il éprouva, au pied du gibet de la Renaudie et des autres conjurés protestants, la plus forte impression qui puisse frapper l'imagination d'un enfant : c'est alors que, selon une légende accréditée, son père lui fit jurer de venger la mort de ses coreligionnaires. A neuf ans, il est condamné au bûcher, parce qu'il refuse d'abjurer sa religion, et que « l'horreur de la messe lui ôtait celle du feu ». Sauvé par la pitié d'un geôlier ému de tant de jeunesse et de courage, il est enfermé chez son tuteur, qui semble se défier de ce caractère aventureux. Mais, il se sauve, en chemise, pour aller combattre avec les protestants.

Il se distingue alors au siège d'Orléans. La mort de son père paraît l'assagir, et il va étudier à Genève, sous la direction de Théodore de Bèze. Sur ces entrefaites, il apprend que Condé a pris les armes : il quitte Genève au plus vite et vient s'enrôler parmi ses compagnons.

Il n'eût pas échappé au massacre de la Saint-Barthélemy ; mais, trois jours auparavant, un duel l'avait contraint à sortir de Paris. Il fut ainsi épargné ; la violence de sa haine contre les catholiques s'accrut encore de toute l'horreur que lui inspira cet abominable assassinat.

Il devient alors le partisan, puis l'intime ami de Henri de Navarre, avec la secrète pensée que celui-ci sera, quelque jour, le vengeur du parti calviniste. Il paraît donc à la cour, où le roi de Navarre est retenu prisonnier; il se fait poète de cour, écrit des sonnets, compose une tragédie, *Circé*, qu'on représentera, plus tard, au mariage du duc de Joyeuse; enfin il entre à l'Académie qu'a fondée Charles IX. Mais, en 1575, Henri de Navarre s'échappe du Louvre et gagne son gouvernement de Guyenne. D'Aubigné le suit en qualité d'écuyer, en attendant qu'il devienne maréchal de camp, gouverneur d'Oléron et de Maillezais, vice-amiral de Guyenne et de Bretagne. Sa vie n'est plus, dès lors, qu'une série de faits d'armes et de duels. Il s'expose en maintes circonstances pour son roi, qu'il accompagne à Coutras, comme il l'accompagnera à Arques. Mais, par son dévouement, il croit avoir acheté le droit de tout dire impunément, d'autant plus que la légèreté de conduite du Navarrais met parfois sa patience à rude épreuve. Sa franchise blessante est payée de deux disgrâces, suivies d'ailleurs de promptes réconciliations avec un maître qui ne pouvait s'empêcher d'estimer cette nature droite et fière, malgré ses intempérances de langage.

La conversion d'Henri IV, bien que commandée par le patriotisme et la raison, le déçut dans ses espérances et le frappa douloureusement dans sa confiance en la loyauté du roi. Il s'abstint, dès lors, de paraître fréquemment à la cour et s'enferma dans une attitude de protestation hautaine et fière, engageant des discussions théologiques d'une violence parfois voisine de l'insolence avec le Père Cotton ou le cardinal Du Perron, le célèbre controversiste. Mais il vécut le plus souvent retiré dans son gouvernement de Saintonge, occupant ses loisirs à composer et à remanier ses *stances*, ses *odes*, ses *élégies*, à achever ses *Tragiques*, commencés dès 1577, en pleine guerre civile, et enfin à écrire son *Histoire Universelle*.

Sur ces entrefaites, il reçut la nouvelle de l'assassinat de Henri IV, dont il fut très affecté. Il protesta contre la régence de Marie de Médicis et se vit alors dépossédé de ses charges. Mais, prévoyant les dangers que le crime de Ravaillac allait faire courir à son parti, pour protéger la Rochelle, le dernier boulevard de la Réforme, il fortifia l'île de Doignon, qu'il avait précédemment achetée, et se mêla, un peu contre son gré, au mouvement protestant qui se termina, en 1616, par le traité de Loudun.

La régente, désireuse de s'assurer la possession des places de guerre de l'ouest, fit acheter les forteresses de D'Aubigné, qui dut se retirer à Saint-Jean-d'Angély. C'est là qu'en 1620, il fit paraître le troisième volume de son *Histoire universelle*. Le livre fut déféré au Parlement et brûlé par la main du bourreau. D'Aubigné dut s'enfuir à Genève, et, tandis qu'à Paris, ses ennemis le faisaient condamner à mort par contumace, sous prétexte qu'il avait employé les matériaux d'une église en ruines dans la construction d'un bastion, il se maria, en secondes noces, avec une jeune veuve, Mme Burlamachi, de façon à bien montrer qu'il était encore vivant.

Il mourut en 1630, à l'âge de quatre-vingts ans, après avoir vu son fils Constant abjurer le protestantisme. L'énergique vieillard ne se doutait guère que de ce fils, maudit par lui, devait naître madame de Maintenon, qui se montra l'implacable et fanatique ennemie de la religion réformée, pour laquelle son grand-père avait tant lutté, tant souffert.

Son tempérament. — D'Aubigné représente parfaitement toutes les qualités et toutes les passions de ce xvie siècle si fécond en grandes intelligences et en esprits indépendants. A la fois homme de guerre, théologien, historien, conteur et poète, il a l'universalité de ses contemporains, avec quelque chose de plus rude et de plus vigoureux, qui, au premier abord, le ferait prendre pour un attardé dans ce milieu imprégné d'humanisme et de vie intellectuelle.

Mais cette allure étrange n'est qu'une apparence : elle vient de ce que D'Aubigné unit en lui deux tendances ordinairement incompatibles dans un même homme : il est à la fois un esprit cultivé de la Renaissance et un gentilhomme farouche, le dernier descendant de ces *fervêtus* dont la race n'était plus guère qu'un souvenir.

Homme de la Renaissance, D'Aubigné l'est par sa brillante culture classique. Le grec, le latin, l'hébreu, l'italien, l'espagnol, lui sont familiers; il connaît Ronsard, et partage, à son égard, toute l'admiration des contemporains; bien plus, il s'inspire de ses procédés, tant dans ses poésies mignardes et galantes que dans les grands vers des *Tragiques*. Enfin à une tournure d'esprit aimable et joyeuse il joint une verve satirique et gauloise, qui le rapproche des auteurs de la *Satire Ménippée* et de Mathurin Régnier.

Mais, en D'Aubigné, l'homme de la Renaissance est étouffé, la plupart du temps, par le sectaire et le routier, dont il avait conservé les instincts, et cela, le plus souvent, parce qu'il l'a voulu et qu'il a fait effort pour contraindre son tempérament naturel. Ardent et convaincu, il devint un homme de parti, au contact des violences et des atrocités de la guerre civile. Mais, dès lors, la cause qu'il avait embrassée lui parut la seule qui fût grande et noble : il resta un huguenot intransigeant, aux yeux duquel le catholicisme ne fut plus que « le grand temple d'Erreur » et de mensonge. Aussi ne pardonnat-il jamais à Henri IV d'avoir donné l'apaisement à la France, en abjurant dans l'église de Saint-Denis : son fanatisme lui avait fait perdre, comme il arrive d'ordinaire, la pénétration et l'intelligence, en l'empêchant de voir un acte de sage politique dans une conversion qui terminait les guerres de religion.

Sa vie, d'ailleurs, fut un continuel effort pour arriver à ne pas comprendre la nécessité de la paix, comme pour paraître morose et chagrin, au lieu d'aimable et gracieux qu'il était en réalité. Malgré son mécontentement, il avait conservé pour le roi plus que de l'amitié, et cependant il se tourmentait pour lui tenir de fort désagréables propos, qui faillirent, plus d'une fois, lui attirer quelque méchante affaire. Ne s'avisa-t-il pas, après l'attentat de Jean Châtel, alors que le roi lui montrait sa lèvre percée par le coup de poignard, de lui faire cette sombre prophétie, assaisonnée d'un reproche sanglant : « Sire, vous n'avez encore renoncé à Dieu que des lèvres, il s'est contenté de les percer ; mais, quand vous le renoncerez du cœur, il vous percera le cœur. »

Cette boutade, qu'il devait renouveler en vers, le peint tout entier. Il chagrine les autres comme lui-même, par conviction, par scrupules de conscience. Il semble toujours craindre, par exemple, de n'être pas assez dévot ; il se reproche d'être aimé, alors qu'il voudrait surtout être redouté des méchants ; d'être gracieux, alors qu'il lui faudrait être terrible ; d'être enfin spirituel, quand il devrait faire effort pour être éloquent.

Cette attitude intempérante et forcée a pu le faire prendre, comme il le reconnaît lui-même, pour ce qu'il n'était pas, c'est-à-dire pour un républicain. En réalité, c'est un pur royaliste, ayant le sentiment très net de la hiérarchie, et partisan d'une autorité incontestée et souveraine. Mais son bon sens tout français lui montre que cette autorité a tout au moins des limites dans la conscience même des rois, et qu'elle n'est justifiée que par leurs services. Le sectaire à l'allure indépendante et grondeuse est donc avant tout un sujet fidèle et respectueux.

D'ailleurs, en l'étudiant un peu, on s'aperçoit bien vite que ses violences et son orgueil n'ont rien de personnel, et que ces deux défauts tiennent chez lui à l'esprit de parti. Au fond, c'est un très grand cœur, dépourvu d'égoïsme, songeant toujours à se dévouer pour les autres, comme il le prouva à Genève, où il ne gagna qu'une condamnation à mort; enfin, entreprenant volontiers les besognes héroïques devant lesquelles la conviction des autres hésite et recule. Son courage n'a pas un instant de défaillance : ruiné après sa disgrâce, il emprunte dix écus plutôt que de vendre sa forteresse; plutôt que de renier son livre, il préfère prendre le chemin de l'exil à soixante-dix ans; condamné à mort, il écrit, de Genève, au connétable : « Je n'ai jamais demandé pardon qu'à Dieu et à ma maîtresse. »

Voilà, certes, un beau caractère, et qui fait oublier d'étranges faiblesses d'esprit : la croyance à la magie, aux horoscopes, aux revenants. Et cependant ce tempérament a tant de faces diverses qu'on est un peu déconcerté, lorsqu'il s'agit d'en fixer l'unité. Cela nous explique, peut-être, qu'on ait conçu du caractère de D'Aubigné une idée fausse à force d'être absolue : le féodal, le passionné qu'on en a fait, méritait vraiment d'être quelque peu adouci.

L'œuvre en prose de D'Aubigné. — La fécondité de D'Aubigné ne laisse pas de provoquer quelque étonnement. On se demande vraiment, comment cet homme, dont toute la vie est faite de lutte et d'action, a trouvé le temps d'écrire des œuvres si diverses et si étendues. Outre une précieuse correspondance récemment publiée[1], nous avons de lui, en effet, des mémoires qui vont de 1557 à 1618, et qui sont intitulés *Sa Vie, à ses enfants*. Il les écrivit comme un testament, à l'âge de soixante-seize ans. Les deux parties qui les composent sont fort différentes l'une de l'autre : la première, alerte et enthousiaste, est un récit de sa jeunesse aventureuse, aux côtés de Henri de Navarre; la seconde, sombre et découragée, commence à l'abjuration du roi; le pamphlétaire mordant, ironique et souvent injuste, n'y épargne ni le souverain, ni ses

---

1. Par MM. Réaume et de Caussade.

anciens compagnons. Son *Histoire Universelle*, écrite dans une langue véhémente, où l'on peut admirer le talent du peintre et du narrateur, est en apparence un exposé des guerres civiles, et en réalité une apologie du calvinisme.

Cette œuvre, comme la précédente, révèle le talent de polémiste d'Agrippa D'Aubigné; mais ce talent n'est nulle part plus évident que dans le pamphlet intitulé la *Confession de M. de Sancy*. D'Aubigné suppose qu'un gentilhomme huguenot, récemment converti au catholicisme, confesse ses erreurs passées, avec une naïveté cynique qui fait son procès et celui de tous les renégats. Cette satire par ironie est le procédé qu'emploiera Pascal dans les *Provinciales*. L'auteur, jouant le rôle d'agent provocateur, arrache au renégat les aveux qui tourneront à la confusion de ce dernier, et pour y parvenir, il use d'une ironie d'autant plus féroce qu'elle est patiente et concentrée. Malheureusement, le fiel déborde dans ce réquisitoire, et D'Aubigné, dans son indignation contre les apostats, passe parfois la mesure, et s'abaisse à des injures qui prouvent moins d'esprit que de violence.

Le *Baron de Fœneste*, écrit sous la régence de Marie de Médicis, est une véritable étude de mœurs, d'un ton bien différent. D'Aubigné voit avec peine les jeunes seigneurs, les hobereaux ruinés, les cadets de Gascogne, abandonner leurs terres, prendre le chemin de la cour, où ils vont s'avilir dans une domesticité brillante, sans respect des noms qu'ils portent et des aïeux dont ils descendent. A ces vaniteux qui préparent la ruine de la noblesse, et que D'Aubigné personnifie sous les traits du baron de Fœneste, celui qui veut *paraître* (φαίνεσται, paraître), il oppose le sage M. d'Enay, celui qui *est* réellement (εἶναι, être) le représentant des vieilles traditions seigneuriales, vivant aisément, sur ses terres, de tranquillité et d'action. Fœneste est un fanfaron d'honneur, de courage, de galanterie, partout hué et toujours trompé, tandis que d'Enay, protestant convaincu, est un modèle de valeur, de bon sens et de patriotisme.

En résumé, toutes les œuvres en prose de D'Aubigné révèlent en lui le pamphlétaire ardent, l'âpre censeur, l'ironiste mordant. Mais il a par-dessus tout l'échauffement de la conviction, et c'est ce qui le porte parfois à ces hauteurs où il atteint l'éloquence la plus majestueuse et la plus enflammée dont l'œuvre d'un pamphlétaire ait jamais été animée.

D'Aubigné poète. — L'œuvre poétique de D'Aubigné comprend : 1° un poème sur *la Création*, inspiré de Du Bartas, et sur lequel nous ne nous arrêterons pas, car cette froide et plate imitation est absolument indigne de lui ; 2° des poésies de jeunesse, intitulées *Le Printemps ;* 3° son chef-d'œuvre, *Les Tragiques*, qui retiendra particulièrement notre attention.

§ 1. *Les Poésies de jeunesse.* — Le recueil intitulé *Le Printemps* nous montre en D'Aubigné un disciple de Ronsard, pour lequel nous avons déjà signalé sa fervente admiration. Ce recueil est divisé en plusieurs parties. Dans la première, intitulée *Hécatombe à Diane*, il fait « babiller à ses vers » son amour pour Mlle de Lezay, à laquelle il consacre une centaine de sonnets ; les deux autres parties, les *Stances* et les *Odes*, sont bien inférieures à la première.

Il faut avouer que *Le Printemps*, s'il range D'Aubigné parmi les meilleurs disciples de Ronsard, ne révèle en lui rien autre chose, et ne donne pas l'idée d'un talent bien original. Il ne fait point avancer d'un pas la poésie, ne lui donne ni plus de précision, ni plus de goût : l'auteur atteint parfois Ronsard, même en ce qu'il a de meilleur, mais il ne le dépasse jamais. Il occupe, à côté de Desportes et de Du Bartas, une place honorable dans cette « seconde volée » de poètes éclos au nid de la Pléiade ; il a plus de génie, plus de force et de goût même que Du Bartas et Desportes ; mais il n'échappe point à la subtilité maniérée que ces poètes imitateurs tenaient de l'influence italienne, et à laquelle ils devaient leurs succès mondains ; il n'échappe pas davantage aux tendances parfois emphatiques des disciples directs de Ronsard, qui, eux, tenaient plus du collège que du monde, parce que l'esprit leur faisait souvent défaut. Or, c'est ce mélange d'aspirations vers les grands sujets et vers la poésie spirituelle qui caractérise D'Aubigné, plus encore que les autres poètes du groupe de 1580.

Cette subtilité, qu'on peut trop souvent reprocher au *Printemps*, consiste en pointes et en jeux de mots, dont le tour puéril n'ajoute rien à la réputation d'un poète, bien au contraire. Elle consiste encore en explications mystiques de la mythologie antique, sur lesquelles il revient plus d'une fois, pour la plus grande édification du chrétien, mais au grand détriment de la poésie : ne s'avise-t-il pas de comparer les douze travaux d'Hercule aux douze grandes épreuves par lesquelles doit passer l'âme chrétienne ?

Il voit dans la littérature un amusement, un passe-temps de société, dont il faut tirer parti le plus heureusement possible. Mais cette fière conception de la poésie conduit trop aisément à l'affectation pour qu'il soit possible d'échapper toujours au ridicule; de là à se livrer à des exercices étranges, la distance n'est pas considérable à franchir. D'Aubigné la franchit donc aisément : on le voit, par exemple, se livrer à un déplorable travail de mosaïque, où le bon sens perd tous ses droits, puisque les mots s'y rapportent, non aux mots voisins, mais à ceux qui leur sont symétriques dans une autre partie de la phrase. On le voit encore s'appliquer à des bizarreries rythmiques, en écrivant, par exemple, des vers mesurés par dactyles et spondées, des vers qu'il est possible de couper en deux, et qui présentent un sens différent selon qu'on en lit une des deux moitiés ou qu'on en lit les deux parties réunies.

De pareils badinages excluent toute poésie, et, à s'y attarder longtemps, on risque de devenir un bien fade versificateur, et rien de plus. Mais D'Aubigné avait en lui la flamme poétique, en sorte qu'après avoir quelque temps sacrifié à ces grâces mièvres et ennuyeuses qui pouvaient charmer ses contemporains, il revint bien vite, et dans son *Printemps* même, à une inspiration plus sincère et plus vraie.

Ce n'est pas que cette inspiration soit encore dépourvue de tout apprêt, de tout ce qui sent la manière et le procédé : on n'échappe ni si facilement, ni si vite, aux défauts de son temps. Mais elle a quelque chose d'une berçante et tendre mélodie, qu'on ne s'attendrait guère à trouver chez ce rude jouteur. Ce fanatique ardent n'est pas seulement saisissant dans ses colères; il l'est encore dans ses instants de rêverie et d'abandon.

> O giron, doux support au chef qui se tourmente!
> O mes yeux bienheureux éclairés de ses yeux!
> Heureux qui meurt ici et mourant ne lamente!

Qui ne reconnaît dans le sonnet que terminent ces vers, comme un écho lointain du tendre Du Bellay? — Quel symbolisme un peu maladif aussi dans celui qui commence ainsi :

> Nous ferons, ma Diane, un jardin fructueux....

Mais où D'Aubigné s'est élevé plus haut encore que dans cette poésie amoureuse, c'est dans les pièces animées par le sentiment religieux, qui fut en lui si vrai et si profond. Il montre une inspiration vraiment dégagée de toute entrave, dans le sonnet qu'il intitule *Extase;* mais il ira plus haut encore, lorsque, à la pensée de la mort consolatrice qui dégage l'âme des liens matériels du corps, il écrira cette belle pièce, — son chef-d'œuvre peut-être, — qu'on a pu rapprocher avec raison de l'un des plus purs passages qu'ait écrits Lamartine[1], et dont la conclusion semble se perdre dans un infini de poésie et de grandeur religieuse :

> Mais la mort n'est pas loin. Cette mort est suivie
> D'un vivre sans mourir, fin d'une fausse vie,
> Vie de nostre vie et mort de nostre mort.
> Qui hait la sûreté pour aimer le naufrage?
> Qui a jamais été si friand du voyage,
> Que la longueur en soit plus douce que le port?

§ 2. *Les Tragiques.* — *Les Tragiques* sont un monument unique dans notre littérature : D'Aubigné y est à la fois l'Homère et le Tyrtée de la guerre civile. A la vérité, ce poème n'est guère qu'une ébauche, mais une ébauche sombre, éclairée çà et là par des reflets de bûchers ou d'incendies, et traversée de cris lugubres arrachés à l'indignation du poète.

Les Tragiques furent commencés en 1577, cinq ans après la Saint-Barthélemy, au moment même où Henri III révoquait l'édit de pacification. D'Aubigné, mis en danger de mort par une blessure reçue au combat de Castel-Jaloux, se vit condamné au repos. Tout frémissant encore des luttes qu'il venait de traverser, exalté par la maladie et la colère, il écrivit ce livre, pour « faire grincer de rage » les vainqueurs. La publication comprit deux fragments, dont l'un parut vers la fin du règne de Henri III, l'autre vers 1594. C'est en 1616 seulement que l'ouvrage vit le jour en entier.

Ce poème est un tableau saisissant des horreurs de la guerre civile. Il est divisé en sept livres, dont le déroulement se présente comme celui des *cercles* d'un Enfer où Dante lui-même se serait reconnu. Les trois premiers livres ont pour titres : *Les Misères, Les Princes, La Chambre dorée.* Ils mettent successivement en scène les horreurs de la guerre, la corruption de la cour, la lâcheté et la vénalité des Parlements.

---

1. LAMARTINE, *La Vigne et la Maison,* début.

Deux autres livres, *Les Feux*, *Les Fers*, sont le tableau sinistre des supplices infligés aux huguenots, sur les bûchers, dans les cachots. Enfin les derniers livres, *Les Vengeances* et *Le Jugement*, montrent, d'une part, les bourreaux châtiés ici-bas, et condamnés, d'autre part, aux supplices éternels, par le tribunal de Dieu.

Au premier abord, *Les Tragiques* semblent un véritable contresens littéraire. Dans l'esprit de D'Aubigné, ce poème est moins un pamphlet et une satire qu'une sorte de martyrologe épique. Or, le poème épique vit surtout du passé, de ses légendes, de ses héros, assez éloignés pour ressembler à des demi-dieux plutôt qu'à des hommes. Rien de tout cela dans *Les Tragiques* : ils sont le récit d'événements actuels, fait par un auteur qui, plus que personne, a eu le sens de l'actualité ; ils sont l'œuvre d'un esprit net et précis, auquel l'intelligence du passé faisait défaut, mais qui, en revanche, excellait à découper vigoureusement des silhouettes contemporaines, à peindre des tableaux dont il avait eu l'original sous les yeux.

L'impression qui se dégage d'une lecture suivie des *Tragiques* est la monotonie. Cette division en sept catégories de supplices ou de forfaits, cette accumulation de reproches toujours présentés sous la même forme, fatiguent, à la longue, l'attention la plus soutenue. Pour échapper à cette monotonie narrative, D'Aubigné a eu recours à des procédés factices, qui n'ont fait qu'aggraver le mal. Tantôt il s'adresse à la rhétorique, en usant d'allégories ou de prosopopées : il met ainsi d'interminables discours dans la bouche des personnages abstraits qui fourmillent en son œuvre : Conscience, Vertu, Fortune, Justice, Envie, Avarice, etc. Tantôt il entasse les exemples et les parallèles, rapprochant les tyrans de Néron, de Claude, citant, à propos de cruautés, Phalaris, Procuste, Dioclétien, nommant, au sujet d'un acte de courage, Cynégire, Léonidas, Mucius Scævola. *Les Tragiques* sont, à cet égard, un véritable répertoire de l'histoire ancienne : un nom amène le souvenir de vingt autres, et l'on a déjà perdu de vue le point de départ, au moment même où le poète nous y ramène.

Mais tous ces défauts sont amplement compensés par des qualités extraordinaires et peu communes. De sa phrase enchevêtrée ou obscure, de ses idées brusques et bizarres, D'Aubigné tire parfois des effets extraordinaires. Il n'a ni clarté, ni ordre, ni mesure ; ses antithèses violentes et ses hyperboles outrées dépassent à chaque instant la raison; mais il n'en est que plus saisissant, et l'inspiration jaillit avec une puissance sans égale de ce mélange confus. Le goût du grandiose et du terrible lui arrache çà et là des cris d'éloquence en des vers si admirablement frappés, qu'on les croirait sortis du moule où les coulera Corneille.

Quelques-uns de ces vers sont détachés de l'ensemble avec un relief extraordinaire et sont vraiment dignes d'un grand poète. On en pourrait multiplier les citations : quelques-uns seulement suffiront pour faire comprendre la force poétique de D'Aubigné :

> Il avait peur de tout, tout avait peur de lui....
>
> De l'enfer il ne sort
> Que l'éternelle soif de l'impossible mort....
>
> A l'heure que le ciel fume de sang et d'âmes....
>
> L'air n'est plus que rayons, tant il est semé d'anges....

Citons encore cette fleur de poésie d'un incomparable parfum :

> Une rose d'automne est plus qu'une autre exquise.

Du reste, cette puissance et cette vigueur de coloris qu'il doit à son talent dramatique et oratoire ont contribué aussi à l'éclat de certaines scènes saisissantes, et dont le groupement harmonieux est de l'effet le plus heureux. C'est ainsi qu'il montre les éléments venant, au jour du jugement, reprocher aux persécuteurs de les avoir employés comme instruments de leurs atrocités. D'Aubigné trouve, pour exprimer leurs accusations, des paroles qui donnent comme un frisson d'épouvante. Ici, la rhétorique du temps est d'accord avec le génie du poète, et l'on oublie les abstractions du Feu, de l'Air et de l'Eau, pour ne songer qu'aux crimes dont ils sont les personnifications.

*
* *

D'Aubigné reste, en somme, le seul poète qui, à la fin du xvie siècle, ait réagi contre l'alanguissement de la poésie et en particulier de la versification. Il a su conserver l'allure du vers plein, vigoureux, tel que le pratiquera la tragédie dans l'époque suivante : il est en cela un des dépositaires de la tradition classique, entre Ronsard, qu'il adorait, et Malherbe, qu'il ne pressentait pas. Pourtant le xviie siècle s'est effarouché de ses témérités, et n'a point deviné que son goût heurté cachait la matière d'un vrai poète, auquel n'a manqué, peut-être, qu'une étude plus attentive de ses propres forces et de ses qualités naturelles.

Le xixe siècle a été plus généreux pour D'Aubigné. Il a compris que, malgré ses défauts, ce Juvénal, inspiré du souffle d'Ézéchiel, a, le premier, fait jaillir de notre sol des sources de poésie souvent sanglante, mais toujours sincère. On ne peut lire *Les Tragiques* sans songer aux *Châtiments* de Victor Hugo, et ce rapprochement involontaire entre deux œuvres, d'ailleurs fort différentes à tous égards, n'est pas l'un des moindres titres de gloire qui s'attache au nom de D'Aubigné.

EXTRAITS
DES ŒUVRES DE D'AUBIGNÉ

La Jeunesse du Poète.

Jà dix ans et davantage,
Dont je ne suis pas plus sage,
Ne m'ont profité de rien,
Se sont escoulés à rire,
C'est pourquoi l'on me peut dire
Qu'il y paroit assez bien.
Encores si ma folie
Entroit en melancholie
Et, pour se faire priser,
Vouloit devenir plus grave :
Je sais bien faire le brave
Pour m'en immortalizer.
. . . .
J'ay aidé, quoy que je die,
A jouer la tragedie
Des François par eux deffaitz[1] ;
Page, soldat, homme d'armes,
J'ay tousjours porté les armes
Jusqu'à la septiesme paix[2].
A Dreux, bataille rangee,
En Orleans assiegee,
Laissant le dangier à part,
Dans le camp et dans la ville
J'apprins du soldat le stille
Et les vocables de l'art[3].
Mais depuis avecq' mon âge
M'estant accreu le courage,

---

1. Allusion aux guerres civiles auxquelles D'Aubigné a pris part.
2. La paix de Fleix (26 nov. 1580).
3. Les termes militaires.

Venu plus grand et plus fol,
Jeune d'âge et de sens jeune,
J'ay brusqué[1] cinq ans fortune,
L'arquebuze sur le col.
Puis j'en passay mon envie
Et quictay l'infanterie
Pour estre homme de cheval,
Et, jamais las d'entreprendre,
Encor' me fallut aprendre
Que c'est d'un combat naval.

. . . .

J'ay encores en ombrage[2],
Tout ainsi qu'un vain nuage,
Et des langues et des artz,
Sans que je me vueille rendre
Ou impossible à reprendre,
Ou parfait de toutes partz.

. . . .

J'aime les badineries
Et les folles railleries,
Mais je ne veux pas avoir
Pour veiller à la chandelle,
La renommée immortelle
D'un pedantesque savoir.
Nicolas[3], tes serpelettes[4],
Tes vendangeurs, tes sornettes,
Resonnent à mon gré mieux
Que ces rimes deux fois nees[5]
Et ces frazes subornées
D'un Petrarque ingenieux[6].
Car de quelle ame peut estre
Ce que l'on fait deux fois naistre
Par le faux père[7] approuvé ;
Comme la poule pourmeine,
Non le poulet qu'elle ameine,
Mais celluy qu'elle a couvé.

---

1. Tenté la fortune.
2. Une légère teinture.
3. Personnage de la poésie pastorale.
4. Petites serpes à vendanger.
5. Les rimes du sonnet deux fois répétées.
6. Cela revient à dire qu'il préfère les pastorales aux imitations italiennes.
7. Le traducteur.

C'est beaucoup de bien traduire,
Mais c'est larcin de n'escrire
Au dessus : *traduction;*
Et puis on ne fait pas croire
Qu'aux femmes et au vulgaire
Que ce soit invention.

(Printemps.)

A Diane.

Sonnet.

Combattu des vents et des flots,
Voyant tous les jours ma mort preste
Et abayé[1] d'une tempeste
D'ennemis, d'aguetz, de complotz ;

Me resveillant à tous propos,
Mes pistolets dessoubz ma teste,
L'amour me fait faire poëte,
Et les vers cherchent[2] le repos.

Pardonne-moy, chère maitresse,
Si mes vers sentent la destresse,
Le soldat, la peine et l'esmoy :

Car, depuis qu'en aimant je souffre,
Il faut qu'ils sentent comme moy
La poudre, la mesche[3], et le souffre[4].

(Printemps.)

Inconstance.

Bergers, qui, pour un peu d'absence,
Avez le cueur si tôt changé[5],
A qui aura plus d'inconstance
Vous avez, ce crois-je, gagé.

---

1. C'est-à-dire *aboyé* ; comme poursuivi par les aboiements d'une meute.
2. Exigent.
3. La mèche des arquebuses.
4. D'Aubigné sacrifie aux pointes et à l'affectation italienne dans ses poésies de jeunesse. Le tour précieux de ces trois derniers vers en est un exemple.

5. C'est la paraphrase de la poésie de Desportes, que fredonnait le duc de Guise au moment où il fut assassiné, et dont voici le premier couplet :

Rosette, pour un peu d'absence,
Votre cœur vous avez changé,
Et moi, sachant votre inconstance,
Le mien autre part j'ai rangé.

M. *La poésie de la Renaissance.*

L'un léger, et l'autre légère,
A qui plus volage sera :
Le berger comme la bergère
De changer se repentira.

L'un dit qu'en pleurs il se consume,
L'autre pense tout autrement,
Tous deux n'aiment que par coutume,
N'aimant que leur contentement ;
Tous deux comme la girouette
Tournent poussés au gré du vent,
Et leur amour rien ne souhaite
Qu'à jouir et changer souvent.

De tous deux les caresses feintes
Descouvrent leur cueur inconstant ;
Ils versent un millier de plaintes,
Et le vent en emporte autant ;
Le menteur et la mensongère
Gagent à qui mieux trompera !
Le berger comme la bergère
De changer se repentira.

Ils se suivent comme à la trace,
A changer sans savoir pourquoy ;
Pas un des deux l'autre ne passe
D'amour, de constance et de foy.
Tous les jours une amitié neuve
Ces volages contentera.
Aussi vous verrez à l'épreuve
Que chacun s'en repentira.

De tous deux les promesses vaines
Et les pleurs versés en partant
N'ont plus[1] duré que les haleines
Qui de la bouche vont sortant :
Chacun garde son avantage
A fausser tout ce qu'il dira,
Et chacun de son faux langage
A son tour se repentira.

(PRINTEMPS.)

Jamais plus beauté si légère
Sur moi tant de pouvoir n'aura.
Nous verrons, volage bergère,
Qui premier s'en repentira.

16.

D'Aubigné n'est pas inférieur à lui-même dans la poésie légère.
1. N'ont pas plus duré.

Nonchalance.

Je sens bannir ma peur et le mal que j'endure,
Couché au doux abri d'un myrte et d'un cyprès [1],
Qui de leurs verts rameaux s'accolant près à près
Encourtinent la fleur qui mon chevet azure ;

Oyant virer au fil d'un musicien murmure
Mille nymphes d'argent, qui de leurs flots secrets
Bebrouillent [2] en riant les perles dans les prés
Et font les diamans rouler à l'aventure.

Ce bosquet de verbrun qui ceste ombre obscurcit
D'échos harmonieux et de chants retentit.
O séjour amiable, ô repos précieux !

O giron, doux support au chef qui se tourmente !
O mes yeux bienheureux éclairés de ses yeux !
Heureux qui meurt ici et mourant ne lamente [3] !

(PRINTEMPS.)

Idylle.

Nous ferons, ma Diane, un jardin fructueux ;
J'en serai laboureur, vous dame et gardienne.
Vous donnerez le champ, je fournirai de peine,
Afin que son honneur soit commun à nous deux.

Les fleurs dont ce parterre esjouira nos yeux
Seront vert-florissants, leurs sujets sont la graine [4] ;
Mes yeux l'arroseront et seront sa fontaine ;
Il aura pour zéphirs mes souspirs amoureux.

Vous y verrez mêlés mille beautés écloses,
Soucis, œillets et lis, sans épines les roses,
Encolie et pensée, et pourrez y choisir

---

1. *Lentus in umbra* (VIRG.), « nonchalamment étendu à l'ombre ».
2. Redoublement pour *brouillent*.
3. Ce sonnet est comme un écho de Du Bellay, par sa tournure mélancolique et doucement indécise.
4. Cet hémistiche manque de clarté, à nos yeux.

Fruits sucrés de durée après les fleurs d'attente ;
Et puis nous partirons[1] à vostre choix la rente :
A moi toute la peine, à vous tout le plaisir[2].

(Printemps.)

Extase.

Ainsi l'amour du ciel ravit en ces hauts lieux
Mon âme sans la mort, et le corps en ce monde
Va soupirant ça bas sa liberté seconde,
De soupirs poursuivant l'âme jusques aux cieux.

Vous courtisez le ciel, foibles et tristes yeux.
Quand vostre âme n'est plus en ceste terre ronde,
Dévale, corps lassé, dans la fosse profonde,
Vole en ton paradis, esprit victorieux.

O la foible espérance, inutile souci
Aussi loin de raison que du ciel jusqu'ici,
Sur les ailes de foy, délivre tout le reste.

Céleste amour, qui as mon esprit transporté,
Je me voy dans le sein de la Divinité :
Il ne faut que mourir pour estre tout céleste[3].

(Poésies mêlées.)

Vers le port.

Mes volages humeurs, plus stériles que belles,
S'en vont, et je leur dis : Vous sentez, hirondelles,
S'éloigner la chaleur et le froid arriver.
Allez nicher ailleurs, pour ne fascher, impures,
Ma couche de babil et ma table d'ordures :
Laissez dormir en paix la nuit de mon hiver.

---

1. Nous répartirons, comme vous le voudrez, le revenu de ce jardin.
2. D'Aubigné, on le voit, a sacrifié, lui aussi, au symbolisme des Italiens.
3. L'inspiration religieuse qui anime cette pièce porte bonheur à d'Aubigné : il y puise une certaine grandeur avec une sorte de sérénité et d'apaisement à l'idée de la mort.

D'un seul point le soleil n'éloigne l'hémisphère[1],
Il jette moins d'ardeur, mais autant de lumière.
Je change sans regrets, lorsque je me repens
Des frivoles amours et de leur artifice.
J'aime l'hiver qui vient purger mon cœur du vice,
Comme de peste l'air, la terre de serpents.

Mon chef blanchit dessous les neiges entassées,
Le soleil, qui me luit, les eschauffe, glacées,
Mais ne les peut dissoudre, au plus court de ces mois.
Fondez, neiges ; venez dessus mon cœur descendre,
Qu'encores il ne puisse allumer de sa cendre
Du brazier, comme il fit des flammes autrefois[2].

Mais quoi ! serai-je esteint devant ma vie esteinte[3] ?
Ne luira plus en moi la flamme vive et sainte,
Le zèle flamboyant de la sainte maison ?
Je fais aux saints autels holocaustes des restes[4]
De glace aux feux impurs, et de naphte aux celestes :
Clair et sacré flambeau, non funebre tison !

Voici moins de plaisirs, mais voici moins de peines.
Le rossignol se taist, se taisent les Sereines[5] :
Nous ne voyons cueillir ni les fruits ni les fleurs ;
L'espérance n'est plus bien souvent tromperesse.
L'hiver jouit de tout, bienheureuse vieillesse,
La saison de l'usage[6], et non plus des labeurs.

Mais la mort n'est pas loin. Cette mort est suivie
D'un vivre sans mourir, fin d'une fausse vie,
Vie de nostre vie et mort de nostre mort.
Qui hait la sûreté pour aimer le naufrage ?
Qui a jamais été si friand[7] de voyage,
Que la longueur en soit plus douce que le port[8] ?

(POÉSIES MÊLÉES.)

1. Le soleil est toujours également éloigné de la terre.
2. C.-à-d. un foyer qui brille moins qu'autrefois, mais réchauffant encore.
3. Avant que ma vie soit éteinte.
4. Des restes de ma vie.
5. Les Sirènes.
6. Où l'on jouit du fruit de son labeur.
7. Désireux.
8. V. RONSARD, *Hymne de la Mort*, p. 156, et LAMARTINE, *La Vigne et la Maison*, début.

Confiteor.

A Dieu.

Si je me desguisois, tes clairs yeux sont en moi,
Ces yeux qui peuvent tout et desfont toutes ruses.
Qui pourroit s'excuser, accusé par son Roi?
Je m'accuserai donc, afin que tu m'excuses.

. . . .

Père plein de douceur, comme aussi juste Roi,
Qui de Grâce et de Loi tiens en main les balances.
Comment pourrai-je faire une paix avec toi,
Qui[1] ne puis seulement faire treve aux offenses[2]?

. . . .

Je suis comme aux enfers par mes faits vicieux;
Je suis noir et sanglant par mes péchés; si, ai-je[3]
Les ailes de la foi pour revoler aux cieux,
Et l'eau de Siloé[4] me blanchit comme neige.

Exauce-moi du ciel, seul fort, bon, sage et beau,
Qui donne au jour le clair et le chaud à la flamme,
L'estre à tout ce qui est, au soleil son flambeau,
Moteur du grand mobile[5], et ame de toute ame.

Tu le feras, mon Dieu, mon espoir est certain,
Puisque tu l'as donné par arrhe et pour avance;
Et ta main bienfaisante est ceste seule main
Qui parfait sans faillir l'œuvre qu'elle commence.

Ne desploye sur moi ce grand vent consumant
Tout ce qui lui résiste, et ce qu'il veut atteindre :
Mais, pour donner la vie au lumignon fumant,
Souffle pour allumer, et non pas pour esteindre.....

Tu m'arroses du ciel, ingrat qui ne produis[6]
Qu'amers chardons au lieu de douces medecines.
Pren ta gaule, Seigneur, pour abatre ces fruicts,
Et non pas la coignée à couper les racines.

---

1. Moi qui.
2. Envers toi.
3. J'ai cependant...
4. Source sacrée qui, en Palestine, servait aux purifications.
5. Ὁ κινῶν ἀκίνητος, celui qui se meut sans être mu (Aristote).
6. Moi, ingrat, qui ne produis...

Use de chastiment, non de punition ;
Esmonde mes jettons, laisse la branche tendre,
Ainsi que pour chasser de l'air l'infection,
Mettant le feu partout, on ne met rien en cendre.

(Poésies religieuses.)

L'Épagneul.

Sonnet.

Votre pauvre Citron, qui coucha tant de fois
Aux pieds de vostre lit, estendu sur la dure,
Ardent à vous servir, qui aprit de nature
A faire des amis et des traistres le chois ;

Qui a seu les larrons effrayer de la voix
Et de ses dents meurtrir les meurtriers, endure
La faim, le froid, les coups, l'injustice et l'injure,
Coustumier payement du service des Roys !

Sa beauté, sa bonté, sa jeunesse agreable
Le fit cherir de vous, mais il fut redoutable
A vos haineux, aux siens, pour sa dextérité.

Courtizans, qui jettez vos desdaigneuses veües
Sur ce fidele chien mort de faim par les ruës,
Attendez ce loyer de la fidélité [1] !

(Poésies diverses.)

Tyrannie.

Sonnet.

Misérable François, que sert de t'asservir,
Disciple des tyrans, valet de tyrannie ;
Tu vois armer la France à la France ennemie
Et elle mesme à soy sa liberté ravir.

---

1. On lit ce même sonnet de D'Aubigné dans sa *Vie à ses Enfants*, mais avec un grand nombre de variantes. Nous avons adopté la vraie leçon des manuscrits. — Voici comment, d'après D'Aubigné lui-même, il fit parvenir ce sonnet à Henri IV : « En passant Agen pour remercier Mme de Roques, qui luy avait servi de mere en ses afflictions, il trouve chez elle un grand epagneul nommé Citron, qui avoit accoustumé de coucher sur les pieds du Roy et souvent entre Frontenac et Aubigné. Cette pauvre beste, qui mouroit de faim, luy vint faire chere : de quoy esmeu, il le mit en pension chez une femme et luy

La loy, le sang, Nature à l'homme font sentir
Qu'il naist, vit, croist et doibt ses ans, son bien, sa vie,
Aux amis, aux parens, à sa chere patrie,
Et qu'il faut pour ces trois naistre, vivre et mourir.

Or, d'un pareil debvoir nous sommes tributaires
Aux Rois qui du païs sont les Rois et les peres,
Perdre pour eux la vie et les biens et les ans;

Mais aux Rois de ruine et de sang et de cendre,
Cendre, sang et ruine et autant leur faut rendre
Qu'aux lyons et aux loups, aux monstres, aux tyrans [1].

(SONNET INÉDIT.)

LES TRAGIQUES

PRÉFACE.

Sois hardi, ne te cache point [2]
Entre chez les rois mal en point [3];
Que la pauvreté de ta robbe
Ne te face honte ni peur,
Ne te diminue ou desrobe
La suffisance [4] ni le cœur.....

Ta tranche n'a or ne couleur;
Ta couverture sans valeur
Permet, s'il y a quelque joye,
Aux bons la trouver [5] au dedans;
Aux autres fascheux je t'envoie
Pour leur faire grincer les dents.....

Pauvre enfant, comment parois-tu
Paré de la seule vertu?

---

fit coudre sur le collet, qu'il avoit fort frisé, le sonnet. » Le roi, ajoute D'Aubigné, passant le lendemain par Agen, « changea de couleur en lisant cet écrit ».

1. En plusieurs passages de ses œuvres, D'Aubigné distingue ainsi entre le tyran et le roi, et proclame le droit de ne pas obéir au premier.

2. L'auteur s'adresse à son livre.

3. Dont la conscience n'est pas tranquille.

4. Le mérite.

5. De la trouver.

Car, pour une ame favorable,
Cent te condamneront au feu ;
Mais c'est ton but¹ invariable
De plaire aux bons et plaire à peu.....

Sors, mon œuvre, d'entre mes bras ;
Mon cœur se plaint, l'esprit est las
De chercher au droit une excuse :
Je vais le jour me refusant,
Lorsque le jour je te refuse,
Et je m'accuse en l'excusant.....

LIVRE PREMIER²

Misères³.

Indignation vengeresse.

Puisqu'il faut s'attaquer aux légions de Rome,
Aux monstres d'Italie, il faudra faire comme
Hannibal, qui, par feux d'aigre humeur arrosez⁴,
Se fendit un passage aux Alpes embrasez.
Mon courage de feu, mon humeur aigre et forte
Au travers des sept monts faict breche au lieu de porte.
Je brise les rochers et le respect d'erreur
Qui fit douter Cesar d'une vaine terreur.
Il vit Rome tremblante, affreuze, eschevelee⁵,
Qui en pleurs, en sanglots, mi-morte, desolee,
Tordant ses doigts, fermoit, defendoit de ses mains
A Cesar le chemin au sang de ses germains⁶.
 Mais dessous les autels des idoles, j'advise
Le visage meurtri de la captive Eglise,
Qui à sa delivrance (aux despens des hazards)
M'appelle, m'animant de ses tranchans regards.

---

1. Ta destinée.
2. Nous reproduisons en entier le premier livre, qui se trouve indiqué sur quelques-unes des listes de textes d'explication pour la *licence ès lettres*.
 Les éditions qui établissent le texte du premier livre des *Tragiques*, et que nous avons consultées, sont : l'édition Réaume et de Caussade (1877), in-8° (Lemerre, éditeur) ; l'édition Ludovic Lalanne (1857), in-16, chez P. Jannet ; l'édition de la Librairie des Bibliophiles (1872), in-8°, par Ch. Read.
3. *Les Tragiques* sont composés de sept livres : *Misères, Princes, Chambre dorée, Feux, Fers, Vengeances* et *Jugement*.
4. Arrosés de vinaigre.
5. LUCAIN, *Pharsale*, I, 185.
6. Ses frères.

Mes desirs sont desja volez outre la rive
Du Rubicon troublé : que mon reste[1] les suive
Par un chemin tout neuf, car je ne trouve pas
Qu'autre homme l'ait jamais escorché de ses pas.
Pour Mercures croisez[2], au lieu de Pyramides,
J'ai de jour le pilier[3], de nuict les feux pour guides.
Astres, secourez-moi : ces chemins enlacez
Sont par l'antiquité des siècles effacez,
Si bien que l'herbe verde en ses sentiers acreuë
En faict une prairie espaisse, haute et druë.
Là où estoient les feux des Prophètes plus vieux,
Je tends comme je puis le cordeau de mes yeux ;
Puis je cours au matin, de ma jambe arrosée
J'esparpille à costé la première rosée,
Ne laissant apres moi trace à mes successeurs
Que les reins tous ployez des inutiles fleurs[4],
Fleurs qui tombent si tost qu'un vrai soleil les touche
Ou que Dieu fenera[5] par le vent de sa bouche.

Invocation.

Tout-puissant, tout-voyant, qui du haut des hauts cieux
Fends les cœurs plus serrez[6] par l'esclair de tes yeux,
Qui fis tout, et conneus tout ce que tu fis estre ;
Tout parfaict en ouvrant[7], tout parfaict en connoistre,
De qui l'œil tout courant est tout voyant aussi,
De qui le soin sans soin prend de tout le souci,
De qui la main forma exemplaires et causes,
Qui previs les effects dès le naistre des choses ;
Dieu, qui d'un style vif, comme il te plaist, escris
Le secret plus obscur en l'obscur des esprits[8] :
Puis que de ton amour mon ame est eschauffee,
Jalouze de ton nom[9], ma poictrine embrazee
De ton feu pur, repurge aussi de mesmes feux
Le vice naturel de mon cœur vicieux ;

1. Mon corps.
2. C.-à-d. *pour guides alternés* (Mercure est le dieu des voyageurs). Les Pyramides servaient de guide aux Hébreux, pendant le jour, à leur sortie d'Égypte.
3. La colonne de nuées. — Souvenir biblique ; v. *Exode*, XIII, 21.
4. Les fleurs de la poésie profane, à laquelle D'Aubigné s'était adonné dans sa jeunesse, et qu'il foule aux pieds maintenant.
5. Fanera.
6. Les plus fermés.
7. En travaillant, en faisant *œuvre*.
8. C.-à-d. qui graves les plus mystérieuses vérités dans les esprits obscurcis.
9. Souvenir biblique. V. *Ezéchiel*, XXXIX, 25.

De ce zele tres-sainct rebrusle-moi encore,
Si que (tout consommé[1] au feu qui me devore,
N'estant, serf de ton ire, en ire transporté,
Sans passion) je sois propre à ta verité.
Ailleurs qu'à te louër ne soit abandonnée
La plume que je tiens, puis que tu l'as donnée.

Autre temps, autre Muse.

Je n'escris plus les feux d'un amour inconnu[2],
Mais par l'affliction plus sage devenu,
J'entreprens bien plus haut, car j'apprens à ma plume
Un autre feu auquel la France se consume[3].
Ces ruisselets d'argent que les Grecs nous feignoient,
Où leurs poëtes vains beuvoient et se baignoient,
Ne courent plus ici : mais les ondes si claires
Qui eurent les saphirs et les perles contraires[4],
Sont rouges de nos morts ; le doux bruit de leurs flots,
Leur murmure plaisant heurte contre des os.
Telle est en escrivant ma non-commune image :
Autre fureur qu'amour reluit en mon visage ;
Sous un inique Mars, parmi les durs labeurs
Qui gastent le papier et ancre de süeurs,
Au lieu de Thessalie[5] aux mignardes vallées,
Nous avortons ces chants au milieu des armées,
En delassant nos bras de crasse tous rouïllez
Qui n'osent s'esloigner des brassards despouïllez.
Le luth que j'accordois avec mes chansonnettes
Est ores estouffé de l'esclat des trompettes ;
Ici le sang n'est feint, le meurtre n'y defaut,
La Mort jouë elle-même en ce triste eschaffaut[6],
Le Juge criminel tourne et emplit son urne.
D'ici[7] la botte en jambe, et non pas le cothurne,
J'appelle Melpomène[8] en sa vive fureur,
Au lieu de l'Hippocrène[9], esveillant cette sœur

---

1. Le XVIᵉ siècle ne faisait aucune différence entre *consommer* et *consumer*.
2. Allusion aux poésies de jeunesse de D'Aubigné.
3. Le feu des guerres civiles.
4. C.-à-d. qui *rivalisèrent* de clarté avec les saphirs et les perles.
5. Au lieu que ce soit en Thessalie.
6. Sur l'échafaudage qui sert de scène à cette lugubre tragédie des guerres civiles.
7. *D'ici*, du champ de bataille.
8. Muse de la Tragédie.
9. Fontaine du mont Parnasse qui jaillit sous les pas du cheval Pégase.

Des tombeaux rafraischis¹ dont il faut qu'elle sorte,
Affreuse, eschevelée, et bramant en la sorte
Que faict la biche apres le fan qu'elle a perdu.
Que la bouche lui saigne, et son front esperdu
Face noircir du ciel les voûtes esloignées ;
Qu'elle esparpille en l'air de son sang deux poignées,
Quand, espuisant ses flancs de redoublez sanglots,
De sa voix enroüée elle bruira ces mots :

« O France désolée ! ô terre sanguinaire !
Non pas terre, mais cendre : ô mère ! si c'est mère
Que trahir ses enfants aux douceurs² de son sein,
Et, quand on les meurtrit, les serrer de sa main³ ;
Tu leur donnes la vie, et dessous ta mammelle
S'esmeut des obstinez la sanglante querelle ;
Sur ton sein blanchissant ta race se débat,
Là le fruict de ton flanc faict le champ du combat. »

Fils sans pitié.

Je veux peindre la France, une mère affligée
Qui est entre ses bras de deux enfans chargée ;
Le plus fort, orgueilleux, empoigne les deux bouts
Des tetins nourriciers ; puis, à force de coups
D'ongles, de poings, de pieds, il brise le partage
Dont nature donna à son besson l'usage.
Ce voleur acharné, cet Esau malheureux⁴,
Faict degast du doux lait qui doit nourrir les deux,
Si que⁵, pour arracher à son frere la vie,
Il mesprise la sienne et n'en a plus d'envie.
Mais son Jacob, pressé d'avoir jeusné meshui,
Ayant dompté longtemps en son cœur son ennui,
A la fin se defend, et sa juste colère
Rend à l'autre un combat dont le champ est la mère⁶.
Ni les souspirs ardents, les pitoyables cris,
Ni les pleurs reschauffez ne calment les esprits ;

---

1. C.-à-d. j'évoque Melpomène, non pas près de l'Hippocrène.... mais parmi les tombeaux dont la terre a été *fraîchement* remuée, et qui sont récents, par conséquent.

2. Par les douceurs.

3. Si c'est les serrer entre ses bras que les *mettre à mort* (*meurtrir*).

4. Né pour le malheur des autres.

5. Si bien que.

6. Les catholiques, les aînés des protestants, sont représentés ici par Esaü ; leurs adversaires, par Jacob.

Mais leur rage les guide, et leur poison les trouble,
Si bien que leur courroux par leurs coups se redouble.
Leur conflict se rallume et faict si furieux,
Que d'un gauche malheur[1] ils se crevent les yeux.
Ceste femme esplorée, en sa douleur plus forte,
Succombe à la douleur, mi-vivante, mi-morte;
Elle voit les mutins tous dechirez, sanglans,
Qui, du cœur, ainsi que des mains se vont cherchans.
Quand, pressant à son sein d'une amour maternelle
Celui qui a le droit et la juste querelle[2],
Elle veut le sauver, l'autre, qui n'est pas las,
Viole, en poursuivant, l'asile de ses bras.
Adonc se perd le laict, le suc de sa poitrine;
Puis aux derniers abois de sa proche ruine
Elle dit : « Vous avez, felons, ensanglanté
Le sein qui vous nourrit et qui vous a porté ;
Or, vivez de venin, sanglante geniture,
Je n'ai plus que du sang pour vostre nourriture[3] ! »

Bourreaux de nous-mêmes.

Quand esperdu je voi les honteuses pitiez[4]
Et d'un corps divisé les funebres moitiez,
Quand je voi s'appresler la tragedie horrible
Du meurtrier de soi-mesme, aux autres invincible,
Je pense encores voir un monstrueux geant
Qui va de braves mots les hauts cieux outrageant,
Superbe, florissant, si brave qu'il ne treuve
Nul qui de sa valeur entreprenne la preuve ;
Mais lorsqu'il ne peut rien rencontrer au dehors
Qui de ses bras nerveux endure les efforts,

---

1. Dans leur malheur, ils ont *la gaucherie*, la maladresse.
2. D'Aubigné désigne ici le parti huguenot.
3. Le cœur d'un bon citoyen saigne, dans cette peinture, où la France est comparée à une mère déchirée par ses enfants. Rapprocher de ce passage l'apostrophe éloquente d'un poëte contemporain, AUGUSTE BARBIER, à la Patrie agitée par la révolution :

Mère désespérée, en ta douleur antique,
Viens, retrousse à deux mains ta flot-
[tante tunique,
Et montre aux glaives nus de tes fils
[irrités
Les flancs, les larges flancs qui les ont
[tous portés.

4. Les spectacles qui provoquent la pitié en même temps que la honte.

Son corps est combatu, à soi-mesme contraire.
Le sang pur[1] ha le moins[2] : le flegme et la colère
Rendent le sang non sang ; le peuple abbat ses loix :
Tous nobles et tous rois, sans nobles et sans rois ;
La masse[3] degenere en la melancholie.
Ce vieil corps tout infect, plein de sa discrasie[4],
Hydropique, faict l'eau, si bien que ce geant,
Qui alloit de ses nerfs[5] ses voisins outrageant,
Aussi foible que grand, n'enfle plus que son ventre :
Ce ventre dans lequel tout se tire, tout entre,
Ce faux dispensateur[6] des communs excremens[7]
N'envoye plus aux bords les justes alimens ;
Des jambes et des bras les os sont sans moelle :
Il ne va plus en haut pour nourrir la cervelle
Qu'un chime[8] venimeux dont le cerveau nourri
Prend matiere et liqueur d'un champignon pourri.
Ce grand geant changé en une horrible beste
A sur ce vaste corps une petite teste,
Deux bras faibles pendans, desja secs, desja morts,
Impuissans de nourrir et defendre le corps ;
Les jambes, sans pouvoir porter leur masse lourde,
Et à gauche et à droit font porter une bourde[9].

Les Oppresseurs.

Financiers, justiciers, qui opprimez de faim
Celui qui vous faict naistre ou qui defend le pain,
Sous qui le laboureur s'abreuve de ses larmes,
Qui souffrez mandier la main qui tient les armes,
Vous, ventre de la France, enflez de ses langueurs,
Faisant orgueil de vent, vous monstrez vos vigueurs ;

---

1. D'Aubigné aime à faire parade de ses connaissances physiologiques. L'ancienne médecine croyait le sang formé par le mélange de quatre humeurs provenant du foie : le *sang pur*, le *flegme*, la *colère* et la *mélancholie*.
2. Ce qu'il a le moins, c'est le sang pur.
3. La masse du sang.
4. Du grec δυσκρασία, mauvais mélange d'humeurs.
5. C.-à-d. de ses forces.
6. Parce qu'il dispense pour lui seul.
7. Tout ce qui est le résultat d'une élaboration. Il s'agit, ici, de la nourriture transformée dans le foie en quatre humeurs.
8. C'est le *chyle* plutôt qu'il faudrait. L'ancienne médecine voulait encore que le chyle, dont la partie solide formait le sang dans le foie, contint une partie humide s'élevant jusqu'au cerveau.
9. Une béquille.

Voyez la tragedie, abbaissez vos courages :
Vous n'estes spectateurs, vous estes personnages[1].
Car encor' vous pourriez contempler de bien loin
Une nef sans pouvoir lui aider au besoin,
Quand la mer l'engloutit, et pourriez de la rive,
En tournant vers le Ciel la face demi-vive,
Plaindre sans secourir ce mal oisivement ;
Mais quand, dedans la mer, la mer pareillement
Vous menace de mort, courez à la tempeste[2],
Car avec le vaisseau vostre ruine est preste.
 La France donc encor est pareille au vaisseau
Qui, outragé des vents, des rochers et de l'eau,
Loge deux ennemis : l'un tient avec sa troupe
La proüe, et l'autre a pris sa retraite à la pouppe ;
De canons et de feux chacun met en esclats
La moitié qui s'oppose, et font verser en bas[3],
L'un et l'autre enyvré des eaux et de l'envie,
Ensemble le navire, et la charge, et la vie.
En cela le vainqueur, ne demeurant plus fort
Que de voir son haineux[4] le premier à la mort,
Qu'il seconde, autochire[5], aussitôt de la sienne ;
Vainqueur, comme l'on peut vaincre à la Cadmeciennne[6].
 Barbares en effect, François de nom, François,
Vos fausses loix ont eu des faux et jeunes roys,
Impuissants sur leurs cœurs, cruels en leur puissance ;
Rebelles, ils ont veu la desobeissance.
Dieu sur eux et par eux desploia son courroux,
N'ayant autres bourreaux de nous mesmes que nous.
 Les roys, qui sont du peuple et les roys et les pères,
Du troupeau domesticq sont les loups sanguinaires....
L'homme est en proye à l'homme, un loup à son pareil[7].
Le père estrangle au lict le filz, et le cercueil
Preparé par le filz sollicite le père[8].
Le frère avant le temps herite de son frère.

---

1. C.-à-d. vous jouez un rôle dans cette tragédie.
2. Tâchez de remédier aux efforts de la tempête, puisqu'elle vous menace avec le navire entier.
3. Couler bas le navire.
4. Son ennemi.
5. De sa propre main, il se tue.
6. Allusion à la légende de Cadmus : les hommes nés des dents du dragon, se massacrèrent les uns les autres, excepté cinq.
7. *Homo homini lupus*, dit le proverbe. « L'homme est un loup pour l'homme. »
8. CORNEILLE, *Cinna*, act. I, sc. III.

On trouve des moyens, des crimes tous nouveaux,
Des poisons inconnus, ou les sanglants couteaux
Travaillent au midy[1], et le furieux vice
Et le meurtre public ont le nom de justice.
Les belistres[2] armez ont le gouvernement,
Le sac de nos citez : comme anciennement
Une croix bourguignonne espouvantoit nos pères[3],
Le blanc[4] les faict trembler, et les tremblantes mères
Pressent à l'estomach leurs enfans esperdus[5],
Quand les grondans tambours sont battants entendus.
Les places de repos sont places estrangères,
Les villes du milieu sont les villes frontières,
Le village se garde, et nos propres maisons
Nous sont le plus souvent garnisons et prisons.
L'honorable bourgeois, l'exemple de sa ville,
Souffre devant ses yeux enlever femme et fille
Et tomber sans merci dans l'insolente main
Qui s'estendoit naguère à mendier du pain ;
Le sage justicier est traisné au supplice,
Le mal faicteur luy faict son procès : l'injustice
Est principe de droict ; comme au monde à l'envers.
Le vieil père est fouetté de son enfant pervers.
Celuy qui en la paix cachoit son brigandage,
De peur d'estre puni, estalle son pillage.
Au son de la trompette, au plus fort des marchez,
Son meurtre et son butin sont à l'ancan preschez,
Si qu'au lieu de la roue, au lieu de la sentence,
La peine du forfaict se change en recompense.
Ceux qui n'ont discerné les quereles des Grands
Au lict de leur repos tressaillent, entendans,
En paisible minuict, que la ville surprise
Ne leur permet sauver rien plus que la chemise.
Le soldat trouve encor quelque espece de droict
Et mesme, s'il pouvoit, sa peine il lui vendroit[6].

---

1. Sans doute, parce que les peuples du midi aiment à *jouer du couteau*. On peut supposer encore qu'il s'agit des crimes qui se commettent *en plein midi, en plein jour*.

2. *Belistre*, de l'allem. *betller*, mendiant.

3. Allusion à la guerre entre Armagnacs et Bourguignons, sous Charles VI.

4. L'écharpe des huguenots était blanche.

5. Cf. VIRGILE, *Énéide*, VII, v. 518 :

Et trepidæ matres pressere ad pectora
[natos.

« Et les mères en tremblant serraient leurs enfants contre leur poitrine. »

6. Il vendrait à l'habitant le rachat de sa peine, s'il restait encore quelque chose à celui-ci.

L'Espagnol mesuroit les rançons et les tailles
De ceux qu'il retiroit du meurtre des batailles
Selon leur revenu; mais les François n'ont rien
Pour loi de la rançon des François que le bien.
Encor vous bienheureux qui, aux villes fermées,
D'un mestier inconnu avez les mains armées,
Qui goustez en la peur l'alternatif sommeil,
De qui le repos est à la fiebvre pareil[1];
Mais je te plains, rusticq, qui aiant, la journée,
Ta pentelante vie en rechignant gaignée,
Reçois au soir les coups, l'injure et le tourment,
Et la fuitte et la faim, injuste payement.
Le paisan de cent ans dont la teste chenuë
Est couverte de neige, en suivant sa charruë,
Voit galopper de loing l'argolet outrageux
Qui d'une rude main arrache les cheveux,
L'honneur du vieillard blanc, meu de faim et de rage
Pour n'avoir peu trouver que piller au village.
Ne voit-on pas desjà dès trois lustres passez[2]
Que les peuples fuyards des villages chassez
Vivent dans les forests; là chacun d'eux s'asserre
Au ventre de leur mère, aux cavernes de terre.
Ils cerchent, quand l'humain leur refuse secours,
Les bauges des sangliers et les roches des ours,
Sans conter les perdus[3] à qui la mort propice
Donne poison, cordeau, le fer, le précipice.

Misères des paysans.

Ce ne sont pas les Grands, mais les simples paisans,
Que la terre connoist pour enfans complaisans.
La terre n'aime pas le sang ni les ordures :
Il ne sort des tyrans et de leurs mains impures
Qu'ordures ni que sang; les aimez laboureurs
Ouvragent son beau sein de si belles couleurs,
Font courir les ruisseaux dedans les verdes prées
Par les sauvages fleurs en esmail diaprées;

---

1. Parce que la fièvre a des alternatives.
2. Depuis plus de trois lustres, soit plus de quinze ans, le lustre équivalant à cinq années.
3. Les égarés.

M. *La poésie de la Renaissance.*

Ou par ordre et compas les jardins azurez
Monstrent au ciel riant leurs carreaux mesurez ;
Les parterres tondus et les droites allées
Des droiturieres mains au cordeau sont reglées ;
Ils sont peintres, brodeurs, et puis leurs grands tappis
Noircissent de raisins et jaunissent d'espics.
Les ombreuses forests leur demeurent plus franches,
Esventent leurs sueurs et les couvrent de branches.
La terre semble donc, pleurante de souci,
Consoler les petits en leur disant ainsi :
 « Enfans de ma douleur, du haut ciel l'ire esmeuë
Pour me vouloir tuer premierement vous tuë.
Vous languissez, et lors le plus doux de mon bien
Va saoulant de plaisirs ceux qui ne vallent rien[1].
Or, attendant le temps que le ciel se retire
Ou que le Dieu du ciel destourne ailleurs son ire,
Pour vous faire gouster de ses douceurs après,
Cachez-vous sous ma robbe en mes noires forests ;
Et au fond du malheur[2], que chacun de vous entre,
Par deux fois mes enfans, dans l'obscur de mon ventre.
Les faineants ingrats font brusler vos labeurs,
Vos seins sentent la faim et vos fronts les sueurs :
Je mets de la douceur aux ameres racines ;
Car elles vous seront viande[3] et medecines ;
Et je retirerai mes benedictions
De ceux qui vont suçans le sang des nations :
Tout pour eux soit amer, qu'ils sortent exécrables
Du lict sans reposer, allouvis[4] de leurs tables ! »
 Car pour monstrer comment en la destruction
L'homme n'est plus un homme, il prend refection
Des herbes, de charongne et viandes non-prestes,
Ravissant les repas apprestez pour les bestes[5] ;
La racine douteuse est prise sans danger[6],
Bonne, si on la peut amollir et manger ;
Le conseil de la faim apprend aux dents par force
A piller des forests et la robbe et l'escorce.

---

1. Les méchants.
2. Vous qui êtes plongés dans le malheur.
3. *Viande*, étymol. : *vivenda*, la nourriture en général.
4. Affamés comme des loups.
5. Cf. LUCAIN, *Pharsale*, VI, 110.
6. Sans hésitation. — *Dangier*, dans le *Roman de la Rose,* personnifie la Crainte.

La terre sans façon a honte de se voir,
Cerche encore des mains et n'en peut plus avoir.
Tout logis est exil : les villages champestres,
Sans portes et planchers, sans meubles et fenestres.
Font une mine affreuse, ainsi que le corps mort
Monstre, en monstrant les os, que quelqu'un lui fait tort.
Les loups et les renards et les bestes sauvages
Tiennent place d'humains, possedent les villages,
Si bien qu'en mesme lieu où en paix on eut soin
De resserrer le pain, on y cueille le foin.
Si le rustique peut desrobber à soi-mesme
Quelque grain recelé par une peine extreme,
Esperant sans espoir la fin de ses malheurs,
Lors on peut voir couppler¹ troupe de laboureurs
Et d'un soc attaché faire place en la terre,
Pour y semer le bled, le soustien de la guerre ;
Et puis l'an ensuivant les miserables yeux
Qui des sueurs du front trempoyent, laborieux,
Quand, subissans le joug des plus serviles bestes,
Liez comme des bœufs, ils se couploient par testes,
Voyent d'un estranger la ravissante main
Qui leur tire la vie et l'espoir et le grain.
Alors, baignés en pleurs, dans les bois ils retournent ;
Aux aveugles rochers les affligez séjournent ;
Ils vont souffrans la faim qu'ils portent doucement
Au pris du desplaisir et continu tourment
Qu'ils sentirent jadis, quand leurs maisons remplies
De demons encharnez, sepulchres de leurs vies,
Leur servoient de crottons, ou pendus par les doigts
A des cordons tranchans, ou attachez² au bois
Et couchez dans le feu, ou de graisses flambantes
Les corps nuds tenaillez, ou les plaintes pressantes
De leurs enfans pendus par les pieds, arrachez
Du sein qu'ils empoignoient, des tetins assechez ;
Ou bien, quand du soldat la diette alouvie
Tiroit au lieu de pain de son hoste la vie,
Vengé, mais non saoulé, pere et mere meurtris
Laissoient dans les berceaux des enfans si petis

---

1. S'accoupler pour traîner la charrue, les bêtes de somme faisant défaut.
2. *Pendus* et *attachez* se rapportent à *ils sentirent.* — Toute cette période que D'Aubigné, selon son habitude, n'a probablement pas relue, est d'une correction douteuse.

Qu'enserrez de cimois[1], prisonniers dans leur couche,
Ils mouroient par la faim; de l'innocente bouche
L'ame plaintive alloit en un plus heureux lieu
Esclatter sa clameur au grand throne de Dieu ;
Cependant que les Rois parez de leur substance
En pompes et festins trompoient leur conscience,
Estoffoient leur grandeur des ruines d'autrui,
Gras du suc innocent, s'egayants de l'ennuy,
Stupides, sans gouster ni pitiez ni merveilles,
Pour les pleurs et les cris n'ayants yeux ni oreilles.

Une scène des guerres civiles.

Ici je veux sortir du general discours
De mon tableau public; je flechirai le cours
De mon fil entrepris, vaincu de la memoire
Qui effraye mes sens d'une tragique histoire :
Car mes yeux sont tesmoins du subjet de mes vers.
J'ai veu le Reistre noir foudroyer[2] au travers
Les masures de France, et comme une tempeste,
Emportant ce qu'il peut, ravager tout le reste.
Cet amas affamé nous fit à Montmoreau[3]
Voir la nouvelle horreur d'un spectacle nouveau ;
Nous vinsmes sur leurs pas, une troupe lassée,
Que la terre portoit, de nos pas harassée.
Là de mille maisons on ne trouva que feux,
Que charongnes, que morts ou visages affreux.
La faim va devant moi, force est que je la suive.
J'oy d'un gosier mourant une voix demi-vive :
Le cri me sert de guide et fait voir à l'instant
D'un homme demi-mort le chef se debattant,
Qui sur le sueil d'un huis dissipoit sa cervelle.
Ce demi-vif la mort à son secours appelle
De sa mourante voix; cet esprit demi-mort
Disoit en son patois (langue de Perigort) :
« Si vous estes François, François, je vous adjure,
Donnez secours de mort : c'est l'aide la plus seure

---

1. *Cimois*, lisières dont on attachait les enfants au berceau; étymol. : *cimussa*, lanière.

2. Passer comme la foudre.

3. *Montmoreau*, près de Barbezieux (Charente).

Que j'espere de vous, le moyen de guerir.
Faictes-moy d'un bon coup et promptement mourir.
Les reistres m'ont tué par faute de viande,
Ne pouvant ni fournir ni ouïr leur demande.
D'un coup de coutelas l'un d'eux m'a emporté
Ce bras que vous voyez pres du lict à costé;
J'ay au travers du corps deux balles de pistolle. »
Il suivit[1], en coupant d'un grand vent sa parolle :
« C'est peu de cas encor et de pitié de nous :
Ma femme en quelque lieu, grosse, est morte de coups.
Il y a quatre jours qu'ayans esté en fuitte,
Chassez à la minuict, sans qu'il nous fut licite
De sauver nos enfans liez en leurs berceaux,
Leurs cris nous appelloient, et entre ces bourreaux
Pensans les secourir nous perdismes la vie.
Helas! si vous avez encore quelque envie
De voir plus de malheur, vous verrez là dedans
Le massacre piteux de nos petits enfans. »
J'entre, et n'en trouve qu'un, qui lié dans sa couche
Avoit les yeux flestris, qui de sa pasle bouche
Poussoit et retiroit cet esprit languissant,
Qui, à regret son corps par la faim delaissant,
Avoit lassé sa voix bramant apres sa vie :
Voici apres entrer l'horrible anatomie[2]
De la mere assechee : elle avoit de dehors
Sur ses reins dissipez[3] trainé, roulé son corps,
Jambes et bras rompus, un' amour maternelle
L'esmouvant pour autrui beaucoup plus que pour elle.
A tant[4] elle approcha sa teste du berceau,
Le releva dessus; il ne sortoit plus d'eau
De ses yeux consumez; de ses playes mortelles
Le sang mouilloit l'enfant; point de laict aux mammelles,
Mais des peaux sans humeur. Ce corps seché, retraict,
De la France qui meurt fut un autre portraict.
Elle cherchoit des yeux deux de ses fils encore;
Nos fronts l'epouventoient; enfin la mort devore
En mesme temps ces trois. J'eu peur que ces esprits
Protestassent mourans contre nous de leurs cris :

---

1. Il poursuivit.
2. *Anatomie*, squelette.
3. Brisés.
4. Là-dessus.

Mes cheveux estonnez herissent en ma teste :
J'appelle Dieu pour juge, et tout haut je deteste[1]
Les violeurs de paix, les perfides parfaicts,
Qui d'une salle cause amenent tels effects.
Là je vis estonnez les cœurs impitoyables,
Je vis tomber l'effroi dessus les effroyables.
Quel œil sec eust peu voir les membres mi-mangez
De ceux qui par la faim estoient morts enragez?

Les lois de la guerre.

Et encore aujourd'hui, sous la loi de la guerre
Les tygres vont bruslans les thresors de la terre,
Nostre commune mere ; et le degast du pain[2]
Au secours des lions ligue la pasle faim.
En ce point, lors que Dieu nous espanche une pluye,
Une manne de bleds pour soutenir la vie,
L'homme, crevant de rage et de noire fureur,
Devant les yeux esmeus de ce grand bienfaicteur
Foule aux pieds ses bienfaicts en villenant sa grace,
Crache contre le Ciel ce qui tourne en sa face.
La terre ouvre aux humains et son laict et son sein,
Mille et mille douceurs que de sa blanche main
Elle appreste aux ingrats qui les donnent aux flammes.
Les degats font languir les innocentes ames.
En vain le pauvre en l'air esclatte pour du pain :
On embraze la paille, on fait pourrir le grain
Au temps que l'affamé à nos portes sejourne.
Le malade se plaint : cette voix nous adjourne
Au throsne du grand Dieu ; ce que l'affligé dit
En l'amer de son cœur, quand son cœur nous maudit,
Dieu l'entend, Dieu l'exauce, et ce cri d'amertume
Dans l'air ni dans le feu volant ne se consume :
Dieu scelle de son sceau ce piteux testament,
Nostre mort en la mort[3] qui le va consumant.
   La mort en payement n'a receu l'innocence
Du pauvre qui mettoit sa chetive esperance

---

1. Je m'élève en imprécations contre.....

2. Le pillage de la récolte.

3. Le verbe *sceller* retombe à la fois sur : *ce piteux testament*, et sur : *nostre mort en la mort.....*

Aux aumosnes du peuple. (Ah! que dirai-je plus?)
De ces evenemens n'ont pas esté exclus
Les animaux privez, et hors de leurs villages,
Les mastins allouvis sont devenus sauvages,
Faicts loups de naturel et non pas de la peau ;
Imitans les plus grands, les pasteurs du troupeau,
Eux-mesme ont esgorgé ce qu'ils avoyent en garde ;
Encor les verrez-vous se vanger quoy qu'il tarde,
De ceux qui ont osté aux pauvres animaux
La pasture ordonnée : ils seront les bourreaux
De l'ire du grand Dieu, et leurs dents affamées
Se creveront des os de nos belles armées.
Ils en ont eu curée en nos sanglants combats,
Si bien que des corps morts rassasiez et las,
Aux plaines de nos camps, de nos os blanchissantes,
Ils courent forcenés les personnes vivantes :
Vous en voyez l'espreuve[1] au champ de Montcontour.
Hereditairement ils ont depuis ce jour
La rage naturelle, et leur race enyvrée
Du sang des vrais François se sent de la curée.
   Pourquoy, chiens, auriez-vous en cett' aspre saison
(Nez sans raison) gardé aux hommes la raison[2],
Quand Nature sans loy, folle, se desnature,
Quand Nature mourant despouille sa figure,
Quand les humains privez de tous austres moyens,
Assiegez, ont mangé leurs plus fidelles chiens,
Quand sur les chevaux morts on donne des batailles,
A partir[3] le butin des puantes entrailles ?
Mesme aux chevaux peris de farcin et de faim
On a veu labourer les ongles de l'humain
Pour cercher dans les os et la peau consumée
Ce qu'oublioit la faim et la mort affamée[4].

Mères dénaturées.

Cet' horreur que tout œil en lisant a douté,
Dont nos sens dementoient la vraye antiquité,

---

1. L'expérience.
2. C.-à-d. pourquoi auriez-vous gardé envers les hommes une conduite raisonnable ?...
3. Pour partager.
4. Ce que la faim et la mort avaient oublié de détruire.

Cette rage s'est veuë, et les meres non mères
Nous ont de leurs forfaicts pour tesmoins oculaires.
C'est en ces sieges lents, ces sieges sans pitié,
Que des seins plus aimants s'envole l'amitié.
La mere du berceau son cher enfant deslie ;
L'enfant qu'on desbandoit autrefois pour sa vie
Se desveloppe ici par les barbares doigts [1]
Qui s'en vont destacher de nature les lois.
La mere deffaisant [2], pitoyable et farouche,
Les liens de pitié avec ceux de sa couche,
Les entrailles d'amour, les filets de son flanc,
Les intestins bruslans par les tressauts du sang,
Le sens, l'humanité, le cœur esmeu qui tremble,
Tout cela se destord et se desmele ensemble.
L'enfant, qui pense encor aller tirer en vain
Les peaux de la mammelle, a les yeux sur la main
Qui deffaict le cimois : cette bouche affamée,
Triste, sourit aux tours de la main bien-aimée.
Cette main s'employoit pour la vie autrefois ;
Maintenant à la mort elle employe ses doigts,
La mort qui d'un costé se presente, effroyable,
La faim de l'autre bout, bourrelle impitoyable.
La mere ayant longtemps combatu dans son cœur
Le feu de la pitié, de la faim la fureur,
Convoite dans son sein la creature aimée
Et dict à son enfant (moins mere qu'affamée) :
« Rends, miserable, rends le corps que je t'ay faict ;
Ton sang retournera où tu as pris le laict ;
Au sein qui t'allaictoit rentre contre nature :
Ce sein qui t'a nourri sera ta sepulture. »
La main tremble en tirant le funeste couteau,
Quand, pour sacrifier de son ventre l'agneau,
Des poulces ell' estreind la gorge qui gazouïlle
Quelques mots sans accents, croyant qu'on la chatouille.
Sur l'effroyable coup le cœur se refroidit.
Deux fois le fer eschappe à la main qui roidit.
Tout est troublé, confus, en l'ame qui se trouve
N'avoir plus rien de mere et avoir tout de louve.

---

[1]. C.-à-d. l'enfant dont on dénouait autrefois les lisières, pour lui apprendre à marcher comme dans la vie, en est aujourd'hui délivré par... etc.

[2]. *Liens de pitié, entrailles d'amour, filets de son flanc, intestins bruslans, etc.*, sont des compléments directs de *deffaisant*.

De sa levre ternie il sort des feux ardens,
Elle n'appreste plus les levres, mais les dents;
Et des baizers changés en avides morsures
La faim acheve tout de trois rudes blessures :
Elle ouvre le passage au sang et aux esprits[1].
L'enfant change visage, et ses ris en ses cris ;
Il pousse trois fumeaux, et n'ayant plus de mère,
Mourant, cerche des yeux les yeux de sa meurtrière.
  On dit que le manger de Thyeste pareil
Fit noircir et fuïr et cacher le soleil.
Suivrons-nous plus avant? Voulons-nous voir le reste
De ce banquet d'horreur, pire que de Thyeste[2] ?
Les membres de ce fils sont connus au repas,
Et l'autre estant deceu[3] ne les connoissoit pas.
Qui pourra voir le plat où la beste farouche
Prend les petits doigts cuits, les jouëts de sa bouche,
Les yeux esteints, auxquels il y a peu de jours
Que de regards mignons s'embrazoyent ses amours,
Le sein douillet, les bras qui son col plus n'accollent,
Morceaux qui saoulent peu et qui beaucoup desolent?
Le visage pareil encore se fait voir,
Un portraict reprochant, miroir de son miroir[4],
Dont la reflexion de coulpable semblance
Perce à travers les yeux l'ardente conscience[5].
Les ongles brisent tout, la faim et la raison
Donnent pasture au corps et à l'âme poison.
Le soleil ne peut voir l'autre table fumante :
Tirons sur cette-ci le rideau de Timanthe[6].

Rois de jadis et tyrans d'aujourd'hui.

Jadis nos Rois anciens, vrais peres et vrais Rois,
Nourrissons de la France, en faisant quelques fois

---

1. Aux esprits vitaux qui animaient l'enfant.

2. Pire que le festin de Thyeste.

3. Trompé, abusé. — C'est-à-dire que Thyeste dévorait, sans le savoir, les membres de son fils, tandis que cette mère, elle, n'ignore pas son forfait.

4. L'enfant se mire dans sa mère, à laquelle il ressemble, et elle-même se mire en lui.

5. Cette *ressemblance*, qui rend la mère plus *coupable* encore, éveille le remords dans sa conscience.

6. *Timanthe,* célèbre peintre grec du temps de Philippe de Macédoine. Dans son tableau du *Sacrifice d'Iphigénie,* ne sachant comment peindre la douleur d'Agamemnon, il imagina de le représenter le visage voilé.

Le tour de leur païs en diverses contrées,
Faisoyent par les citez de superbes entrées.
Chacun s'esjouïssoit, on sçavoit bien pourquoy ;
Les enfans de quatre ans crioyent : Vive le Roy!
Les villes employoient mille et mille artifices
Pour faire comme font les meilleures nourrices,
De qui le sein fecond se prodigue à l'ouvrir,
Veut monstrer qu'il en[1] a pour perdre et pour nourrir.
Il semble que le pis, quant il est esmeu, voye :
Il se jette en la main, dont[2] ces meres, de joye,
Font rejaillir aux yeux de leurs mignons enfans
Du laict qui leur regorge ; à leurs Rois triomphans,
Triomphans par la paix, ces villes nourricières
Prodiguoient leur substance, et en toutes manières
Monstroient au Ciel serein leurs thresors enfermez,
Et leur laict et leur joie à leurs Rois bien-aimez.
 Nos tyrans aujourd'hui entrent d'une autre sorte ;
La ville qui les void a visage de morte.
Quand son Prince la foulle, il la voit de tels yeux
Que Néron voyoit Rome en l'esclat de ses feux.
Quand le tyran s'esgaie en la ville où il entre,
La ville est un corps mort, il passe sur son ventre ;
Et ce n'est plus du laict qu'elle prodigue en l'air,
C'est du sang, pour parler comme peuvent parler
Les corps qu'on trouve morts : portez à la justice,
On les met en la place, afin que ce corps puisse
Rencontrer son meurtrier ; le meurtrier inconnu
Contre qui le corps saigne est coupable tenu[3].
 Henri[4], qui tous les jours vas prodiguant ta vie
Pour remettre le regne, oster la tyrannie,
Ennemi des tyrans, ressource des vrais Rois,
Quand le sceptre des lis joindra le Navarrois[5],
Souvien-toi de quel œil, de quelle vigilance
Tu vois et remedie aux mal-heurs de la France ;

---

1. *En* désigne le mot *lait*, que l'auteur a dans sa pensée, et qu'il explique plus loin.
2. *Dont* veut dire ici *d'où* et se rapporte à *pis*.
3. On croyait jadis que, lorsque le cadavre d'un homme assassiné était mis en présence de l'assassin, la plaie se rouvrait, et le sang recommençait à couler (V. CHRESTIEN DE TROYES, *Le Chevalier au Lion*, v. 1179).
4. Henri de Navarre.
5. Le sceptre navarrais ; c.-à-d. quand tu seras roi de France en même temps que de Navarre.

Souvien-toy quelque jour combien sont ignorans
Ceux qui pour estre Rois veulent estre tyrans.
 Ces tyrans sont des loups, car le loup, quand il entre
Dans le parc des brebis, ne succe de leur ventre
Que le sang par un trou, et quitte tout le corps,
Laissant bien le troupeau, mais un troupeau de morts.
Nos villes sont charongne et nos plus cheres vies,
Et le suc et la force, en ont esté ravies.
Les païs ruinez sont membres retranchez
Dont le corps sechera, puis qu'ils sont assechez.

La France agonisante.

 France, puis que tu perds tes membres en la sorte,
Appreste le suaire et te conte pour morte :
Ton poulx foible, inegal, le trouble de ton œil
Ne demande plus rien qu'un funeste cercueil.
 Que si tu vis encor, c'est la mourante vie
Que le malade vit en extreme agonie,
Lors que les sens sont morts, quand il est au rumeau[1],
Et que d'un bout de plume on l'abeche[2] avec l'eau.
 Si en louve tu peu devorer la viande,
Ton chef mange tes bras : c'est une faim trop grande.
Quand le désespéré vient à manger si fort
Apres le goust perdu, c'est indice de mort.
 Mais quoi? tu ne fus oncq si fiere en ta puissance,
Si roide en tes efforts, ô furieuse France!
C'est ainsi que les nerfs des jambes et des bras
Roidissent au mourant à l'heure du trespas.
 On resserre d'impost le trafic des rivières,
Le sang des gros vaisseaux et celui des artères.
C'est faict du corps auquel on tranche tous les jours
Des veines et rameaux les ordinaires cours.
 Tu donnes aux forains[3] ton avoir qui s'esgare;
A celui du dedans rude, seche et avare.
Cette main a promis d'aller trouver les morts,
Qui sans humeur dedans est suante au dehors.

---

1. *Etre au rumeau*, être au râle, à l'agonie (lat. *rheuma*?; grec ῥεῦμα).
2. *Abeche*, donne la becquée.
3. Aux gens du dehors, aux étrangers.

France, tu es si docte et parles tant de langues[1] !
O monstrueux discours, ô funestes harangues !
Ainsi, mourans les corps, on a veu les esprits
Prononcer les jargons qu'ils n'avoyent point apris.
   Tu as plus que jamais de merveilleuses testes,
De sçavoirs monstrueux, de vrais et faux prophetes.
Toi, prophete, en mourant du mal de ta grandeur,
Mieux que le médecin tu chantes ton mal-heur.
   France, tu as commerce aux nations estranges[2],
Par tout intelligence, et par tout des eschanges.
L'oreille du malade est ainsi claire, alors
Que l'esprit dit à Dieu aux oreilles du corps.
   France, bien qu'au milieu tu sens des guerres fières,
Tu as paix et repos à tes villes frontières.
Le corps tout feu dedans, tout glace par dehors,
Demande la biere et bien tost est faict corps.
   Mais, France, on void doubler dedans toi l'avarice.
Sur le sueil du tombeau les vieillards ont ce vice :
Quand le malade amasse et couverte et linceux
Et tire tout à soi c'est un signe piteux[3].
   On void perir en toi la chaleur naturelle,
Le feu de charité, tout' amour mutuelle ;
Les déluges espais achevent de noyer
Tous chauds desirs au cœur qui estoit leur fouïer :
Mais ce fouïer du cœur a perdu l'avantage
Du feu et des esprits qui faisoyent le courage.
   Ici marquent, honteux, les genereux François,
Que leurs armes estoyent legeres autresfois,
Et que, quand l'estranger esjamboit leurs barrières,
Ils ne daignoient s'enclorre en leurs villes frontières :
L'ennemi, aussi tost comm' entré combattu[4],
Faisoit à la campagne essai de leur vertu.
Ores, pour tesmoigner la caducque vieillesse
Qui nous oste l'ardeur et nous croist la finesse,
Nos cœurs froids ont besoin de se voir emmurez,
Et, comme les vieillards revestus et fourrez

---

1. Allusion à la confusion des partis qui rappelle la confusion des langues, au temps de la tour de Babel.
2. Étrangères.
3. C'est une croyance encore répandue, que le malade qui ramène à soi les couvertures et les draps (*linceux*) de son lit, est à la dernière extrémité.
4. Battu aussitôt après être entré dans les villes....

De remparts, bastions, fossez et contre-mines,
Fosses-brais, parapets, chemises et courtines[1] ;
Nos excellens desseins ne sont que garnisons,
Que nos peres fuyoient comm' on fuit les prisons.
Quand le corps gelé veut mettre robbe sur robbe,
Dites que la chaleur s'enfuit et se desrobe.
L'ange de Dieu vengeur, une fois commandé,
Ne se destourne pas pour estre apprehendé[2] :
Car ces symptomes vrais, qui ne sont que presages,
Se sentent en nos cœurs aussi tost qu'aux visages.

Vengeance céleste.

Voila le front hideux de nos calamitez,
La vengeance des cieux justement despitez.
Comme par force l'œil se destourne à ces choses.
Retournons les esprits pour en toucher les causes.
France, tu t'eslevois orgueilleuse au milieu
Des autres nations ; et ton père et ton Dieu,
Qui tant et tant de fois par guerres estrangeres
T'esprouva, t'advertit des verges, des miseres,
Ce grand Dieu void au Ciel du feu de son clair œil
Que des maux estrangers tu doublois ton orgueil.
Tes superstitions et tes coutumes folles
De Dieu qui te frappoit te poussoyent aux idoles ;
Tu te crevois de graisse en patience[3], mais
Ta paix estoit la sœur batarde de la paix.
Rien n'estoit honoré parmi toi que le vice ;
Au Ciel estoit bannie en pleurant la justice,
L'Église au sec désert, la vérité après.
L'enfer fut épuisé et visité de près,
Pour cercher en son fond une verge nouvelle
A punir jusqu'aux os la nation rebelle.
Cet enfer nourrissoit, en ses obscuritez,
Deux esprits[4], que les Cieux formerent, despitez,

---

1. *Fosse-brais*, seconde enceinte unie par un terre-plein à l'escarpe d'une première enceinte. — *Chemise*, mur qui soutient les terres d'un rempart et d'un bastion. — *Courtine*, partie découverte d'une muraille entre deux bastions.
2. Quoiqu'on l'appréhende.
3. *En patience*, c.-à-d. en paix.
4. Il s'agit de Catherine de Médicis et du cardinal Charles de Lorraine.

Des pires excremens, des vapeurs inconnues
Que l'haleine du bas exhale dans les nues.
L'essence et le subtil de ces infections
S'affina par sept fois en exhalations,
Comme l'on void dans l'air une masse visqueuse
Lever[1] premierement l'humeur contagieuse
De l'haleine terrestre ; et quand auprès des Cieux
Le choix[2] de ce venin est haussé, vicieux,
Comm' un astre il prend vie et sa force secrette
Espouvante chacun du regard d'un comette[3].
Le peuple, à gros amas aux places ameuté,
Bec douteusement sur la calamité
Et dit : « Ce feu menace et promet à la terre,
Louche[4], pasle ou flambant, peste, famine ou guerre. »
  A ces trois[5] s'aprestoient ces deux astres nouveaux.
Le peuple voyoit bien ces cramoisis flambeaux,
Mais ne les peut juger d'une pareille sorte.
Ces deux esprits meurtriers de la France mi-morte
Nasquirent en nos temps ; les astres mutinez
Les tirerent d'enfer, puis ils furent donnez
A deux corps vicieux ; et l'amas de ces vices
Trouva l'organe prompt à leur mauvais offices.

Anathème à Catherine de Médicis.

Voici les deux flambeaux et les deux instruments
Des plaies de la France et de tous ses tourments :
Une fatale femme, un cardinal qui d'elle,
Parangon de mal-heur, suivoit l'ame cruelle.
« Mal-heur[6], ce dit le Sage, au peuple dont les loix
Tournent[7] dans les esprits des fols et jeunes Rois
Et qui mangent matin. » Que ce mal-heur se treuve
Divinement predict par la certaine espreuve !
Mais cela qui faict plus le regne mal heureux
Que celuy des enfans, c'est quand on void pour eux

---

1. *Lever*, attirer.
2. *Le choix*, l'essence.
3. *Comète* était du masculin au XVIᵉ siècle. — D'Aubigné avait écrit un traité sur les comètes : il nous l'apprend lui-même (*Lettres*, I, 447). Ce traité est aujourd'hui perdu.
4. *Louche*, obscur.
5. A ces trois fléaux.
6. « Malheur à toi, pays dont le peuple est un enfant, et dont les princes mangent dès le matin ! » (*Eccl.*, X, 16). — *Manger dès le matin*, c.-à-d. au temps qui n'est pas convenable.
7. Se faussent.

Le diadème sainct sur la teste insolente,
Le sacré sceptre au poing d'une femme impuissante.
Aux dépens de la loi que prirent les Gaulois
Des Saliens François pour loi des autres lois[1],
Cet esprit impuissant a bien peu ; car sa force
S'est convertie en poudre, en feux et en amorce,
Impuissante à bien faire et puissante à forger
Les cousteaux si trenchans qu'on a veu esgorger
Depuis les Rois hautains eschauffez à la guerre
Jusqu'au ver innocent qui se traine sur terre.
Mais pleust a Dieu aussi qu'ell' eust peu surmonter
Sa rage de regner, qu'ell' eust peu s'exempter
Du venin florentin, dont la plaie éternelle,
Pestifere, a frapé et sur elle et par elle.
    Pleust à Dieu, Jésabel[2], que, comm' au temps passé[3]
Tes ducs predecesseurs ont tous-jours abaissé
Les grans en eslevant les petits à l'encontre,
Puis encor rabatus par un' autre rencontre
Ceux qu'ils avoient haussez, si tost que leur grandeur
Pouvoit donner soupçon ou mesfiance au cœur ;
Ainsi comm' eux tu sçais te rendre redoutable,
Faisant le grand coquin, haussant le miserable :
Ainsi comm' eux tu sçais par tes subtilitez,
En maintenant les deux, perdre les deux costez,
Pour abbreuver de sang la soif de ta puissance ;
Pleust à Dieu, Jésabel, que tu euss' à Florence
Laissé tes trahisons en laissant ton païs,
Que tu n'eusse les grands des deux costez trahis
Pour regner au milieu, et que ton entreprise
N'eust ruiné le noble, et le peuple, et l'Église !
Cinq cens mille soldats n'eussent crevé, poudreux,
Sur le champ maternel, et ne fust avec eux
La noblesse faillie et la force faillie
De France, que tu as faict gibier d'Italie.
Ton fils eust eschappé ta secrette poison,
Si ton sang t'eust esté plus que ta trahison.
En fin pour assouvir ton esprit et ta veuë,
Tu vois le feu qui brusle et le cousteau qui tuë.

1. La loi salique interdisait aux femmes de régner en France.
2. *Jésabel* désigne Catherine de Médicis.
3. *Comm' au temps passé*, commence une parenthèse qui prend fin à : *la soif de ta puissance*.

Tu as veu à ton gré deux camps de deux costez,
Tous deux pour toy, tous deux à ton gré tourmentez,
Tous deux François, tous deux ennemis de la France,
Tous deux exécuteurs de ton impatience,
Tous deux la pasle horreur du peuple ruiné,
Et un peuple par toy contre soi mutiné ;
Par eux tu vois des-ja la terre yvre, inhumaine,
Du sang noble François et de l'estranger[1] pleine,
Accablez par le fer que tu as esmoulu.
Mais c'est beaucoup plus tard que tu n'eusses voulu :
Tu n'as ta soif de sang qu'a demi arrosée,
Ainsi que d'un peu d'eau la flamme est embrasée.

C'estoit un beau miroir de ton esprit mouvant,
Quand parmi les nonnains au florentin convent,
N'ayant pouvoir encor de tourmenter la terre,
Tu dressois tous les jours quelque petite guerre :
Tes compagnes pour toi se tiroyent aux cheveux[2].
Ton esprit dès lors plein de sanguinaires vœux
Par ceux qui prevoyoyent les effects de ton ame
Ne peut estre enfermé, subtil comme la flamme :
Un mal-heur nécessaire et le vouloir de Dieu
Ne doit perdre son temps ni l'assiette du lieu :
Comme celle qui vid en songe que de Troye
Elle enfantoit les feux[3], vid aussi mettre en proye
Son païs par son fils, et pour sçavoir son mal,
Ne peut brider le cours de son mal-heur fatal.
Or ne vueille le Ciel avoir jugé la France
A servir septante ans de gibier à Florence !
Ne vueille Dieu tenir pour plus long-temps assis
Sur nos lis tant foulez le joug de Medicis !
Quoi que l'arrest du Ciel dessus nos chefs destine,
Toi, verge de courroux, impure Florentine,
Nos cicatrices sont ton plaisir et ton jeu ;
Mais tu iras en fin comme la verge au feu,
Quand au lict de la mort ton fils et tes plus proches
Consoleront tes plaints[4] de ris et de reproches,

---

1. Du sang étranger.
2. Lorsqu'une Révolution contre les Médicis éclata à Florence en 1527, Catherine, prise comme otage, fut enfermée chez les religieuses de Sainte-Lucie, qui prirent parti pour ou contre elle, à l'exemple des factions entre lesquelles la ville était divisée.
3. Hécube dans la tragédie d'Euripide.
4. Plaintes, lamentations.

Quand l'edifice haut des superbes Lorreins,
Maugré tes estançons, t'accablera les reins,
Et, par toy eslevé, t'accrasera la teste ;
Encor ris tu, sauvage et carnaciere beste,
Aux œuvres de tes mains, et n'as qu'un desplaisir,
Que le grand feu n'est pas si grand que ton désir :
Ne plaignant que le peu, tu t'esgaye ainsi comme
Neron l'impitoiable, en voyant brusler Rome.
   Neron laissoit en paix quelque petite part ;
Quelque coin d'Italie esgaré à l'escart
Eschappoit ses fureurs; quelqu'un fuyoit de Sylle
Le glaive et le courroux en la guerre civile ;
Quelqu'un de Phalaris evitoit le Taureau,
La rage de Cinna[1], de Cesar le cousteau ;
Et (ce qu'on feint encor' estrange entre les fables)
Quelqu'un de Diomede eschappoit les estables ;
Le lion, le sanglier qu'Hercules mit à mort
Plus loing que leur buisson ne faisoient point de tort ;
L'hydre assiegeoit Lerna, du Taureau la furie
Couroit Candie, Anthee affligeoit la Lybie.
   Mais toy qui au matin de tes cheveux espars
Fais voile à ton faux chef branslant de toutes parts,
Et, desploiant en l'air ta perruque[2] grisonne,
Les païs tous esmeus de pestes empoisonne,
Tes crins esparpillez, par charmes[3] herissez,
Envoient leurs esprits où ils sont adressez[4] ;
Par neuf fois tu secouë, et hors de chasque poincte
Neuf Demons conjurez deschochent par contraincte.
   Quel antre caverneux, quel sablon, quel desert,
Quel bois, au fond duquel le voyageur se perd,
Est exempt de mal-heurs ? Quel allié de France
De ton breuvage amer n'a humé l'abondance ?
Car diligente à nuire, ardente à rechercher,
La loingtaine province et l'esloigné clocher
Par toy sont peints de rouge, et chacune personne
A son meurtrier derriere avant qu'elle s'estonne.
O qu'en Lybie Anthee, en Crette le Taureau,
Que les testes d'Hydra, du noir sanglier la peau,

---

1. Cinna le démagogue, l'ami de Marius.
2. Ta chevelure.
3. *Charmes*, incantations magiques. C'est le sens étymologique.
4. Au but qu'on leur a assigné.

Le lion Nemean et ce que cette fable
Nous conte d'outrageux fut auprès supportable!
Pharaon fut paisible, Antiochus piteux[1],
Les Herodes plus doux, Cinna religieux;
On pouvoit supporter l'espreuve de Perille[2],
Le cousteau de Cesar et la prison de Sylle;
Et les feux de Neron ne furent point des feux
Près de ceux que vomit ce serpent monstrueux.
   Ainsi en embrazant la France misérable,
Cett' Hydra renaissant ne s'abbat, ne s'accable
Par veilles, par labeurs, par chemins, par ennuis;
La chaleur des grands jours ni les plus froides nuicts
N'arrestent sa fureur, ne brident le courage
De ce monstre porté des aisles de sa rage;
La peste ne l'arreste, ains la peste la craint,
Pource qu'un moindre mal un pire mal n'esteint.
L'infidelle, croiant les fausses impostures
Des demons predisans par songes, par augures
Et par voix de sorciers que son chef perira
Foudroié d'un plancher qui l'ensevelira,
Perd bien le jugement, n'aiant pas connoissance
Que cette maison n'est que la maison de France,
La maison qu'elle sappe; et c'est aussi pourquoi
Elle fait tresbucher son ouvrage sur soi.
Celui qui d'un canon foudroiant extermine
Le rempart ennemi sans brasser sa ruine
Ruine ce qu'il haït, mais un mesme danger
Acravante[3] le chef de l'aveugle estranger
Grattant par le dedans le vengeur edifice,
Qui faict de son meurtrier en mourant sacrifice:
Elle ne l'entend pas, quand de mille posteaux
Elle faict appuyer ses logis, ses chasteaux:
Il falloit contre toi et contre ta machine
Appuyer et munir, ingratte Florentine,
Cette haute maison, la maison de Valois,
Qui s'enva dire à Dieu au monde et aux François.

---

1. Qui ressent de la pitié.
2. Perille avait construit le taureau de Phalaris, dont il fut la première victime.
3. *Acravante*, brise avec violence (lat. *ad crepantare*, de *crepare*).

L'Érynnie de la France.

Mais quand l'embrasement de la mi-morte France
A souffler[1] tous les coins requiert sa diligence,
La diligente au mal, paresseuse à tout bien,
Pour bien faire craint tout, pour nuire ne craint rien.
C'est la peste de l'air, l'Érynne envenimée ;
Elle infecte le ciel par la noire fumée
Qui sort de ses nazeaux ; ell' haleine[2] les fleurs :
Les fleurs perdent d'un coup la vie et les couleurs ;
Son toucher est mortel, la pestifere tuë
Les païs tous entiers de basilique veuë[3] ;
Elle change en discord l'accord des elements.
En paisible minuict[4] on oit ses hurlements,
Ses sifflements, ses cris, alors que l'enragée
Tourne la terre en cendre et en sang l'eau changée.
Elle s'ameute avec les sorciers enchanteurs,
Compagne des demons, compagnons imposteurs,
Murmurant l'exorcisme et les noires prieres.
La nuict elle se veautre aux hideux cimetieres,
Elle trouble le ciel, elle arreste les eaux,
Ayant sacrifié tourtres et pigeonneaux
Et desrobé le temps que la lune obscurcie
Souffre de son murmure ; elle attir' et convie
Les serpens en un rond sur les fosses des morts,
Desterre sans effroi les effroiables corps,
Puis, remplissant les os de la force des diables,
Les faict saillir en pieds, terreux, espouvantables,
Oit leur voix enroüee, et des obscurs propos
Des demons imagine un travail sans repos[5] ;
Idolatrant Sathan et sa theologie,
Interroge en tremblant sur le fil de sa vie
Ces organes hideux ; lors mesle de leurs tais[6]
La poudre avec du laict, pour les conduire en paix.

1. Afin d'éteindre le feu.
2. Souffle sur les fleurs.
3. La vue seule du basilic passait pour donner la mort.
4. Au milieu de la nuit paisible.
5. *Ce travail sans repos*, ce sont sans doute les actes criminels qui lui sont inspirés par les paroles obscures des démons.
6. *Tais* ou *tests*, crânes.

Les enfans innocens ont presté leurs moëlles,
Leurs graisses et leur suc à fournir des chandelles,
Et, pour faire trotter les esprits aux tombeaux,
On offre à Belzebub leurs innocentes peaux.
 En vain, Roine, tu as rempli une boutique
De drogues du mestier et mesnage magique ;
En vain fais tu amas dans les tais des deffuns
De poix noire, de canfre à faire tes parfuns ;
Tu y brusles en vain cyprès et mandragore,
La ciguë, la ruë et le blanc hellébore,
La teste d'un chat roux, d'un ceraste la peau,
D'un chat-huant le fiel, la langue d'un corbeau,
De la chauve-souris le sang, et de la louve
Le laict chaudement pris sur le poinct qu'elle trouve
Sa tasniere vollee et son fruict emporté,
Le nombril frais-couppé à l'enfant avorté,
Le cœur d'un vieil crapaut, le foie d'un dipsade,
Les yeux d'un basilic, la dent d'un chien malade
Et la bave qu'il rend en contemplant les flots,
La queuë du poisson[1], ancre des matelots,
Contre lequel en vain vent et voile s'essaie,
Le vierge parchemin, le palais de fresaie :
Tant d'estranges moyens tu recerches en vain[2],
Tu en as de plus prompts en ta fatale main.
Car quand dans un corps mort un demon tu ingeres,
Tu le vas menaçant d'un fouët de viperes ;
Il fait semblant de craindre, et pour jouër son jeu,
Il s'approche, il refuse, il entre peu à peu,
Il touche le corps froid, et puis il s'en esloigne,
Il feint avoir horreur de l'horrible charongne :
Ces feintes sont appas ; leur maistre, leur seigneur
Leur permet d'affronter, d'efficace d'erreur,
Tels esprits que le tien, par telles singeries.
 Mais toi qui par sur eux triomphes, seigneuries[3],
Use de ton pouvoir : tu peux bien triompher
Sur eux, puisque tu es vivandiere d'enfer..

---

1. Ce poisson est l'*échineis*, qui, selon Rabelais (IV, 62), « arreste contre tous les vents.... les plus fortes navires qui soient sur mer ».

2. On peut voir, d'après ce passage, l'importance que D'Aubigné, esprit fort superstitieux, attachait aux pratiques de la magie.

3. Du verbe *seigneurier*, toi qui domines.

Tu as plus de credit, et ta voix est plus forte
Que tout ce qu'en secret de cent lieux on te porte.
Va, commande aux demons d'impérieuse voix,
Reproche leur tes coups[1], conte ce que tu vois ;
Monstre leur le succes des ruses florentines,
Tes meurtres, tes poisons, de France les ruines,
Tant d'ames, tant de corps que tu leur fais avoir,
Tant d'esprits abrutis, poussez au desespoir,
Qui renoncent leur Dieu ; di que par tes menées
Tu as peuplé l'enfer de legions damnées.
De telles voix sans plus tu pourras esmouvoir,
Emploier, arrester tout l'infernal pouvoir.
Il ne faut plus de soin, de labeur, de despence
A cercher les sçavans en la noire science ;
Vous garderez les biens, les estats, les honneurs,
Pour d'Italie avoir les fins empoisonneurs[2],
Pour nourrir, emploier cette subtile bande,
Bien mieux entretenuë, et plus riche et plus grande
Que celle du conseil : car nous ne voulons point
Que conseillers subtils, qui renversent à point
En discords les accords ; que les traistres qui vendent
A peu de prix leur foi ; ceux-là qui mieux entendent
A donner aux meschans les purs commandements,
En se servant des bons tromper leurs instruments.

La foi par tant de fois et la paix violée
Couvroit les noirs desseins de la France affolée
Sous les traittez d'accord ; avant le pourparler
De la paix, on sçavoit le moyen de troubler[3].
Cela nous fut depeint par les feux et la cendre[4]
Que le malheur venu seul nous a pû apprendre.
Les feux, di-je, celez dessous le pesant corps
D'une souche amortie et qui, n'ayant dehors

---

1. Tes exploits, pour les opposer à leur lâcheté.

2. Ce vers désigne René le Florentin, parfumeur de Catherine de Médicis, et l'instrument de ses crimes.

3. Allusion au fanatisme de Catherine, qui savait déjà les moyens de rompre la paix, avant même de l'avoir conclue.

4. Autre allusion : Catherine de Médicis, après la mort de Henri II, avait fait faire une devise allégorique, représentant une montagne de chaux vive sur laquelle tombait l'eau du ciel. Ces mots étaient écrits au-dessous : *ardorem exstincta testantur vivere flamma*, « elles prouvent que la chaleur se conserve sous la flamme éteinte ». Mais D'Aubigné confond la chaux ardente avec la *souche* d'un brasier.

Poussé par millions tousjours ses estincelles,
Sous la cendre trompeuse a ses flammes nouvelles;
La traistresse Pandore apporta nos mal-heurs,
Peignant sur son champ noir l'enigme de nos pleurs,
Marquant pour se mocquer sur ses tapisseries
Les moyens de ravir et nos biens et nos vies[1].
Mesme escrivant autour du tison de son cœur
Qu'apres la flamme esteinte encore vit l'ardeur.

Le cardinal de Lorraine.

Tel fut l'autre moien de nos rudes misères,
L'Architophel[2] bandant les fils contre les peres;
Tel fut cett' autre peste et l'autre mal-heureux,
Perpetuel horreur à nos tristes neveux,
Ce cardinal sanglant, couleur à point suivie
Des desirs, des effects, et pareill' à sa vie :
Il fut rouge de sang de ceux qui au cercueil
Furent hors d'âge mis, tuez par son conseil[3]....
Il est exterminé; sa mort espouvantable
Fut des esprits noircis une guerre admirable.
Le haut ciel s'obscurcit, cent mille tremblements
Confondirent la terre et les trois elements.
De celuy qui troubloit quand il estoit en vie
La France et l'Univers, l'ame rouge ravie
En mille tourbillons, mille vents, mille nœuds,
Mille foudres ferrez, mill' esclairs, mille feux,
Le pompeux appareil de cett' ame si saincte
Fit des mocqueurs de Dieu trembler l'ame contrainte.
Or[4] n'estant despouillé de toutes passions,
De ses conseils secrets et de ses actions,
Ne pouvant oublier sa compagne fidelle,
Vomissant son demon, il eut mémoire d'elle......

---

1. *Les Tapisseries* sur lesquelles la devise est représentée. Quant aux *moyens de ravir et nos biens et nos vies*, ce sont les bijoux brisés, les *carquans*, etc., figurés sur la devise, et dans lesquels D'Aubigné affecte de voir les instruments de supplice des protestants.

2. Architophel, conseiller de David, qui appuya Absalon dans sa révolte. Ce nom désigne ici le cardinal de Lorraine.

3. Lors de la conjuration d'Amboise.

4. *Or*, maintenant.

Prince choisi de Dieu[1], qui sous[2] ta belle-mere
Savourois l'aconit et la ciguë amere,
Ta voix a tesmoigné qu'au poinct que cet esprit
S'enfuyoit en son lieu, tu vis saillir du lict
Cette Royne en frayeur qui te monstroit la place
Où le cardinal mort l'acostoit face à face,
Pour prendre son congé : elle bouschoit ses yeux,
Et sa frayeur te fit herisser les cheveux.

 Tels mal-heureux cerveaux ont esté les amorces,
Les flambeaux, boute-feux et les fatales torches
Par qui les hauts chasteaux jusqu'en terre razez,
Les temples, hospitaux, pillez et embrazez,
Les colleges destruits par la main ennemie
Des citoyens esmeus[3] monstrent l'anatomie
De nostre honneur ancien (comme l'on juge aux os
La grandeur des géants aux sepulcres enclos[4]).
Par eux on vid les loix sous les pieds trepignées,
Par eux la populace à bandes mutinées
Trempa dedans le sang des vieillards les cousteaux,
Estrangla les enfans liez en leurs berceaux,
Et la mort ne conneut ni le sexe ni l'âge;
Par eux est perpetré le monstrueux carnage
Qui, de quinze ans entiers ayant fait les moissons
Des François, glene encor le reste en cent façons.

Les fureurs du duel.

 Car quand la frenaisie et fievre generalle
A senti quelque paix, dilucide intervalle,
Nos sçavans apprentifs du faux Machiavel
Ont parmi nous semé la peste du duel.
Les grands ensorcelez par subtiles querelles
Ont rempli leurs esprits de haines mutuelles;
Leur courage emploié à leur dissention
Les faict serfs de mestier, grands de profession;
Les nobles ont chocqué à testes contre testes;
Par eux les princes ont vers eux payé leurs debtes:

---

1. Il s'agit de Henri de Navarre.
2. Sous les persécutions de ta belle-mère.
3. Insurgés.

4. Grandiaque effossis mirabitur ossa
        [sepulcris.
  (VIRG., *Georg.*, I, 497).
« Il contemplera d'un œil étonné la grandeur des ossements découverts. »

Un chascun estourdi a porté au fourreau
De quoy estre de soi et d'autrui le bourreau ;
Et, de peur qu'en la paix la feconde noblesse
De son nombre s'enflant ne refrene et ne blesse
La tyrannie un jour qu'ignorante elle suit,
Miserable support du joug qui la destruit,
Le prince en son repas par loüanges et blasmes
Met la gloire aux duels, en allume les ames,
Peint sur le front d'autrui et n'establit pour soy
Du rude poinct d'honneur la pestifere loy,
Reduisant d'un bon cœur la valeur prisonniere
A voir devant l'espee, et l'enfer au derriere.

J'escris, ayant senti avant l'autre combat[1],
De l'ame avec son cœur l'inutile debat,
Prié Dieu, mais sans foi comme sans repentance,
Porté à exploiter dessus moy la sentence[2].
Et ne faut pas ici que je vante en mocqueur
Le despit pour courage et le fiel pour le cœur.
Ne pense pas aussi, mon lecteur, que je conte
A ma gloire ce poinct : je l'escris à ma honte.
Ouy, j'ai senti le ver resveillant et piqueur
Qui contre tout mon reste avoit armé le cœur,
Cœur qui a ses despens prononçoit la sentence
En faveur de l'enfer contre la conscience.

Les gladiateurs antiques.

Ces anciens, vrais soldats, guerriers, grands conquéreurs,
Qui de simples bourgeois faisoient des empereurs,
Des princes leurs vasseaux, d'un advocat un prince,
Du monde un regne seul, de France une province,
Ces patrons de l'honneur honoroient le Senat,
Le chevalier apres, et par le tribunat
Haussoient le tiers estat aux degrez de leur ville,
Desquels il repoussoient toute engeance servile.
Les serfs demi-humains, des hommes excrements,
Se vendoient, se contoient au roole des juments[3] ;

---

1. Le combat sur le terrain.
2. A *exécuter* sur moi la sentence portée par un cœur en faveur du duel.
3. Étaient regardés comme des bêtes de somme.

Ces mal-heureux avoient encores entr' eux-mesme
Quelque condition, des extremes l'extreme[1] :
C'estoient ceux qu'on tiroit des pires du troupeau
Pour esbatre le peupl' aux despens de leur peau.
Aux obseques des grands, aux festins, sur l'arene,
Ces glorieux marauds bravoient la mort certaine
Avec grace et sang froid, mettoient pourpoint à part,
Sans s'esbranler logeoient en leur sein le poignart.
Que ceux qui aujourd'hui se vantent d'estocades
Contrefacent l'horreur de ces viles bravades :
Car ceux-là recevoient et le fer et la mort
Sans cri, sans que le corps se tordist par effort,
Sans posture contrainte, ou que la voix ouïe
Mendiast laschement des spectateurs la vie.
Ainsi le plus infect du peuple diffamé
Perissoit tous les jours par milliers consumé.
  Or, tel venin cuida sortir de cette lie[2]
Pour eschauffer le sang de la troup' anoblie ;
Puis quelques empereurs, gladiateurs nouveaux,
De ces corps condamnez se firent les bourreaux....
Mais les doctes escrits des sages animez[3]
Rendirent ces bouchers (quoi que grands) diffamez ;
Et puis le magistrat couronna d'infamie
Et atterra le reste en la plus basse lie[4],
Si bien que ce venin en leur siecle abbatu
Pour lors ne pût voler la palme de vertu.
  On appelle aujourd'hui n'avoir rien faict qui vaille
D'avoir percé premier l'espais d'une bataille,
D'avoir premier porté une enseigne au plus haut
Et franchi devant tous la breche par assaut ;
Se jetter contre espoir dans la ville assiegée,
La sauver demi-prise et rendre encouragée,
Fortifier, camper ou se loger[5] parmi
Les gardes, les efforts d'un puissant ennemi,
Emploier, sans manquer de cœur ni de cervelle,
L'espée d'une main, de l'autre la truelle,
Bien faire une retraitte, ou d'un scadron battu
Rallier les deffaicts, cela n'est plus vertu.

---

1. Il y avait encore, entre ces malheureux, une condition extrême....

2. Ce venin sortit de la *lie* du peuple pour se transmettre aux nobles.

3. Irrités.

4. Un décret de Constantin défendit les spectacles de gladiateurs.

5. Se retrancher.

La valeur d'aujourd'hui.

La voici[1] pour ce temps : bien prendre une querelle
Pour un oiseau ou chien[2],....
Au plaisir d'un vallet, d'un bouffon gazouillant
Qui veut, dit-il, sçavoir si son maistre est vaillant ;
Si un prince vous hait, s'il lui prend quelque envie
D'emploier vostre vie à perdre une autre vie,
Pour payer tous les deux, à cela nos mignons,
Tous rians et transis, deviennent compagnons
Des valets, des laquais. Quiconque porte espée
L'espere voir au sang d'un grand prince trempée.
De cette loi sacrée ores ne sont exclus
Le malade, l'enfant, le vieillard, le perclus :
On les monte, on les arme, on invente, on devine
Quelques nouveaux outils à remplir Libitine[3] ;
On y fend sa chemise, on y montre sa peau ;
Despouillé en coquin, on y meurt en bourreau :
Car les perfections du duel sont de faire
Un appel sans raison, un meurtre sans colère,
Au jugement d'autrui, au rapport d'un menteur :
Somme, sans estre juge, on est l'executeur.

Ainsi faisant vertu d'un execrable vice,
Ainsi faisant mestier de ce qui fut supplice
Aux ennemis vaincus, sont par les enragés
De leurs exploits sur eux les diables soulagés[4] :
Folle race[5] de ceux qui pour quelque vaisselle,
Veautrez l'eschine en bas, fermes sur leur rondelle[6],
Sans regrets, sans crier, sans tressauts apparents,
Se faisoient esgorger au profit des parents !
Tout péril veut avoir la gloire pour salaire,
Tels perils amenoient l'infamie au contraire :
Entre les valeureux ces cœurs n'ont point de lieu ;
Les anciens leur donnoient pour tutelaire Dieu,

---

1. « Voici quelle est la vertu de notre temps.... »
2. Hémistiche supprimé.
3. *Libitine*, divinité qui présidait aux funérailles.
4. Les diables sont soulagés parce qu'ils n'ont plus besoin d'employer leurs ruses pour les perdre.
5. Ils sont bien de la race, en effet, de ceux qui pratiquaient jadis le duel judiciaire.
6. *Rondelle*, sorte de bouclier.

Non Mars, chef des vaillans : le chef de cette peste
Fut Saturne le triste, infernal et funeste[1].
　　Le François aveuglé en ce siècle dernier
Est tout gladiateur et n'a rien de guerrier.
On debat dans le pré les contracts, les cedules ;
Nos jeunes conseillers y descendent des mules ;
J'ai veu les thresoriers du duel se coëffer,
Quitter l'argent et l'or pour manier le fer.
L'avocat desbauché du barreau[2] se desrobe,
Souille à bas le bourlet, la cornette[3] et la robe ;
Quel heur d'un grand mal-heur, si ce brutal exces
Parvenoit à juger un jour tous nos proces !
Enfin rien n'est exempt : les femmes en colère
Ostent au faux honneur l'honneur de se deffaire[4] ;
Ces hommasses, plus tost ces demons desguisez,
Ont mis l'espée au poing, les cotillons posez,
Trépigné dans le pré avec bouche embavée,
Bras courbé, les yeux clos et la jambe levée ;
L'une dessus la peur de l'autre s'avançant
Menace de frayeur et crie en offençant.
　　Ne contez pas ces traicts pour feinte ni pour songe ;
L'histoire est du Poitou et de nostre Xaintonge :
La Boutonne[5] a lavé le sang noble perdu
Que ce sexe ignorant au fer a respandu.
　　Des triomphans martyrs la façon n'est pas telle :
Le premier champion[6] de la haute querelle
Prioit pour ses meurtriers et voyoit en priant
Sa place au Ciel ouvert, son Christ l'y conviant.
Celuy qui meurt pour soi et en mourant machine
De tuer son tueur void sa double ruine :
Il voit sa place preste aux abysmes ouverts ;
Satan grinçant les dents le convie aux enfers.
　　Depuis que telles loix sur nous sont establies,
A ce jeu ont vollé plus de cent mille vies :

---

1. Parce qu'on donnait à Rome, pendant les Saturnales, des combats de gladiateurs (v. AUSONE, *Ecloga de feriis Romanis*, 33).

2. Arraché au barreau.

3. *Bourlet*, cercle d'étoffe rempli de bourre, et que les gens de justice portaient sur l'épaule. — *Cornette*, pièce de taffetas noir portée sur la robe, et qui indiquait le grade du légiste ou du médecin.

4. Se donner la mort. — Les femmes elles-mêmes ne considèrent pas comme faux l'honneur de se tuer.

5. *La Boutonne*, affluent de droite de la Charente.

6. Saint Étienne.

La milice est perdue, et l'escrime en son lieu
Assaut le vrai honneur, escrimant contre Dieu.
　Les quatre nations proches de nostre porte [1]
N'ont humé ce venin, au moins de telle sorte,
Voisins, qui par leur ruse, au defaut de vertus,
Nous ont pippez [2], pillez, effraiez et battus.
Nous n'osons nous armer, les guerres nous flestrissent,
Chacun combat à part, et tous en gros perissent.

La Papauté [3].

　Voila l'estat piteux de nos calamitez,
La vengeance des cieux justement irritez.
En ce fascheux estat, France et François, vous estes
Nourris, entretenus par estrangeres bestes,
Bestes de qui le but et le principal soin
Est de mettre à jamais au tyrannique poing
De la beste de Rome [4] un sceptre qui commande
L'Europe, et encor plus que l'Europe n'est grande.
　Aussi l'orgueil de Rome est à ce point levé
Que d'un prestre tout roi, tout empereur, bravé,
Est marchepied fangeux : on void, sans qu'on s'estonne,
La pantoufle crotter les fleurs de la couronne :
Dont [5], ainsi que Neron, ce Neron insensé
Renchérit sur l'orgueil que l'autre avoit pensé.
　« Entre tous les mortels de Dieu la prevoiance
M'a du haut ciel choisi, donné sa lieutenance.
Je suis des nations juge, à vivre et mourir ;
Ma main faict qui lui plaist et sauver et perir ;
Ma langue, déclarant les edicts de fortune,
Donne aux citez la joye ou la plainte commune ;
Rien ne fleurit sans moi ; les milliers enfermez
De mes gladiateurs sont d'un mot consumez ;

---

1. L'Espagne, la Savoie, l'Italie, et l'Allemagne.

2. Comme on *pipe*, à la chasse, les oiseaux, en imitant le cri de la chouette pour les attirer.

3. On n'oubliera pas, en lisant ces vers et ceux qui suivent sur l'ordre des jésuites, que D'Aubigné était un protestant fougueux et volontiers passionné.

4. C'est le pape que D'Aubigné désigne ainsi.

5. A la suite de cela, le pape, aussi insensé que Néron, est encore plus fier que lui de son pouvoir.

Par mes arrests j'espars, je destruicts, je conserve
Tout païs, toute gent, je la rend libre ou serve ;
J'esclave les plus grands : mon plaisir pour tous droicts
Donne aux gueux la couronne et le bissac aux rois. »
   Cet ancien loup Romain[1] n'en sçeut pas davantage ;
Mais le loup de ce siecle[2] a bien autre langage :
« Je dispense, dit-il, du droict contre le droict ;
Celui que j'ai damné, quand le Ciel le voudroit,
Ne peut estre sauvé ; j'authorise le vice ;
Je fai le faict non faict, de justice injustice ;
Je sauve les damnez en un petit moment ;
J'en loge dans le ciel à coup[3] un régiment ;
Je fai de bouë un Roi, je mets les Rois aux fanges ;
Je fai les Saincts ; sous moy obeissent les Anges ;
Je puis (cause premiere à tout cet Univers)
Mettre l'Enfer au Ciel et le Ciel aux Enfers. »

Les Jésuites[4].

Voilà vostre Evangile, ô vermine espagnolle,
Je dis vostre Evangile, engeance de Loyole,
Qui ne portez la paix sous le double manteau[5],
Mais qui empoisonnez l'homicide cousteau[6] :
C'est vostre instruction d'establir la puissance
De Rome, sous couleur de points de conscience,
Et, sous le nom menti de Jesus, esgorger
Les rois et les Estats où vous pouvez loger.
Allez, preschez, courez, vollez, meurtriere trope,
Semez le feu d'enfer aux quatre coins d'Europe :
Vos succez paroistront quelque jour, en cuidant
Mettre en Septentrion le sceptre d'Occident.

---

1. Néron.
2. Le pape. — Ce terme de *loup du siècle* était familier aux protestants pour désigner le pape.
3. *A coup*, d'un seul coup.
4. Voir la note 3, page 284.
5. Particularité du costume alors porté par les jésuites, ordre fondé par l'Espagnol Ignace de Loyola et tout dévoué au pape.
6. En Angleterre, le jésuite Campian avait été mis à mort, en 1581, pour avoir conspiré contre Élisabeth ; en 1584 ils fanatisèrent Balthazar Gérard, qui tua Guillaume d'Orange ; on les accusa d'avoir inspiré Jacques Clément, l'assassin de Henri III en 1589 ; enfin, en 1594, ce fut un élève des Jésuites, Jean Châtel, qui, de complicité avec l'un deux, le P. Guignard, frappa Henri IV.

Je voi comme le fer piteusement besongne
En Mosco, en Suède, en Dace, et en Polongne[1].
Insensez, en cuidant vous avancer beaucoup,
Vous eslevez l'agneau, atterrant votre loup!
O prince mal-heureux[2], qui donne au jesuite
L'accez et le credit que ton péché mérite!

 Or, laissons là courir la pierre[3] et le cousteau
Qui nous frappe d'en haut; voyons d'un œil nouveau
Et la cause et le bras qui justement les pousse;
Foudroiez, regardons qui c'est qui se courrouce;
Faisons paix avec Dieu pour la faire avec nous;
Soions doux à nous mesm', et le Ciel sera doux;
Ne tyrannisons point d'envie nostre vie,
Lors nul n'exercera dessus nous tyrannie;
Ostons les vains soucis; nostre dernier souci
Soit de parler à Dieu en nous plaignant ainsi.

Anathèmes.

 « Tu vois[4], juste Vengeur, les maux de ton Eglise,
Qui, par eux mise en cendre et en masure[5] mise,
A, contre tout espoir, son espérance en toy;
Pour son retranchement, le rempart de la foy.

 « Tes ennemis et nous sommes égaux en vice,
Si, juge, tu te sieds en ton lit de justice;
Tu fais pourtant un choix d'enfans ou d'ennemis,
Et ce choix est celuy que ta grâce y a mis.

 « Si tu leur fais des biens, ils s'enflent en blasphèmes,
Si tu nous fais du mal, il nous vient de nous-mesmes;
Ils maudissent ton nom quand tu leur es plus doux;
Quand tu nous meurtrirois[6], si, te bénirons-nous.

 « Cette bande meurtriere à boire nous convie
Le vin de ton courroux[7]; boiront-ils point la lie?
Ces verges qui sur nous s'esgayent, comm' au jeu,
Sales de nostre sang, vont-elles pas au feu?

---

1. L'influence des jésuites ne se propagea pas, en effet, dans les États du Nord et de l'Est de l'Europe.
2. Apostrophe à Henri III, assassiné à l'instigation des jésuites, dont il avait favorisé l'établissement en France.
3. Il est impossible de dire à quel événement ce mot fait allusion.
4. D'Aubigné s'adresse à Dieu.
5. Réduite à célébrer son culte dans des masures.
6. Quand tu nous *mettrais à mort*, pourtant.....
7. Expression biblique. V. Jérémie, xxv, 15.

« Chastie en ta douceur, punis en ta furie
L'escapade aux aigneaux, des loups la boucherie ;
Distingue pour les deux (comme tu l'as promis)
La verge à tes enfans, la barre[1] aux ennemis.

« Veux-tu longtemps laisser en cette terre ronde
Regner ton ennemy ? N'es-tu seigneur du monde,
Toy, Seigneur, qui abbas[2], qui blesses, qui gueris,
Qui donnes vie et mort, qui tue et qui nourris ?

« Les princes n'ont point d'yeux pour voir ces grand' mer-
Quand tu voudras tonner, n'auront-ils point d'oreilles ? [veilles ;
Leurs mains ne servent plus qu'à nous persécuter ;
Ils ont tout pour Satan, et rien pour te porter[3].

« Sion ne reçoit d'eux que refus et rudesses ;
Mais Babel les rançonne et pille leurs richesses :
Tels sont les monts cornus qui (avaricieux)
Monstrent l'or aux Enfers et les neiges aux Cieux.

« Les temples du payen, du Turc, de l'idolastre,
Haussent dedans[4] le ciel et le marbre et l'albastre ;
Et Dieu seul, au désert pauvrement hebergé,
A basti tout le monde, et n'y est pas logé !

« Les moineaux ont leurs nids, leurs nids les hirondelles[5] ;
On dresse quelque fuye aux simples colombelles ;
Tout est mis à l'abri par le soin des mortels,
Et Dieu, seul immortel, n'a logis ni autels.

« Tu as tout l'univers, où ta gloire on contemple,
Pour marchepied la terre, et le ciel pour un temple[6].
Où te chassera l'homme, ô Dieu victorieux ?
Tu possèdes le ciel, et les cieux des haults cieux[7] !

« Nous faisons des rochers les lieux où l'on te presche[8],
Un temple de l'estable, un autel de la crèche ;
Eux, du temple une estable aux asnes arrogants,
De la saincte maison la caverne aux brigands.

« Les premiers des chrestiens prioient aux cimetières :
Nous avons faict ouïr au tombeau nos prières,
Faict sonner aux tombeaux le nom de Dieu le fort,
Et annoncé la vie au logis de la mort.

---

1. La barre de fer.
2. Qui mets *à bas*.
3. En offrande.
4. *Dedans*, parce qu'ils semblent s'élever jusque dans les nues.
5. V. MATTH., VIII, 19 et 20.
6. V. ISAÏE, LXVI, 1 et 2.
7. Les espaces infinis. — C'est l'expression biblique : *cœli cœlorum*.
8. Les protestants persécutés, durent

« Tu peux faire conter ta louange à la pierre ;
Mais n'as-tu pas tousjours ton marchepied en terre ?
Ne veux-tu plus avoir d'autres temples sacrez
Qu'un blanchissant amas d'os de morts massacrez ?

« Les morts te loueront-ils ? Tes faicts grands et terribles
Sortiront-ils du fond de ces bouches horribles ?
N'aurons-nous entre nous que visages terreux,
Murmurant ta louange aux secrets de nos creux¹ ?

« En ces lieux caverneux tes chères assemblées,
Des ombres de la mort incessamment troublées,
Ne feront-elles plus resonner tes saincts lieux
Et ton renom voller des terres dans les cieux ?

« Quoi ! serons-nous muets, serons-nous sans oreilles,
Sans mouvoir², sans chanter, sans ouïr tes merveilles ?
As-tu esteint en nous ton sanctuaire ? Non,
De nos temples vivans³ sortira ton renom.

« Tel est en cet estat le tableau de l'église ;
Elle a les fers aux pieds, sur la gehenne⁴ assise,
A sa gorge la corde et le fer inhumain,
Un pseaume dans la bouche et un luth en la main.

« Tu aimes de ces mains la parfaicte harmonie :
Nostre luth chantera le principe de vie ;
Nos doigts ne sont point doigts que⁵ pour trouver les sons,
Nos voix ne sont point voix qu'à tes sainctes chansons⁶.

« Mets à couvert ces voix que les pluies enroüent ;
Deschaine donc ces doigts, que sur ton luth ils joüent ;
Tire nos yeux ternis des cachots ennuyeux,
Et nous monstre le ciel pour y tourner les yeux.

« Soyent tes yeux adoucis à guerir nos miseres,
Ton oreille propice ouverte à nos prieres,
Ton sein desboutonné⁷ à loger nos soupirs,
Et ta main liberale à nos justes desirs.

« Que ceux qui ont fermé les yeux à nos miseres,
Que ceux qui n'ont point eu d'oreille à nos prieres,

---

pendant longtemps chercher asile dans les solitudes, où leurs pasteurs faisaient la prédication.

1. Des cavernes dans lesquelles nous nous réfugions.

2. Sans faire un mouvement.

3. De nous-mêmes qui sommes comme des temples vivants.

4. Sens propre : *instrument de torture* (de l'hébreu *Gé-Hinnom*, nom d'un lieu voisin de Jérusalem, où les juifs immolèrent des enfants aux idoles. V. JÉRÉMIE, VII, 31).

5. Si ce n'est....

6. C'est-à-dire tes cantiques.

7. Ouvert pour recevoir nos soupirs.

De cœur pour secourir, mais bien pour tourmenter,
Point de main pour donner, mais bien pour nous oster.

« Trouvent tes yeux fermez à juger leurs miseres ;
Ton oreille soit sourde en oyant leurs prières ;
Ton sein ferré[1] soit clos aux pitiez, aux pardons ;
Ta main sèche, stérile aux bienfaicts et aux dons.

« Soient tes yeux clair-voyants à leurs pechez extrêmes,
Soit ton oreille ouverte à leurs cris de blasphèmes,
Ton sein desboutonné pour s'enfler de courroux,
Et ta main diligente à redoubler tes coups.

« Ils ont pour un spectacle et pour jeu le martyre ;
Le meschant rit plus haut que le bon n'y souspire ;
Nos cris mortels[2] n'y font qu'incommoder leurs ris,
Leurs ris de qui l'esclat oste l'air à nos cris.

« Ils crachent vers la lune, et les voûtes celestes
N'ont-elles plus de foudre et de feux et de pestes ?
Ne partiront jamais du throsne où tu te sieds
Et la Mort et l'Enfer qui dorment à tes pieds ?

« Leve ton bras de fer, haste tes pieds de laine[3] ;
Venge ta patience en l'aigreur de la peine[4] ;
Frappe du ciel Babel : les cornes de son front
Deffigurent la terre et luy ostent son rond[5]. »

FRAGMENTS DES TRAGIQUES

LIVRE II (Extrait).

Malheur aux tièdes !

Fuyez, Lots, de Sodome et Gomorre bruslantes ;
N'ensevelissez pas vos ames innocentes
Avec ces reprouvez : car combien que[6] vos yeux
Ne froncent le sourcil encontre les hauts cieux[7],
Combien qu'avec les rois vous ne hochiez la teste
Contre le ciel esmeu[8], armé de la tempeste,
Pource que des tyrans le support vous tirez[9],
Pource qu'ils sont de vous, comme dieux, adorez,

---

1. Dur comme le fer.
2. Poussés en mourant.
3. Mous, et qui, par conséquent, avancent difficilement.
4. Par un châtiment plus rigoureux.
5. On remarquera l'inspiration toute biblique de ce morceau final.

6. Quoique.
7. C'est-à-dire : quoique vous ne soyez pas des révoltés.
8. Emu de colère.
9. Puisque vous tirez votre appui....

M. *La poésie de la Renaissance.*

Lorsqu'ils veullent au pauvre et au juste mesfaire,
Vous estes compagnons du mesfaict pour vous taire [1].
Lorsque le Fils de Dieu, vengeur de son mespris,
Viendra pour vendanger [2] de ces rois les esprits,
De sa verge de fer brisant, espouvantable,
Ces petits dieux enflez en la terre habitable,
Vous y serez compris. Comme, lors que l'esclat
D'un foudre [3] exterminant vient renverser à plat
Les chesnes resistans et les cèdres superbes,
Vous verrez là dessous les plus petites herbes,
La fleur qui craint le vent, le naissant arbrisseau [4],
En son nid l'escurieu, en son aire l'oiseau,
Sous ce daix qui changeoit les gresles en rosée,
La bauge du sanglier [5], du cerf la reposée,
La ruche de l'abeille, et la loge [6] au berger,
Avoir eu part à l'ombre, avoir part au danger.....

LIVRE III (Extraits).

La Chambre Dorée [7].

Encor falut-il voir cette Chambre Dorée
De justice jadis, d'or maintenant parée
Par dons, non par raison : là se void décider
La force, et non le droit ; là void-on présider
Sur un throsne eslevé l'Injustice impudente :
Son parement [8] estoit d'escarlate sanglante
Qui goutte [9] sans repos ; elle n'a plus aux yeux
Le bandeau des anciens, mais l'esclat furieux
Des regards fourvoyans [10] ; insconstamment se vire
En peine sur le bon, en loyer [11] sur le pire ;

---

1. Rien qu'en vous taisant.
2. *Vendanger les esprits* : expression biblique.
3. Le mot *foudre* n'est plus masculin que dans le sens de *foudre de guerre*.
4. Vers pleins de fraîcheur et de poésie, comme on en rencontre souvent chez D'Aubigné.
5. Ce mot ne compte que pour deux syllabes.
6. La cabane.
7. Principale salle du Palais de Justice, ainsi nommée à cause de son ornementation.
8. Sa parure.
9. Qui laisse tomber le sang goutte à goutte.
10. Du latin *foris*, hors de, *via*, voie.
11. En récompense.

Sa balance aux poids d'or trebusche faussement ;
Près d'elle sont assis au lict de jugement [1].
Ceux qui peuvent monter par marchandise impure [2],
Qui peuvent commencer [3] par notable parjure,
Qui d'ame et de salut ont quitté le souci.....

Un Juge.

On cognoist bien encor ceste teste sans front,
Pointue en pyramide, et cet œil creux et rond,
Ce nez tortu, plissé, qui sans cesse marmotte,
Rid à tous, en faisant de ses doigts la marotte [4].
Souffrirons-nous un jour d'exposer nos raisons
Devant les habitans des petites-maisons [5] ?
Que ceux qui ont esté liez pour leurs manies [6]
De là viennent juger et nos biens et nos vies ;
Que telles gens du roy troublent de leur caquet,
Procureurs de la mort, la cour et le parquet :
Que de sainct Mathurin [7] le fouët et voyage
Loge ces pelerins dedans l'areopage [8].

Là, de ses yeux esmeus, esmeut tout en fureur
L'Ire empourprée : il sort un feu, qui donne horreur,
De ses yeux ondoyans, comme, au travers la glace
D'un chrystal se peut voir d'un gros rubi la face ;
Elle a dans la main droicte un poignard asseché
De sang [9], qui ne s'efface ; elle le tient caché
Dessous un voile noir, duquel elle est pourveüe
Pour offusquer de soy et des autres la veüe,
De peur que la pitié ne volle dans le cœur
Par la porte des yeux. Puis la douce Faveur
De ses yeux affetez chascun pipe et regarde [10],
Fait sur les fleurs de lis [11] des bouquets ; la mignarde

---

1. Lit de justice. — Cette expression vient de ce qu'à l'origine, le roi donnait ses audiences solennelles dans sa chambre à coucher.
2. Par un marché impur.
3. A juger.
4. Jouant de ses doigts comme d'une marotte, attribut des fous de cour.
5. Hôpital d'aliénés.
6. Fous à lier.
7. Ce saint passait pour guérir les fous.
8. Colline sur laquelle, à Athènes, les archontes sortis de charge rendaient la justice. Ce tribunal, dont plusieurs arrêts étaient célèbres, avait été, disait-on, institué par Pallas, pour juger Oreste parricide.
9. Couvert de sang desséché.
10. Trompe de ses yeux doucereux ceux qu'elle regarde.
11. Les juges étaient assis sur des sièges brodés de fleurs de lis.

Oppose ses beautez au droict, et aux flatteurs
Donne à baiser l'azur, non à sentir ses fleurs[1].....

La Formalité.

Quel monstre voi-je encor? une dame bigotte,
Courtisane du gain, malicieuse[2] et sotte :
Nulle peste n'offusque et ne trouble si fort,
Pour subvertir[3] le droit, pour establir le tort,
Pour jetter dans les yeux des juges la poussière[4],
Que cette enchanteresse, autresfois estrangère.
Son habit, de couleurs et chiffres bigarré,
Sous un vieil chapperon un gros bonnet carré :
Ses faux poids, sa fausse aulne et sa règle tortue
Deschiffrent son enigme[5], et la rendent connuë
Pour présent que d'enfer la Discorde a porté,
Et qui difforme tout : c'est la Formalité.
Erreur d'authorité[6], qui par normes énormes
Oste l'estre à la chose, au contraire des formes.....

La Crainte.

Au dernier coin, se sied la misérable Crainte :
Sa paslissante veue est des autres esteinte[7],
Son œil morne et transi en voyant ne void pas,
Son visage sans feu a le teint du trespas.
Alors que tout son banc[8] en un amas s'assemble,
Son advis ne dit rien qu'un triste *oui* qui tremble :
Béante est dans son sein la playe où le mal-heur
Ficha ses doigts crochus pour lui oster le cœur.....

---

1. D'Aubigné avait d'excellentes raisons pour exécrer les juges de son temps : le Parlement de Paris l'avait condamné à mort. Rapprocher de ces vers le portrait humoristique du magistrat, tracé par le poète FRANÇOIS MAYNARD (1568-1648), qui lui-même était conseiller au Parlement :

. . . .
Certes on peut justement dire
Qu'homme jamais n'a débité
Des sottises à faire rire
Avecques tant de gravité....

2. Méchante (sens affaibli aujourd'hui).
3. Bouleverser.
4. Destinée à les aveugler.
5. Donnent la clef du mystère dont elle s'enveloppe.
6. Elle trompe au nom de l'autorité.
7. Elle éteint son regard sous le regard des autres.
8. Ceux qui siègent à ses côtés.

LIVRE VII (Extraits).

Aux Martyrs.

Le printemps de l'Eglise et l'esté sont passés[1],
Sy, serez-vous par moy verts boutons amassés,
Encore eclorez-vous, fleurs sy fraîches, sy vives,
Bien que vous paraissiez dernières et tardives[2].
On ne vous lairra pas, simples[3] de si grand prix,
Sans vous voir et flairer au céleste pourpris :
Une rose d'automne est plus qu'une autre exquise,
Vous avez esjoui l'automne de l'Eglise[4].
. . . .
O bienheureux celuy qui, quand l'homme le tue,
Arrache de l'erreur tant d'esprits par sa vue,
Qui montre les trésors et grâces de son Dieu,
Qui butine en mourant tant d'esprits au milieu
Des spectateurs élus[5] ! telle mort est suyvie
Presque toujours du gain[6] de mainte belle vie :
Mais les martyrs ont eu moins de contentement
De qui la laide nuit cache le beau tourment[7] ;
Non que l'ambition y soit quelque salaire.
Le salaire est en Dieu, à qui la nuit est claire.
Pourtant, beau l'instrument de qui l'exemple sert
A gagner en mourant la brebis qui se perd !....

Le Jugement dernier.

C'est fait : Dieu vient régner ; de toute prophetie
Se void la période à ce poinct[8] accomplie.
La terre ouvre son sein : du ventre des tombeaux
Naissent des enterrez les visages nouveaux :
Du pré, du bois, du champ, presque de toutes places,
Sortent les corps nouveaux et les nouvelles faces.

1. Par conséquent, la dure saison est arrivée pour les croyants.
2. Ces fleurs tardives, ce sont les victimes des persécutions religieuses, que D'Aubigné se propose de chanter.
3. *Simples* est ici substantif.
4. On trouve, dans D'Aubigné, de ces vers harmonieux et pleins de grâce, au milieu des imprécations les plus violentes.
5. Entre les spectateurs que leur sang convertit.
6. Elle *gagne* à la foi bien des âmes.
7. Et qu'on a, par conséquent, suppliciés dans l'ombre.
8. En ce moment.

Icy les fondemens des chasteaux rehaussez
Par les ressuscitans promptement sont percez ;
Icy un arbre sent des bras de sa racine
Grouiller un chef vivant, sortir une poictrine ;
Là l'eau trouble bouillonne, et puis, s'esparpillant,
Sent en soy des cheveux et un chef s'esveillant.
Comme un nageur venant du profond de son plonge,
Tous sortent de la mort comme l'on sort d'un songe.....
  Voicy le Fils de l'Homme, et du grand Dieu le Fils,
Le voicy qui surgit à son terme préfix [1].
Des-jà l'air retentit, et la trompette sonne,
Le bon prend asseurance, et le meschant s'estonne.....
L'autre ciel, l'autre terre, ont cependant fui [2] ;
Tout ce qui fut mortel se perd esvanoui.
Les fleuves sont sechez, la grand' mer se desrobe ;
Il falloit que la terre allast changer de robe.
Montagnes, vous sentez douleurs d'enfantemens ;
Vous fuyez comme agneaux, ô simples eslemens !
Cachez-vous, changez-vous ; rien [3] mortel ne supporte
La voix de l'Éternel, sa voix puissante et forte.
Dieu paroist : le nuage entre luy et nos yeux
S'est tiré à l'escart, il s'est armé de feux ;
Le ciel retentit du son de ses louanges :
L'air n'est plus que rayons, tant il est semé d'anges [4].
Tout l'air n'est qu'un soleil ; le soleil radieux
N'est qu'une noire nuict au regard de ses yeux [5].....
  Un grand ange s'escrie à toutes nations :
« Venez respondre icy de toutes actions ;
L'Éternel veut juger. » Toutes ames venues
Font leurs sièges en rond en la voûte des nues,
Et là les Chérubins ont au milieu planté
Un throsne rayonnant de saincte majesté :
Il n'en sort que merveille, et qu'ardente lumière.
Le soleil n'est pas faict d'une estoffe [6] si claire :
L'amas de tous vivans en attend justement
La désolation ou le contentement.
Les bons du Sainct-Esprit sentent le tesmoignage,
L'aise leur saute au cœur, et s'espand au visage ;

---

1. Fixé d'avance.
2. Se sont renouvelés, par conséquent.
3. Rien de mortel.
4. Vers d'une poésie grandiose et hardie.
5. Des yeux de l'Éternel.
6. Matière.

Car s'ils doivent beaucoup, Dieu leur en a faict don[1] :
Ils sont vestus de blanc et lavez de pardon.
O tribus de Juda! vous estes à la dextre;
Edom, Moab, Agar, tremblent à la senestre;
Les tyrans, abattus, pasles et criminels,
Changent leurs vains honneurs aux tourments éternels.
Ils n'ont plus sur le front la furieuse audace;
Ils souffrent en tremblant l'impérieuse face[2],
Face qu'ils ont frappée, et remarquent assez
Le chef, les membres saincts qu'ils avoient transpercez.
Ils le virent lié, le voicy les mains hautes;
Ces sévères sourcils viennent conter leurs fautes.....
Ores viennent trembler à cet acte dernier
Les condamneurs aux pieds du juste prisonnier.
Voicy le grand heraut d'une estrange nouvelle,
Le messager de mort, mais de mort éternelle.
Qui se cache? Qui fuit devant les yeux de Dieu?
Vous, Caïns fugitifs, où trouverez-vous lieu[3]?
Quand vous auriez les vents soufflant sous vos aisselles,
Ou quand l'aube du jour vous presteroit ses aisles,
Les monts[4] vous ouvriroient le plus profond rocher,
Quand la nuict tâcheroit en sa nuict vous cacher,
Vous enceindre la mer, vous enlever la nue[5],
Vous ne fuirez de Dieu ny le doigt ny la veue.....

La Sentence[6].

« Vous qui m'avez vestu au temps de la froidure,
Vous qui avez pour moy souffert peine et injure,
Qui à ma seiche soif et à mon aspre faim
Donnastes de bon cœur vostre eau et vostre pain;
Venez, race du Ciel, venez, esleus du Pere;
Vos pechez sont esteints, le juge est votre frere,
Venez donc, bienheureux, triompher à jamais
Au Royaume eternel d'une éternelle paix. »

1. S'ils ont des dettes, Dieu les leur a remises.
2. La face de Dieu.
3. Asile.
4. Quand les monts....
5. Si la mer essayait de vous enceindre, la nue de vous enlever.
6. Le Seigneur s'adresse d'abord aux élus, placés à sa droite; il parle ensuite aux impies, qui sont à sa gauche.

A ce mot tout se change en beautez eternelles,
Ce changement de tout est si doux aux fidelles!
Que de parfaicts plaisirs! ô Dieu, qu'ils trouvent beau
Cette terre nouvelle et ce grand Ciel nouveau!
    Mais d'autre part, si tost que l'Eternel faict bruire
A sa gauche ces mots, les foudres de son ire,
Quand ce Juge, et non Pere, au front de tant de Rois,
Irrevocable, pousse et tonne cette voix :
« Vous qui avez laissé mes membres aux froidures,
Qui leur avez versé injures sur injures,
Qui à ma seiche soif et à mon aspre faim
Donnastes fiel pour eau et pierre au lieu de pain ;
Allez, maudits, allez grincer vos dents rebelles
Au gouffre tenebreux des peines eternelles! »
Lors ce front qui ailleurs portoit contentement
Porte à ceux cy la mort et l'espouvantement.
Il sort un glaive aigu de la bouche divine;
L'Enfer glouton, bruyant, devant ses pieds chemine...
    O enfants de ce siècle, ô abusez mocqueurs,
Imployables[1] esprits, incorrigibles cœurs,
Vos esprits trouveront en la fosse profonde
Vray ce qu'ils ont pensé une fable en ce monde.
Ils languiront en vain de regret sans mercy.
Vostre ame à sa mesure[2] enflera de soucy.
Qui vous consolera? L'amy qui se desole
Vous grincera les dents au lieu de la parole.
Les Saincts vous aymoient-ils? Un abysme est entr'eux[3] :
Leur chair ne s'esmeut plus, vous estes odieux.
Mais n'esperez-vous point fin à votre souffrance?
Point n'esclaire aux enfers l'aube de l'esperance[4].....
Transis, désespérez, il n'y a plus de mort
Qui soit pour vostre mer des orages le port :
Que si vos yeux de feu jettent l'ardente veuë
A l'espoir du poignard, le poignard plus ne tuë.
Que la Mort (direz-vous) estoit un doux plaisir!
La Mort, morte, ne peut vous tuer, vous saisir;
Voulez-vous du poison? en vain cest artifice!
Vous vous précipitez, en vain le précipice!

1. Qui manquent de souplesse.
2. Selon ses mérites.
3. Entre eux et vous.
4. Cf. DANTE, *Enfer*, V, 9 :
    Lasciate ogni speranza....
    « Laissez toute espérance. »

Courez au feu brusler, le feu vous gelera,
Noyez-vous, l'eau est feu, l'eau vous embrasera ;
La peste n'aura plus de vous miséricorde ;
Estranglez-vous, en vain vous tordez une corde ;
Criez après l'enfer, de l'enfer il ne sort
Que l'éternelle soif de l'impossible mort[1].

Hymne des Élus.

« Sainct, sainct, sainct le Seigneur ! ô grand Dieu des ar-
De ces beaux Cieux nouveaux les voûtes enflammées [mées !
Et la nouvelle terre et la neufve Cité,
Hiérusalem la saincte, annoncent ta bonté,
Tout est plein de ton nom. Syon la bienheureuse
N'a pierre dans ses murs qui ne soit précieuse,
Ne citoien que sainct, et n'aura pour jamais
Que victoire, qu'honneur, que plaisir et que paix.
Là nous n'avons besoing de parure nouvelle,
Car nous sommes vestus de splendeur eternelle ;
Nul de nous ne craint plus ni la soif ni la faim ;
Nous avons l'eau de grace et des anges le pain.
La pasle mort ne peut accourcir ceste vie,
Plus n'y a d'ignorance et plus de maladie,
Plus ne faut de soleil, car la face de Dieu
Est le soleil unique et l'astre de ce lieu[2].
Le moins luisant de nous est un astre de grace,
Le moindre a pour deux yeux deux soleils à la face ;
L'Eternel nous prononce[3] et crée de sa voix
Roys, nous donnant encor plus haut nom que de Roys :
D'estrangers il nous faict ses bourgeois, sa famille,
Nous donne un nom plus doux que de filz et de filles. »......
Les Apostres ravis en l'esclair de la nuë
Ne jettoient plus çà bas ny memoire ny veuë ;
Femmes, parents, amis, n'estoient pas en oubly,
Mais n'estoient rien au prix de l'estat anobly
Où leur chef rayonnant de nouvelle figure
Avait haut enlevé leur cœur et leur nature,

---

1. D'Aubigné attend tout de l'éternelle Justice, parce que le triomphe des méchants n'est, à ses yeux, que le présage de leur châtiment.

2. Cf. *Apocalypse*, VII, 16.

3. Fait entendre notre nom.

Ne pouvant regretter aucun plaisir passé,
Quand d'un plus grand bonheur tout heur fut effacé.
Nul secret ne leur peut estre lors secret, pource
Qu'ils puisoient la lumiere à sa premiere source :
Ils avoient pour miroir l'œil qui faict voir tout œil,
Ils avoient pour flambeau le Soleil du soleil.
Il faut qu'en Dieu si beau toute beauté finisse.....
    Veut-il [1] souefve odeur? Il respire l'encens
Qu'offrit Jesus en croix, qui, en donnant sa vie,
Fut le prestre, l'autel et le temple et l'hostie.
Faut-il des sons? le Grec [2] qui jadis s'est vanté
D'avoir ouy les cieux, sur l'Olympe monté,
Seroit ravy plus haut quand cieux, orbes et poles
Servent aux voix des Saincts de luths et de violes.
Pour le plaisir de voir, les yeux n'ont point ailleurs
Veu pareilles beautez, ny si vives couleurs.....
    Ainsy, dedans la vie immortelle et seconde
Nous aurons bien les sens que nous eusmes au monde,
Mais, estans d'actes purs, ils seront d'action
Et ne pourront souffrir infirme passion :
Car ailleurs leurs effects iront chercher et prendre
Le voir, l'odeur, le goust, le toucher et l'entendre.
Au visage de Dieu seront nos saincts plaisirs,
Dans le sein d'Abraham fleuriront nos desirs,
Desirs, parfaicts amours, hauts desirs sans absence [3],
Car les fruicts et les fleurs n'y font qu'une naissance.
    Chetif, je ne puis plus approcher de mon œil
L'œil du ciel; je ne puis supporter le soleil.
Encor tout esbloüy, en raisons je me fonde
Pour de mon ame voir la grande ame du monde,
Sçavoir ce qu'on ne sçait et qu'on ne peut sçavoir,
Ce que n'a oüy l'oreille et que l'œil n'a peu voir :
Mes sens n'ont plus de sens, l'esprit de moy s'envolle,
Le cœur ravy se taist, ma bouche est sans parolle :
Tout meurt, l'ame s'enfuit et reprenant son lieu,
Extatique, se pasme au giron de son Dieu!

---

1. C'est *le corps* qui est sujet sous entendu.
2. Pythagore.
3. Sans faiblesse.

MATHURIN RÉGNIER

Étude biographique et littéraire.

L'homme. — Le 21 décembre 1573, naissait à Chartres Mathurin Régnier, le plus original, le plus mordant et le plus libre des satiriques français. Il appartenait à une bonne famille de bourgeoisie, bien qu'on ait prétendu, depuis, qu'il était fils d'un tenancier de *tripot*, parce que son père avait fait bâtir, pour utiliser de vieux matériaux, un jeu de paume surnommé le *tripot Régnier*.

Par sa mère, Régnier était neveu du poète Philippe Desportes, abbé de Tiron. Son père, rêvant pour lui la fortune de l'abbé, résolut de le faire entrer dans l'Église : il le fit tonsurer en 1582, à neuf ans, ce qui lui permit d'obtenir, quelques années après, un canonicat de la cathédrale de Chartres. Il est certain toutefois que Régnier, bien que tonsuré, n'entra jamais dans les ordres, et qu'il se borna à en recueillir les bénéfices.

« La tradition, à Chartres, dit Brossette, est que Régnier, dès sa première jeunesse, marqua son inclination à la satire. Les vers qu'il faisait contre divers particuliers obligèrent son père à l'en châtier plus d'une fois[1], en lui recommandant de ne point écrire, ou du moins d'imiter son oncle, et de fuir la médisance. » Son père, paraît-il, aurait même cherché à le détourner de la poésie. Mais le jeune homme comprit que, pour avoir la protection de Desportes, et pour recueillir au moins ses bénéfices, il devait s'adonner à la culture des lettres avec plus d'ardeur que jamais. Son ambition, d'ailleurs, toute modeste qu'elle fût, était nette et précise :

> Un simple bénéfice et quelque peu de nom.

Mais ni l'un ni l'autre ne lui venaient dans sa ville natale. Il résolut alors de *changer son humeur* et d'aller chercher

---

1. Et bien que jeune enfant mon pere me tansast
Et de verges souvent mes chansons menassat.
(*Sat.* IV, v. 62.)

fortune au dehors. A vingt ans donc[1], *affolé par la pauvreté*, il se fit attacher au service du cardinal de Joyeuse, protecteur des affaires de France à Rome, et qui partait en Italie. Il y passa huit années, pendant lesquelles il sut se concilier d'illustres sympathies, mais qui furent perdues pour l'amélioration de sa fortune : son goût très vif pour le plaisir l'entraîna, en effet, à de folles dissipations. De plus, le cardinal de Joyeuse, indisposé contre lui, peut-être à cause des désordres de sa conduite, semble s'être fort peu préoccupé du bien-être de son secrétaire, qui, s'il faut l'en croire lui-même, vivait à Rome dans un état voisin de la misère :

> .... Si jeune, abandonnant la France,
> J'allai, vif de courage et tout chaud d'espérance,
> En la cour d'un prélat, qu'avec mille dangers
> J'ay suivy, courtisan, aux pays estrangers;
> J'ay changé mon humeur, altéré ma nature.
> J'ai beu chaud, mangé froid, j'ay couché sur la dure.
> Je l'ay, sans le quitter, à toute heure suivy;
> Donnant ma liberté, je me suis asservy,
> N'ayant d'autre intérêt, de dix ans jà passez,
> Sinon que sans regret je les ay despensez.

Il revint alors en France, mais il n'y fit qu'un court séjour[2]. Il repartit bientôt pour Rome, à la suite de Philippe de Béthune, ambassadeur de Henri IV auprès du Saint-Siège. Au bout de deux ans, il était de retour à Paris, mais sans avoir encore avancé ses affaires.

Cependant, en 1606, à la mort de Desportes, il trouva, suivant sa propre expression, la *pie au nid*. Le marquis de Cœuvres, gendre de Philippe de Béthune, lui fit obtenir une pension de deux mille livres sur l'abbaye des Vaux-de-Cernay, qu'avait possédée son oncle défunt. Tallemant parle même, bien que le fait soit fort douteux, d'une autre abbaye de cinq mille livres de rente, que lui aurait fait donner le maréchal d'Estrées. Enfin, en 1609, il prit possession du canonicat de la cathédrale de Chartres, qui lui avait été dévolu dans sa première jeunesse.

---

1. D'autres disent à quatorze ans, en 1587.
2. On a soutenu aussi, d'après certains proverbes espagnols traduits par lui, que Régnier séjourna en Espagne, à la suite du cardinal de Joyeuse.

Dès lors, protégé du roi, honoré des grands, assuré contre l'infortune, il pouvait se laisser aller doucement

> à la bonne loy naturelle,

et réaliser enfin son rêve de

> Dormir dedans un lit la grasse matinée.

Mais cette période fut aussi la plus féconde de sa vie : c'est alors, en effet, qu'il publia ses premières satires, dont le succès fut considérable. Un contemporain, l'Estoile[1], en déclare même le recueil « un des bons livres de ce temps ».

Malheureusement, Régnier ne sut pas maîtriser ses passions, ni apaiser dans son existence cette fougue de tempérament qui fait la puissance et l'originalité de son œuvre. Les dérèglements de sa vie amenèrent sa fin prématurée. « Il mourut à Rouen... le 22 octobre 1613, en l'hôtellerie de l'Écu d'Orléans », au cours d'un voyage en cette ville. « Ses entrailles furent portées en l'église paroissiale de Sainte-Marie de Rouen, et son corps, ayant été mis dans un cercueil de plomb, fut transporté à l'abbaye de Royaumont, lieu qu'il aimait beaucoup, et où il voulut être enterré[2]. » Régnier disparaissait à quarante ans, à l'apogée de son talent, laissant une œuvre vigoureuse, à laquelle il n'a manqué, pour être parfaite, que ces retouches dont l'auteur l'aurait certainement fortifiée, si l'âge du calme et de l'apaisement était venu pour lui.

Son tempérament. — Mathurin Régnier est né dans un pays de traditions gauloises et populaires, en pleine Beauce. Rudes y sont les saisons, et les températures sont extrêmes sur ce plateau de terres franches et grasses qu'on appelait jadis le *grenier de la France* : l'été, un soleil ardent s'appesantit sur l'étendue des vastes plaines, où moutonne, à perte de vue, la vague des blés jaunis; les rivières et les sources sont rares, plus rares encore les bouquets de bois dont les taches intermittentes marquent les oasis de ce désert fertile;

---

[1]. L'ESTOILE, *Registre-Journal*, édit. Champollion, t. II, p. 494 (15 janvier 1600).

[2]. BROSSETTE.

seule, l'ombre gigantesque de la cathédrale de Chartres se détache à plusieurs lieues sur l'immensité des champs de blé. L'hiver, un vent âpre et mordant souffle sur ce plateau dépouillé de ses récoltes : une bise glaciale pénètre dans les rues de la vieille cité chartraine, y fait tourbillonner sur les places publiques la poussière ou la neige. Son souffle ne rappelle en rien le vent qui vient de la mer, dont il n'a ni la tiédeur, ni les puissants déchaînements ; mais c'est un souffle irritant, qui prend l'homme au visage, s'insinue en lui, lentement, douloureusement, avivant ses nerfs jusqu'à l'impatience, fouettant ses passions jusqu'à l'exaspération.

Régnier fut donc ce que le sol natal l'avait fait : un tempérament gaulois, un esprit mordant, un passionné, dont les ardeurs ne connurent pas de frein.

Ce qu'il aime avant tout, c'est la nature, c'est le bon sens ; et, par là, il est un des représentants les mieux établis de l'esprit français, entre Montaigne et Molière. Il tient même, de plus près qu'on ne le pense ordinairement, à l'un et à l'autre. Comme Montaigne, il ferait volontiers de « ce grand monde » le livre dans lequel on doit apprendre toutes choses :

> Sçais-tu, pour sçavoir bien, ce qu'il nous faut sçavoir?
> C'est s'affiner le goût de cognoistre et de voir,
> Apprendre dans le monde et lire dans la vie
> D'autres secrets plus fins que de philosophie....

Et, pour montrer que, lui aussi, préfère une tête bien faite à une tête bien pleine, il a soin d'ajouter

> .... qu'avecq' la science il faut un bon esprit.

Il a, de plus, le scepticisme aimable et enjoué de Montaigne : sa curiosité naturelle le porte, tout comme un autre, à sonder les grands problèmes ; mais il n'a pas plus le désir que la prétention de s'y attarder :

> Or, ignorant de tout, de tout je me veux rire.

Comme Molière, c'est un observateur profond et pénétrant des ridicules et des vices, dont il excelle à démasquer la laideur. A ce titre, « son poète, son pédant, son fat, son docteur, comme l'a fait remarquer Sainte-Beuve, ont trop de saillie pour s'oublier jamais, une fois connus. La fameuse

Macette, qui est la petite-fille de Pathelin et l'aïeule de Tartufe, montre jusqu'où le génie de Régnier eût pu atteindre, sans sa fin prématurée. Dans ce chef-d'œuvre d'une ironie amère, d'une vertueuse indignation, les plus hautes qualités de poésie ressortent du cadre étroit et des circonstances les plus minutieusement décrites de la vie réelle. »

Ajoutons que ce grand rieur nous dit quelque part qu'il est *mélancolique*, que sa *façon* est *rustique*, et qu'il n'a pas même *l'esprit d'être méchant*. Espère-t-il donc, par cette déclaration, nous faire excuser le relâchement de sa morale? Il n'y paraît guère, car, s'il est parfois cynique, il n'en a nulle conscience, et c'est là précisément ce qui l'excuse. Nourri de Villon et de Rabelais, qui furent ses premiers maîtres, il n'a pas conçu d'idéal plus grand que leur franchise, souvent rude et brutale. Il a suivi naturellement le premier au cabaret de la Pomme de Pin, et s'est installé avec le second à l'abbaye de Thélème, où il a compromis sa Muse, sans songer à mal. Il a péché, en somme, par oubli plutôt que par calcul, et cette naïveté seule est la révélation d'un caractère. Ajoutez qu'il ne brave jamais l'honnêteté; il l'ignore seulement, et la faute en est bien un peu à son siècle, dont la moralité est fort contestable : on ne revient pas à l'adoration de la nature sans lui sacrifier quelque peu les convenances. Mais ce relâchement n'est pas seulement dans les mœurs; il est partout dans les écrits du temps. Les écrivains en tous genres semblent s'accorder avec Régnier, pour

> Sçavoir que le bon vin ne peut être sans lie.

Il suffit, pour s'en rendre compte, de feuilleter Marot ou Ronsard, et l'on s'apercevra vite qu'ils n'ont pas toujours craint, selon le mot de Boileau, d'*alarmer les oreilles pudiques*.

Régnier, d'ailleurs, a senti la pente dangereuse sur laquelle il glissait, et, avec sa sincérité ordinaire, il n'a pas craint de nous faire les aveux les plus sincères, mais qui, par leur franchise même, attestent une fois de plus son inconscience du mal. Il se déclare donc coupable; mais, par une déplorable faiblesse de caractère, il affirme aussi qu'il est impénitent et incapable de mettre fin aux désordres de sa vie. Sans doute, il a parfois de fugitifs accents de repentir; mais ne sont-ils pas les cris d'angoisse d'un malade mortellement atteint, plutôt que les larmes d'un cœur résolu à guérir?

Aussi, quelque sévérité que mérite la faiblesse morale de Régnier, on peut lui pardonner beaucoup, parce qu'il a eu au plus haut point trois qualités qu'on trouve rarement réunies dans le même homme : la fierté, l'indépendance et la franchise du caractère.

L'inspiration chez Régnier. — Il y a dans Régnier un moraliste, un satirique et un peintre, qui se confondent ; et cependant, à de certains moments, on pourrait dire qu'il est un moraliste plus encore qu'un auteur de satires. Il ne s'attaque pas, comme le fera plus tard Boileau, à des hommes de son temps, à des personnages vivants. Son inspiration est plus générale ; car ce sont des caractères généraux, des *types* qu'il met en scène. Son *Fâcheux*, son *Pédant*, son *Usurier*, son *Bavard*, son *Hypocrite*, n'appartiennent pas plus au XVIe siècle qu'à tout autre, en apparence du moins. Régnier lui-même a voulu qu'il en fût ainsi. Il vit, en effet, à une époque où l'on a cessé toute polémique violente. C'est le temps de Henri IV ; les esprits sont pacifiés ; on a soif de calme et d'apaisement. Un retardataire, comme D'Aubigné, aura seul l'audace de ces attaques personnelles auxquelles tous ont renoncé.

A vrai dire, en effet, si Régnier avait été tourmenté du démon de Juvénal, s'il avait brûlé de flageller les vices de ses contemporains, il eût produit au jour ses satires plus tôt qu'il ne l'a fait. Or, la première qu'il jugea digne de la publicité fut composée quand il avait près de trente ans[1]. Jusque-là, cédant à ce qu'il appelait son *ver-coquin*, il s'était constamment adonné à la poésie ; mais il s'était bien gardé de rien faire paraître, tant qu'il ne s'était pas senti maître de sa plume et de son inspiration.

Il voulait, en effet, faire de la satire à la façon antique, en imitant Horace et Juvénal. Mais là ne se bornait pas son ambition. Nos vieux auteurs lui étaient familiers. Ce Beauceron, dans lequel continuait à vivre le vieil esprit bourgeois de Villon et de Jean de Meung, avait savouré l'inspiration délicate ou grossière de nos fabliaux populaires, comme il avait, malgré sa paresse, goûté les finesses de Marot et la sève enivrante de Rabelais. Songez, en outre, que douze années de

---

1. Cette satire, la VIe des recueils, n'est pas un chef-d'œuvre ; car le plan en est mal déterminé. Régnier imite les *Capitoli* de l'Italien Mauro.

séjour à Rome l'avaient mis en contact avec les auteurs italiens, et que, s'il échappa à l'influence mièvre du *Pétrarquisme*, il se porta, d'instinct, vers les burlesques comme le Berni et le Caporali, auxquels il a su emprunter tant de traits étincelants. Régnier a donc combiné l'inspiration gauloise avec l'esprit bourgeois, l'imitation des anciens et celle des italiens modernes, et son talent naturel est devenu d'autant plus vigoureux et plus robuste, qu'il était fortifié par tant d'influences diverses.

Ainsi, grâce à cette imitation originale qui lui a permis de peindre les vices et les ridicules de tous les pays et de tous les temps, Régnier a inauguré en France la littérature impersonnelle : il ne cherche point à se peindre lui-même, ou plutôt, quand il exprime ses sentiments et son âme dans des *stances*, des *odes*, des *élégies* et des *sonnets*, il ne s'attarde jamais. Ces menues fleurs de la poésie ne l'attirent pas, ou du moins ne le retiennent guère. Sa véritable passion, c'est la satire, et il y revient sans cesse, parce qu'il n'a jamais écouté que sa libre fantaisie. Il ne l'aime pas, certes, parce qu'elle permet à la malice, voire même à la méchanceté, de se donner libre cours : ses accents d'indignation généreuse démentent, à cet égard, ce que sembleraient prouver les invectives de la satire ix contre Malherbe et son école. D'ailleurs, Régnier nous a dit lui-même ce que ses contemporains pensaient de son caractère :

> Et le surnom de bon me va-t-on reprochant
> D'autant que je n'ay pas l'esprit d'estre meschant.

C'est donc pour une tout autre raison que Régnier s'est porté vers la satire avec tant d'ardeur et de passion véritable. Nous avons indiqué qu'il n'avait jamais eu l'intention d'être le censeur des mœurs de son temps, et qu'en apparence, il avait toujours peint des types généraux. Mais, en examinant son œuvre de près, on s'aperçoit qu'il a, en réalité, moins que tout autre échappé à la loi commune aux observateurs de tous les âges. Ses satires sont une galerie vivante de Parisiens du xvie siècle, et ses personnages ne sont si parfaits que parce qu'il les a vus de près. Si Régnier fut un grand satirique, c'est parce qu'il fut un grand peintre de mœurs.

Régnier peintre de mœurs. — Toute son originalité est donc dans la peinture des mœurs, et surtout de celles qu'il eut sous les yeux. En dehors de là, il n'invente rien, ne crée rien : ses idées sont vagues et banales. Mais il a l'avantage d'avoir vu le monde de bonne heure, de s'être heurté aux hommes, depuis les courtisans jusqu'aux gens du peuple. Une vision nette et précise est restée, dans son esprit, de ce Paris où l'on voyait, à la fin du xvie siècle, la politesse castillane couvrir la grossièreté des mœurs. Toutes les classes de la société défilent donc dans ses *Satires*, avec une puissance de relief, une vie intense et débordante : ce sont les petits-maîtres, les *marjollets*, comme Régnier les appelle, ces « mignons du siècle », qui croient tout permis

> Pourveu qu'on soit morgant, qu'on bride sa moustache,
> Qu'on frise ses cheveux, qu'on porte un grand pannache,
> Qu'on parle barragouyn et qu'on suive le vent....

Ce sont les médecins qu'on voit « vendre leur caquet »

> Ou bien tastant le poulx, le ventre et la poitrine,
> .... former une ordonnance
> D'un *rechape s'il peut*, puis d'une reverence
> Contrefaire l'honneste, et quand viendroit au point,
> Dire en serrant la main : « Dame ! il n'en falloit point. »

Ce sont encore les pédants qui traversent cette galerie vivante, « marchant *pedetentim* », les poètes crottés et toujours affamés, qui

> sans souliers, ceinture ny cordon,
> L'œil farouche et troublé, l'esprit à l'abandon,
> Vous viennent accoster comme personnes yvres.

Que de silhouettes se détachent ainsi, claires et vives, au point de donner, par un trait physique bien observé et bien rendu, l'impression d'un détail moral ! Boileau, qui s'y connaissait, a parfaitement compris que Régnier avait au plus haut point l'art de voir et de peindre, lorsqu'il a écrit, dans ses *Réflexions sur Longin* : « Le célèbre Régnier est le poète français qui, du consentement de tout le monde, a le mieux connu avant Molière les mœurs et les caractères de la nature humaine. » Aucun trait, aucune nuance de tempérament ou de profession, n'a échappé, en effet, à son observation incisive et pénétrante. Cet esprit d'observation est si développé chez

Régnier, qu'il le porte jusque dans les moindres détails extérieurs, jusque dans le pittoresque du cadre où s'agitent et grouillent ses personnages. Tantôt c'est un rude proverbe populaire qui lui monte aux lèvres, pour caractériser une physionomie difforme et bouffonne :

> Ses yeux, bordés de rouge, esgarez, sembloient estre
> L'un à Montmartre, et l'autre au chasteau de Bicestre.

Tantôt c'est une bruyante onomatopée rabelaisienne, donnant la sensation vigoureuse d'une bataille entre conviés pris de vin, et qui

> S'en vinrent du parler à tic-tac, torche, lorgne.

Et ce n'est pas seulement par ses qualités de peintre de mœurs que Régnier est un satirique de premier ordre; c'est aussi par son inspiration vraiment dramatique : il excelle, en effet, à décomposer les éléments d'une scène, à en graduer les mouvements, projetant sur les uns une vive lumière, laissant les autres dans une ombre discrète. Comparez, à cet égard, le *Repas ridicule* de Boileau et celui de Régnier : quelle verve fantaisiste et puissante, quel coloris éclatant chez le second, quand on songe à la monotonie du premier! Régnier seul, avec son talent très dramatique, pouvait peindre, en quelques vers expressifs et naturels, l'entrée du laquais :

> Un gros valet d'estable,
> Glorieux de porter les plats dessus la table,
> D'un nez de majordome et qui nargue la faim,
> Entra, serviette au bras et fricassée en main.

De même, il atteint Molière, qui, plus d'une fois, se souviendra de lui, lorsqu'il peint la démarche affectée de *Macette*, cette aïeule de Tartufe,

> Dont l'œil tout pénitent ne pleure qu'eau bénite,

et qui vient, sous des apparences vertueuses, glissant à petit bruit, pour ne point éveiller l'attention, empoisonner les âmes de ses discours perfides et immoraux :

> .... à pas lents et posés,
> La parole modeste et les yeux composés.

De pareilles peintures, vivantes et colorées, font oublier certaines scènes que l'auteur étale sous nos yeux avec une complaisance trop grande, qu'expliquent peut-être, sans les justifier, la liberté des mœurs de l'époque et le tempérament trop libre de l'auteur. Aussi ne peut-on que souscrire à ce jugement porté par Sainte-Beuve sur Régnier poète satirique :

« Une bouche de satyre aimant encore mieux rire que mordre ; de la rondeur, du bon sens, une malice exquise, par instants une amère éloquence, des récits enfumés de cuisine, de taverne et de mauvais lieu ; aux mains, en guise de lyre, quelque instrument bouffon, mais non criard ; en un mot, du laid et du grotesque à foison ; c'est ainsi qu'on peut se figurer en gros Mathurin Régnier. Placé à l'entrée de nos deux principaux siècles littéraires, il leur tourne le dos et regarde le xvie ; il y tend la main aux aïeux gaulois, à Montaigne, à Ronsard, à Rabelais. »

Les doctrines littéraires de Régnier. — Régnier est un adorateur de Ronsard et de la Pléiade. Il a pour eux l'admiration que manifesta tout son siècle, ébloui par l'éclat incomparable qu'ils avaient projeté autour d'eux. Et pourtant nul poète ne semble plus éloigné que lui des goûts aristocratiques et des tendances érudites de la Pléiade. Régnier, au contraire, est un poète d'allures populaires ; il aime les locutions énergiques, mais triviales ; les mots de terroir ou de carrefour, les dictons originaux mais vulgaires ; il fait bon marché de la syntaxe, qu'il disloque avec un sans-gêne incroyable, entraînant sa phrase au but sans se préoccuper des constructions estropiées qu'il laisse derrière lui. Nul doute que Ronsard eût renié ce poète, qui n'a jamais songé ni aux *provignements*, ni aux composés, ni à tous les procédés recommandés par la Pléiade, pour arriver à l'enrichissement et à l'*illustration* de la langue.

Par contre, pour Régnier, comme pour son oncle Desportes, Ronsard était un dieu. Le jour où Malherbe osa porter la main sur l'idole, Régnier, avec une verve admirable, mais plus chaleureuse que logique, prit sa défense, en écrivant sa neuvième satire. Le prétexte de la querelle fut, dit-on, une boutade brutale que Malherbe, d'ailleurs coutumier du fait, avait lancée contre les *Psaumes* de Desportes.

Quoi qu'il en soit, Régnier faisait dans cette satire sa propre apologie, plus encore que celle de Ronsard. Poète de premier jet, exubérant, mais incapable de s'astreindre à un travail de patience, Régnier défendait, en effet, le naturel négligé et l'absence d'étude, contre Malherbe, qui demande, avant tout, au poète l'attention et l'effort d'une volonté soutenue. Cette apologie est d'ailleurs si bien présentée, que Régnier, quelque éloigné qu'il soit de la Pléiade par son naturel et sa tournure populaire, se rapproche d'elle et confond sa cause avec la sienne, en réclamant la liberté dans la poésie. Il croit, en effet, comme Ronsard et ses disciples, que la libre inspiration est le principe supérieur de l'art, qu'il faut, avant toutes choses, être appelé par la voix du génie pour avoir le droit de s'abandonner à sa verve. Partant de là, qu'importe le travail, qu'importent la ténacité et la patience ? Arrière donc les partisans de la nouvelle école, pour qui la poésie n'est affaire que de labeur et d'exercice; le génie suffit à tout; le reste n'est rien.

On comprend, dès lors, sans les approuver tous, les reproches que Régnier, dans sa neuvième satire, adresse à Malherbe et à ses disciples :

> .... Leur savoir ne s'étend seulement
> Qu'à regratter un mot doubteux au jugement.....
> Ils rampent bassement, foibles d'inventions,
> Et n'osent, peu hardis, tenter les fictions.
> Froids à l'imaginer; et, s'ils font quelque chose,
> C'est proser de la rime et rimer de la prose.

Ce dernier vers est, en propres termes, l'expression même dont s'était servi Ronsard, dans son *Art Poétique*, pour railler les versificateurs sans inspiration. Au fond, Régnier devait sentir qu'il exagérait, en traçant ce portrait des novateurs; mais il leur en voulait des contraintes qu'ils imposaient à la poésie :

> Ils retiennent sous l'art sa nature offusquée,
> Et de mainte figure est sa beauté masquée.

Ne va-t-il pas jusqu'à les comparer à des femmes coquettes et fardées, à la parure desquelles il oppose la beauté naturelle :

> Son front, lavé d'eau claire, éclate d'un beau teint,
> De roses et de lys la nature l'a peint....
> Les nonchalances sont ses plus grands artifices.

Il s'imaginait, de bonne foi, il est vrai, que Ronsard n'avait connu que le beau simple et nu, tandis qu'il avait été, au contraire, un *artiste* scrupuleux, au moins autant que Malherbe, en sorte que, sans le vouloir, Régnier, s'attaquant à l'art, écrivait contre Ronsard le plus violent des réquisitoires. C'est là une première contradiction de cette satire; il en existe une autre : Régnier s'indigne du conseil donné par Malherbe, recommandant de

> Parler comme à Saint Jean parlent les crocheteurs.

Mais lui-même n'avait-il pas prêché d'exemple, en émaillant son œuvre de toutes les locutions triviales, de tous les proverbes populaires qui s'étaient trouvés sur son chemin, et n'avons-nous pas vu qu'il doit à ces emprunts le plus pur de sa sève gauloise et de son originalité?

Qu'importaient, d'ailleurs, à ce libre esprit, ennemi de toute discipline étroite et rigoureuse, les contradictions les plus évidentes? Dans ses attaques contre Malherbe, comme partout ailleurs, il allait de l'avant, uniquement préoccupé de terrasser l'adversaire, le front vers les étoiles, et se vantant, puisque l'inspiration soulevait son aile, de

> Laisser aller la plume où la verve l'emporte.

Conclusion sur Régnier. — Régnier est, en un mot, un écrivain de génie, très personnel, très original, quoiqu'il emprunte beaucoup à tous, aux Latins comme aux Italiens, comme aux vieux auteurs français. Il sait l'art de transformer ses emprunts, de les faire entrer dans la trame de ses pensées, de les convertir pour ainsi dire en sa propre substance.

Mais, nous l'avons vu, sa syntaxe est souvent obscure et confuse; ses périodes sont mal construites et se développent avec peine : en cela il laisse voir son manque de travail, son mépris de la correction dès l'instant qu'il en doit coûter quelque chose à sa paresse et à son insouciance. Seulement, Régnier a du génie, ce qui n'est pas donné à tous les grands écrivains, même à Malherbe, et c'est là ce qui lui assure l'immortalité littéraire : par là, en effet, il trouve de verve et d'instinct ces mots bien frappés, qui surprennent et font image; il éclaire toute une phrase d'une seule expression piquante ou vigoureuse; il ajoute à ce qu'il appelait lui-même

« la moisson de Ronsard » quelques gerbes sans lesquelles la récolte poétique du xvie siècle n'eût pas été complète.

A ce trésor de poésie, chacun avait apporté sa part : Marot l'esprit, Ronsard la force, Du Bellay la mélancolie, d'Aubigné la chaleur. Régnier apporta une qualité nouvelle, sans laquelle il n'est pas d'inspiration heureuse : c'est l'aisance, c'est la liberté, c'est la grâce naturelle qui va droit au cœur et l'enchante.

En sorte que Malherbe, dans son œuvre de réforme, n'a pas, malgré les apparences, de meilleur auxiliaire que Régnier. Le vieux poète ne s'y trompait pas, lorsqu'on s'étonnait, autour de lui, qu'il n'eût point répondu aux attaques de la ixe satire : sur le champ de bataille, on ne tire pas sur ses alliés, alors même que leurs coups s'égarent. Or, Malherbe sentait que Régnier réformait par instinct, de même que lui par calcul. En travaillant à séparer le bon grain de l'ivraie, dans les richesses de la poésie française, à laquelle il allait donner la noblesse, il avait pu deviner ce que la fougue de Régnier avait de fécond, comme il avait aperçu sans doute les paillettes d'or que recélaient les eaux souvent troublées de son exubérante inspiration.

EXTRAITS
DES ŒUVRES DE RÉGNIER

Les mauvais Poètes.

..... Pour moy, si mon habit, partout cicatrisé[1],
Ne me rendoit du peuple et des grands mesprisé,
Je prendrois patience, et parmy la misère
Je trouverois du goust ; mais ce qui doit desplaire
A l'homme de courage et d'esprit relevé,
C'est qu'un chacun le fuit ainsi qu'un réprouvé ;
Car en quelque façon les malheurs sont propices.
Puis les gueux en gueusant trouvent maintes delices,
Un repos qui s'esgaye en quelque oysiveté.
Mais je ne puis pâtir de me voir rejetté.
　　C'est donc pourquoy, si jeune abandonnant la France,
J'allay, vif de courage et tout chaud d'espérance,
En la cour d'un prélat[2], qu'avec mille dangers
J'ay suivy, courtisan, aux païs estrangers.
J'ay changé mon humeur, altéré ma nature ;
J'ay beu chaud, mangé froid, j'ay couché sur la dure ;
Je l'ay, sans le quitter, à toute heure suivy ;
Donnant ma liberté, je me suis asservy,
En public, à l'église, à la chambre, à la table,
Et pense avoir esté maintefois agréable.
　　Mais, instruit par le temps, à la fin j'ay connu
Que la fidélité n'est pas grand revenu,
Et qu'à mon temps perdu, sans nulle autre esperance,
L'honneur d'estre subject[3] tient lieu de recompense,
N'ayant autre interest de dix ans jà passez[4],
Sinon que sans regret je les ay despensez.
Puis je sçay, quant à luy, qu'il a l'ame royale,
Et qu'il est de nature et d'humeur liberale.

---

1. Raccommodé.
2. Il s'agit du cardinal de Joyeuse, ambassadeur à Rome, et que Régnier suivit en 1593.
3. Assujetti.
4. Après dix ans passés à Rome, au milieu des plaisirs qui ne relevaient pas sa fortune.

Mais, ma foy, tout son bien enrichir ne me peut,
Ny dompter mon malheur, si le ciel ne le veut.
C'est pourquoy, sans me plaindre en ma desconvenue,
Le malheur qui me suit ma foy ne diminue ;
Et, rebuté du sort, je m'asservy pourtant,
Et sans estre advancé[1] je demeure contant.....
   Or, laissant tout cecy, retourne à nos moutons,
Muse, et sans varier dy nous quelques sornettes
De tes enfans bastards, ces tiercelets de poëtes,
Qui par les carrefours vont leurs vers grimassans,
Qui par leurs actions font rire les passans,
Et, quand la faim les poind, se prenant sur le vostre[2],
Comme les estourneaux, ils s'affament l'un l'autre.
   Cependant sans souliers, ceinture ny cordon,
L'œil farouche et troublé, l'esprit à l'abandon,
Vous viennent accoster comme personnes yvres,
Et disent pour bon-jour : « Monsieur, je fais des livres,
On les vend au Palais[3], et les doctes du temps,
A les lire amusez, n'ont autre passe-temps. »
De là, sans vous laisser, importuns ils vous suivent,
Vous alourdent de vers, d'allegresse vous privent,
Vous parlent de fortune, et qu'il faut acquerir
Du crédit, de l'honneur, avant que de mourir ;
Mais que, pour leur respect, l'ingrat siècle où nous sommes
Au prix de la vertu n'estime point les hommes ;
Que Ronsard, du Bellay, vivants ont eu du bien,
Et que c'est honte au Roy de ne leur donner rien.
Puis, sans qu'on les convie, ainsi que venerables,
S'assient en prelats les premiers à vos tables,
Où le caquet leur manque, et des dents discourant[4],
Semblent avoir des yeux regret au demeurant.
   Or la table levée, ils curent la machoire ;
Après graces Dieu beut[5], ils demandent à boire,
Vous font un sot discours, puis au partir de là,
Vous disent : « Mais, Monsieur, me donnez-vous cela ? »

---

1. Plus avancé qu'en partant pour Rome.
2. S'attaquant à vos biens.
3. Sous les galeries du Palais de Justice, où plusieurs libraires en vogue avaient leurs boutiques.
4. C'est-à-dire *mangeant*.
5. Après qu'ils ont bu pour rendre grâces à Dieu.—Brossette dit que le pape Honorius III avait donné des indulgences aux Allemands qui diraient grâces après avoir bu. Peut-être Régnier veut-il qualifier de mal élevés ceux qui agissent comme ces Allemands.

C'est tousjours le refrein qu'ils font à leur balade.
Pour moy, je n'en voy point que je n'en sois malade ;
J'en perds le sentiment, du corps tout mutilé,
Et durant quelques jours j'en demeure opilé[1].....
 Si quelqu'un, comme moy, leurs ouvrages n'estime,
Il est lourd, ignorant, il n'ayme point la rime ;
Difficille, hargneux, de leur vertu jaloux,
Contraire en jugement au commun bruit de tous[2] ;
Que[3] leur gloire il desrobe, avecq' ses artifices.
Les dames cependant se fondent en delices,
Lisant leurs beaux escrits, et de jour et de nuit
Les ont au cabinet souz le chevet du lict ;
Que[3] portez à l'église, ils valent des matines :
Tant, selon leurs discours, leurs œuvres sont divines.
 Encore apres cela ils sont enfants des Cieux,
Ils font journellement carousse[4] avecq' les Dieux :
Compagnons de Minerve, et confis en science,
Un chacun d'eux pense estre une lumiere en France.
 Ronsard, fay-m'en raison, et vous autres esprits,
Que, pour estre vivans[5], en mes vers je n'escris,
Pouvez-vous endurer que ces rauques cygalles
Egallent leurs chansons à voz œuvres royales,
Ayant vostre beau nom laschement dementy ?
Ha ! c'est que nostre siecle est en tout perverty.
Mais pourtant quel esprit, entre[6] tant d'insolence,
Sçait trier le sçavoir d'avecque l'ignorance,
Le naturel de l'art, et d'un œil avisé
Voit qui de Calliope est plus favorisé ?
 Juste posterité, à tesmoing je t'apelle,
Toy qui, sans passion, maintiens l'œuvre immortelle,
Et qui, selon l'esprit, la grace et le sçavoir,
De race en race[7] au peuple un ouvrage fais voir :
Vange ceste querelle, et justement separe
Du cygne d'Apollon la corneille barbare,
Qui, croassant par tout d'un orgueil effronté,
Ne couche[8] de rien moins que l'immortalité.....

(SATIRE II.)

1. Obstrué.
2. A la voix publique.
3. Ils déclarent que....
4. Réunion de buveurs.
5. Parce que vous vivez encore.
6. Au milieu de....
7. De génération en génération.
8. Ne met en avant.

Quel parti prendre ?

A Monsieur le Marquis de Cœuvres [1].

Marquis, que doy-je faire en ceste incertitude ?
Doy-je, las de courir [2], me remettre à l'estude,
Lire Homere, Aristote, et, disciple nouveau,
Glaner ce que les Grecs ont de riche et de beau :
Reste de ces moissons que Ronsard et Desportes
Ont remporté du champ sur leurs espaules fortes ;
Qu'ils ont comme leur propre [3] en leur grange entassé,
Esgalant leurs honneurs aux honneurs du passé ?
Ou si, continuant à courtiser mon maistre,
Je me doy jusqu'au bout d'esperance repaistre,
Courtisan morfondu, frenetique et resveur,
Portrait de la disgrace et de la defaveur,
Puis, sans avoir du bien, troublé de resverie,
Mourir dessus un coffre en une hostellerie,
En Toscane, en Savoye, ou dans quelque autre lieu,
Sans pouvoir faire paix ou tresve avecques Dieu ?
Sans parler je t'entends : il faut suivre l'orage ;
Aussi bien on ne peut où choisir avantage [4].
Nous vivons à tastons, et dans ce monde icy
Souvent avecq' travail on poursuit du soucy :
Car les Dieux, courroucez contre la race humaine,
Ont mis avecq' les biens la sueur et la peine.
Le monde est un berlan [5] où tout est confondu :
Tel pense avoir gaigné qui souvent a perdu
Ainsi qu'en une blanque [6] où par hazard on tire ;
Et qui voudroit choisir souvent prendroit le pire.
Tout despend du destin, qui, sans avoir esgard,
Les faveurs et les biens en ce monde despart.

1. François-Annibal d'Estrées, marquis de Cœuvres (1573-1670), maréchal de France en 1624.
2. A son retour de Rome, où il avait suivi l'ambassadeur Philippe de Béthune, beau-frère du marquis de Cœuvres, lorsque le cardinal de Joyeuse était rentré en France.
3. Leur bien propre.
4. On ne sait quel lieu choisir pour y trouver un avantage.
5. *Brelan*, sorte de jeu de cartes, d'où : maison de jeu.
6. Sorte de loterie (italien : *bianca*, parce que le nombre des billets blancs dépasse celui des billets noirs).

Mais puisqu'il est ainsi que le sort nous emporte,
Qui voudroit se bander contre une loy si forte?
Suivons doncq' sa conduite en cest aveuglement.
Qui peche avecq' le ciel peche honorablement.
Car penser s'affranchir, c'est une resverie.
La liberté par songe[1] en la terre est cherie.
Rien n'est libre en ce monde, et chaque homme despend,
Comtes, princes, sultans, de quelque autre plus grand.
Tous les hommes vivans sont icy bas esclaves,
Mais, suivant ce qu'ils sont, ils different d'entraves.
Les uns les portent d'or, et les autres de fer ;
Mais, n'en deplaise aux vieux[2], ny leur philosopher,
Ny tant de beaux escrits, qu'on lit en leurs escoles,
Pour s'affranchir l'esprit ne sont que des paroles.
  Au joug nous sommes nez, et n'a jamais esté
Homme qu'on ayt vu vivre en pleine liberté.
  En vain, me retirant enclos en une estude,
Penseroy-je laisser le joug de servitude ;
Estant serf du desir d'apprendre et de sçavoir,
Je ne ferois sinon que changer de devoir.
C'est l'arrest de nature, et personne en ce monde
Ne sçauroit controller sa sagesse profonde.
  Puis, que peut-il servir aux mortels icy bas,
Marquis, d'estre sçavans ou de ne l'estre pas,
Si la science, pauvre, affreuse et mesprisée,
Sert aux peuples de fable, aux plus grands de risée ;
Si les gens de latin des sots sont denigrez,
Et si l'on est docteur sans prendre ses degrez?
Pourveu qu'on soit morgant[3], qu'on bride[4] sa moustache,
Qu'on frise ses cheveux, qu'on porte un grand pannache,
Qu'on parle barragouyn[5] et qu'on suive le vent,
En ce temps du jourd'huy l'on n'est que trop sçavant.
  Du siècle les mignons, fils de la poulle blanche[6],
Ils tiennent à leur gré la fortune en la manche ;
En credit eslevez, ils disposent de tout,
Et n'entreprennent rien qu'ils n'en viennent à bout.

---

1. En rêve.
2. Aux anciens.
3. Qu'on ait de la *morgue*.
4. Raidisse.
5. C'est le *langage français italianisé*, que parlaient alors les gens à la mode (du bas-breton : *bara*, pain, *gwin*, vin).
6. Favorisés du destin. C'est le proverbe latin : *gallinæ filius albæ* (JUVÉNAL, XIII, 141).

« Mais quoy ! me diras-tu, il t'en faut autant faire :
Qui ose a peu souvent la fortune contraire[1].
Importune le Louvre et de jour et de nuict,
Perds pour t'assujettir et la table et le lict ;
Sois entrant[2], effronté, et sans cesse importune :
En ce temps l'impudence eslève la fortune. »

  Il est vray ; mais pourtant je ne suis point d'avis
De desgager mes jours pour les rendre asservis[3],
Et souz un nouvel astre aller, nouveau pilotte,
Conduire en autre mer mon navire qui flotte
Entre l'espoir du bien et la peur du danger
De froisser[4] mon attente en ce bord estranger.

  Car, pour dire le vray, c'est un pays estrange,
Où, comme un vray Protée, à toute heure on se change,
Où les loys, par respect sages humainnement[5],
Confondent le loyer avecq' le chastiment,
Et pour un mesme fait, de mesme intelligence[6],
L'un est justicié, l'autre aura récompence.

  Car selon l'interest, le credit ou l'apuy,
Le crime se condamne et s'absout aujourd'huy.
Je le dy sans confondre en ces aigres remarques
La clemence du Roy, le miroir des monarques,
Qui, plus grand de vertu, de cœur et de renom,
S'est acquis de clement et la gloire et le nom.

  Or, quant à ton conseil qu'à la Cour je m'engage,
Je n'en ay pas l'esprit, non plus que le courage.
Il faut trop de sçavoir et de civilité,
Et, si j'ose en parler, trop de subtilité.
Ce n'est pas mon humeur : je suis melancolique,
Je ne suis point entrant, ma façon est rustique ;
Et le surnom de bon me va-t-on reprochant,
D'autant que je n'ay pas l'esprit d'estre meschant.

  Et puis, je ne sçaurois me forcer ny me feindre ;
Trop libre en volonté, je ne me puis contraindre ;
Je ne sçaurois flatter, et ne sçay point comment
Il faut se taire accort[7], ou parler faussement,

---

1. *Audentes fortuna juvat.* (VIRGILE.) « La fortune réserve ses faveurs aux audacieux. »
2. Insinuant.
3. De m'affranchir pour m'asservir à la vie de cour.
4. De décevoir.
5. Par des considérations simplement humaines.
6. Produit par la même complicité.
7. Adroitement.

Benir les favoris de geste et de parolles,
Parler de leurs ayeux au jour de Cerizolles[1],
Des hauts faits de leur race, et comme ils ont acquis
Ce titre avecq' honneur de ducs et de marquis.
  Je n'ay point tant d'esprit pour tant de menterie ;
Je ne puis m'adonner à la cageollerie ;
Selon les accidents, les humeurs ou les jours,
Changer comme d'habits tous les mois de discours.
Suivant mon naturel, je hay tout artifice ;
Je ne puis desguiser la vertu ny le vice,
Offrir tout de la bouche, et d'un propos menteur,
Dire : « Pardieu, Monsieur, je vous suis serviteur » ;
Pour cent bonadiez[2] s'arrester en la rue,
Faire sus l'un des pieds en la sale la grue,
Entendre un marjollet[3] qui dit avec mespris :
« Ainsi qu'asnes, ces gens sont tous vestus de gris ;
Ces autres, verdelets, aux perroquets ressemblent ;
Et ceux cy, mal peignez, devant les dames tremblent. »
Puis au partir de là, comme tourne le vent,
Avecques un bonjour amis comme devant.
  Je n'entends point le cours du ciel ny des planettes ;
Je ne sçay deviner les affaires secrettes,
Cognoistre un bon visage et juger si le cœur,
Contraire à ce qu'on voit, ne seroit point mocqueur......
  De peu je suis content, encore que mon maistre[4],
S'il luy plaisoit un jour mon travail recognoistre,
Peut autant qu'autre prince, et a trop de moyen
D'elever ma fortune et me faire du bien,
Ainsi que[5] sa nature, à la vertu facille,
Promet que mon labeur ne doit estre inutille
Et qu'il doit quelque jour, malgré le sort cuisant,
Mon service honorer d'un honneste presant,
Honneste et convenable à ma basse fortune,
Qui n'abaye et n'aspire, ainsy que la commune,
Après l'or du Perou, ny ne tend aux honneurs
Que Rome departit aux vertuz des seigneurs.

1. *Cérisoles*, ville du Piémont, où le duc d'Enghien remporta une victoire sur les Impériaux, en 1544.
2. *Bona dies*, bonjour.
3. Fat prétentieux et mis à la mode.
4. Le comte de Béthune, beau-frère du marquis de Cœuvres. Grâce à son intervention, Régnier obtint, en 1606, une pension de deux mille livres sur l'abbaye des Vaux-de-Cernay.
5. Vu que.

Que me sert de m'asseoir le premier à la table,
Si la faim d'en avoir me rend insatiable?
Et si le faix leger d'une double évesché,
Me rendant moins contant, me rend plus empesché?
Si la gloire et la charge à la peine adonnée
Rend sous l'ambition mon âme infortunée?
Et quand la servitude a pris l'homme au collet,
J'estime que le prince est moins que son valet.
C'est pourquoy je ne tends à fortune si grande :
Loin de l'ambition, la raison me commande,
Et ne pretends avoir autre chose sinon
Qu'un simple benefice[1] et quelque peu de nom,
Afin de pouvoir vivre avec quelque asseurance,
Et de m'oster mon bien que l'on n'ait conscience.
   Alors, vrayment heureux, les livres feuilletant,
Je rendrois mon desir et mon esprit contant;
Car sans le revenu l'estude nous abuse,
Et le corps ne se paist aux banquets de la Muse.
Ses mets sont de sçavoir discourir par raison
Comme[2] l'âme se meut un temps en sa prison,
Et comme, délivrée, elle monte, divine,
Au ciel, lieu de son estre et de son origine;
Comme le ciel mobile, eternel en son cours,
Fait les siècles, les ans, et les mois et les jours,
Comme aux quatre elemens les matières encloses
Donnent, comme la mort, la vie à toutes choses.
Comme premierement les hommes dispersez
Furent par l'armonie en trouppes amassez,
Et comme la malice en leur ame glissée
Troubla de nos ayeux l'innocente pensée;
D'où nasquirent les loix, les bourgs et les citez,
Pour servir de gourmette[3] à leurs meschancetez;
Comme ils furent enfin reduicts sous un empire,
Et beaucoup d'autres plats qui seraient longs à dire;
Et quand on en sçauroit ce que Platon en sçait,
Marquis, tu n'en serois plus gras ny plus refait;

---

1. Il obtint en 1609 ce *simple bénéfice* : un canonicat à la cathédrale de Chartres.

2. Comment. — Régnier énumère ici les mets que la Muse offre à ses fidèles : rnisonnements sur l'immortalité, sur le cours des astres, l'origine et la fin des choses, la naissance des sociétés.

3. De frein.

Car c'est une viande en esprit consommée,
Legère à l'estomach ainsi que la fumée.
  Sçais-tu, pour sçavoir bien, ce qu'il nous faut sçavoir?
C'est s'affiner le goust de cognoistre et de voir,
Apprendre dans le monde, et lire dans la vie,
D'autres secrets plus fins que de philosophie,
Et qu'avecq' la science il faut un bon esprit.
  Or, entends à ce point ce qu'un Grec[1] en escrit :
« Jadis un loup, dit-il, que la faim espoinçonne,
Sortant hors de son fort, rencontre une lionne,
Rugissante à l'abord, et qui monstroit aux dens
L'insatiable faim qu'elle avoit au dedans.
Furieuse elle approche, et le loup, qui l'advise,
D'un langage flateur lui parle et la courtise :
Car ce fut de tout temps que, ployant sous l'effort,
Le petit cede au grand, et le foible au plus fort.
  « Luy, di-je, qui craignoit que, faute d'autre proye,
La beste l'attaquast, ses ruses il employe.
Mais enfin le hazard si bien le secourut,
Qu'un mulet gros et gras à leurs yeux apparut.
Ils cheminent dispos, croyant la table preste,
Et s'approchent tous deux assez pres de la beste.
Le loup qui la cognoist, malin et deffiant,
Luy regardant aux pieds, luy parloit en riant :
« D'où es-tu? qui es-tu? quelle est ta nourriture,
Ta race, ta maison, ton maistre, ta nature? »
Le mulet estonné de ce nouveau discours,
De peur ingenieux, aux ruses eut recours ;
Et comme les Normands, sans luy répondre : « Voire,
Compere, ce dit-il, je n'ay point de memoire,
Et comme sans esprit ma grand' mere me vit,
Sans m'en dire autre chose, au pied me l'escrivit. »
  « Lors il leve la jambe au jarret ramassée,
Et d'un œil innocent il couvroit sa pensée,
Se tenant suspendu sur les pieds en avant.
Le loup qui l'apperçoit se leve de devant,
S'excusant de ne lire, avecq' ceste parolle,
Que les loups de son temps n'alloient point à l'escolle ;
Quand la chaude[2] lionne, à qui l'ardente faim
Alloit précipitant la rage et le dessein,

---

1. Ésope, fable 134.   2. Ardente.

S'approche, plus sçavante, en volonté de lire.
Le mulet prend le temps, et du grand coup qu'il tire
Luy enfonce la teste, et d'une autre façon,
Qu'elle ne sçavoit point, luy apprit sa leçon[1].
« Alors le loup s'enfuit, voyant la beste morte;
Et de son ignorance ainsi se reconforte[2] :
« N'en desplaise aux Docteurs, Cordeliers, Jacobins,
Pardieu, les plus grands clers ne sont pas les plus fins[3]. »

(Satire III.)

La Vocation poétique.

Motin[4], la Muse est morte, ou la faveur pour elle.
En vain dessus Parnasse Apollon on appelle,
En vain par le veiller on acquiert du sçavoir,
Si fortune s'en mocque, et s'on ne peut avoir
Ny honneur, ny credit, non plus que si nos peines
Estoient fables du peuple inutiles et vaines.
Or va, romps toy la teste, et de jour et de nuict
Pallis dessus un livre à l'appetit d'un bruict
Qui nous honore après que nous sommes souz terre,
Et de te voir paré de trois brins de lierre,
Comme s'il importoit, estant ombres là bas,
Que nostre nom vescust ou qu'il ne vescust pas.
Honneur hors de saison, inutile merite,
Qui, vivants, nous trahit, et qui, morts, ne profite.
Sans soin de l'avenir, je te laisse le bien
Qui vient à contre poil alors qu'on ne sent rien,
Puis que vivant icy de nous on ne fait conte,
Et que nostre vertu engendre nostre honte.
Doncq' par d'autres moyens à la court familiers,
Par vice ou par vertu, acquerons des lauriers,
Puis qu'en ce monde icy on n'en fait difference,
Et que souvent par l'un l'autre a sa recompense.
Apprenons à mentir, mais d'une autre façon
Que ne fait Calliope, ombrageant sa chanson

---

1. V. La Fontaine, *Fables*, V, 8, et XII, 17.
2. Se console.
3. V. Rabelais, I, 39. Frère Jean des Entommeures, en un latin singulier, s'écrie : « Par Dieu, Monsieur mon amy, *magis magnos clericos non sunt magis magnos sapientes.* »
4. Motin était un homme de lettres, ami de Régnier.

Du voile d'une fable, afin que son mystère
Ne soit ouvert à tous ny cogneu du vulgaire.
    Apprenons à mentir, nos propos desguiser,
A trahir nos amis, nos ennemys baiser,
Faire la cour aux grands, et dans leurs antichambres,
Le chapeau dans la main, nous tenir sur nos membres,
Sans oser ny cracher, ny toussir, ny s'asseoir,
Et, nous couchant au jour, leur donner le bon soir.
Car puis que la fortune aveuglément dispose
De tout, peut estre enfin aurons nous quelque chose
Qui pourra destourner l'ingrate adversité
Par un bien incertain à tastons debité :
Comme ces courtisans qui, s'en faisant accroire,
N'ont point d'autre vertu sinon de dire : « Voire[1]. »
    Or laissons doncq' la Muse, Apollon et ses vers,
Laissons le luth, la lyre, et ces outils divers,
Dont Apollon nous flatte : ingrate frenesie !
Puis que pauvre et quaymande[2] on voit la poësie,
Où j'ai par tant de nuicts mon travail occupé.
Mais quoy! je te pardonne[3], et si tu m'as trompé,
La honte en soit au siècle, où, vivant d'âge en âge,
Mon exemple rendra quelqu'autre esprit plus sage.
    Mais pour moy, mon amy, je suis fort mal payé
D'avoir suivy cet art. Si j'eusse estudié,
Jeune, laborieux, sur un banc, à l'ecolle,
Galien, Hipocrate, ou Jason ou Bartolle[4],
Une cornette au col[5], debout dans un parquet[6],
A tort et à travers je vendrois mon caquet ;
Ou bien, tastant le poulx, le ventre et la poitrine,
J'aurois un beau teston[7] pour juger d'une urine,
Et, me prenant au nez[8], loucher dans un bassin.
Des ragousts qu'un malade offre à son médecin,
En dire mon advis, former une ordonnance
D'un « *réchape s'il peut* », puis d'une reverence

---

1. De dire : « Oui *vraiment!* »
2. Mendiante.
3. C'est à la Muse qu'il s'adresse.
4. GALLIEN et HIPPOCRATE, célèbres médecins de l'antiquité grecque, qui, jadis, faisaient autorité en médecine. — JASON et BARTHOLE, jurisconsultes du XIVᵉ et du XVᵉ siècles.
5. Bande de taffetas que portaient les docteurs en droit
6. Espace enfermé par les sièges des juges et le barreau, où se tiennent les avocats.
7. Petite pièce d'argent.
8. Me bouchant le nez.

Contrefaire l'honneste, et quand viendroit au point[1],
Dire en serrant la main : « Dame! il n'en falloit point[2]. »
　Il est vray que le Ciel, qui me regarda naistre,
S'est de mon jugement tousjours rendu le maistre :
Et bien que, jeune enfant, mon père me tansast,
Et de verges souvent mes chansons menassast,
Me disant de despit et bouffi de colère :
« Badin[3], quitte ces vers, et que penses-tu faire?
La Muse est inutile ; et si ton oncle[4] a sçeu
S'avancer par cet art, tu t'y verras deçeu.
Un mesme Astre tousjours n'eclaire en ceste terre :
Mars tout ardent de feu nous menace de guerre,
Tout le monde fremit, et ces grands mouvemens
Couvent en leurs fureurs de piteux changemens.
Pense tu que le luth, et la lyre des poëtes
S'acorde d'armonie avecques les trompettes,
Les fifres, les tambours, le canon et le fer,
Concert extravagant des musiques d'enfer?
Toute chose a son regne, et dans quelques années,
D'un autre œil nous verrons les fieres[5] destinées.
Les plus grands de ton temps, dans le sang aguerris,
Comme en Thrace seront brutalement nourris,
Qui rudes n'aymeront la lyre de la Muse,
Non plus qu'une vielle ou qu'une cornemuse.
Laisse donc ce mestier, et sage prends le soing
De t'acquerir un art qui te serve au besoing. »
　Je ne sçay, mon amy, par quelle prescience,
Il eut de noz destins si claire cognoissance;
Mais pour moy, je sçay bien que sans en faire cas
Je mesprisois son dire et ne le croyois pas;
Bien que mon bon Démon[6] souvent me dist le mesme[7].
Mais quand la passion en nous est si extresme,
Les advertissemens n'ont ny force ny lieu ;
Et l'homme croit à peine aux parolles d'un dieu.
　Ainsi me tançoit-il d'une parolle esmeuë.
Mais comme, en se tournant[8], je le perdoy de veuë,

1. Au point, au *moment* de toucher ses honoraires.
2. « Ce n'était pas une nécessité. »
3. Sot.
4. Philippe Desportes, doté alors de beaux bénéfices.
5. Les cruelles destinées.
6. Mon bon Génie.
7. La même chose (latin : *idem*).
8. Quand il me tournait le dos.

Je perdy la memoire avecques ses discours,
Et resveur m'esgaray tout seul par les destours
Des antres et des bois, affreux et solitaires,
Où la Muse en dormant m'enseignoit ses mysteres,
M'aprenoit des secrets, et, m'eschauffant le sein,
De gloire et de renom relevoit mon dessein :
Inutile science, ingrate et mesprisée,
Qui sert de fable au peuple, aux plus grands de risée....

(SATIRE IV.)

Les Goûts et les Humeurs.

A MONSIEUR BERTAUT, ÉVÊQUE DE SÉES.

Bertaut[1], c'est un grand cas! quoy que l'on puisse faire,
Il n'est moyen qu'un homme à chasqu'un puisse plaire,
Et fust-il plus parfait que la perfection,
L'homme voit par les yeux de son affection.
Chasqu'un fait à son sens, dont sa raison l'escrime,
Et tel blasme en autruy ce de quoy je l'estime.
Tout, suivant l'intellect, change d'ordre et de rang :
Les Mores aujourd'huy peignent le diable blanc;
Le sel est doux aux uns, le sucre amer aux autres;
L'on reprend tes humeurs ainsi qu'on fait les nostres.
Les critiques du temps m'appellent desbauché;
Que je suis jour et nuict aux plaisirs attaché;
Que j'y perds mon esprit, mon ame et ma jeunesse.
Les autres, au rebours, accusent ta sagesse,
Et ce hautain desir qui te fait mespriser
Plaisirs, tresors, grandeurs, pour t'immortaliser,
Et disent, ô chetifs, que, mourant sur un livre,
Pensez, seconds Phœnix, en vos cendres revivre[2];
Que vous estes trompez en vostre propre erreur,
Car et vous et vos vers vivez par procureur.
Un livret tout moysi vit pour vous, et encore,
Comme la mort vous fait, la taigne le devore.

---

1. JEAN BERTAUT (1552-1611), secrétaire de Henri III, puis de Henri IV, premier aumônier de Marie de Médicis, et évêque de Séez. Il composa des poésies sacrées et profanes, écrites dans une langue assez nette.

2. Une tradition antique vouloit que l'oiseau appelé *phénix* se donnât la mort, en se brûlant lui-même sur un bûcher qu'il élevait, et qu'un autre phénix, plus jeune, renaquît de ses cendres.

Ingrate vanité dont l'homme se repaist,
Qui baille apres un bien qui sottement luy plaist !
   Ainsi les actions aux langues sont sujettes.
Mais ces divers rapports sont de foibles sagettes,
Qui blessent seulement ceux qui sont mal armez,
Non pas les bons esprits à vaincre accoustumez,
Qui sçavent, avisez[1], avecque difference
Separer le vray bien du fard de l'apparence.
C'est un mal bien estrange au cerveau des humains,
Qui, suivant ce qu'ils sont malades ou plus sains,
Digerent leur viande, et, selon leur nature,
Ils prennent ou mauvaise ou bonne nourriture.
   Ce qui plaist à l'œil sain offense un chassieux ;
L'eau se jaunit en bile au corps d'un bilieux ;
Le sang d'un hydropique en pituite se change,
Et l'estomach gasté pourrit tout ce qu'il mange.
De la douce liqueur rosoyante du ciel
L'une en fait le venin, et l'autre en fait le miel.
Ainsi c'est la nature et l'humeur des personnes,
Et non la qualité, qui rend les choses bonnes....
   Mon oncle m'a conté que, monstrant à Ronsard
Tes vers estincelants et de lumière et d'art,
Il ne sceut que reprendre en ton apprentissage,
Sinon qu'il te jugeoit pour un poëte trop sage.
   Et ores, au contraire, on m'objecte à peché
Les humeurs qu'en ta Muse il eust bien recherché.
Aussi je m'esmerveille, au feu que tu recelles,
Qu'un esprit si rassis ait des fougues[2] si belles ;
Car je tiens, comme luy, que le chaud element
Qui donne ceste pointe au vif entendement,
Dont la verve s'eschauffe et s'enflamme de sorte
Que ce feu dans le ciel sur des aisles l'emporte,
Soit le mesme qui rend le poëte ardent et chaud
Subject à ses plaisirs, de courage si haut,
Qu'il mesprise le peuple et les choses communes,
Et, bravant les faveurs, se mocque des fortunes :
Qui le fait, desbauché, frenetique, resvant,
Porter la teste basse et l'esprit dans le vent,
Esgayer sa fureur parmy des precipices,
Et plus qu'à la raison subject à ses caprices.

1. Parce qu'ils sont avisés.   2. Des ardeurs.

Faut-il doncq' à present s'estonner si je suis
Enclin à des humeurs qu'esviter je ne puis ;
Où mon temperament malgré moy me transporte,
Et rend la raison foible où la nature est forte?
Mais que ce mal me dure il est bien mal-aisé.
L'homme ne se plaist pas d'estre tousjours fraisé[1].
Chasque âge a ses façons, et change de nature,
De sept ans en sept ans, nostre temperature.
Selon que le soleil se loge en ses maisons,
Se tournent nos humeurs ainsi que nos saisons.
Toute chose en vivant avecq' l'âge s'altère.
Le desbauché se rid des sermons de son père,
Et dans vingt et cinq ans venant à se changer,
Retenu, vigilant, soigneux et mesnager,
De ces mesmes discours ses fils il admoneste,
Qui ne font que s'en rire et qu'en hocher la teste.
Chasque âge a ses humeurs, son goust et ses plaisirs,
Et comme nostre poil[2] blanchissent nos desirs[3].
Nature ne peut pas l'âge en l'âge confondre :
L'enfant qui sçait desjà demander et respondre,
Qui marque asseurément[4] la terre de ses pas,
Avecques ses pareils se plaist en ses esbas :
Il fuit, il vient, il parle, il pleure, il saute d'aise;
Sans raison d'heure en heure il s'esmeut et s'apaise.
Croissant l'âge en avant[5], sans soin de gouverneur,
Relevé[6], courageux et cupide d'honneur,
Il se plaist aux chevaux, aux chiens, à la campagne;
Facile au vice, il hait les vieux et les desdagne ;
Rude à qui le reprend, paresseux à son bien,
Prodigue, despensier, il ne conserve rien ;
Hautain, audacieux, conseiller de soy mesme[7],
Et d'un cœur obstiné se heurte à ce qu'il ayme.
L'âge au soin[8] se tournant, homme fait, il acquiert
Des biens et des amis, si le temps le requiert ;

---

1. Du collet appelé fraise; il ne se plaît pas, par conséquent, à être toujours guindé comme dans une fraise.
2. Nos cheveux et notre barbe.
3. V. pour cette peinture des quatre âges de la vie : ARISTOTE (Rhétorique); HORACE (Épître aux Pisons, v. 156); BOILEAU (Art Poétique, III).
4. Avec fermeté.
5. Avançant en âge.
6. Fier.
7. Ne prenant conseil que de lui-même.
8. Aux soucis.

Il masque ses discours comme sur un théâtre ;
Subtil, ambitieux, l'honneur il idolàtre :
Son esprit avisé previent le repentir[1],
Et se garde d'un lieu difficile à sortir.
  Maints fàcheux accidens surprennent sa vieillesse ;
Soit qu'avecq' du soucy gaignant de la richesse,
Il s'en deffend l'usage et craint de s'en servir,
Que[2] tant plus il en a, moins s'en peut assouvir ;
Ou soit qu'avecq' froideur il face toute chose,
Imbecile[3], douteux[4], qui voudroit et qui n'ose,
Dilayant[5], qui tousjours a l'œil sur l'avenir ;
De léger[6] il n'espère, et croit au souvenir ;
Il parle de son temps ; difficile et sevère,
Censurant la jeunesse, use des droicts de père ;
Il corrige, il reprend, hargneux en ses façons,
Et veut que tous ses mots soient autant de leçons.....

(SATIRE V.)

Le Fâcheux.

A Monsieur l'abbé de Beaulieu[7].

  Charles, de mes pechez j'ay bien fait penitence.
Or toy, qui te cognois aux cas de conscience,
Juge si j'ay raison de penser estre absous.
J'oyois un de ces jours la messe à deux genoux,
Faisant mainte oraison, l'œil au ciel, les mains jointes,
Le cœur ouvert aux pleurs, et tout percé de pointes[8]
Qu'un devot repentir eslançoit dedans moy,
Tremblant des peurs d'enfer et tout bruslant de foy,
Quand un jeune frisé, relevé de moustache,
De galoche, de botte et d'un ample pennache,
Me vint prendre et me dict, pensant dire un bon mot :
« Pour un poëte du temps, vous estes trop devot. »
Moi, civil, je me lève et le bon jour luy donne.
Qu'heureux est le folastre à la teste grisonne,

---

1. Lui fait éviter ce dont il aurait à se repentir.
2. Si bien que....
3. Faible d'esprit.
4. Hésitant.
5. Différant.
6. Facilement.
7. Charles de Beaumanoir de Lavardin, abbé de Beaulieu (1586-1637) ; il fut nommé évêque du Mans en 1601.
8. Les aiguillons du remords.

Qui brusquement eust dit, avecq' une sambieu :
« Ouy, bien pour vous, Monsieur, qui ne croyez en Dieu! »
　　Sotte discretion ! je voulus faire accroire
Qu'un poëte n'est bizarre et fascheux qu'après boire.
Je baisse un peu la teste, et tout modestement
Je luy fis à la mode un petit compliment.
Luy, comme bien appris, le mesme me sceut rendre,
Et ceste courtoisie à si haut prix me vendre,
Que j'aimerois bien mieux, chargé d'âge et d'ennuis,
Me voir à Rome pauvre entre les mains des Juifs[1].
　　Il me prit par la main après mainte grimace,
Changeant sur l'un des pieds à toute heure de place,
Et, dansant tout ainsi qu'un barbe encastelé[2],
Me dist, en remâchant un propos avalé :
« Que vous estes heureux, vous autres belles ames,
Favoris d'Apollon, qui gouvernez les dames,
Et par mille beaux vers les charmez tellement,
Qu'il n'est point de beautez que pour vous seulement !
Mais vous les meritez : vos vertus non communes
Vous font digne, Monsieur, de ces bonnes fortunes. »....
　　D'assez d'autres propos il me rompit la teste.
Voilà quand et comment je cogneu ceste beste ;
Te jurant, mon amy, que je quittay ce lieu
Sans demander son nom et sans luy dire adieu.
　　Je n'eus depuis ce jour de luy nouvelle aucune,
Si ce n'est ce matin que, de male fortune,
Je fus en ceste eglise où, comme j'ay conté,
Pour me persecuter Satan l'avoit porté.
　　Après tous ces propos qu'on se dit d'arrivée[3],
D'un fardeau si pesant ayant l'ame grevée,
Je chauvy de l'oreille[4], et demeurant pensif,
L'eschine j'allongeois comme un asne retif,
Minutant[5] me sauver de ceste tirannie.
Il le juge à respect[6] : « O ! sans ceremonie,
Je vous suply, dit-il, vivons en compagnons. »
Ayant, ainsi qu'un pot, les mains sur les roignons[7],

---

1. Comme il l'a été, sans doute, lors de son séjour en cette ville, à la suite du cardinal de Joyeuse.
2. Cheval au sabot trop étroit, et qui a peine à rester d'aplomb.
3. Lorsqu'on se rencontre.
4. Je dressai l'oreille.
5. Songeant à me sauver.
6. Il prend mon silence pour un témoignage de respect.
7. Régnier excelle à peindre ainsi un personnage, en un vers très pittoresque.

Il me pousse en avant, me presente la porte,
Et, sans respect des sainets, hors l'eglise il me porte,
Aussi froid qu'un jaloux qui voit son corrival.
Sortis, il me demande : « Estes vous à cheval?
Avez vous point icy quelqu'un de vostre troupe[1] ?
— Je suis tout seul, à pied. » Lui, de m'offrir la croupe[2].
Moy, pour m'en depestrer, luy dire tout exprès :
« Je vous baise les mains, je m'en vais icy près,
Chez mon oncle disner[3]. — O Dieu ! le galand homme !
J'en suis[4]. » Et moi pour lors, comme un bœuf qu'on as-
Je laisse cheoir la teste, et bien peu s'en falut,   [somme,
Remettant par despit en la mort mon salut,
Que je n'allasse lors, la teste la premiere,
Me jetter du Pont-Neuf[5] à bas en la rivière.
   Insensible, il me traine en la court du Palais[6],
Où, trouvant par hazard quelqu'un de ses valets,
Il l'apelle et luy dit : « Hola ! hau ! Ladreville,
Qu'on ne m'attende point ; je vais disner en ville. »
   Dieu sçait si ce propos me traversa l'esprit !
Encor n'est-ce pas tout : il tire un long escrit
Que voyant je frémy. Lors, sans cageollerie[7] :
« Monsieur, je ne m'entends à la chicannerie[8],
Ce luy dis-je, feignant l'avoir veu de travers.
— Aussi n'en est-ce pas : ce sont de meschans vers
(Je cogneu qu'il estoit veritable à son dire[9])
Que, pour tuer le temps, je m'efforce d'escrire ;
Et pour un courtisan, quand vient l'occasion,
Je monstre que j'en sçay pour ma provision. »
   Il lit, et, se tournant brusquement par la place,
Les banquiers[10] estonnez admiroient sa grimace,
Et monstroient en riant qu'ils ne luy eussent pas
Presté sur son minois quatre doubles ducats,

---

1. De vos gens.
2. De monter en croupe derrière lui.
3. Chez Desportes.
4. Cf. MOLIÈRE, les Fâcheux, act. I, sc. I.
5. Achevé en 1604.
6. Du Palais de Justice.
7. *Cajoler*, au sens étymologique : *chanter comme un oiseau en cage*, d'où : flatter avec complaisance.
8. Régnier feint de croire qu'il s'agit des pièces d'un procès dont son fâcheux veut lui donner lecture.
9. Qu'ils étaient véritablement mauvais, comme il le disait.
10. Les banquiers dont les boutiques ouvrent sur la place, ou peut-être les banquiers du *Pont au Change*, sur lequel Régnier et son fâcheux passaient en revenant du Palais de Justice.

Que j'eusse bien donnez pour sortir de sa patte.
Je l'escoute, et durant que l'oreille il me flatte,
(Le bon Dieu sçait comment) à chasque fin de vers
Tout exprès je disois quelques mots de travers.
Il poursuit nonobstant d'une fureur plus grande,
Et ne cessa jamais qu'il n'eût fait sa légende [1].....

(SATIRE VIII.)

Contre Malherbe et son école [2].

Rapin [3], le favori d'Apollon et des Muses,
Pendant qu'en leur mestier jour et nuict tu t'amuses,
Et que d'un vers nombreux, non encore chanté [4],
Tu te fais un chemin à l'immortalité,
Moy, qui n'ay ny l'esprit, ny l'haleine assez forte
Pour te suivre de prez et te servir d'escorte,
Je me contenteray, sans me precipiter,
D'admirer ton labeur, ne pouvant l'imiter,
Et, pour me satisfaire au desir qui me reste
De rendre cest hommage à chascun manifeste,

---

1. Sa lecture (lat. : *legendam*).
2. Une incompatibilité de nature, de talent et de goûts existait entre entre Régnier et Malherbe, le premier surabondant et hardi dans l'expression, le second, d'une réserve sèche et exagérée dans sa correction : ce seul fait explique leur inimitié. Mais voici, d'après TALLEMANT (I, 274), quelle fut l'occasion de cette *Satire* : « Malherbe estoit brusque : il parloit peu, mais il ne disoit mot qui ne portast. Quelquefois mesme il estoit rustre et incivil, tesmoin ce qu'il fit à Desportes. Régnier l'avoit mené disner chez son oncle; ils trouvèrent qu'on avoit desjà servy. Desportes le receut avec toute la civilité imaginable, et luy dit qu'il luy vouloit donner un exemplaire de ses *Pseaumes*, qu'il venoit de faire imprimer. En disant cela, il se met en devoir de monter à son cabinet pour l'aller querir. Malherbe luy dit rustiquement qu'il les avoit desja veues, que cela ne meritoit pas qu'il prist la peine de remonter, et que son potage valloit mieux que ses *Pseaumes*. Il ne laissa pas de disner, mais sans dire mot, et après disner ils se separerent et ne se sont pas veus depuis. Cela le brouilla avec tous les amys de Desportes, et Regnier, qui estoit son amy, et qu'il estimoit pour le genre satyrique à l'esgal des anciens, fit une satyre contre lui. »
3. NICOLAS RAPIN (1535-1608), avocat et grand prévôt de la connétablie. Poète à ses heures, il tournait agréablement les vers, tant français que latins. On lui doit, dans la *Satire Ménippée*, les harangues de M. de Lyon et du recteur Rose. Il était admirateur de Ronsard et lié avec Desportes. Peut-être assistait-il au dîner dont parle Tallemant, pour que Régnier ait eu l'idée de lui adresser cette *Satire*.
4. Allusion aux vers mesurés de Rapin, sur le modèle antique. Ce fut Jodelle qui, le premier, imagina en 1553, de reproduire les vers des anciens. Après lui, Baïf, Pasquier et d'autres s'y essayèrent. — L'expression *non encore chanté* rappelle HORACE, *Odes*, III, I : *Carmina non prius audita* : « poésie qui n'a pas encore été entendue. »

Par ces vers j'en prens acte afin que l'advenir
De moy par ta vertu se puisse souvenir ;
Et que ceste memoire¹ à jamais s'entretienne,
Que ma Muse imparfaite eut en honneur la tienne ;
Et que si j'eus l'esprit d'ignorance abatu,
Je l'euz au moins si bon, que j'aymay ta vertu :
Contraire à ces resveurs², dont la Muse insolente,
Censurant les plus vieux, arrogamment se vante
De reformer les vers, non les tiens seulement,
Mais veulent deterrer les Grecs du monument³,
Les Latins, les Hebreux, et toute l'antiquaille⁴,
Et leur dire en leur nez qu'ils n'ont rien fait qui vaille.
— Ronsard en son mestier n'estoit qu'un aprentif⁵,
Il avoit le cerveau fantastique et rétif⁶.
Desportes n'est pas net⁷. Du Bellay trop facile⁸ ;
Belleau ne parle pas comme on parle à la ville ;
Il a des mots hargneux, bouffis et relevez⁹,
Qui du peuple aujourd'huy ne sont pas aprouvez.
  Comment ! il nous faut doncq', pour faire une œuvre
Qui de la calomnie et du temps se deffende,   [grande,
Qui trouve quelque place entre les bons autheurs,
Parler comme à Sainct-Jean¹⁰ parlent les crocheteurs¹¹ !
  Encore, je le veux, pourveu qu'ils puissent faire
Que ce beau sçavoir entre en l'esprit du vulgaire :

---

1. Ce souvenir.
2. Malherbe et son école.
3. Du tombeau.
4. L'antiquité : ce mot n'impliquait alors aucune idée de mépris. — Racan dit de Malherbe : « Il n'estimoit point du tout les Grecs.... Pour les Latins, celui qu'il estimoit le plus estoit Stace... »
5. De l'avis de Malherbe, qui avait effacé plus de la moitié des vers de son édition de Ronsard, en indiquant en marge les raisons de sa sévérité, très injuste d'ailleurs.
6. Régnier exagère à dessein, pour discréditer ses adversaires ; car les contemporains connaissaient trop la verve et l'enthousiasme de Ronsard, pour que Malherbe eût risqué une pareille assertion.
7. En cela, Malherbe aurait eu raison ; car Desportes pêche souvent contre la clarté de l'expression et même contre la syntaxe.
8. On peut évidemment reprocher à Du Bellay d'avoir manqué de force, en se laissant aller trop souvent à son inspiration, d'ailleurs très pure.
9. Le vers précédent est une allusion aux *Bergeries* du « gentil Belleau » ; parler rustiquement allait devenir un crime aux yeux des admirateurs de l'*Astrée*. — *Hargneux*, désagréables ; *bouffis*, ampoulés ; *relevés*, affectés.
10. Malherbe « renvoyait ordinairement, dit Racan, aux crocheteurs du Port au Foin (près du marché Saint-Jean de Grève), et disait que c'étaient ses maîtres pour le langage ».
11. Toute la question qui divisait l'ancienne et la nouvelle école est posée dans ces quatre vers.

Et quand les crocheteurs seront poëtes fameux,
Alors, sans me facher, je parleray comme eux.
　Pensent-ils, des plus vieux offençant la memoire,
Par le mespris d'autruy s'aquerir de la gloire ;
Et pour quelque vieux mot estrange ou de travers
Prouver qu'ils ont raison de censurer leurs vers?
(Alors qu'une œuvre brille et d'art et de science,
La verve quelquefois s'esgaye en la licence[1].)
　Il semble en leurs discours hautains et genereux,
Que le cheval volant n'ait pissé que pour eux[2] ;
Que Phœbus à leur ton accorde sa vielle ;
Que la mouche du Grec leurs lèvres emmielle[3] ;
Qu'ils ont seuls icy bas trouvé la pie au nit[4] ;
Et que des hauts esprits le leur est le zénit ;
Que seuls des grands secrets ils ont la cognoissance ;
Et disent librement que leur experience
A rafiné les vers fantastiques d'humeur,
Ainsi que les Gascons ont fait le point d'honneur ;
Qu'eux tous seuls du bien dire ont trouvé la méthode,
Et que rien n'est parfaict s'il n'est fait à leur mode.
　Cependant leur sçavoir ne s'estend seullement
Qu'à regratter un mot douteux au jugement,
Prendre garde qu'un *qui* ne heurte une diphtongue[5] ;
Espier si des vers la rime est brève ou longue[6],
Ou bien si la voyelle, à l'autre s'unissant,
Ne rend point à l'oreille un vers trop languissant[7],
Et laissent sur le verd[8] le noble de l'ouvrage.
Nul esguillon divin n'esleve leur courage ;
Ils rampent bassement, foibles d'inventions,
Et n'osent, peu hardis, tenter les fictions,

---

1. Cf. Horace, *Epître aux Pisons*, v. 351 :

Verum, ubi plura nitent in carmine, non
Offendar maculis....　　[ego paucis

« Dans une œuvre où brillent de nombreuses beautés, je ne m'offenserai pas de quelques taches.... »

2. Forme un peu vulgaire pour dire que Pégase a fait jaillir la source d'Hippocrène.

3. Une tradition rapportait que les abeilles s'étaient posées sur les lèvres de Pindare, pendant son sommeil.

4. Proverbe populaire : faire une heureuse trouvaille.

5. C.-à-d. qu'il ne se produise un hiatus (une diphtongue ou une voyelle).

6. Pour ne pas faire rimer une brève avec une longue ou inversement.

7. Malherbe voulait qu'un mot terminé par un *e* muet précédé d'une voyelle sonore fût suivi d'un mot commençant par une autre voyelle sur laquelle l'*e* muet viendrait s'élider. Cette règle a prévalu.

8. Comme un cheval qu'on met au vert, en l'*abandonnant* dans un pré.

Froids à l'imaginer : car s'ils font quelque chose,
C'est proser de la rime, et rimer de la prose,
Que l'art lime et relime, et polit de façon
Qu'elle rend à l'oreille un agréable son ;
Et voyant qu'un beau feu leur cervelle n'embrase,
Ils attifent leurs mots, enjolivent leur phrase,
Affectent leur discours tout si relevé d'art [1],
Et peignent leurs defaux de couleur et de fard.
Aussi je les compare à ces femmes jolies
Qui par les affiquets se rendent embellies,
Qui, gentes en habits et sades [2] en façons,
Parmy leur point coupé [3] tendent leurs hameçons ;
Dont l'œil rit mollement avecque affeterie,
Et de qui le parler n'est rien que flaterie ;
De rubans piolez s'agencent proprement,
Et toute leur beauté ne gist qu'en l'ornement ;
Leur visage reluit de ceruse et de peautre ;
Propres [4] en leur coiffure, un poil ne passe l'autre.
   Où ces divins esprits [5], hautains [6] et relevez,
Qui des eaux d'Helicon ont les sens abreuvez [7],
De verve et de fureur leur ouvrage estincelle ;
De leurs vers tout divins la grace est naturelle,
Et sont [8], comme l'on voit, la parfaicte beauté,
Qui, contente de soy, laisse la nouveauté
Que l'art trouve au Palais [9] ou dans le blanc d'Espagne.
Rien que le naturel sa grace n'accompagne ;
Son front, lavé d'eau claire, esclate d'un beau teint ;
De roses et de lys la nature l'a peint,
Et, laissant là Mercure [10] et toutes ses malices,
Les nonchalances sont ses plus grands artifices.
   Or, Rapin, quant à moy, je n'ay point tant d'esprit.
Je vay le grand chemin que mon oncle [11] m'aprit,
Laissant là ces docteurs que les Muses instruisent
En des arts tout nouveaux ; et, s'ils font, comme ils disent,

---

1. Qui est tout entier si relevé par l'art.
2. Séduisantes (lat. : *sapidus*). — Plus loin, *piolez* signifie *bigarrés* ; le *peautre* est un fard à base de sel d'étain.
3. Sorte de dentelle.
4. Élégantes.
5. Alors que ces divins esprits....
6. Sublimes.
7. La construction est ici rompue par *anacoluthe*, et la phrase va prendre une direction nouvelle.
8. *Leurs vers sont....*
9. Sous la galerie du Palais de Justice, où l'on vendait les nouveautés de la mode et de la toilette.
10. Le dieu qu'adorent les fraudeurs.
11. Desportes.

De ses fautes un livre aussi gros que le sien,
Telles je les croiray quand ils auront du bien,
Et que leur belle Muse, à mordre si cuisante,
Leur don'ra, comme à luy, dix mil escus de rente.
De l'honneur, de l'estime, et quand par l'Univers
Sur le luth de David on chantera leurs vers [1],
Qu'ils auront joint l'utile avecq' le delectable,
Et qu'ils sçauront rimer une aussi bonne table [2].....

   S'ils ont l'esprit si bon, et l'intellect si haut,
Le jugement si clair, qu'ils fassent un ouvrage
Riche d'inventions, de sens et de langage,
Que nous puissions draper comme ils font nos écrits,
Et voir, comme l'on dit, s'ils sont si bien appris;
Qu'ils monstrent de leur eau, qu'ils entrent en carrière,
Leur âge défaudra plus tôt que la matière.
Nous sommes en un siècle où le prince est si grand,
Que tout le monde entier à peine le comprend [3].
Qu'ils fassent, par leurs vers, rougir chacun de honte;
Et, comme de valeur notre prince surmonte
Hercule, Ænée, Achil', qu'ils ôtent les lauriers
Aux vieux, comme le roy l'a fait aux vieux guerriers.
Qu'ils composent une œuvre : on verra si leur livre
Après mille et mille ans sera digne de vivre,
Surmontant par vertu l'envie et le destin,
Comme celui d'Homère et du chantre latin [4].

   Mais, Rapin, mon amy, c'est la vieille querelle :
L'homme le plus parfait a manqué de cervelle;
Et de ce grand défaut vient l'imbécillité
Qui rend l'homme hautain, insolent, effronté;
Et, selon le subject qu'à l'œil il se propose,
Suivant son appétit [5], il juge toute chose.

   Aussi, selon nos yeux, le soleil est luisant [6].
Moi-même, en ce discours qui fais le suffisant,
Je me cognois frappé [7], sans le pouvoir comprendre,
Et de mon ver-coquin [8] je ne me puis défendre.

---

1. Desportes avait traduit en vers les *Psaumes* de David.
2. Allusion aux bénéfices écclésiastiques que la poésie avait valus à Desportes.
3. Le contient.
4. VIRGILE.
5. Suivant sa passion (grec : ἐπιθυμία).
6. Tandis qu'il n'existe pas pour un aveugle.
7. Le cerveau frappé.
8. Le *ver-coquin* est le cœnure qui se développe dans la tête du mouton et lui donne le vertige.

Sans juger, nous jugeons; étant notre raison
Là-haut dedans la tête, où, selon la saison
Qui règne en notre humeur, les brouillards nous embrouil-
Et de lièvres cornus le cerveau nous barbouillent. [lent]
    Philosophes resveurs, discourez hautement;
Sans bouger de la terre, allez au firmament :
Faites que tout le ciel branle à votre cadence;
Et pesez vos discours mesme dans sa balance;
Cognoissez les humeurs qu'il verse dessus nous,
Ce qui se fait dessus, ce qui se fait dessous ;
Portez une lanterne aux cachots de nature;
Sachez qui donne aux fleurs cette aimable peinture;
Quelle main sur la terre en broye la couleur,
Leurs secrètes vertus, leurs degrés de chaleur ;
Voyez germer à l'œil les semences du monde;
Allez mettre couver les poissons dedans l'onde;
Déchiffrez les secrets de nature et des cieux :
Votre raison vous trompe, aussi bien que vos yeux.
    Or, ignorant de tout, de tout je me veux rire;
Faire de mon humeur moi-même une satire :
N'estimer rien de vray, qu'au goût il ne soit tel;
Vivre, et, comme chrestien, adorer l'Immortel,
Où gît le seul repos, qui chasse l'ignorance :
Ce qu'on voit hors de lui n'est que sotte apparence.....
On doit rendre, suivant et le temps et le lieu,
Ce qu'on doit à César, et ce qu'on doit à Dieu.
Et quant aux appétits de la sottise humaine,
Comme un homme sans goût[1], je les aime sans peine :
Aussi bien, rien n'est bon que par affection;
Nous jugeons, nous voyons, selon la passion,
    Le soldat aujourd'huy ne resve que la guerre;
En paix le laboureur veut cultiver sa terre;
L'avare n'a plaisir qu'en ses doubles ducats.
L'amant juge sa dame un chef-d'œuvre ici-bas[2],
Encore qu'elle n'ait sur soy rien qui soit d'elle;
Que le rouge et le blanc par art la fasse belle,

---

1. Sans passion.
2. Cf. Lucrèce, IV, v. 1146 sq.
Molière a librement traduit ce passage : L'amour, pour l'ordinaire, est peu fait [à ces lois ;
Et l'on voit les amants vanter toujours [leur choix.
(*Le Misanthrope*, act. II, sc. v.)

Qu'elle ante[1] en son palais ses dents tous les matins,
Qu'elle doive sa taille au bois de ses patins ;
Que son poil, dès le soir frisé dans la boutique,
Comme un casque au matin sur sa teste s'aplique ;
Qu'elle ait comme un piquier[2] le corselet au dos,
Qu'à grand' peine sa peau puisse couvrir ses os....,
Son esprit ulceré[3] juge en sa passion
Que son teint fait la nique à la perfection.
   Le soldat tout ainsi pour la guerre souspire ;
Jour et nuict il y pense, et tousjours la desire ;
Il ne resve la nuict que carnage et que sang :
La pique dans le poing et l'estoc[4] sur le flanc,
Il pense mettre à chef[5] quelque belle entreprise ;
Que, forçant un chasteau, tout est de bonne prise ;
Il se plaist aux tresors qu'il cuide ravager,
Et que l'honneur luy rie au milieu du danger.
   L'avare, d'autre part, n'aime que la richesse ;
C'est son roy, sa faveur, sa cour et sa maistresse ;
Nul object ne lui plaist, sinon l'or et l'argent,
Et tant plus il en a, plus il est indigent.
   Le paysant d'autre soin se sent l'ame embrasée.
Ainsi l'humanité, sottement abusée,
Court à ses appetis, qui l'aveuglent si bien,
Qu'encor qu'elle ait des yeux, si ne voit elle rien.
Nul chois hors de son goust ne règle son envie,
Mais s'aheurte où sans plus quelque apas la convie.
Selon son appetit le monde se repaist,
Qui fait[6] qu'on trouve bon seulement ce qui plaist.
   O debile raison ! où est ores ta bride ?
Où ce flambeau qui sert aux personnes de guide ?
Contre la passion trop foible est ton secours,
Et souvent, courtisane, après elle tu cours,
Et, savourant l'appas qui ton ame ensorcelle,
Tu ne vis qu'à son goust et ne vois que par elle.
De là vient qu'un chacun, mesmes en son deffaut,
Pense avoir de l'esprit autant qu'il luy en faut[7] ;

---

1. Qu'elle adapte.
2. Soldat armé de la pique, et qui portait la cuirasse.
3. L'esprit de l'amant.
4. Épée longue et étroite.
5. A fin.
6. Ce qui fait.

7. Acaste, dans *le Misanthrope* de Molière, dira de lui-même :

Pour de l'esprit, j'en ai, sans doute, et [du bon goût,
A juger sans étude et raisonner de tout.
(*Le Misanthrope*, act. III, sc. I.)

Aussi rien n'est party si bien par la nature
Que le sens : car chacun en a sa fourniture[1].
Mais pour nous, moins hardis à croire à nos raisons,
Qui reglons nos esprits par les comparaisons
D'une chose avecq' l'autre, espluchons de la vie
L'action qui doit estre ou blasmée ou suivie;
Qui criblons le discours, au chois se variant,
D'avecq' la fausseté la verité triant,
Tant que l'homme le peut; qui formons nos ouvrages
Aux moules si parfaits de ces grands personnages,
Qui depuis deux mille ans ont acquis le credit
Qu'en vers rien n'est parfait que ce qu'ils en ont dit :
Devons-nous aujourd'huy, pour une erreur nouvelle
Que ces clercs devoyez[2] forment en leur cervelle,
Laisser legèrement la vieille opinion,
Et, suivant leur avis, croire à leur passion?
   Pour moy, les Huguenots pourroient faire miracles,
Ressusciter les morts, rendre de vrais oracles,
Que je ne pourrois pas croire à leur vérité.
En toute opinion je fuis la nouveauté.
Aussi doit on plus tost imiter nos vieux pères,
Que suivre des nouveaux les nouvelles chimères :
De mesme, en l'art divin de la Muse, doit on
Moins croire à leur esprit qu'à l'esprit de Platon.
   Mais, Rapin, à leur goust, si les vieux sont profanes,
Si Virgile, le Tasse et Ronsard sont des asnes,
Sans perdre en ces discours le temps que nous perdons,
Allons comme eux aux champs, et mangeons des chardons.

(SATIRE IX.)

Le Repas ridicule.

..... Un de ces jours derniers, par des lieux destournez
Je m'en allois resvant, le manteau sur le nez[3],

---

1. « Le bon sens est la chose du monde la mieux partagée : car chacun peut en être si bien pourvu, que ceux-mêmes qui sont le plus difficiles à contenter en toute autre chose, n'ont point coutume d'en désirer plus qu'ils en ont. » (DESCARTES, *Discours de la Méthode*, Ire partie.)

2. Mis hors de la voie du sens commun. — C'est Malherbe et son école qu'il attaque ainsi.

3. Cf. HORACE, *Satires*, I, IX :

Ibam forte via sacra (sicut meus est
                     [mos),
Nescio quid meditans nugarum, totus
                     [in illis....

« Je suivais par hasard la voie sacrée,

L'âme bizarrement de vapeurs occupée,
Comme un poëte qui prend les vers à la pipée.
En ces songes profonds où flottoit mon esprit,
Un homme par la main hazardement me prit,
Ainsi qu'on pourroit prendre un dormeur par l'oreille
Quand on veut qu'à minuict en sursaut il s'esveille.
Je passe outre d'aguet[1], sans en faire semblant,
Et m'en vais à grands pas, tout froid et tout tremblant,
Craignant de faire encor, avecq' ma patience,
Des sottises d'autruy nouvelle penitence[2].
   Tout courtois, il me suit, et d'un parler remis :
« Quoy, Monsieur, est-ce ainsi qu'on traite ses amis? »
Je m'arreste, contraint; d'une façon confuse,
Grondant entre mes dents, je barbotte une excuse.
De vous dire son nom, il ne guarit de rien,
Et vous jure au surplus qu'il est homme de bien....
   Le ciel nous fit ce bien qu'encor d'assez bonne heure,
Nous vinsmes au logis où ce Monsieur demeure,
Où, sans historier le tout par le menu,
Il me dict : « Vous soyez, Monsieur, le bien venu. »
Après quelques propos, sans propos[3] et sans suite,
Avecq' un froid adieu je minutte ma fuite,
Plus de peur d'accident que de discretion ;
Il commence un sermon de son affection,
Me rit, me prend, m'embrasse avecq' ceremonie :
« Quoy, vous ennuyez-vous en nostre compagnie?
Non, non, ma foy, dit-il, il n'ira pas ainsi,
Et, puis que je vous tiens, vous souperez icy. »
Je m'excuse, il me force. O dieux! quelle injustice!
Alors, mais las! trop tard, je cognus mon supplice;
Mais pour l'avoir cognu je ne peus l'esviter,
Tant le destin se plaist à me persecuter.
   A peine à ces propos eut-il fermé la bouche,
Qu'il entre à l'estourdi un sot faict à la fourche[4],
Qui, pour nous saluer, laissant choir son chapeau,
Fist comme un entre-chat avec un escabeau,

(ce qui est souvent ma coutume) en songeant à je ne sais quelles futilités, et tout absorbé par elles. »

1. En me tenant en garde.

2. C'est-à-dire : souffrir des sottises d'autrui.

3. Sans à-propos.

4. Mal dégrossi, grossier comme un travail fait à coups de fourche.

Trebuchant sur le coup s'en va devant-derrière,
Et grondant se fascha qu'on estoit sans lumière.
Pour nous faire sans rire avaller ce beau saut,
Le Monsieur sur la veuë excuse ce deffaut,
Que les gens de sçavoir ont la visiere tendre¹.
L'autre, se relevant, devers nous vint se rendre,
Moins honteux d'estre cheut que de s'estre dressé,
Et luy demandast il s'il n'estoit point blessé.
  Après mille discours dignes d'un grand volume,
On appelle un vallet, la chandelle s'allume;
On apporte la nappe, et met on le couvert;
Et suis parmy ces gens comme un homme sans vert².
Qui fait en rechignant aussi maigre visage,
Qu'un renard que Martin³ porte au Louvre en sa cage.
Un long temps sans parler je regorgeois d'ennuy,
Mais, n'estant point garant des sottises d'autruy,
Je creu qu'il me falloit d'une mauvaise affaire
En prendre seulement ce qui m'en pouvoit plaire.
Ainsi considerant ces hommes et leurs soings,
Si je n'en disois mot, je n'en pensois pas moings;
Et jugeai ce lourdaut, à son nez autentique,
Que c'estoit un pedant, animal domestique⁴,
De qui la mine rogue et le parler confus,
Les cheveux gras et longs, et les sourcils touffus
Faisoient par leur sçavoir, comme il faisoit entendre,
La figue⁵ sur le nez au pedant d'Alexandre⁶....
  Mais venons [au docteur] dont la maussade mine
Ressemble un de ces dieux des couteaux⁷ de la Chine,
Et dont les beaux discours, plaisamment estourdis,
Feroient crever de rire un sainct de Paradis.
Son teint jaune, enfumé, de couleur de malade,
Feroit donner au diable et ceruze et pommade,
Et n'est blanc en Espaigne à qui ce cormoran⁸
Ne face renier la loy de l'Alcoran⁹.

1. La vue délicate.
2. Pris au dépourvu. — Expression tirée d'un jeu : *le jeu du verd*.
3. Nom d'un villageois quelconque qui porte un renard au Louvre, pour amuser les laquais.
4. Ce portrait du pédant est imité d'une pièce italienne intitulée *del Pedante*, par le satirique CAPORALI.
5. *Faire la figue*, mépriser.
6. Aristote, précepteur d'Alexandre le Grand, auquel ce pédant en remontrerait.
7. Couteaux dont le manche était orné de figures fantastiques.
8. La chair de cet oiseau de rivière est très noire.
9. Allusion à un juron usité en Espagne, par haine des Maures.

Ses yeux bordez de rouge, esgarez, sembloient estre
L'un à Montmartre, et l'autre au chasteau de Bicestre ;
Toutesfois, redressant leur entre-pas tortu,
Ils guidoient la jeunesse au chemin de vertu.
Son nez haut relevé sembloit faire la nique
A l'Ovide Nason, au Scipion Nasique,
Où maints rubiz balez[1], tous rougissans de vin,
Monstroient un *hac itur* à la Pomme de pin[2],
Et, preschant la vendange, asseuroient en leur trongne
Qu'un jeune medecin vit moins qu'un vieux yvrongne.
Sa bouche est grosse et torte, et semble en son porfil
Celle-là d'Alizon qui, retordant du fil,
Fait la moue aux passans, et, feconde en grimace,
Bave comme au printemps une vieille limace.
Un rateau mal rangé pour ses dents paroissoit,
Où le chancre et la rouille en monceaux s'amassoit,
Dont pour lors je cogneus, grondant quelques paroles,
Qu'expert il en sçavoit crever ses everoles,
Qui me fist bien juger qu'aux veilles des bons jours
Il en souloit rogner ses ongles de velours.
Sa barbe sur sa joue esparse à l'advanture,
Où l'art est en colère avecque la nature,
En bosquets s'eslevoit, où certains animaux,
Qui des pieds, non des mains, lui faysoient mille maux.
  Quant au reste du corps, il est de telle sorte,
Qu'il semble que ses reins et son espaule torte
Facent guerre à sa teste, et, par rebellion,
Qu'ils eussent entassé Osse sur Pellion[3],
Tellement qu'il n'a rien en tout son attelage
Qui ne suive au galop la trace du visage.
  Pour sa robbe, elle fut autre qu'elle n'estoit
Alors qu'Albert le Grand[4] aux festes la portoit ;
Mais, tousjours recousant pièce à pièce nouvelle,
Depuis trente ans c'est elle, et si ce n'est pas elle[5] :

---

1. *Rubis balez,* rubis couleur de vin paillet (de l'arabe *balchash,* de *Balakshan,* ville située près de *Samarkande*).
2. Cabaret fameux situé près du pont Notre-Dame, et dont parlent aussi Villon et Rabelais. — *Hac itur,*.... on va par ici.
3. Comme avaient fait les Titans de la Fable, pour escalader l'Olympe.

4. ALBERT LE GRAND (XIIIe siècle) a fait connaître l'œuvre d'Aristote d'après les traductions arabes. Il avait une science très étendue, qui le fit considérer comme un magicien.
5. On a conservé jusqu'au XVIIIe siècle, à la Faculté de Montpellier, la robe de Rabelais, dont chaque bachelier emportait un fragment comme souvenir : on

Ainsi que ce vaisseau des Grecs tant renommé,
Qui survescut au temps qui l'avoit consommé[1].
Une taigne affamée estoit sur ses espaules.
Qui traçoit en arabe une carte des Gaules.
Les pièces et les trous semez de tous costez
Representoient les bourgs, les monts et les citez.
Les filets separez, qui se tenoient à peine,
Imitoient les ruisseaux coulans dans une plaine,
Les Alpes, en jurant, luy grimpoient au collet,
Et Savoy' qui plus bas ne pend qu'à un filet[2]....
   Un mouchoir et des gants, avecq' ignominie,
Ainsi que des larrons pendus en compagnie,
Luy pendoient au costé, qui sembloient, en lambeaux,
Crier en se mocquant : « Vieux linges, vieux drapeaux ! »
De l'autre brimballoit une clef fort honneste,
Qui tire à sa cordelle une noix[3] d'arbaleste.
   Ainsi ce personnage en magnifique arroy,
Marchant *pedetentim*[4], s'en vint jusques à moy,
Qui sentis à son nez, à ses lèvres décloses,
Qu'il fleuroit bien plus fort, mais non pas mieux que roses.
   Il me parle latin, il allègue, il discourt,
Il reforme à son pied[5] les humeurs de la Court :
Qu'il a pour enseigner une belle manière ;
Qu'en son globe il a veu la matière première ;
Qu'Epicure est yvrongne, Hypocrate un bourreau ;
Que Bartolle et Jason ignorent le barreau ;
Que Virgile est passable, encor' qu'en quelques pages
Il meritast au Louvre estre chiflé des pages ;
Que Pline est inegal, Terence un peu joly ;
Mais surtout il estime un langage poly.

---

la raccommodait à mesure qu'elle diminuait, en sorte qu'elle finit par n'être plus la robe de Rabelais.

1. Le vaisseau sur lequel Thésée était revenu après avoir combattu le Minotaure, et qu'on avait conservé à force de réparations successives.

2. Cf. RABELAIS : « Desjà vois je ton poil grisonner en teste. Ta barbe, par les distinctions du gris, du blanc, du tanné et du noir, me semble une mappemonde. Regarde icy : voilà l'Asie. Icy sont Tigris et Euphrates. Voilà Africque. Ici est la montagne de la Lune. Veois tu les Palus du Nil ? Deçà est l'Europe. Ce toupet icy tout blanc, sont les monts Hyperborees. (Liv. III, ch. XXVIII.)

3. C'est la partie du ressort de l'arbalète qui arrête la corde tendue.

4. Pas à pas. — Cf. BOILEAU :

   Marchant à pas comptés,
Comme un recteur suivi des quatre
       [Facultés.
      (*Satire* III.)

5. A sa mesure.

Ainsi sur chasque autheur il trouve de quoy mordre :
L'un n'a point de raison, et l'autre n'a point d'ordre ;
L'autre avorte avant temps des œuvres qu'il conçoit.
Or, il vous prend Macrobe¹ et lui donne le foit.
Ciceron, il s'en taist, d'autant que l'on le crie
Le pain quotidien de la pedanterie.
Quant à son jugement, il est plus que parfait,
Et l'immortalité n'ayme que ce qu'il fait.
Par hazard, disputant, si quelqu'un luy replique
Et qu'il soit à quia² : « Vous estes heretique,
Ou pour le moins fauteur ; ou : Vous ne sçavez point
Ce qu'en mon manuscrit j'ay noté sur ce point. »
    Comme il n'est rien de simple, aussi rien n'est durable.
De pauvre on devient riche, et d'heureux miserable.
Tout se change, qui fit qu'on changea de discours.
Après maint entretien, maints tours et maints retours,
Un valet, se levant le chapeau de la teste,
Nous vint dire tout haut que la souppe estoit preste.
Je cogneu qu'il est vray ce qu'Homere en escrit³,
Qu'il n'est rien qui si fort nous resveille l'esprit ;
Car j'eus, au son des plats, l'ame plus alterée,
Que ne l'auroit un chien au son de la curée.
Mais, comme un jour d'hyver où le soleil reluit,
Ma joye en moins d'un rien comme un esclair s'enfuit ;
Et le ciel, qui des dents me rid à la pareille,
Me bailla gentiment le lievre par l'oreille⁴ ;
Et comme en une monstre⁵, où les passe-volans⁶,
Pour se montrer soldats, sont les plus insolens ;
Ainsi, parmy ces gens, un gros valet d'estable,
Glorieux de porter les plats dessus la table,
D'un nez de majordome, et qui morgue la faim,
Entra, serviette au bras, et fricassée en main ;
Et sans respect du lieu, du docteur, ny des sausses,
Heurtant table et treteaux, versa tout sur mes chausses⁷.

---

1. Macrobe, grammairien du vᵉ siècle de notre ère. Il écrivit les *Saturnales*, ouvrage d'érudition et de critique.

2. Être *a quia*, c'est être à bout d'arguments, lorsque celui qu'on interroge répond : *quia....* (parce que....) sans rien trouver de plus.

3. C'est-à-dire : qu'il n'est pas bon de mener au combat des soldats à jeun. Cf. *Iliade*, ch. IX, v. 701 ; *Odyssée*, ch. V, v. 95, et ch. XIV, v. 3.

4. Me leurra d'un vain espoir.

5. Revue militaire.

6. Soldats de rencontre, destinés à donner dans les revues l'illusion de forces considérables, et qui passaient d'un régiment à un autre.

7. Culotte.

On le tance, il s'excuse ; et moi tout resolu,
Puis qu'à mon dam le ciel l'avoit ainsi voulu,
Je tourne en raillerie un si fascheux mystère¹,
De sorte que Monsieur² m'obligea de s'en taire.

   Sur ce point on se lave³, et chacun en son rang
Se mit dans une chaire⁴, ou s'assied sur un banc,
Suivant ou son merite, ou sa charge, ou sa race.
Des niais sans prier je me mets en la place,
Où j'estois resolu, faisant autant que trois,
De boire et de manger comme aux veilles des Rois ;
Mais à si beau dessein défaillant la matière,
Je fus enfin contraint de ronger ma litière,
Comme un asne affamé qui n'a chardons ny foin.
N'ayant pour lors de quoy me saouler au besoin.

   Or, entre tous ceux-là qui se mirent à table,
Il n'en estoit pas un qui ne fust remarquable,
Et qui sans esplucher n'avallast l'éperlan.
L'un en titre d'office⁵ exerçoit un berlan ;
L'autre estoit des suivants de madame Lipée,
Et l'autre chevalier de la petite espée.....

   En forme d'eschiquier les plats rangez sur table,
N'avoient ny le maintien ny la grace accostable ;
Et bien que nos disneurs mangeassent en sergens⁶,
La viande pourtant ne prioit point les gens.
Mon docteur de menestre, en sa mine altérée,
Avoit deux fois autant de mains que Briarée⁷ ;
Et n'estoit, quel qu'il fust, morceau dedans le plat
Qui des yeux et des mains n'eust un eschec et mat.....

   Devant moy justement on plante un grand potage
D'où les mousches à jeun se sauvoient à la nage :
Le brouet estoit maigre, et n'est Nostradamus⁸
Qui, l'astrolabe⁹ en main, ne demeurast camus¹⁰,

---

1. Représentation d'une pièce sérieuse et morale tirée de la Bible, et qu'on donnait au moyen âge, lors des grandes fêtes de l'Église.
2. C'est son hôte qu'il désigne ainsi.
3. On se lave les mains.
4. Une chaise. — *Chaire* est la prononciation étymologique (lat. *cathedra*) ; *chaise*, prononciation parisienne et vicieuse, a prévalu.
5. *Comme profession*, l'un tenait un tripot, l'autre était un parasite, et le troisième un assassin à gages.
6. C'est-à-dire : avec voracité.
7. *Briarée*, géant mythologique à cent bras.
8. *Nostradamus* (1503-1566), célèbre astrologue français, favori de Charles IX.
9. Instrument servant à mesurer la hauteur des astres au-dessus de l'horizon.
10. Ne restât *interdit*, le nez cassé. (Cf. la locut. populaire : *se casser le nez*.)

Si par galanterie ou par sottise expresse
Il y pensoit trouver une estoille de gresse.
Pour moi, si j'eusse esté sur la mer de Levant[1],
Où le vieux Louchaly[2] fendit si bien le vent,
Quand Saint Marc s'habilla des enseignes de Thrace[3],
Je la comparerois au golphe de Patrasse[4],
Pour ce qu'on y voyoit en mille et mille parts
Les mouches qui flottoient en guise de soldarts,
Qui, morts, sembloient encor', dans les ondes salées,
Embrasser les charbons des galères bruslées.
   J'oy, ce semble, quelqu'un de ces nouveaux docteurs,
Qui d'estoc et de taille estrillent les autheurs,
Dire que ceste exemple est fort mal assortie.
Homère, et non pas moy, t'en doit la garantie,
Qui dedans ses escrits, en de certains effects,
Les compare peut estre aussi mal que je faicts.
   Mais retournons à table, où l'esclanche en cervelle[5]
Des dents et du chalan separoit la querelle,
Et sur la nappe allant de quartier en quartier,
Plus dru qu'une navette au travers d'un mestier,
Glissoit de main en main, où sans perdre advantage,
Esbrechant le cousteau, tesmoignoit son courage :
Et durant que brebis elle fut parmy nous,
Elle sceut bravement se deffendre des loups,
Et de se conserver elle mist si bon ordre,
Que, morte de vieillesse, elle ne sçavoit mordre.
   A quoy, glouton oyseau, du ventre renaissant
Du fils du bon Japet te vas-tu repaissant[6]?
Assez, et trop long temps, son poulmon tu gourmandes ;
La faim se renouvelle au change des viandes.
Laissant là ce larron, vien icy desormais,
Où la tripaille est fritte en cent sortes de mets.

---

1. Le potage est plaisamment comparé au golfe de Lépante, où la flotte chrétienne remporta sur les Turcs la victoire de Lépante (7 octobre 1571).

2. *Louchaly*, corsaire rénégat, devenu vice-roi d'Alger, commanda l'aile gauche de la flotte turque à Lépante. Il prit la fuite, abandonnant ses enseignes, qu'on porta à Venise, en l'église de Saint-Marc, patron de la ville.

3. Nom ancien de la Roumélie, où se trouve Constantinople, capitale des Turcs.

4. Le golfe de Patras ou de *Lépante*, où se livra la bataille.

5. L'éclanche ou épaule de mouton était de mauvaise humeur (*en cervelle*), c'est-à-dire dure.

6. Allusion au vautour qui, selon la Fable, dévorait les entrailles de Prométhée, fils de Japet, lesquelles se renouvelaient toujours.

Or durant ce festin damoyselle Famine,
Avecq' son nez étique et sa mourante mine,
Ainsi que la Cherté par edict l'ordonna,
Faisoit un beau discours dessus la Lezina;
Et, nous torchant le bec, alleguoit Symonide[1],
Qui dict, pour estre sain, qu'il faut mascher à vuide.
Au reste, à manger peu, Monsieur beuvoit d'autant
Du vin qu'à la taverne on ne payoit contant;
Et se faschoit qu'un Jean, blessé de la logique,
Lui barbouilloit l'esprit d'un *ergo* sophistique[2].
 Esmiant, quant à moy, du pain entre mes doigts,
A tout ce qu'on disoit doucet je m'accordois :
Leur voyant de piot la cervelle eschauffée,
De peur, comme l'on dict, de courroucer la fée[3].
 Mais à tant d'accidents l'un sur l'autre amassez,
Sçachant qu'il en falloit payer les pots cassez,
De rage, sans parler, je m'en mordois la lèvre,
Et n'est Job[4], de despit, qui n'en eust pris la chèvre[5].
Car un limier boiteux, de galles damassé,
Qu'on avoit d'huile chaude et de soufre graissé,
Ainsi comme un verrat enveloppé de fange,
Quand sous le corselet la crasse luy demange,
Se bouchonne par tout, de mesme en pareil cas
Ce rogneux Las-d'aller se frottoit à mes bas;
Et, fust pour estriller ses galles et ses crottes,
De sa grace il graissa mes chausses pour mes bottes
En si digne façon, que le frippier Martin
Avecq' sa male-tache y perdroit son latin.
 Ainsi qu'en ce despit le sang m'échauffoit l'ame,
Le Monsieur son pedant à son aide reclame,
Pour soudre l'argument, quand d'un sçavant parler
Il est qui fait la moue aux chimères en l'air.
Le pedant, tout fumeux de vin et de doctrine,
Respond Dieu sçait comment. Le bon Jean se mutine;
Et sembloit que la gloire, en ce gentil assaut,
Fust à qui parleroit non pas mieux, mais plus haut.

---

1. SIMONIDE, poète lyrique grec, mort vers 467 avant notre ère.

2. Dans les controverses fréquentes qu'avaient entre eux les logiciens du moyen-âge, le mot latin *ergo* (donc) revenait souvent comme conclusion.

3. Irriter quelque esprit malin. (Cf. la loc. populaire : *réveiller le chat qui dort*.)

4. Job, personnage biblique, est célèbre par sa patience.

5. Cf. la locution populaire : *prendre la mouche*.

Ne croyez en parlant que l'un ou l'autre dorme.
« Comment ! vostre argument, dist l'un [1], n'est pas en forme. »
L'autre, tout hors du sens : « Mais c'est vous, malautru,
Qui faites le sçavant et n'estes pas congru [2]. »
L'autre : « Monsieur le sot, je vous feray bien taire :
Quoy ? Comment ! est-ce ainsi qu'on frappe Despauterre [3] ?
Quelle incongruïté ! Vous mentez par les dents !
Mais vous !... » — Ainsi ces gens à se picquer ardents,
S'en vindrent du parler à tic-tac, torche, lorgne [4].
Qui [5] casse le museau, qui son rival esborgne ;
Qui jette un pain, un plat, une assiette, un couteau ;
Qui pour une rondache empoigne un escabeau.
L'un faict plus qu'il ne peut, et l'autre plus qu'il n'ose,
Et pense, en les voyant, voir la métamorphose
Où les Centaures saouls, au bourg Athracien,
Voulurent, chauds de reins, faire nopces de chien.....

   Nos gens en ce combat n'estoient moins inhumains [6],
Car chacun s'escrimoit et des pieds et des mains ;
Et, comme eux, tous sanglants en ces doctes alarmes,
La fureur aveuglée en main leur mist des armes [7].
Le bon Jean crie : « Au meurtre ! » et ce docteur : « Harault ! »
Le Monsieur dict : « Tout beau ! » L'on appelle Girault.
A ce nom, voyant l'homme et sa gentille trongne,
En memoire aussi tost me tomba la Gascongne [8] :
Je cours à mon manteau, je descends l'escalier,
Et laisse avecq' ses gens Monsieur le chevalier,
Qui vouloit mettre barre [9] entre ceste canaille.
Ainsi sans coup ferir, je sors de la bataille [10]....

(SATIRE X.)

1. C'est le pédant.
2. Conséquent.
3. DESPAUTERRE (1460-1524), grammairien belge, dont la grammaire, écrite en latin, faisait alors loi dans les écoles françaises. *Frapper Despauterre*, c'est donc pécher contre la grammaire, comme plus tard *parler Vaugelas* signifiera s'exprimer en un français correct.
4. Onomatopée significative et populaire pour exprimer le bruit des coups donnés et rendus. On la trouve déjà dans RABELAIS, liv. II, chap. 29.
5. *Qui.... qui*, l'un.... l'autre....
6. Pas moins inhumains que les Centaures.
7. Cf. VIRGILE, *Én.*, ch. I, vers 150 :

.....Furor arma ministrat.

« La fureur leur fournit des armes. »
8. Allusion probable à un gentilhomme gascon qui passait pour voler les manteaux, dans les compagnies où il se trouvait.
9. Mettre une barre de séparation, comme entre des chevaux vicieux.
10. Rapprocher de cette satire : HORACE, liv. II, *Sat.* VII, et BOILEAU, *Sat.* III. HORACE fait preuve surtout

Macette.

..... Donnant des sainctes loix à son affection,
Elle a mis son amour à la devotion.
Sans art elle s'habille, et, simple en contenance,
Son teint mortifié presche la continence.
Clergesse, elle fait jà la leçon aux prescheurs :
Elle lit sainct Bernard, le Guide des Pecheurs,
Les Meditations de la mère Therèse,
Sçait que c'est qu'hypostase avecque synderèse[1] ;
Jour et nuict elle va de convent en convent ;
Visite les saincts lieux, se confesse souvent ;
A des cas reservez grandes intelligences ;
Sçait du nom de Jésus toutes les indulgences ;
Que valent chapelets, grains benits enfilez,
Et l'ordre du cordon des peres Recollez.
Loin du monde elle fait sa demeure et son giste :
Son œil tout penitent ne pleure qu'eau beniste.....
Cette vieille chouette, a pas lents et posez,
La parole modeste et les yeux composez,
Entra par révérence[2], et resserrant la bouche,
Timide en son respect, sembloit saincte Nitouche.....
Enfin, me tapissant[3] au recoin d'une porte,
J'entendy son propos, qui fut de ceste sorte :
« Ma fille, Dieu vous garde et vous vueille benir !
Si je vous veux du mal, qu'il me puisse advenir !
Qu'eussiez vous tout le bien dont le ciel vous est chiche !
L'ayant, je n'en seroy plus pauvre ny plus riche :
Car, n'estant plus du monde, au bien je ne pretens,
Ou bien, si j'en desire, en l'autre je l'attens ;
D'autre chose icy bas le bon Dieu je ne prie.
A propos, sçavez vous ? On dit qu'on vous marie.
Je sçay bien vostre cas : un homme grand, adroit,
Riche, et Dieu sçait s'il a tout ce qu'il vous faudroit.

d'une légèreté, d'une mesure et d'une délicatesse de touche et d'expression inimitables. Boileau insiste trop sur de menus détails, sur des longueurs qui donnent à son œuvre le ton d'une exposition monotone bien plus que d'une causerie. Mais aucun d'eux n'a la verve et le relief puissant de Régnier : sa satire est une vraie comédie, un peu chargée parfois, mais d'une fantaisie pittoresque et digne de Molière.

1. Termes de théologie : *hypostase*, substance ; *synderèse*, remords de conscience.

2. En faisant la révérence. — Ces quatre vers sont une peinture fort expressive du personnage.

3. Me blottissant.

Il vous ayme si fort! Aussi pourquoy, ma fille,
Ne vous aimeroit-il? vous estes si gentille,
Si mignonne et si belle, et d'un regard si doux,
Que la beauté plus grande est laide auprès de vous.
Mais tout ne respond pas au traict de ce visage
Plus vermeil qu'une rose et plus beau qu'un rivage.
Vous devriez, estant belle, avoir de beaux habits,
Esclater de satin, de perles, de rubis.
Le grand regret que j'ay! non pas, à Dieu ne plaise,
Que j'en ay' de vous voir belle et bien à vostre aise;
Mais, pour moy, je voudrois que vous eussiez au moins
Ce qui peut en amour satisfaire à vos soins :
Que cecy fust de soye et non pas d'estamine[1].
Ma foy, les beaux habits servent bien à la mine.
On a beau s'ageancer et faire les doux yeux,
Quand on est bien paré, on en est toujours mieux;
Mais, sans avoir du bien, que sert la renommée[2]?
C'est une vanité confusément semée
Dans l'esprit des humains, un mal d'opinion,
Un faux germe avorté dans nostre affection.
Ces vieux contes d'honneur dont on repaist les dames
Ne sont que des appas pour les debiles ames,
Qui, sans choix de raison, ont le cerveau perclus.
L'honneur est un vieux sainct que l'on ne chomme plus[3].
Il ne sert plus de rien, sinon d'un peu d'excuse,
Et de sot entretien pour ceux là qu'on amuse.....
C'est pourquoy, desguisant les bouillons de mon ame,
D'un long habit de cendre enveloppant ma flame,
Je cache mon dessein, aux plaisirs adonné.
Le péché que l'on cache est demi pardonné.
La faute seullement ne gist en la deffence :
Le scandale, l'opprobre est cause de l'offence;
Pourveu qu'on ne le sçache, il n'importe comment :
Qui peut dire que non ne peche nullement[4].

---

1. Etoffe d'un tissu très léger.
2. Cf. CORNEILLE, *Polyeucte* :

Mais que sert le mérite où manque la
[fortune?

3. L'ironie mordante d'un tel vers l'a rendu proverbial.
4. Cf. MOLIÈRE; *Tartufe*, act. III, sc. III :

Mais les gens comme nous brûlent d'un
[feu discret,
Avec qui pour toujours on est sûr du
[secret....
Et c'est en nous qu'on trouve, accep-
[tant notre cœur,
De l'amour sans scandale et du plaisir
[sans peur....

On doit d'ailleurs rapprocher de ce

Puis, la bonté du ciel nos offences surpasse :
Pourveu qu'on se confesse, on a tousjours sa grace.
Il donne quelque chose à nostre passion ;
Et qui, jeune, n'a pas grande devotion,
Il faut que, pour le monde, à la feindre il s'exerce.
C'est entre les devots un estrange commerce,
Un trafic par lequel, au joly temps qui court,
Toute affaire fascheuse est facile à la Cour.
Je sçay bien que vostre âge, encore jeune et tendre,
Ne peut ainsi que moy ces mystères comprendre ;
Mais vous devriez, ma fille, en l'âge où je vous voy,
Estre riche, contente, avoir fort bien de quoy ;
Et, pompeuse en habits, fine, accorte et rusée,
Reluire de joyaux ainsi qu'une espousée.
Il faut faire vertu de la nécessité.
Qui sçait vivre icy bas n'a jamais pauvreté.
Puis qu'elle vous deffend des dorures l'usage,
Il faut que les brillants soient en vostre visage ;
Que vostre bonne grace en acquière pour vous.
Se voir du bien, ma fille, il n'est rien de si doux.
S'enrichir de bonne heure est une grand' sagesse.
Tout chemin d'acquerir se ferme à la vieillesse,
A qui ne reste rien, avec la pauvreté,
Qu'un regret espineux d'avoir jadis esté.....
Laissez la mine à part, prenez garde à la somme.
Riche vilain vaut mieux que pauvre gentil-homme.
Je ne juge, pour moy, les gens sur ce qu'ils sont,
Mais selon le profit et le bien qu'ils me font.
Quand l'argent est meslé, l'on ne peut recognoistre
Celuy du serviteur d'avec celuy du maistre.
L'argent d'un cordon-bleu n'est pas d'autre façon
Que celui d'un fripier ou d'un aide à maçon.....
De crainte que le temps ne destruise l'affaire,
Il faut suivre de près le bien que l'on diffère,
Et ne le differer qu'en tant que l'on le peut,
Ou se puisse aisément restablir quand on veut.

---

passage toute la scène entre Tartufe et Elmire. Macette, prude à l'extérieur, est demeurée vicieuse au fond. Elle dépouille ici sa pruderie d'emprunt, et son langage, tantôt perfidement insinuant, tantôt cynique, éveille les mauvais sentiments dans l'âme de la jeune fille aimée de Régnier.

Tous ces beaux suffisans[1] dont la cour est semée
Ne sont que triacleurs et vendeurs de fumée;
Ils sont beaux, bien peignez, belle barbe au menton;
Mais, quand il faut payer, au diantre le teston[2]!
Et faisant des mourans et de l'ame saisie,
Ils croyent qu'on leur doit pour rien la courtoisie.
Mais c'est pour leur beau nez[3]! Le puits n'est pas commun,
Si j'en avois un cent, ils n'en auroient pas un.
   Et ce poëte croté, avec sa mine austère,
Vous diriez à le voir que c'est un secretaire.
Il va méloncholique et les yeux abaissez,
Comme un sire qui plaint ses parens trespassez.
Mais Dieu sçait, c'est un homme aussi bien que les autres.
Jamais on ne luy voit aux mains des patenostres[4].
Il hante en mauvais lieux : gardez-vous de cela;
Non, si j'estoy de vous, je le planteroy là.
Et bien! il parle livre, il a le mot pour rire;
Mais au reste, après tout, c'est un homme à satyre.
Vous croiriez à le voir qu'il vous deust adorer;
Gardez, il ne faut rien pour vous deshonorer.
Ces hommes mesdisans ont le feu sous la lèvre;
Ils sont matelineurs, prompts à prendre la chèvre,
Et tournent leurs humeurs en bizarres façons;
Puis ils ne donnent rien, si ce n'est des chansons..... »
   Durant tous ces discours, Dieu sçait l'impatience!
Mais, comme elle a tousjours l'œil à la deffiance,
Tournant deça, delà, vers la porte où j'estois,
Elle vist en sursaut comme je l'escoutois.
Elle trousse bagage, et, faisant la gentille :
« Je vous verray demain; à Dieu, bon soir, ma fille.
— Ha! vieille, dy-je lors, qu'en mon cœur je maudis,
Est-ce là le chemin pour gaigner paradis?
Dieu te doint pour guerdon de tes œuvres si sainctes
Que soient avant ta mort tes prunelles esteintes,
Ta maison descouverte et sans feu tout l'hyver,
Avecque tes voisins jour et nuict estriver,

---

1. Ces beaux seigneurs pleins de suffisance.
2. Petite pièce d'argent.
3. Cf. la locution populaire : *pour leurs beaux yeux*.

4. De même, dans *Tartufe*, Orgon dit de Valère :

Je ne remarque point qu'il hante les églises.

Et traisner sans confort, triste et desesperée,
Une pauvre vieillesse, et tousjours alterée. »

(Satire XIII.)

Sur lui-même.

Ouy, j'escry rarement, et me plais de le faire ;
Non pas que la paresse en moy soit ordinaire ;
Mais si tost que je prens la plume à ce dessein,
Je croy prendre en galère une rame en la main ;
Je sens, au second vers que la Muse me dicte,
Que contre sa fureur ma raison se despite.
Or, si par fois j'escry, suivant mon ascendant[1],
Je vous jure, encor est-ce à mon corps deffendant.
L'astre qui de naissance à la Muse me lie
Me fait rompre la teste après ceste folie,
Que je recognois bien ; mais pourtant, malgré moy,
Il faut que mon humeur fasse joug à sa loy ;
Que je demande en moi ce que je me desnie :
De mon âme et du Ciel, estrange tyrannie !
Et, qui pis est, ce mal, qui m'afflige au mourir[2],
S'obstine aux recipez et ne se veut guarir :
Plus on drogue ce mal, et tant plus il s'empire ;
Il n'est point d'ellébore assez en Anticire[3] ;
Revesche à mes raisons, il se rend plus mutin,
Et ma philosophie y perd tout son latin.
Or, pour estre incurable, il n'est pas nécessaire,
Patient en mon mal, que je m'y doive plaire ;
Au contraire, il m'en fasche et m'en desplait si fort,
Que durant mon accez je voudrois estre mort.....
Encor, si le transport dont mon ame est saisie
Avoit quelque respect durant ma frenesie ;
Qu'il se reglast selon les lieux moins importans,
Ou qu'il fist choix des jours, des hommes ou du temps,
Et que, lors que l'hyver me renferme en la chambre,
Aux jours les plus glacez de l'engourdy novembre,

---

1. Obéissant à mon inspiration.
2. Jusqu'à me faire mourir.
3. L'ellébore de l'île d'Anticyre était, croyait-on, un remède souverain pour guérir la folie. Cf. Horace :

Tribus Anticyris caput insanabile.

« Cerveau que ne guérirait pas l'ellébore de trois Anticyres. »

Apollon m'obsedast ; j'aurois en mon malheur
Quelque contentement à flatter ma douleur.
  Mais aux jours les plus beaux de la saison nouvelle,
Que Zephyre en ses rets surprend Flore la belle ;
Que dans l'air les oyseaux, les poissons en la mer,
Se pleignent doucement du mal qui vient d'aymer ;
Ou bien lors que Cérès de fourment se couronne,
Ou que Bacchus souspire, amoureux de Pomone,
Ou lors que le saffran, la dernière des fleurs [1],
Dore le Scorpion de ses belles couleurs ;
C'est alors que la verve insolemment m'outrage,
Que la raison forcée obeyt à la rage,
Et que, sans nul respect des hommes ou du lieu,
Il faut que j'obeisse aux fureurs de ce Dieu :
Comme en ces derniers jours, les plus beaux de l'année,
Que Cybelle est partout de fruicts environnée [2],
Que le paysant recueille, emplissant à milliers
Greniers, granges, chartis, et caves et celliers,
Et que Junon, riant d'une douce influence,
Rend son œil favorable aux champs qu'on ensemence.....
Comme un hibou qui fuit la lumière et le jour,
Je me lève, et m'en vay dans le plus creux sejour
Que Royaumont [3] recelle en ses forests secrettes,
Des renards et des loups les ombreuses retraittes ;
Et là, malgré mes dents, rongeant [4] et ravassant,
Polissant les nouveaux, les vieux rapetassant,
Je fay des vers, qu'encor qu'Apollon les advoue,
Dedans la Cour, peut-estre, on leur fera la moue ;
Ou s'ils sont, à leur gré, bien faicts et bien polis,
J'auray pour recompense : « Ils sont vrayment jolis. »
Mais moy, qui ne me reigle aux jugemens des hommes ;
Qui dedans et dehors cognois ce que nous sommes ;
Comme [5], le plus souvent, ceux qui sçavent le moins
Sont temerairement et juges et tesmoins,

---

1. Le safran fleurit en automne, au moment où la terre passe sous le signe imaginaire du Scorpion.

2. En automne, par conséquent. — *Cybèle* désigne la terre nourricière.

3. *Royaumont*, abbaye de l'ordre de Citeaux, fondée en 1230 par Louis IX, et située près de Beauvais. Régnier, lié avec l'abbé, aimait beaucoup ce séjour, où il fut inhumé.

4. Cf. HORACE, *Sat.*, I, x, v. 71 :

Vivos et roderet ungues.

« Il se rongerait les ongles jusqu'au vif. »

5. Combien.

Pour blasme, ou pour louange, ou pour froide parole,
Je ne fay de leger banqueroute à l'escolle
Du bon homme Empedocle, où son discours m'apprend
Qu'en ce monde il n'est rien d'admirable et de grand
Que l'esprit desdaignant une chose bien grande,
Et qui, roy de soy-mesme, à soy-mesme commande....

(Satire XV.)

Sonnet.

Sur la mort de monsieur Passerat[1].

Passerat, le séjour et l'honneur des Charites[2],
Les delices du Pinde et son cher ornement,
Qui, loing du monde ingrat que bienheureux tu quittes,
Comme un autre Apollon reluis au firmament,

Afin que mon devoir s'honore en tes merites,
Et mon nom par le tien vive eternellement,
Que dans l'eternité ces paroles escrites
Servent à nos neveux comme d'un testament :

« Passerat fut un Dieu soubs humaine semblance,
Qui vit naistre et mourir les Muses en la France,
Qui de ses doux accords leurs chansons anima.

« Dans le champ de ses vers fut leur gloire semée ;
Et, comme un mesme sort leur fortune enferma,
Ils ont, à vie égalle, égalle renommée[3]. »

Stances[4].

Quand sur moy je jette les yeux,
A trente ans me voyant tout vieux,

---

1. Jean Passerat (1534-1602), professeur au Collège du Plessis, puis au Collège Royal, a laissé des travaux d'érudition, des poésies latines et françaises. Il fut l'un des poètes qui collaborèrent à la *Satire Ménippée* (1593).
2. Des Grâces.
3. C'est-à-dire que la renommée de ses vers ne s'éteindra qu'avec eux.
4. Au milieu des désordres de sa vie, Régnier eut pourtant des heures de puissant recueillement et de retour sur lui-même. Bien que ces vers fassent partie des pièces ajoutées à l'édition de 1652, et dont l'authenticité est contestée, nous les donnons cependant, parce qu'ils montrent au moins la mélancolie profonde cachée sous l'insouciance du poète.

M. *La poésie de la Renaissance.*

Mon cœur de frayeur diminue[1] :
Estant vieilly dans un moment,
Je ne puis dire seulement
Que[2] ma jeunesse est devenue.

Du berceau courant au cercueil,
Le jour se dérobe à mon œil,
Mes sens troublez s'évanouissent.
Les hommes sont comme des fleurs,
Qui naissent et vivent en pleurs,
Et d'heure en heure se fanissent.

Leur âge à l'instant écoulé,
Comme un trait qui s'est envolé,
Ne laisse après soy nulle marque;
Et leur nom si fameux icy,
Si tost qu'ils sont morts meurt aussi,
Du pauvre autant que du monarque[3].

N'agueres, verd, sain et puissant,
Comme un aubespin florissant,
Mon printemps estoit délectable.
Les plaisirs logeoient en mon sein;
Et lors estoit tout mon dessein
Du jeu d'amour et de la table.

Mais, las! mon sort est bien tourné;
Mon âge en un rien s'est borné,
Foible languit mon esperance :
En une nuit, à mon malheur,
De la joye et de la douleur
J'ay bien appris la difference!

La douleur aux traits veneneux,
Comme d'un habit épineux,
Me ceint d'une horrible torture.
Mes beaux jours sont changés en nuits;
Et mon cœur, tout flestri d'ennuis,
N'attend plus que la sepulture.

---

1. Se resserre.
2. Ce que.

3. Cf. VILLON, *Grand Testament* :
Seigneuries leur sont ravies,
Clerc ne maistre ne s'y appelle..

23.

Enyvré de cent maux divers,
Je chancelle et vais de travers,
Tant mon âme en regorge pleine :
J'en ay l'esprit tout hebesté,
Et si peu qui m'en est resté,
Encor me fait-il de la peine.

La memoire du temps passé,
Que j'ay folement depensé,
Espand du fiel en mes ulcères :
Si peu que j'ay de jugement
Semble animer mon sentiment,
Me rendant plus vif aux misères.

Ha! pitoyable souvenir!
Enfin, que dois-je devenir?
Où se réduira ma constance?
Estant jà défailly de cœur,
Qui me don'ra de la vigueur
Pour durer en la penitence?

Qu'est-ce de moy? foible est ma main;
Mon courage, hélas! est humain;
Je ne suis de fer ny de pierre.
En mes maux montre-toy plus doux,
Seigneur; aux traits de ton courroux,
Je suis plus fragile que verre.

Je ne suis à tes yeux, sinon
Qu'un fétu sans force et sans nom,
Qu'un hibou qui n'ose paroistre,
Qu'un fantôme ici-bas errant,
Qu'une orde escume de torrent,
Qui semble fondre avant que naistre[1] :

Où toy[2], tu peux faire trembler
L'univers, et désassembler

---

1. On sent ici, comme en plusieurs autres passages de cette pièce, les traces d'un goût moins sobre que le goût habituel de Régnier : on serait tenté de croire que Théophile VIAUD n'est pas étranger à ces vers.
2. Toi, au contraire....

Du firmament le riche ouvrage,
Tarir les flots audacieux,
Ou, les eslevant jusqu'aux cieux,
Faire de la terre un naufrage.

Le soleil fléchit devant toy ;
De toy les astres prennent loy :
Tout fait joug dessous ta parole ;
Et cependant tu vas dardant
Dessus moy ton courroux ardent,
Qui ne suis qu'un bourrier qui vole.

Mais quoy ! si je suis imparfait,
Pour me défaire m'as-tu fait ?
Ne sois aux pécheurs si sévère :
Je suis homme, et toy Dieu clément,
Sois donc plus doux au châtiment,
Et punis les tiens comme père.

J'ai l'œil scellé d'un sceau de fer ;
Et desjà les portes d'enfer
Semblent s'entr'ouvrir pour me prendre ;
Mais encore, par ta bonté,
Si tu m'as osté la santé,
O Seigneur ! tu me la peux rendre.

Le tronc de branches devestu,
Par une secrète vertu
Se rendant fertile en sa perte,
De rejetons espère un jour
Ombrager les lieux d'alentour,
Reprenant sa perruque[1] verte.

Où l'homme[2] en la fosse couché,
Après que la mort l'a touché,
Le cœur est mort comme l'écorce ;
Encor, l'eau reverdit le bois ;
Mais l'homme étant mort une fois,
Les pleurs, pour luy, n'ont plus de force.

(ŒUVRES POSTHUMES.)

---

1. Sa ramure.   2. L'homme, au contraire.

Sonnet.

Repentir.

O Dieu, si mes péchez irritent ta fureur,
Contrit, morne et dolent, j'espère en ta clemence.
Si mon deuil ne suffit à purger mon offense,
Que ta grace y supplée et serve[1] à mon erreur.

Mes esprits éperdus frissonnent de terreur,
Et, ne voyant salut que par la penitence,
Mon cœur, comme mes yeux, s'ouvre à la repentance,
Et me hay tellement que je m'en fais horreur.

Je pleure le present, le passé je regrette ;
Je crains à l'avenir la faute que j'ay faite ;
Dans mes rebellions je lis ton jugement[2].

Seigneur, dont la bonté nos injures surpasse,
Comme de pere à fils uses-en doucement.
Si j'avais moins failly, moindre seroit ta grâce.

(ŒUVRES POSTHUMES.)

Aux Lecteurs.

Si mes vers ne sont bien rangez,
Et que vous autres ne jugiez
Leur rhime et leur mesure bonne,
Prenez vous-en à la Sorbonne[3]
Qui ne les a pas corrigez.

(ÉPIGRAMME XXIII.)

---

1. Vienne en aide.
2. Le remords lui fait voir comme une condamnation jusque dans les résistances opposées par le vice à une conversion définitive.
3. Allusion malicieuse aux censures rigoureuses de la Sorbonne.

Épitaphe de Régnier.

J'ay vescu sans nul pensement,
Me laissant aller doucement
A la bonne loy naturelle,
Et si m'estonne fort pourquoy
La mort osa songer à moy,
Qui ne songeay jamais à elle[1].

1. Que cette épitaphe soit ou non de Régnier, elle est bien celle qui convenait à cette nature insouciante et passionnée, avant tout, pour le plaisir.

GLOSSAIRE

A

A : 1° avec ; — 2° dans ; — 3° de ; — 4° par ; — 5° pour ; — 6° selon, suivant ; — 7° vers.
A, pour *il y a*.
Aage, âge.
Abbas, abats.
Abbreuve, abreuve.
Abayer, désirer.
Abois, aboiements.
Abord (à l'), à qui l'aborde.
Abundant (d'), de plus, outre cela.
Accointable, sociable.
Accointance, amitié, intimité.
Accoler, embrasser.
Accommoder, être commode à.
Accompaigné, accompagné.
Accordé, mis d'accord.
Accortes, gentilles.
Accostable, accessible.
Accourcit, raccourcit.
Accoustré, habillé, paré.
Accoustrements, habits.
Accoustumé, avoir coutume.
Acorde, met d'accord.
Acquest, acquisition.
Adapte, applique.
Adextre, adroite.
Adonc, alors.
Adultériser, fausser, altérer.
Advanture, par hasard.
Advenant, survenant.
Advenente, avenante.
Advenir, avenir.
Adventure, aventure. || Loc. adv. *De bonne adventure*, par un heureux hasard ; *à l'adventure, par adventure*, au hasard, peut-être.
Advouer, approuver, ratifier.
Æle, aile.
Ær, air.
Afferrons, transporterons, placerons.
Affiquets, petits objets de toilette.
Affolle, rend fou.

Agnelet, petit agneau.
Aguet, embûche.
Aguet (d'), adroitement, sournoisement.
Ahan, effort, fatigue.
Ahanne (j'), je me fatigue à.
Aheurte, se butte, s'obstine.
Aiglantin, églantine.
Aigneau, agneau.
Aigreur, sévérité, dureté.
Ailerette, petite aile.
Ains, mais.
Ainsi, de même.
Ainsi comme, de même que.
Ainsin, ainsi.
Aise, joie.
Alainer, éventer.
Alangoury, affaibli.
Alenviron, alentour.
Alleures, allures.
Alloyent, allaient.
Alme, nourricière.
Alourder, fatiguer.
Ameine, amène.
Amppsade, *pour* **Anspessade**, bas officier d'infanterie.
Anatomie, squelette.
Anter, greffer par ente.
Antiquaille, antiquité.
Apostume, abcès, enflure.
Apparoistre, apparaître.
Appaste, appâte, offre en appât (à nos désirs).
Appenderois, suspendrais, attacherais.
Appert (il), il est visible que.
Appétit, désir, passion.
Appointer, s'entendre.
Apprehensions, opinions, pensées.
Appren, apprends.
Apprentif, apprenti.
Ardez, voyez.
Argoulet, soldat à cheval armé d'un arc ou d'une arquebuse.
Arondelle, hirondelle.

Arrasser, dresser.
Arre, arrhe, gage.
Arreste, arrête.
Arrouser, arroser.
Arroy, ordre, appareil, équipage.
Arser, redresser.
Art (d'), par art, par artifice.
Ascendant, *j'escry suivant mon ascendant*, j'écris en obéissant à la verve.
Assault, assaille.
Assavoir, à savoir.
Assembler, thésauriser, amasser.
Asseurance, assurance.
Assez, beaucoup.
Assomé, fatigué.
Assommement, alourdissement.
Astorge, peu aimable, du grec ἄστοργος, dur, cruel.
A tant, là-dessus.
Attaches (aux), à l'attache.
Au, sign. *du, pour*.
Aux, sign. *de, dans, par, pour*.
Aubépin, aubépine.
Aubespin, aubépine.
Aureille, oreille.
Auser, oser.
Autant, pour autant que (parce que).
Autant, d'autant, d'autant (à mesure que).
Autour, alentour.
Avant (d'), devant.
Avêtes, avettes, abeilles.
Aviser, apercevoir.
Avoir, *ha*, il a.
Aymer, rime avec *mer*.

B

Baller, danser.
Bander, se raidir contre, se révolter, tendre avec effort.
Banque ou **Blanque**, jeu de hasard.
Barre, la barre du supplice de la roue.
Baye (*donner la*), abuser, tromper.
Berlan, brelan, maison de jeu.
Beste, bête.
Bestial, bétail.
Beu, bu.
Bien-heurer, rendre heureux.
Bien-tost, bientôt.
Blasonner, proprement expliquer le blason, dépeindre, décrire, d'où le double sens de bonne et de mauvaise part : 1° louer ; 2° critiquer, railler.

Bonneter, saluer humblement.
Bord, frontière.
Bource, bourse.
Bourlet, tour de livrée porté sur le casque et qui était de la couleur propre au seigneur dont on relevait. *Les compagnons du bourlet* (les mignons de Henri III) portaient un bourrelet aux couleurs du roi.
Bourrelle, féminin de *bourreau*.
Bourrier, paille, fêtu.
Branle, s'ébranle.
Bransle, mouvement, révolution périodique, oscillation ; allure, impulsion ; direction.
Brelan, jeu de cartes.
Brigades, troupe, compagnie.
Bruslement, autodafé.
Buccine, trompette.

C

Ça, deçà.
Ça bas, ici-bas.
Cachots, cachettes, secrets.
Carollant, dansant.
Caterre, catharre.
Cautes, prudentes.
Cautement, à la dérobée.
Cédulle, engagement par écrit.
Celer, cacher.
Cercher, chercher.
Cereuse, céruse.
Ceste, cette.
Cestuy, celui.
Cestuy-là, celui-là.
Chaille, importe, inquiète.
Chaisne, chaîne.
Chalan, pain grossier.
Chapelet, couronne.
Chapperon, coiffure garnie d'hermine (*signifie parfois* le personnage qui la porte).
Chartis, remise pour les charrettes.
Chaut (la), la chaleur.
Chauvir *de l'oreille*, baisser l'oreille.
Chef, tête.
Chef (*mettre à*), mettre à fin.
Cheminer, marcher.
Chenevière, plantation de chanvre.
Chenue, blanchie.
Cheoir, choir.
Chère, mine, visage.
Cheutes, tombées.

Chevance, bien.
Chevreuls, chevreuil.
Chiflé, sifflé.
Chifler, siffler.
Chiffler, giffler.
Chois, choix.
Cil, celui.
Cimois, lisières dont on attachait les enfants au berceau (lat. *cimussa*, lanières).
Circui, entouré.
Clair (le), la clarté.
Clercs, savants.
Clorra, s'achèvera.
Close, fermée.
Coche, char.
Cœur, courage.
Cognoisse, reconnaisse.
Coignée, cognée.
Cois, tranquilles (se tenir *coi*).
Collège, confrérie, corps.
Comme, comment, aussi.... comme...., autant que.
Compaignée, compagnie.
Compas, avec mesure, d'une manière méthodique.
Compasser, mesurer.
Comprend, contient.
Compte, conte.
Compter, raconter.
Conjointe, s'ajoutant à.
Connais, reconnais.
Conter, compter.
Contraire, à l'inverse de.
Contre-bas, vers le bas.
Contredisoient, s'opposaient.
Contrefait, représenté.
Contre-imiter, reproduire, contrefaire.
Contrepeser, mettre en balance.
Contre-poil, au rebours.
Copieux, abondant.
Cordillon, ficelle.
Cornette, étendard aux couleurs du capitaine.
Corrival, rival.
Corselet, cuirasse.
Costés, côtés.
Cotte, robe.
Coulpe, faute.
Coupler, réunir.
Courage, cœur.
Courtaux, chevaux.
Cousteau, couteau.

Coustumier, accoutumé.
Couverts, reliés.
Craignoit, craignait.
Craincte, crainte.
Créditeur, créancier.
Crespelu, crêpé, fourré de.
Creut, s'accrut.
Creux, grottes, tombeaux.
Criblons, passons au crible.
Crope, croupe (de montagne).
Crotton, prison; de l'ancien français *crote*, croûte (lat. *crupta*).
Croy, crois.
Cuider et **Cuyder**, penser, croire.
Cye, scie.

D

Dam, perte.
Damoiseau, jeune homme.
Damoiselet, de *damoisel*, damoiseau.
Damoyselle, femme noble.
Debteur, débiteur.
Debvrez, devrez.
Dechasser, éloigner de soi.
Déclose, ouverte.
Décore, honore.
Décours, détresse.
Dédire, renier sa foi.
Défascher, défatiguer, reposer.
Défaudra, fera défaut.
Défaudrons, tromperons.
Dégoute, dégoutte.
Degrés, grades.
Délectable (le), l'agréable.
Démener, mener.
Demeurées, restées.
Demourant (au), d'ailleurs.
Demouré, demeuré.
Departir, donner, distribuer.
Dequoy, fortune, bien.
Désarroy, désordre.
Désassembler, désagréger.
Desboursement, débours, dépense.
Desboutonné, ouvert.
Desbriser, renverser.
Deschaine, déchaîne.
Desclose, ouverte.
Desconfit, vaincu.
Descoupler, lancer à la poursuite de quelqu'un (comme on *découple* des chiens).
Desguainoit, dégainait.
Desjà, déjà.

GLOSSAIRE.

Deslie, délie.
Desmesler (se), se dégager.
Desnier, refuser.
Despendre, dépenser.
Despita, méprisa.
Desprizez, méprisez, dépréciez.
Dessur, sur.
Detaillé, divisé en morceaux.
Détresse, tourment, supplice.
Deuls (je me), je m'afflige.
Devaler, tomber.
Devant, avant.
Devers, vers.
Deviser, causer.
Dévoyés, sortis de la voie.
Dextre, du côté droit.
Dextre (la), la droite.
Dilayer, retarder.
Diligence, soin.
Discipline, belles-lettres, arts libéraux, savoir, étude.
Discord, la discorde.
Dispos, disposé.
Dissentir : 1° être d'un avis différent ; 2° refuser.
Dit, fable, récit.
Doint, donne.
Donque, donc.
Don'ra, donnera.
Dont, à cause de cela ; ce dont.
Dont, à la suite de quoi.
Dormir, sommeil.
Douter, ignorer.
Drillants, diligents, pressés.
Dueil, deuil.
Duit, du v. *duire*, attiré, porté à, qui plaît.
Durer, persister.
Du tout, entièrement.
Dy, dis.
Dye, dise.

E

Ebenin, d'ébène.
Effroyoit, effrayait.
Eleurent, choisirent.
Embler, enlever.
Emmiellée, feuille emmiellée (pleine de sève).
Emmieller, garnir de miel.
Emmure, entoure comme d'un mur, enferme.
Emmy, dans, au milieu de.
Empennée, garnie de plumes.

Empoulées, remplies d'ampoules.
Emprins, entrepris.
En, avec, par.
Enclinée, inclinée.
Encore, néanmoins ; *encor que*, quoique.
Encourtinant, enveloppant (comme d'une courtine, d'un rideau).
Endemené, inquiet, agité.
Enfançon, petit enfant.
Engarder, empêcher.
Ennuyeux, douloureux.
Ensucré, sucré.
Ente, greffe.
Entre-nouées, entrelacées.
Entrepas, pas croisé, intervalle.
Envieillir, vieillir.
Envoioy, envoyais.
Envoira, enverra.
Epand, répand.
Epanies, épanouies.
Epoint, pique, aiguillonne.
Eprise, entré dans, infiltré.
Ermine, hermine.
Esbas, je m'ébats.
Esbats, ébats.
Esbatu, égayé, occupé.
Esbaudy, joyeux.
Escherroit, échoirait.
Esclaire, il brille.
Esclorront, écloront.
Escolle, école.
Escorne, offense.
Escrie (s'), crie.
Escritz, écrits.
Escry, écris.
Escumeux, écumeux.
Esmeut, émeut.
Esmier, émietter.
Esmonde, émonde.
Esmoy, les soucis.
Esparpille, éparpille.
Espars, répandu partout.
Espic, épi.
Espine, épine.
Espoinçonner, piquer, aiguillonner.
Esprit, volonté.
Esseiché, desséché.
Esselle, aisselle.
Estable, écurie.
Esteint, éteint.
Estimer, admettre, croire.
Estoc, épée.
Estoffe, matière.

GLOSSAIRE.   363

Estoilles, étoiles.
Estrange, étranger.
Estrenner, étrenner.
Estriver, disputer.
Estroicte, étroite.
Et, même.
Eust, eût, de *avoir*.
Everoles, ampoules.

F

Face, de *faire*.
Faisseaux, faisceaux.
Faix, fardeau.
Fanissent (se), se fanent.
Fannir, faner.
Fantastique, fantasque.
Fascher, fatiguer, dégoûter.
Fatalement, suivant l'ordre du destin.
Fauldra, futur du v. *faillir* (manquer).
Faute, manque.
Faux (je), je me trompe.
Feintise, hypocrisie.
Feist, fit, de *faire*.
Feistes, fîtes, de *faire*.
Félon, traître.
Fermans, serrant.
Ferré, de fer.
Fertilles de, fertiles en.
Fiance, confiance.
Fict, fit, de *faire*.
Fière, féroce.
Figue (faire la), railler, mépriser.
Figurée, couverte de figures.
Fin, au *fin* premier, au beau premier, au premier venu.
Finablement, finalement.
Finer, payer (d'où *finance*).
Finet, rusé.
Flaitries, flétries.
Flambant, jetant des flammes.
Flanc, à flanc, côte à côte.
Flasque, pièce de charpente formant le côté d'un affût de canon.
Fleuroit, répandait une odeur.
Fleuriront, blanchiront (de même *barbe fleurie*).
Fleuronne, fleurit.
Foit, fouet.
Forcenerie, folie.
Fors, sauf, sinon.
Fort, repaire d'une bête fauve.

Fortune (de), par hasard.
Fourment, froment.
Fourvoyer, trébucher.
Fouteau, hêtre.
Frenaisie, fureur de l'inspiration poétique.
Fresne, frêne.
Fueille, feuille.
Fumeau, soupir.
Futur (le), la postérité.
Fuye, colombier.

G

Gagé, loué à gages.
Gaigner *le haut*, s'enfuir.
Gaillarde, sorte de danse.
Garson, garçon.
Gaudir (se), se réjouir.
Gecter, jeter, tirer.
Gehenne, torture.
Gemmes, pierreries.
Genèvre, genévrier.
Genoul, genou.
Gentement, gentiment.
Glas, froid, glace.
Glenneur, glaneur.
Gourmander, manger goulûment.
Goût, passion.
Graffoient, agrafaient.
Grand, grande.
Gregeois, Grec.
Gresle, grêle, fin.
Grève, grave, pénible.
Grippée, saisie.
Grison, grisonnant.
Grue, niais comme l'oiseau de ce nom.
Guarir, guérir.
Guérite (enfiler la), s'enfuir, s'abriter.
Guet (laisser du), planter là, laisser attendre.

H

Ha, a, de *avoir*.
Haleiner, exhaler.
Halesne, alène.
Hart, corde.
Hayroit, haïrait.
Hérétique, pris au sens spécial de calviniste.
Héronnière, comme la patte du héron.
Heur, heureuse fortune, bonheur.

Heure (à l'), alors.
Heure, *à la bonne heure,* heureusement.
Hillot, esclave, valet.
Historier, raconter dans l'histoire, en une histoire.
Huis, porte.
Humeur, la rosée.
Huy, aujourd'hui.

I

Icelle, celle.
Iceluy, celui.
Iceux, ceux.
Icy, ici.
Idoine, propice.
Illec, là.
Imaginer (l'), l'invention.
Impiteux, impitoyable.
Incognu, inconnu.
Incontinent, aussitôt, sur l'heure.
Indocte, ignorant.
Ire, colère.
Irondelles, hirondelles.

J

Ja, déjà.
Ja, *jà si....* que (jamais assez.... pour).
Jartière, jarretière.
Jazarde, babillarde.
Jettons, rejettons.
Jouvence, jeunesse.
Justement, exactement.

L

Laict, lait.
Laisser sur le vert, laisser le foin coupé dans le pré.
Lambrunche, vigne sauvage.
Lame, pierre sépulcrale.
Lamenter, se lamenter, déplorer.
Langard, bavard.
Laronneau, petit larron.
Las, hélas.
Léger (de), légèrement, aisément.
Liesse, joie.
Lieu, place.
Lièvres cornus, visions bizarres.
Liguez, ligueurs.
Limestre, étoffe de laine.
Linceul, drap de lit.
Linéature, ligne cabalistique.
Lionneusement, à la façon d'un lion.
Logette, cellule.

Los, louange.
Lourderie, chose grossière.
Loyer, salaire, récompense, prix.
Luisant, brillant.
Lynces, lynx.
Lyonnin, de lion.

M

Maintenant, tantôt.
Mal *de saint,* maladie dans laquelle on invoquait un saint : saint Mathurin pour la folie, saint Aignan pour la teigne, etc.
Male : *male mort,* méchante mort.
Male-tache, tache rebelle au nettoyage. C'était le cri des dégraisseurs ambulants.
Malgré, contre le gré de.
Manicles, menottes.
Manque, défectueux, incomplet, imparfait.
Marcoux, chats mâles.
Marisson, chagrin, déplaisir.
Marque, remarque.
Marry, triste.
Mastin, mâtin.
Matelineur, fantasque, fou, voué à saint Mathurin.
Maugré, malgré.
Meint, maint.
Menestre, soupe.
Mengé, mangé.
Mercy, pitié, grâce.
Mercyé, remercié.
Meschantement, méchamment.
Meschef, malheur.
Mesdire (le), médisance.
Mesfaict, mal fait, fait tort.
Meshuy, aujourd'hui.
Meslez, mêlés.
Mettre à chef, mener à fin.
Meule, racine du bois des cerfs (*terme de vénerie*).
Meurdrier, meurtrier.
Meurs, mûrs (rime avec *je meurs*).
Mignons, favoris.
Minuter, projeter.
Mist, mit.
Moings, moins.
Monstre, revue de soldats.
Monstrer, montrer.
Morguant, qui a de la morgue.
Morguer, railler, mépriser.

Morion, casque léger.
Mortel, de mort.
Mouelle, moelle.
Moufle, gant fourré.
Mourir (le), la mort.
Mouvans, changeants.
Moyne, moine.
Murmure, murmure magique.
Musequin, petit museau.
Musine, des Muses.
Musser, cacher.
My, mi, demi.
Myrteux, de myrte.
Mystiq, mystique.

N

Naissent, renaissent.
Naistre, naître.
Navré, blessé.
Nazarder, donner des coups sur le nez.
Ne, ni.
Néant, inutilement.
Nef, navire.
Nège, neige.
Nenny, non.
Nepveu, neveu.
Neuvaine : *neuvaine troupe*, troupe composée de neuf personnes.
Nouailleux, noueux.
Nourriture, éducation.
Nouvelet, tout à fait nouveau.
Nuict, nuit.
Ny, nid.

O

Obsedast, assiégeât.
Œuil, œil.
Offenser, attaquer.
Oirray, entendrai, de *ouïr*.
Onc, jamais.
Oncque, jamais.
Oncques, jamais.
Onq', jamais.
Or *ou* **Or'**, toutefois ; aujourd'hui (tantôt... tantôt). — *Or et ores*, par intervalles.
Orde, sale, fangeux.
Orendroit, à présent, en ce moment.
Ores que, quoique.
Oste, ôte.
Ostons, ôtons.

Outre (de), au delà.
Ouy, entendu, de *ouïr*.
Ouy, entendis, de *ouïr*.
Oyant, entendant, de *ouïr*.

P

Palle, pâle.
Par, dans, au milieu de.
Parfait, achevé.
Parfin, à la fin.
Parler *livre*, parler savamment.
Paroist, paraît.
Parolle, parole.
Partage, domaine, héritage.
Parti, projet.
Partir, départ ; — distribuer, partager (verbe).
Party, partic. du v. *partir* (distribuer).
Passe-volans, soldats qu'on faisait figurer aux jours de revue devant les officiers inspecteurs.
Pastoureaux, bergers, pasteurs.
Patins, chaussures élevées.
Peautre, fard composé à l'aide de sels d'étain.
Pedetentim, à pas comptés (*adverbe latin*).
Peine, châtiment.
Pélerin, voyageur (au sens du latin *peregrinus*).
Pendre, offrir, donner (lat. *pendere*, payer).
Pennache, panache.
Perdurable, qui dure toujours.
Pers, perds.
Persé, percé.
Pertuisa, perça.
Petit (ung), un peu.
Peu, pu.
Peu, à *peu* que (peu s'en faut que).
Philosopher (le), la philosophie.
Pied (à son), suivant sa mesure).
Pince, être sujet à la pince, à être volé.
Piolé, de couleur bariolée, comme la pie.
Piot, boisson, vin.
Pipeur, voleur.
Pippant, trompant.
Pippeur, voleur.
Piquier, soldat armé d'une pique.
Plaisir, bienfait,
Plaisoit, plaisait.

Plaist, plaît.
Pleger, cautionner.
Pleignent, plaignent.
Pleu, plu.
Pleust, plût.
Plonge, plongeon.
Plouvoir, pleuvoir.
Poignant, piquant, perçant.
Poil, cheveu.
Point coupé, dentelle à la mode sous Henri IV.
Poitrir, pétrir.
Police, gouvernement.
Pompe, pour la *pompe de rouloir,* pour l'ostentation de....
Populaire (le), le peuple.
Porter, apporter.
Portoit, supportait.
Posé, supposé.
Posteau, poteau.
Postposer, mettre après.
Pourchas, chasse, substantif verbal de *pourchasser*.
Pourmener, promener.
Pourpris, enclos, habitation.
Poux, pouls.
Préfix, fixé d'avance.
Preguant (mot), expressif.
Premier, premièrement, d'abord.
Près, de près.
Prester, prêter.
Prime, jeu de cartes à la mode au XVIe siècle.
Prime, première.
Prins, pris.
Priser, estimer.
Proser, faire de la prose, mettre en prose.
Proses, litanies.
Province, pays.
Puis, depuis.

Q

Quant : 1° adj. sign. combien ; *toutefois et quantes,* autant de fois que, chaque fois que ; 2° adverbe : *quant est de* pour *ce qui est de.*
Quas, quasi.
Quaymande, mendiante.
Que, lorsque, alors que, de peur que, à moins que, pour que.
Quenaille, canaille.
Querelle, plainte.

Qui, tel.
Qui... qui, l'un... l'autre.
Quitteroit, céderait.

R

Ramagers, qui font du ramage.
Ramée, le feuillage.
Rancueur, rancune.
Ranpante, rampante.
Rapetasser, raccommoder.
Ras. rasé.
Rateusement, à la façon d'un rat.
Ravassant, rêvassant.
Ravy, enlevé, porté.
Rebec, sorte de violon.
Rebousché, émoussé.
Recipez, ordonnances du médecin (elles commençaient alors par le mot *recipe*). — Par extension : *remède*.
Reconnoissables, reconnaissables.
Recorder, rappeler, rassembler dans ma mémoire.
Recourir, secourir.
Recouvert, retrouvé.
Recreu, fatigué.
Recueille, moissonne.
Refrappé, rebattu.
Regaigner, regagner.
Regard (au), en comparaison.
Regratter, éplucher, faire une critique mesquine.
Rehaussez, exhaussés.
Relevé, arrogant, prétentieux, emphatique.
Remasche, remâche, rumine.
Repeter (l'origine), remonter à.
Repoitrit, repétrit ; voy. **Poitrir**.
Reprouver (se), se garder.
Resoudois, décidais.
Respendent, répandent.
Retraire, retirer.
Rêverie, chimère.
Revesche, rebelle (revêche).
Revoiray, reverrai.
Rien, quelque chose.
Rimassez, versifiés, rimés.
Rithmer, rimer.
Roiale, royale.
Roiaume, royaume.
Rossignolet, petit rossignol.
Rousoyantes, humides de *rousée* (rosée).
Ruer, jeter avec force, jeter à terre.

S

Sade, agréable, gentil (lat. *sapidus*, qui a du goût).
Sagettes, flèches.
Saillir, sortir.
Sainct, saint.
Satyreau, petit satyre.
Sauteller, sautiller.
Sault, saut.
Saye, manteau.
Scadron, escadron.
Sçavoir, savoir.
Sceu, su (au sens de *pu*).
Sceus, sus.
Sceusse, susse.
Sceust, sût.
Seau (drap du), drap fabriqué au Seau en Berri.
Secoux, secoué, battu.
Seicher, sécher.
Selon *nos yeux*, suivant nos yeux.
Sen, sens (je).
Senestre, gauche.
Seoir, soir.
Sep, cep.
Sereines, sirènes.
Serénez, rasséréner.
Serpelette, petite serpe de vendangeur.
Serpenteau, petit serpent.
Serpillon, petite serpe.
Sert, obéit à.
Servant, serviteur.
Serve, fém. de *serf*, esclave.
Seur, sur.
Seureté, sûreté.
Si : 1° alors, donc ; — 2° aussi, ainsi ; — 3° toutefois, pourtant, néanmoins ; — 4° *si que*, tellement que.
Sieds, assieds.
Siège, demeure, établissement.
Somme, sommeil.
Soldar, soldat.
Sommeillère, de sommeil.
Sonner, résonner.
Soubris, souris.
Soudain, soudainement.
Soudre, résoudre.
Souef, suave, doux.
Souldar *ou* **Soudar**, soldat.
Soul, sou.
Souloir, avoir coutume.
Souquenie, souquenille, mauvais surtout de toile.
Sourdesse, surdité.
Sourgeon, source ; voy. **Surgeon**, rejeton.
Sourian : *chat sourian*, chat de Syrie.
Sou-rit, se sourit.
Souspire, soupire.
Stile, style.
Style, au sens propre, poinçon pour écrire.
Suffisance (à), suffisamment.
Suffisant, glorieux, fat.
Supply, supplie.
Sur, par dessus ; chez.
Surgeon, source, qui surgit. — Rejeton, *en parlant d'un arbre*.
Surhaussement, élévation, exhaussement.
Surmonter, surpasser.

T

Tabour, tambour.
Taist, tait.
Targue *ou* **Targe**, bouclier carré.
Tascher, tâcher.
Temcer, fatiguer, quereller.
Température, tempérament, complexion.
Temperie, température.
Temps, occasion.
Thesor, trésor.
Thin, thym.
Throsne, trône.
Thusques, Toscans.
Tins, tenu.
Tiroet *ou* **Tiroir**, appât pour le faucon (*terme de vénerie*).
Tors, tordu.
Tortisse, tordue.
Tournez, retournez.
Tourtres, tourterelles.
Tousjours, toujours.
Toutte, toute.
Trac, sentier.
Traistres, traîtres.
Transcripre, transcrire.
Translations, traductions.
Trasse, trace, route tracée.
Travail, douleur, chagrin.
Travailler, s'efforcer.
Trenchant, tranchant.
Trépillante, frémissante.

GLOSSAIRE.

Treuve, trouve.
Triacleur, charlatan.
Trongne, trogne, mine.
Tronq, tronc.
Trope, troupe.
Troussée, retroussée.
Turquois, turc.

U

Ulcéré, blessé par passion.
Usage, expérience.
Util, outil.

V

Vallet, valet.
Vay, vais, de *aller*.
Vedel, insolent, grossier.
Veisse, visses, de *voir*.
Veistes, vîtes, de *voir*.
Veit, vît, de *voir*.
Ver-coquin, fantaisie, manie, caprice (*littér*. vertige causé par le *ver-coquin*, qui se développe dans le cerveau de certains animaux).
Vergette, rameau.
Vermynière, vermine, vermisseau.
Vertit, tourna (lat. *vertit*).
Vespre, soir.
Vesprée, soirée.
Vestira, revêtira.
Vesture, vêtement.
Veu, vu, de *voir*.

Veufvage, veuvage.
Veulx, veux, de *vouloir*.
Vid, vit, de *voir*.
Vif, vivant.
Villener, insulter.
Vindrent, vinrent, de *venir*.
Virevoltoit, virait, tournait.
Visière, vue.
Vistement, promptement.
Vivre (le), la vie.
Voi, vois, de *voir*.
Void, voit, de *voir*.
Voioient, voyaient, de *voir*.
Voir, Voire, Voyr, vrai, vraiment oui, oui.
Vois, voix.
Voist, voit, de *voir*.
Volussent, voulussent.
Voulsissent, voulussent, de *vouloir*.
Vousloir, vouloir.
Vulgaire, langue populaire, par oppos. à langue savante.
Vy, vis, de *voir*.

Y

Yssir, sortir.
Yver, hiver.
Yvrongne, ivrogne.

Z

Zélateur, partisan.

FIN.

Paris. — Impr. DELALAIN FRÈRES, rue de la Sorbonne, 1 et 3.